Tanz der Schlangen

ROMAN

Roswitha Kammerl

„Tanz der Schlangen" – von Roswitha Kammerl

Copyright by Roswitha Kammerl

Erschienen Oktober 2016

ISBN 978-3-9818478-1-9

Verlagsanschrift:

Golftours St. Andrews®
Fuerstenrieder Strasse 105
D-80686 Muenchen

Verlagsnummer: **978-3-9818478**

Tel. +49(089)56 67 23
Fax +49(089)58 41 45
info@golftour.de

www.roswitha-kammerl.de

Als Kindle-Edition erhältlich unter
ISBN 978-3-9818478-0-2

Alle Rechte vorbehalten

Tanz der Schlangen

Sie krochen über ihren Körper, fett, kalt und schillernd. Sie umschlangen, pressten und knebelten ihn, während ihre langen Zungen in jede Öffnung schnellten, ein einzigartiger Tanz des Ekels. Als sie keine Luft mehr bekam, schrie sie. Davon wachte sie auf. Ihr Nachthemd klebte feucht an ihren Schenkeln. Sie fröstelte. Während sie die Daunendecke enger um ihren Leib wickelte und auch ihren Kopf darin vergrub, lauschte sie angestrengt.

Endlich! Eine Tür fiel ins Schloss.

Christina riss sich die Schlafmaske von den Augen und blinzelte in das grelle Licht des anbrechenden Sommertages. Ihr Mann hatte die schützenden Vorhänge aufgezogen, bevor er gegangen war. Eine typische Boshaftigkeit von ihm. Sie stand auf, zog die Vorhänge zu und schlief wieder ein.

Gegen zehn Uhr erwachte sie ein zweites Mal. Plötzlich erinnerte sie sich wieder daran, warum sie geschrien hatte. Edgar dominierte sogar ihre Träume – schillernd, kalt und lufttraubend.

Sie blieb noch eine Weile liegen und dachte über diese Erkenntnis nach. Gerne hätte sie diesen Tag im Bett zugebracht, ein Luxus den sie sich gönnte, wenn Edgar geschäftlich unterwegs war. In letzter Zeit war er häufig unterwegs.

An diesem Tag allerdings sah sie sich gezwungen, auf dieses Vergnügen zu verzichten. Das traditionelle Sommerfest der *Mastorn Software* verlangte nach ihrer Anwesenheit. Was für eine Verschwendung ihrer Ressourcen! Einmal mehr würde sie in die Rolle der eloquenten und eleganten Gattin eines smarten Managers schlüpfen. Dabei würde sie darauf achten, der Frau des *Mastorn*-Gottes nicht die Show zu stehlen. Noch harrte Edgar im zweiten Glied der Hackordnung.

Früher liebte Christina derlei Veranstaltungen. Sie beherrschte die große Gala, verstand es, sich herauszuputzen und den Neid ihrer Geschlechtsgenossinnen zu erregen. Jetzt sah das anders aus. Je näher ihr Auftritt rückte, desto stärker erfasste sie die Furcht zu versagen, den hohen Ansprüchen ihres Mannes nicht zu genügen, wie er es ausdrücken würde. ´Versagen´ war eines seiner Lieblingswörter, er gebrauchte es oft, wenngleich nie in Zusammenhang mit seinen eigenen Leistungen. Auf öffentlichem Parkett hatte sie ihn selten enttäuscht, das räumte sogar er ein.

Dieses Mal hatte sie sogar noch mehr Angst als sonst. Das Unbehagen schrieb sie dem morgendlichen Alptraum zu, der ihr wie ein Menetekel erschien.

Es half wenig, dass sie sich einzureden versuchte, das Kriecher-Festival der *Mastorn*-Stallwache sei eine regelmäßig wiederkehrende Strafe, vergleichbar ihrer ehelichen Pflicht, die zwar öfter stattfand, dabei aber weit weniger unterhaltsam war.

Lustlos quälte sie sich aus dem Bett und schlüpfte in ihr Negligé, das auf einem Stuhl bereit lag. Im Bad ließ sie heißes Wasser in die Wanne laufen. Der Geruch Ihres Mannes hing noch schwach im Raum – After Shave, gepaart mit Männlichkeit. Beides verabscheute sie. Sie riss das Fenster auf und sog kühle Morgenluft ein. Als sie sich über das Waschbecken beugte, bemerkte sie, dass Edgars dunkelblonde Haare und weiße Schaumreste den Ausguss verstopften. Der Anblick löste Übelkeit in ihr aus. ˋIm Grunde würge ich meinen ganzen Widerwillen gegen dieses verdammte Leben herausˋ, dachte sie wutentbrannt, während sie keuchend über der Toilette hing und sich erbrach. Sie spülte lange, streifte sich Gummihandschuhe über ihre makellos manikürten Hände und begann das Bad mit der ihr eigenen Gründlichkeit zu reinigen. Dabei fiel ihr auf, dass ihre Zugehfrau das Wort ´Gründlichkeit´ offenbar anders interpretierte, als ihre Arbeitgeberin. Unter dem Waschtisch boten Staub, Papiertücher und klebrige Kosmetikreste einen abstoßenden Anblick. Warum hatte Christine das nie bemerkt? Sie band sich ein Tuch um den Mund und holte Eimer, Bürsten und Desinfektionsmittel aus der Besenkammer. Einen erneuten Brechreiz unterdrückend, wischte sie jede Ecke des Badezimmers, bis der letzte Rest Schmutz getilgt war. Danach stellte sie mit Genugtuung fest, dass der Duft ihres Mannes final dem beißenden der Reinigungsmittel gewichen war.

Ein erster Anflug von Panik befiel sie, als sie auf die Uhr sah. Wie sollte sie all das schaffen, was sie sich vorgenommen hatte? Vielleicht ein paar Programmpunkte streichen? Nein, das kam nicht in Frage. Sie würde auf das Frühstück verzichten und mit dem Taxi in die Innenstadt fahren und sich die zeitraubende Parkplatzsuche sparen. Management war eben alles, Edgar sei Dank.

Das Wasser war nur noch lauwarm, als sie in die Wanne stieg. Erschöpft lehnte sie sich zurück, schloss die Augen und gab sich ihren Gedanken hin, die immer das gleiche Thema umkreisen.

Wann hat das alles angefangen? Was hatte sie falsch gemacht? Warum hatte Edgar aufgehört, sie zu lieben? Oder hatte er sie nie geliebt? Warum konnte sie sich nicht lösen von ihm, obwohl er so grausam zu ihr war? Manchmal war sie so angewidert von ihm und dann wieder wünschte sie sich nichts so sehr, wie seine Anerkennung und etwas Zuwendung. 'Ein wenig nur', dachte sie und spürte salzige Tränen über ihre Wangen laufen.

Sie ließ heißes Wasser nachlaufen und wusch sich im Schnellgang. Abschließend duschte sie sich eiskalt ab und fühlte sich schlagartig besser.

Ein Blick in den Spiegel dämpfte ihre Laune erneut. Dunkle Schatten zeichneten sich unter ihren verquollenen Augen ab und von den Mundwinkeln zogen sich kleine Furchen bis zum Kinn. Sie sah bitter damit aus und kam sich plötzlich alt und verbraucht vor. Dabei war sie gerade einmal Mitte dreißig und wurde alles andere als gebraucht. Sie eilte in die Küche und fischte Eiswürfel aus dem Kühlschrank, die sie auf die Spuren demütigender Erfahrungen platzierte. Ein weiterer Zeitverlust!

Während sie auf dem Sofa liegend auf die Wirkung der kalten Maßnahme wartete, sinnierte sie erneut über ihr missglücktes Dasein.

Sie wusste, dass sich das wenige, was sie an Ehrgeiz besaß, auf die Konservierung ihres Aussehens beschränkte. Dieser Aufwand beinhaltete regelmäßige Besuche eines Fitness-Studios und disziplinierte Nahrungsaufnahme. Sie hatte schlanke Beine, einen flachen Bauch und üppige Brüste, die nicht mehr so straff wie früher waren. Was soll's, dachte sie sarkastisch, es sieht sie ja sowieso niemand außer Edgar. Ihre Proportionen verstand sie vorzüglich in bestes Licht zu rücken. Christinas Physis war offenbar das einzige, was ihr Mann noch an ihr mochte. Aber vielleicht irrte sie auch in diesem Punkt.

Während sie darüber brütete, kam ihr der Gedanke, dass es eigentlich besser war, sich ein wenig gehen zu lassen. Dann würden die Komplimente ausbleiben, die Edgar brauchte, wie Junkies ihren nächsten Schuss. Noch erstrebenswerter erschien ihr die Aussicht, von ihm in Ruhe gelassen zu werden. Diese Überlegungen beschäftigen sie immer noch, als sie erneut im Spiegel ihr Gesicht begutachtete. Christine schaffte es sogar, ihr Gegenüber - das nun deutlich frischer wirkte - anzulächeln. Abrupt wandte sie sich ab und kehrte in die Realität zurück.

Edgar brauchte sich nicht zu sorgen. Sie würde ihn auch heute nicht enttäuschen. Bis zum Abend würde sie sich – wie gewohnt - in die strahlende Göttin verwandeln, die bisher jede Veranstaltung der *Mastorn* mit Glanz und Glamour aufgewertet hatte.

Edgar interessierte sich wenig dafür, womit Christine sich während seiner Abwesenheit beschäftigte. Für ihn zählte das Ergebnis, im Leben wie im Beruf.

Er wusste nicht, dass sie Tage damit zubrachte, nach einem Tuch zu fahnden, dessen Farbe exakt den Ton eines neu erstandenen Kleids traf. Dieser Hang zu Perfektion war zur Manie entartet, mit der sie ihre innere Leere füllte. In ihren Schränken stapelten sich nutzlose Accessoires, streng geordnet nach Mustern, Größen und Anforderungen. Dabei gab es kaum Anforderungen. Jeder hätte das bemerkt, nur er nicht.

Warum auch? Edgar liebte sie nicht und Christina hatte aufgehört, darunter zu leiden. Im Gegenteil, ihre Gefühle für ihn hatten sich in tiefe Abneigung verwandelt.

Nach außen inszenierten sie sich als das perfekte Paar, denn ein harmonisches Privatleben galt als unerlässlich für den zügigen Aufstieg in die luftigen Höhen der *Mastorn*. Und für den war Edgar bereit, alles zu tun. Darüber hinaus vertrat er konservative Überzeugungen, die seines Erachtens auf Zustimmung der maskulinen Entscheidungsträgerschaft - also der Mehrzahl - stießen. Eine war seine unumstößliche Maxime, dass Frauen einzig dazu bestimmt waren, ihren Männern den Rücken freizuhalten, damit diese unbelastet ihre Karrieren forcieren konnten.

Einer schloss sich dieser Ansicht allerdings nicht an. Sein Vorbild Leopold Kersch, als dessen legitimer Nachfolger er sich bereits sah, sorgte dafür, dass sich das Verhältnis zu Gunsten der weiblichen Belegschaft verschob, wenngleich bislang marginal.

Christina entsprach Edgars kruden Erwartungen. Vermutlich hatte er sie deshalb geheiratet. Ihr passives Verhalten hinterfragte er nicht und ihre Gier nach teuren Kleidern zahlte sich – wenn´s drauf ankam - aus. Die Kosten, die sein Budget durchaus belasteten, verbuchte er als Investition in seine Zukunft.

Christinas Außenauftritte waren für ihn von unschätzbarem Wert. Sie gestaltete sie mit feinem Geist, dezenter Eleganz und auffallender Schönheit. Ihre Schönheit verdankte sie Gesichtszügen, denen hohe Wangenknochen, schräge Katzenaugen und volle Lippen eine slawische Anmutung verliehen. Wenn sie sich herausputzte, verwandelte sie sich in ein vollendetes Luxusgeschöpf, das Phantasien beflügelte und Türen öffnete. `Rassepferd´ hatte Edgar sie einst genannt. Ihr feiner Geist kam ebenfalls nicht von ungefähr. Er bedurfte eines harten Trainings. Das vollzog sie an Tagen, an denen sie Edgar zu Events begleitete, denen er Wichtigkeit beimaß. Dann las sie sich durch politische, wirtschaftliche und kulturelle Fachliteratur, um ihre Zuhörer mit einschlägigen Kenntnissen zu fesseln. Ein paar würzige Bonmots, locker in die Unterhaltung gestreut, sicherten ihr ungeteilte Aufmerksamkeit und Edgar unverhohlene Bewunderung.

Selten konnte Christina sich hinterher daran erinnern, was sie von sich gegeben hatte. Ebenso wenig fiel ihr ein, was ihre Gesprächspartner zur Unterhaltung beigetragen hatten. Sie konnte sich lediglich daran erinnern, wie sie an ihren Lippen gehangen hatten, während sie ihre angelernten Phrasen und Floskeln ausstieß. War die Vorstellung beendet, warf sie die Maske ab, wie ein zu schweres Kostüm. Edgar tat es ihr gleich. Sobald das Publikum sich entfernt hatte, entledigte er sich seiner aufgesetzten Freundlichkeit. Für Christine waren Edgars Geschäftsfreunde nichts weiter als eine Horde Egomanen, deren einziger Daseinszweck darin zu bestehen schien, vom Kuchen stets das dickste Stück abzukriegen. Und Edgar war ihr bester Protagonist. Er allerdings griff sich auch die Sahne.

*

Kersch hatte Nadja rufen lassen. Sie ahnte, was das bedeutete. Ihre Kollegen zuckten in der Regel zusammen, wenn sie zu ihm zitiert wurden. Nadja war zu vertraut mit seinen Eigenheiten, um eine Audienz bei ihm zu fürchten.

Auf dem Weg zu den Räumen der Geschäftsleitung begegnete ihr Vinzent Regnier, einer der unzähligen Programmierer. Mit gesenktem Kopf schlurfte er an ihr vorbei. Sie kannte ihn namentlich, weil Leo ihn einmal erwähnt hatte. ′Ein Genie′ hatte er ihn genannt. Regnier verkörperte das fleischgewordene Klischee eines Nerds. Er war so blass, dass man davon ausgehen konnte, dass er das Tageslicht praktisch nie sah. Seine Bekleidung, die er selten zu wechseln schien, bestach durch umwerfende Geschmacklosigkeit. Nichts passte und nichts passte zusammen.

Kersch telefonierte, als Nadja eintrat. Bequem lümmelte er hinter seinem Schreibtisch und bedeutete ihr mit einer lässigen Geste, ihm gegenüber Platz zu nehmen. So wurde sie interessierte Zeugin eines Monologs, den Leopold Kersch mit einem bekannten Lokalpolitiker abhielt, der über viel Einfluss und wenig Skrupel verfügte. Während Kersch sein Opfer am anderen Ende der Leitung bearbeitete, zwinkerte er Nadja verschwörerisch zu. Er legte sich keinerlei Zurückhaltung auf, obgleich sie seiner offenkundigen Erpressung als Zeugin beiwohnte. Nadja versuchte ein komplizenhaftes Lächeln, um ihn milde zu stimmen, aber das war offenbar nicht nötig, denn Leopold Kersch war bestens gelaunt, als er mit Siegermiene den Hörer auf die Gabel warf.

"Was für ein Idiot! Er will einfach nicht wahrhaben, dass wir zusammen eine Leiche im Keller verbuddelt haben. Na warte nur, wie er den Schwanz einziehen wird, wenn ich das stinkige Teil ausgrabe", lachte er, sprang auf und rannte um den Tisch herum, um sie zu umarmen. Besitzergreifend zog er sie von ihrem Sessel hoch, was Nadja nur widerwillig zuließ. Seit sie geheiratet hatte, schätzte sie die körperlichen Übergriffe ihres Chefs nicht mehr so sehr, wie sie es in der der Vergangenheit getan hatte. Kersch hingegen empfand ein fast sadistisches Vergnügen daran, sie zu den unmöglichsten Zeiten in sein Büro kommen zu lassen, um sie mit seinen unerwünschten Vertraulichkeiten einzuschüchtern. Er wusste, dass sie sich nicht wehren konnte, denn auch mit ihr hatte er manches Gebein im Souterrain versteckt. Genau genommen, gebot er über ein verdammt volles Untergeschoss und dieses unerschöpfliche Reservoir war nicht das einzige Geheimnis seines Erfolges.

Kersch verpasste Nadja einen freundschaftlichen Kuss auf die Wange und bot ihr einen Stuhl am Konferenztisch an. Als sie Platz genommen hatte, setzte er sich an die andere Seite des Tisches und sah sie eindringlich an. Diese Förmlichkeit beunruhigte sie.

Väterlich jovial faltete er die Hände und sagte: "Meine liebe Nadja, mit dem heutigen Tage befördere ich dich zur Gebietsleiterin für Oberbayern. Ich hatte das schon seit längerem vor, dachte mir aber, dass ich dich damit anlässlich unserer Sommerparty überrasche. Ich hoffe, du freust dich über mein Geschenk."

"Wie komme ich zu dieser Ehre?" stammelte sie. Ihre Dankbarkeit hielt sich in Grenzen. Leo gab einem nichts umsonst.

"Du hast es dir verdient, weil du gut bist, besser als die meisten Kerle in diesem Betrieb, die ich ausnahmslos für 'Dünnbrettbohrer' halte, aber das habe ich dir schon oft genug ins Stammbuch geschrieben."

`Ja, das hast du´, dachte sie und konnte sich ein Schmunzeln nicht verkneifen. Der Ausdruck ´Dünnbrettbohrer´ gefiel ihr, denn er beschrieb, was auch sie von einigen männlichen Kollegen hielt. Sie kannte Leos Vorliebe für Kraftausdrücke und sie wusste, dass er es mochte, seine Mitarbeiter lächerlich zu machen.

"Du hast für den Job, für den ich dich erwählt habe, den richtigen Biss, die nötige Portion Ehrgeiz, das Wissen und das entsprechende Auftreten. Außerdem bist du hart im Nehmen. Die Entscheidung, dich zur Gebietschefin zu krönen, habe ich übrigens sehr einsam getroffen. Wundere dich also nicht, wenn du auf anfängliche Schwierigkeiten stoßen wirst", setzte er seine Ausführungen fort.

"Aber es wird Gerede geben", konterte sie halbherzig. "Stört dich das etwa? Das wäre mir neu. Zieh dir was Schönes an, denn heute Abend wirst du in die feine Upper Class der *Mastorn* eingeführt, oder soll ich besser sagen, in die

Schlangengrube gestoßen? Die Party beginnt um 19 Uhr – sei pünktlich!"
Ein grunzendes Lachen folgte seinen Ausführungen.
Ehe sie widersprechen konnte, war er aufgestanden. Die Unterredung war beendet. Sie folgte ihm zur Tür, die er bereits aufhielt.
"Deine Beförderung gebe ich natürlich hochoffiziell in einem Rundschreiben bekannt, das die Lindinger gerade aufsetzt. Ende März fährst du zur Schulung nach Ludwigsburg. Blamier mich nicht, denn ich setze große Erwartungen in dich! Ach ja, damit ich es nicht vergesse. Bau dir endlich ein tragfähiges Netzwerk auf. In diesem Punkt hast du Handlungsbedarf."

Nadja stand benommen im Vorzimmer und starrte auf die geschlossene Tür, hinter der Kersch sich vermutlich wieder gemütlich an seinem wuchtigen Büromöbel niedergelassen hatte, um neue Intrigen auszubrüten. Nadja murmelte einen kurzen Gruß an Karin Lindinger und verließ nachdenklich die Geschäftsräume. Wann würde Leo ihr für seine unerwartete Großzügigkeit die Rechnung präsentieren? Und wie hoch würde diese ausfallen?

Plötzlich erinnerte sie sich daran, auf welch üble Tour sie sich vor wenigen Jahren Leos entledigt hatte, um frei zu sein für Florian. Sie ahnte, dass die Angelegenheit für Leopold keineswegs abgeschlossen war, auch wenn er sie seit einiger Zeit in Ruhe gelassen hatte. Kersch überließ das Feld niemals ungesühnt einem Widersacher.
Das schnarrende Telefon riss sie aus ihren Überlegungen.
"Fast hätte ich es vergessen. Lass dir von meiner Sekretärin eine Einladung aushändigen. Ohne die kommst du nämlich nicht rein. Ich freu mich auf dich."

Nadja hielt den Hörer des Telefons fest umklammert; sie lauschte Leopolds rauchig sanfter Stimme, die so schnell in unduldsame Schärfe umschlagen konnte.
Süffisant entgegnete sie: "Du hast hoffentlich nichts dagegen, dass ich meinen Mann mitbringe."
"Aber nein, wo denkst du hin! Bring deinen Rechtsverdreher ruhig mit, meine Frau ist schließlich auch dabei. Solche Anlässe gebieten, dass die Partner dabei sind. Schließlich betont die **Mastorn** stets, wie wichtig verlässliche Ehen für das Ansehen der Firma sind. Wir wollen doch mit gutem Beispiel vorangehen, Nadja, nicht wahr?" insistierte er boshaft.
„Zählen dazu auch eingetragene Schwulen-Lebensgemeinschaften?"
„Darauf erwartest du sicher keine Antwort, oder?"

*

Es war fast Mittag, als Christina, gehüllt in einen dünnen Kaschmirpulli, enge Jeans und hochhackige Wildlederpumps auf das Taxi wartete. Vielleicht war sie zu warm angezogen, aber das konnte sie jetzt nicht ändern. Als die Droschke auf der gegenüberliegenden Straße hielt, eilte sie aus dem Haus. Isabell Krahl kam ihr entgegen. `Nein, nicht jetzt´, dachte Christina verzweifelt. Sie deutete auf das wartende Auto und begann die Straße überqueren.
Isabell stellte sich ihr in den Weg: „Bitte entschuldige, dass wir gestern wieder etwas lauter waren."
„Ich habe nichts gehört", entgegnete Christina ungeduldig. Ihre Zeitplanung geriet in Schieflage.
„Du vielleicht nicht, aber dein Mann."
„Der sah auch keinen Grund zur Beschwerde."
„Das denkst auch nur du. Er hat heute früh angerufen und uns massiv gedroht. Ich habe ihm zum wiederholten Mal

erklärt, dass man Kinder nicht auf Kommando ruhigstellen kann. Sie sind schließlich keine Maschinen, die man einfach abschaltet. Warum versteht er das nicht? Richte ihm doch bitte aus, dass wir am Wochenende in die Ferien fahren und uns bis dahin alle Mühe geben, ihn nicht zu stören. Nochmal, es tut mir leid."

Edgar konnte Kinder nicht ausstehen. Aber das wusste Isabell natürlich nicht.

„Ist schon gut. Ich muss leider los. Grüß´ Arthur von mir."

Christina ließ ihre Nachbarin stehen, was eigentlich nicht ihre Art war.

Sie hörte noch, wie Isabell hinter ihr rief: „Was macht ihr mit dem Hund während unserer Abwesenheit?"

Sie drehte sich nicht mehr um.

In der Innenstadt suchte Christina zuerst Ihren Coiffeur auf. `Friseur´ war im Hinblick auf den Preis für die Kunst am Haar nicht die geeignete Bezeichnung.

Julian erwartete sie bereits. „Na meine Schöne, Ansatz, Schnitt und Knoten?"

Sein plump vertraulicher Ton gab ihr Sicherheit. Sie schaute in den Spiegel und entschied spontan, auf die Ansatzbehandlung zu verzichten.

„Nein Julian. Heute wünsche ich mir nur einen ausgefallenen Schnitt oder etwas Hochgestecktes, das wie selbstgemacht wirkt. Zerfleddert oder so. Lassen Sie sich etwas Besonderes einfallen. Allerdings muss es schnell gehen, meine Zeitreserven sind etwas knapp."

„Ah Sie haben etwas ganz Besonderes vor?

Er rollte verschwörerisch mit den Augen. Sie ahnte, woran er dachte.

„Um das Richtige zu kreieren, müsste ich wissen, was."

Die reine Neugierde.

„Schneiden Sie mir einfach die Haare. Ich werde sie offen tragen."

„Wie Sie meinen. Also waschen und schneiden."

Sichtlich beleidigt schob er Christina auf ihrem Sessel zum Waschtisch, wo Roberta sie bereits erwartete. Nach der Haarwäsche und einem kurzen Anfönen durch Roberta übernahm Julian wieder die Regie.
„Schneiden Sie die Haare heute bitte etwas kürzer als sonst."
Dieser Wunsch zauberte auf Julians Gesicht einen Hauch dankbarer Freude.
„Darf ich mich ein wenig austoben?"
„Aber ja, nur zu! Setzen Sie sich keine Grenzen."
Was war nur in sie gefahren?
Als das Werk vollendet war, sah Christina anders aus. Anstatt sorgfältig frisiert, stand das Haar zu allen Seiten ab und es reichte ihr nur noch bis zum Kinn. Der dunkle Haaransatz trat deutlicher hervor.
„Ich sehe aus, als sei ich gerade aus dem Bett gekrochen."
Julian grinste: „Wohl wahr, Sie sehen aus wie ein Teenager, der gerade eine heiße Nacht hinter sich hat. Dieser Schnitt verjüngt Sie um Jahre!"
So unrecht hatte er nicht.
Christina bezweifelte, dass Edgar die Veränderung überhaupt bemerkte.
Nebenan lag das Kosmetikinstitut, bei dem sie ebenfalls einen Termin hatte. Auch hier kürzte sie das Programm und bat darum, lediglich passend zu ihrer neuen Haarpracht geschminkt zu werden.
„Die Poren sind etwas vergrößert. Eine kleine Entspannungsmaske würde das Problem lindern", empfahl Margret, Koryphäe auf dem Gebiet ′Fassadenpflege′.
„Nein danke, heute nicht. Nächste Woche vielleicht. Bitte nur ein dramatisches Make-up"
„Dramatisch?" fragte Margret erstaunt. Sie kannte Christina seit Jahren.
Nach drei Stunden entließen die Meister ihres Fachs eine zufriedene Kundin, die sich wohlgefällig in den Schaufenstern der Läden betrachtete. Um sich selbst und die

gelungene Wandlung zu feiern, steuerte Christina ein Café an. Als sie eintrat, spürte sie die Blicke der Gäste, die ihr folgten, während sie einen Tisch am Fenster ansteuerte. Betont langsam setzte sie einen Fuß vor den anderen, um dieses Gefühl der Bewunderung auszukosten. Eine prickelnde Hochstimmung hatte sie erfasst, die ihre Angst zusehends verdrängte. Der Abend konnte kommen.

Plötzlich erregte ein elegant gekleideter Mann mit olivfarbenem Teint und lackschwarzen Haaren ihre Aufmerksamkeit. Unvermittelt sah sie ihn an, um ihre Wirkung zu testen, wandte sich aber ab, als sie merkte, dass auch er sie fixierte.

Wieder drehte sie sich in seine Richtung, um festzustellen, ob er sie immer noch anstarrte. Er lächelte ihr zu. Dabei legte er bemerkenswert weiße Zähne frei, die sein Gesicht noch dunkler wirken ließen. Sein Blick wanderte inzwischen auf eine schamlos direkte Art über ihren Körper und provozierend zu ihren Augen zurück. Sie fand Gefallen an diesem subtilen Geschlechterspiel. Es schien in diesem Augenblick nur sie und diesen Fremden zu geben, den sie nun ebenso unverhohlen mit ihren Augen abtastete, wie er es mit ihr getan hatte.

Ihr Handy klingelte. Warum gerade jetzt? Sie starrte auf das Display. Die Nummer ihrer besten - nein - einzigen Freundin leuchtete ihr entgegen. Sie unterdrückte den Anruf und richtete ihre Aufmerksamkeit wieder auf das Objekt ihrer Begierde, das sich gerade von ihr abwandte.

Seine Begleiterin war von der Toilette zurückgekehrt. Als er mit ihr das Café verließ, warf er Christina beim Hinausgehen ein letztes vieldeutiges Lächeln zu, das sie erwiderte. Sie zahlte ebenfalls. Als sie in die belebte Fußgängerzone hinaustrat, war sie von einer angenehmen Leichtigkeit und seltsamen Vorfreude erfüllt. Die Sonnenstrahlen, die ihr Gesicht wärmten, empfand sie wie zärtliche Liebkosungen.

*

Nadja verließ das Büro früher als sonst, um sich auf die Veranstaltung vorzubereiten. Sie spürte ein unangenehmes Ziehen in der Magengegend. Die Vorstellung, dass Leo und Florian einander begegnen würden, versetzte sie in Unruhe. Kersch würde die Gelegenheit nutzen, Nadja zu desavouieren, indem er Belangloses aus der Firma erzählte und dabei kleine Indiskretionen einstreute, die Florian misstrauisch machen mussten.

Der Beförderung mit ihren ehegefährdenden Auswirkungen konnte sie entgehen, wenn sie ihren Job kündigte. Es gab mehrere Gründe, die sie davon abhielten, diese Möglichkeit auch nur in Erwägung zu ziehen. Dazu gehörten ihr unbedingter Aufstiegswille und die exzellenten Beziehungen ihres Ex-Geliebten. Er konnte – wenn ihm danach war – dafür sorgen, dass sie nie wieder einen Fuß in irgendein Büro setzte. Es musste eine andere Lösung geben und sie war sich sicher, dass ihr eine einfallen würde. Leo erpresste zwar alle, aber auch er war nicht unverwundbar. Sie musste die Stelle zu finden, *auf die beim ausgiebigen Bad in Drachenblut das Lindenblatt gefallen war*. Was für ein poetischer Vergleich angesichts der schnöden Wirklichkeit.

Zu Hause angekommen, mixte sie sich einen Gin-Tonic mit Eis, um ihre flatternden Nerven zu beruhigen. Dann ließ sie sich auf das große Sofa im Wohnzimmer fallen und analysierte die weiteren Konsequenzen, die sich aus ihrer neuen Stellung ergaben. Sie würde in ein größeres Büro umziehen, selbstverständlich in eines, das näher bei seinem lag. Leo hatte ihr das schon gesteckt. Sie würde noch mehr arbeiten als bisher und das würde fraglos dazu führen, dass sie ihr Privatleben noch mehr vernachlässigte. Nun gut, ihr Mann hatte auch genug zu tun und so kam ihr dieser Umstand eher entgegen. Problematisch hingegen war, dass Leo wieder über ihr Leben bestimmen würde. Mindestens ebenso beunruhigend war die Tatsache, dass Edgar Ohlert ihr direkter Vorgesetzter wurde. Ohlert eilte der Ruf voraus, dass er ´keine Gefangenen machte´ - aber das bedeutete auch, dass man bei ihm jede Menge Leichen vermuten durfte. Nadja plante, das herauszufinden. Wie das ging, hatte Leo ihr eindrucksvoll beigebracht.

Ihre Kollegen hatte Nadja vorsorglich noch nicht über Kersch´ Personalentscheidung informiert. Sie würden es früh genug aus zweiter Hand erfahren. Bis dahin konnte Nadja sich in Ruhe auf ihre zwiespältige Reaktionen - einer Mischung aus Unverständnis, Missgunst und Bewunderung - vorbereiten. Nadja konnte sich lebhaft vorstellen, was über sie in der Firma getuschelt wurde. Ihre Leistungen waren unbestritten. Zahlen belegten das. Trotzdem - ohne Kersch' besondere Protektion hätte sie diesen Aufstieg niemals geschafft. Frauen waren nach wie vor benachteiligt, wenngleich man das bei der **Mastorn** nicht von allen behaupten konnte. Es gab neben Nadja Kolleginnen, die ebenfalls bemerkenswerte Karrieresprünge hingelegt hatten, ohne - wie Nadja und einige andere fanden - über die nötigen Qualifikationen zu verfügen. Kersch wusste, was er seinen *´personal properties´* schuldig war.

Nach dem zweiten Drink griff Nadja zum Telefon und rief Florian an. Er freute sich sehr, sowohl über die Einladung zur Sommersause der **Mastorn**, als auch über Nadjas Beförderung. Nadja war erleichtert, aber keineswegs

beruhigt. Florian versprach, rechtzeitig nach Hause zu kommen, um sich umzuziehen. Eine Stunde später erschien er mit einer Flasche Champagner.
"Auf uns beide", strahlte er und holte Gläser.
Sie fühlte sich bereits angetrunken nach den beiden Gin Tonic, die sie hastig hinuntergekippt hatte.

Florian schien ihren Zustand nicht bemerkt zu haben. Mit verheißungsvollem Lächeln füllte er die Gläser, reichte ihr das vollere und stieß mit ihr an. Dann glitt seine freie Hand über ihre kleinen Brüste.

Nadja war nicht in der Stimmung für Liebesspiele. Florian spürte die Ablehnung und ließ von ihr ab, füllte ihre Gläser nach und gab ihr einen brüderlichen Kuss auf die Wange. Noch ein `brüderlicher Kuss´, dachte Nadja bedrückt.

Nachdem sie in vertrautem Schweigen die Flasche geleert hatten, fühlte sich Nadja weniger angetrunken, als vielmehr angenehm entspannt. Schläfrig sank sie auf den Teppich und zog ihren Mann zu sich hinunter. Sie liebten sich heftig. Und in Nadjas wilden Gedanken tauchte Leopold auf. Danach streichelte Florian zärtlich über die knabenhaften Rundungen ihres zierlichen Körpers. Seine Hände wanderten kundig über ihre schlanken Oberschenkel nach oben, bis sie das schmale Gesicht mit den großen, immer etwas schreckhaft wirkenden, braunen Rehaugen erreicht hatten. Nadja glich mit ihrem brünetten Pagenkopf einer aparten Mischung aus Audrey Hepburn und Lolita. Jedenfalls stellte Florian sich Nabokovs Heldin so vor, wenngleich diese bedeutend jünger war.

*

Als Christina zurückkehrte lief ihr Isabell erneut über den Weg. Sie hatte ihre beiden schulpflichtigen Töchter dabei. Christina fühlte sich bemüßigt, sich bei ihr zu entschuldigen.

„Es tut mir leid, dass ich dich vorhin habe einfach stehen lassen. Ich war schrecklich in Eile."
„Das verstehe ich doch. Ich wünschte, dein Mann hätte einen Funken deines Anstands."
„Hat er euch schon öfter gedroht?", fragte Christina besorgt.
Isabell hielt einen Moment inne. Offenbar wollte sie nicht mit der ganzen Wahrheit herausrücken. „Er macht uns das Leben nicht gerade leicht."
„Das habe ich nicht gewusst", gestand Christina.
Die Kinder quengelten und zogen an ihrer Mutter.
„Ach mach dir nichts draus. Wir müssen ja lediglich seinen Telefonterror ertragen."
Was sie nicht gesagt, aber gemeint hatte, entging Christina nicht.
Isabell fuhr fort, „und ab und zu dürfen wir seinen Hund ausführen."
Isabell war zu beneiden. Ihr Mann Arthur war fürsorglich, freundlich und tolerant. Christina hatte noch nie ein böses Wort von ihm gehört.

Edgar kam früher als gewöhnlich nach Hause, um Zeit für umfangreiche Pflegemaßnahmen zu haben. Er war eitel.

Christina stand in ihrem Ankleidezimmer - einem großen Raum nur für ihre Kleider - halbnackt vor dem Spiegelschrank und hielt sich selbstverliebt eine dunkle Robe vor den Körper. Sie hatte nicht bemerkt, dass Edgar ihr dabei zugesehen hatte.

Er trat ganz nah an sie heran und umfasste grob ihre Taille. Sie zuckte erschrocken zusammen und versuchte, ihn von sich zu drängen. Edgar ließ sich dadurch von seinem Vorhaben nicht abbringen. Ihre verzweifelte Gegenwehr steigerte sein Verlangen. Brutal drückte er sie auf das kleine

Sofa und riss ihr den winzigen Slip herunter. Dann kniete er sich über sie und hob ihr Becken etwas an, um besser in sie eindringen zu können. Ungeduldig zog er den Reißverschluss seiner berstenden Hose auf, befreite sich von den restlichen Hindernissen und stieß seinen Penis roh in ihre warme, feuchte Scheide. Letzte Nacht hatte er ihr nach dem Geschlechtsakt zugeraunt, dass Sex mit ihr sich wie ´ein Schluck lauwarmes Wasser gegen den Durst´ anfühlte. Dann hatte er sich von ihr weggedreht und war sofort eingeschlafen. Und jetzt brachte er den Akt wieder schnell und lieblos zu Ende – ein weiterer Schluck lauwarmes Wasser gegen den Durst.

Christina stöhnte wie ein verwundetes Tier, doch auf einmal gefiel ihr sein grobes Gemetzel. Sie dachte an den Fremden im Café, der mit der Lüsternheit in seinen dunklen Pupillen ein starkes Verlangen in ihr ausgelöst hatte. Als Edgar nach schneller Triebbefriedigung aufspringen wollte, zog sie ihn zu sich hinunter und küsste ihn.

Er erwiderte den Kuss, verwundert darüber, dass sie sich nicht sofort angeekelt von ihm abgewandt hatte. "Was ist los mit dir, du benimmst dich ja plötzlich wie eine richtige Frau. Fast hatte ich den Eindruck, dass es dir Spaß gemacht hat, oder hast du mir nur wieder etwas vorgegaukelt? Dann hast du dir allerdings heute mehr Mühe als sonst gegeben. Deine Frisur ist jedenfalls ruiniert. Ich hoffe, dass dich das ausnahmsweise nicht stört. Im Übrigen hast du noch genügend Zeit, dein ramponiertes Aussehen in Ordnung zu bringen."

Anstatt darauf zu antworten, bearbeitete sie sein Glied mit ihrer Zunge bis es wieder steif war. Was dann folgte, war *perlender Champagner aus Kristallgläsern – mehr als der Durst vertrug.*

Christina merkte, dass sie Edgar verwirrt hatte. Eine neue Erfahrung! Hastig suchte er seine Sachen zusammen und verschwand wortlos aus ihrem Zimmer.

Sie gab sich noch einen Moment ihren neuen Empfindungen hin. Nie zuvor hatte sie einen Orgasmus erlebt, jedenfalls nicht beim Geschlechtsakt und nie zuvor hatte sie ihre Zunge so raffiniert eingesetzt, wie an diesem sommerlichen Spätnachmittag. Was für eine Entdeckung!

Ihr Kleid lag zerknittert auf dem Boden. Sie musste es vorsichtig bügeln und die Flecken entfernen, die Edgar in der Hitze des Gefechts hinterlassen hatte. Sie entschied sich anders. Während sie ein kurzes, buntes Etwas aus dem Schrank zog, stellte sie fest, dass Edgar nicht einmal bemerkt hatte, dass sie ihr Haar kürzer trug. Sie dachte an Leopold Kersch, als sie ein zweites Mal an diesem Tag unter der Dusche stand. Edgars Chef machte ihr auf jeder Betriebsfeier dreiste Avancen. Bisher hatte sie darauf immer wie ein verschrecktes Huhn reagiert, weil Kersch so einschüchternd direkt war. Seine Art gefiel ihr. Christina nahm sich vor, dieses Mal auf seine Anmache einzugehen. Mit Genugtuung malte sie sich Edgars Gesichtsausdruck aus, wenn er zusehen musste, wie sie ungeniert mit Kersch flirtete.

*

Die Party fand im *Bayerischen Hof* statt. Das Luxushotel machte seinem Ruf alle Ehre. Aufgrund günstiger Wetterbedingungen hatte man die *Blue Spa Lounge* auf dem Dach gewählt, die in delikater Opulenz erstrahlte. Für das Dinner war der Wintergarten dekoriert worden. Große runde Tische waren mit weißen Tischtüchern eingedeckt, auf denen feiner Goldstaub lag. Ensembles aus ebenfalls weißen Kerzen und großzügige Blumenarrangements verbreiteten eine festliche Atmosphäre. Handgeschriebene Kärtchen ordneten - hinter edlem Geschirr platziert - Hierarchien. Es konnte getrost davon ausgegangen werden, dass nicht jeder Gast mit der Anordnung konform ging. Für Altgediente der Geladenen verkam diese Traditionsveranstaltung ohnehin mehr und mehr zu einer Selbstdarstellungsorgie des Niederlassungsleiters. Der ließ es sich nie nehmen, eine ebenso kurze wie launige Rede zu halten. Wer genau hinhörte, erfuhr, welches seiner Schäfchen in Ungnade gefallen war. Aber nicht nur deshalb fürchtete das Gros der Teilnehmer sich vor diesem Abend. Eine Aufmerksamkeit zu viel in die falsche Richtung oder eine zu wenig in die richtige, konnte den Sturz aus fragiler Höhe nach sich ziehen. Schon mancher Emporkömmling, dem der Erfolg geneidet wurde, hatte sich durch einen kleinen Ausrutscher den Aufstieg verpatzt. Das passierte auf subtile Weise. Kersch besaß neben seinen unzähligen Fähigkeiten ein besonderes Talent, störende Mitarbeiter raffiniert gegeneinander auszuspielen. Für diese Scharmützel gönnte er sich viel Zeit, um der ´Zerfleischung´ lustvoll beizuwohnen. Hatte er genug davon, entzog er einem seiner Gladiatoren jedwede Arbeit, was final zum Abbruch der Arbeitsbeziehung führte. Natürlich immer auf `freiwilliger´ Basis, wie Kersch stets betonte. Schließlich wollte man sich nicht unnötig mit Arbeitsgerichten herumstreiten. Das verursachte Kosten und schadete dem Ruf der Firma.

Insider wussten zu berichten, dass Leo Kersch nicht davor zurückschreckte, aufmüpfiges Fußvolk durch Detektive beobachten oder deren Computer hacken zu lassen. Da er über ein von der Konzernleitung eingerichtetes Sonderkonto verfügte, über das er keine Rechenschaft abzulegen brauchte, besaß er die finanziellen Mittel für derlei illegale Aktionen. Das Geld war eigentlich dazu bestimmt, Kaufinteressenten, Politiker und Prominente mit kleinen Annehmlichkeiten wie

Reisen, Restaurantbesuche, Notebooks, Theaterkarten und anderen Nettigkeiten zu 'verwöhnen'. Nadja wusste davon, denn Leo hatte ihr dieses Geheimnis in einer redseligen Laune anvertraut. Dieses Wissen betrachtete sie als einen Mosaikstein, der ihr vielleicht einmal nützlich sein konnte, falls Leo ihr größere Steine in den Weg zu legen trachtete. Im Laufe der Zeit hatte sie gelernt, ihn sorgfältig zu beobachten und genau hinzuhören. Seine Hybris machte ihn bisweilen recht redselig.

Nadja erwartete, dass Leopold ihr einen Platz an seinem Tisch zuweisen würde. Er enttäuschte sie nicht. Wenigstens würde sie nicht neben ihm sitzen. Edgar Ohlert war als Puffer vorgesehen. Ausnahmsweise das kleinere Übel, fand sie. Vom Charakter her waren sich Ohlert und Kersch ziemlich ähnlich, allerdings verfügte Ohlert nicht über den Charme, der Kersch´ größtes Kapital war. Auch optisch hatte Ohlert mit Kersch nichts gemein. Er war groß und schlank. Schlank war eigentlich nicht die richtige Bezeichnung. Ohlert war dünn, sehnig und hochgewachsen! Seinen Kopf, der Nadja an einen Adler erinnerte, zierte lichtes, blondstichiges Haar. Das Hervorstechendste an ihm aber waren die stahlblauen Augen. Manchmal trug er eine goldgefasste Brille und die leichte Tönung dieser Brille verstärkte das Blau. Vermutlich trug er die nur, um älter auszusehen, denn er war erst 39 und damit ziemlich jung für die Position, die er bekleidete. Ein nervöser Zug um die schmalen Lippen verlieh seinem Gesicht etwas Überhebliches und zugleich Beängstigendes. Eine Mischung aus englischem Landadeligen und deutschem Buchhalter, dachte Nadja sarkastisch. Sein erstklassiger Geschmack unterschied ihn ebenfalls von Kersch. Wie kein anderer bei der *Mastorn*, verstand es Ohlert, sich zu kleiden. Alles an ihm wirkte stilvoll und gediegen. Eigentlich sah er nicht schlecht aus, genau genommen sah er sogar richtig gut aus.

Sein rüdes Benehmen ruinierte jedoch den optischen Gesamteindruck. Übrig blieb eine Erscheinung, in deren Gegenwart man sich stets unbehaglich fühlte, und Nadja war nicht die einzige, der es so erging.

Ohlerts Joker war seine Frau Christina, Objekt glühender Bewunderung der testosterongesteuerten Belegschaft der **Mastorn**. Obwohl sie selten in Erscheinung trat, wurde hinter vorgehaltener Hand ehrfurchtsvoll über *C.O.* getuschelt, wie sie sie plump vertraulich genannt wurde. Nadja vermutete, dass Ohlert seine Position zu einem erheblichen Teil seiner Frau zu verdankte, obgleich sie sich nicht vorstellen konnte, dass Kersch es wagen würde, sich an die Angetraute eines Mitarbeiters heranzumachen – nicht einmal bei Ohlert würde er so weit gehen.

Nadja würde in Leos Blickfeld sitzen. Er konnte sie von seinem Platz ihr gegenüber gut beobachten. Zwischen Ohlert und ihren Mann gepresst, bot sie ihm ein gutes Angriffsziel.

Noch blieb ihr eine Verschnaufpause und die Muße, den lauen Sommerabend zu genießen, denn ihre Tischgesellschaft war noch nicht eingetroffen.

Sie schlenderte mit ihrem Mann auf die Terrasse, auf der etwa dreißig Gäste, an bunten Essenzen nippend, die Aussicht auf den Liebfrauendom genossen. Ein DJ sorgte für sanft klingende Jazz-Töne. In der Mischung aus PR-Leuten, Chefprogrammierern, Abteilungs- und Verkaufsleitern samt Begleitung entdeckte Nadja Vinzent Regnier. Was machte das ´Genie´ hier? Soweit Nadja wusste, war er ein Programmierer, der Anweisungen ausführte, anstatt welche zu erteilen. Möglicherweise hatte sich sein Status zwischenzeitlich ebenfalls geändert und ihm eine Einladung in *The Inner Circle* beschert. Regnier, wie immer etwas ungepflegt, hatte ein schwarzgewandetes Mädchen im Schlepptau, das gut zu ihm passte. Junges Personal mit gefüllten Tabletts bahnte sich den Weg durch die Reihen. Der Nerd und seine Freundin griffen eifrig zu. Nadja hielt sich zurück, sie spürte noch die Wirkung der Drinks, die sie sich im Laufe des Nachmittags einverleibt hatte.

Plötzlich verstummte der Small Talk. Ein Raunen, das Nadja an tierische Brunftgeräusche denken ließ, schien alle Männer gleichzeitig erfasst zu haben. Und als sie sich umdrehte, verstand sie warum. Christina Ohlert schritt an der Seite ihres adlergleichen Gatten Richtung Bar. Das also war C.O., die Kronprinzessin. Sie sah atemberaubend aus in ihrem kurzen Hängerchen, das mehr zeigte, als verhüllte, eine Abendrobe ebenso raffiniert wie gewagt. Die schöne Frau Ohlert wusste offenbar sehr genau, wie weit sie gehen durfte, um die Pläne ihres Mannes nicht zu gefährden, und wie weit sie gehen musste, um ihm nützlich zu sein. Den überwältigenden Gesamteindruck verstärkten eine etwas derangierte Frisur und ein Make-up, das aussah, als sei ihre Trägerin soeben dem Bett entstiegen. Vielleicht stimmte das auch, dachte Nadja, wenngleich ihre Phantasie nicht ausreichte, sich dieses Paar in inniger Umarmung vorzustellen. Hinter sich hörte sie eine Frau - offenbar Angetraute eines Stammteilnehmers - murmeln, „sie sieht aus wie eine Vogelscheuche. So kennt man Ohlerts bestes Stück gar nicht, mutig, mutig."

„Eher nuttig, nuttig", raunte ihr Mann abfällig.

Auch wenn Outfit und Haartracht etwas Anderes auszudrücken versuchten, wirkte Christina Ohlert seltsam kühl und unnahbar, fast künstlich. Nadja erinnerte sich in diesem Moment an eine Äußerung Leos, der sie einmal als ´Eisschrank mit Brüsten´ verspottet hatte. Der ´Eisschrank´

brachte - entgegen dieser Einschätzung – Leos Entourage jetzt zum Schmelzen.

Sogar Florian starrte C.O. gebannt auf den Rücken, an dessen Ende zwei lange, schlanke Beine auf hochhackigen Sandalen den Prachtkörper in Balance hielten.

Nadja hatte sich an diesem Abend für ein dunkelblaues Seidenkleid entschieden, das sie bis zum Hals zugeknöpft hatte. Die Wahl des klösterlichen Outfits war ein strategischer Schachzug. `Bloß den Bären nicht reizen´. Wie sie nun sah, wäre er gar nicht notwendig gewesen. Ohlerts Frau übernahm den Bärendienst.

Schließlich erschien das Raubtier mit seiner Frau Diane. *Mattschimmerndes Exstarlet* nannten böse Mitarbeiter sie hämisch. An Gemeinheiten standen sie ihrem gefürchteten Boss in nichts nach. Dabei war Diane Kersch, die sich Diane Fuller nannte, einst eine renommierte Schauspielerin gewesen, die mit Preisen überhäuft worden war. Später verdingte sie sich als Moderatorin beim Bayerischen Fernsehen. Zuständig für den *Boulevard*, - sprich - die Vermarktung der Isar-Bourgeoisie, hatte sie ihrem Mann die Persönlichkeiten zugeführt, die er für seine Geschäfte brauchte.

Im Licht des schwindenden Sommertages wirkte Diane Kersch ältlich und verhärmt. Ihre Blässe und ihre schwindsuchtartige Magerkeit wurden durch das unscheinbare lindgrüne Modellkleid eines Münchner Nobelschneiders noch verstärkt, was sicher nicht die Absicht des Schöpfers gewesen war. Hätte Kersch doch einmal auf die Dienste eines `guten Freundes´ verzichtet und seine Frau in einen farbenfrohen *ZARA*-Fummel gesteckt.

Zugegebenermaßen hätte es nicht viel gebracht. Denn Kersch alias Fuller hatte – trotz ihres Jobs - längst jegliche Ausstrahlung eingebüßt und ihr müdes Schweigen degradierte sie zum traurigen Pendant ihres vor Energie und überquellender Lebenslust strotzenden Ehemannes. Es war offensichtlich, dass sie unter der fortwährenden Untreue ihres Gatten litt.

Kersch hatte sein gewinnendstes Lächeln aufgesetzt, das er beibehielt, während er die Gäste einzeln begrüßte. Nadja traten Schweißperlen auf die Stirn und kleine Rinnsale liefen an ihrem Rücken hinunter, als er auf sie zusteuerte. Außer ihm schien es niemand zu bemerken. Sie stellte ihren Mann vor, den Leo offiziell bis zu diesem Zeitpunkt nie gesehen hatte und sie machte Florian mit ihrem Chef bekannt. Insgeheim ging Nadja davon aus, dass Kersch ihren Mann bereits inoffiziell kannte. Es bereitete ihm unübersehbar Vergnügen, mit Florian ausgiebig zu plaudern. Währenddessen beobachtete er Nadja amüsiert aus den Augenwinkeln. Sie sah nervös hinunter auf ihre Schuhspitzen, um seinem Blick zu entgehen.

Endlich wandte er sich den Ohlerts zu, die neben ihnen standen. Er begrüßte Christina Ohlert mit einem galant angedeuteten Handkuss und überschüttete sie mit Komplimenten, die jedem Provinzgigolo zur Ehre gereicht hätten. Die Angebetete lächelte scheu, ihr Mann eisig. Nadja hasste Leo in diesem Moment und konnte sich nicht erklären, warum. War sie etwa eifersüchtig oder einfach nur wütend, weil er diese Show in ihrer Gegenwart abzog? Diane stand aufrecht wie eine Statue daneben und verzog keine Miene. Nicht erstaunlich, wenn man bedachte, dass sie als Schauspielerin gelernt hatte, ihre Gefühle zu verbergen.

Endlich nahmen die Gäste ihre Sitzplätze ein. Kersch hielt seine Ansprache, ohne Jemanden ernstlich zu beleidigen. Der Beifall fiel entsprechend aus. Er ließ ihn huldvoll über sich ergehen.

Nach einer kurzen Kunstpause lächelte er gönnerhaft in Nadjas Richtung.

"Abschließend möchte ich Ihnen eine Kollegin vorstellen, die ich heute in Ihren erlauchten Kreis aufgenommen habe."

Nadja seufzte hörbar. Seine Wortwahl war eine Herausforderung.

"Frau Nadja Schneider wird ab 1. September als Leiterin des Vertriebs für den Bereich Oberbayern verantwortlich zeichnen. Diese Personalentscheidung war längst überfällig und so denke ich, dass Sie alle nicht überrascht sind."

Verhaltener Beifall zwang Kersch zu einer weiteren kleinen Pause, bevor er fortfuhr: "Liebe Frau Schneider, darf ich Sie nach vorne bitten."

Das `*Liebe*´ dehnte er in die Länge und schwenkte dabei die Arme einladend. Nadja kam die Aufforderung äußerst ungelegen. Sie hatte nichts vorbereitet. Langsam bewegte sie sich nach vorne. Das Raunen, das ihr folgte, hatte nichts mit Brunft zu tun, eher mit Erwartung. Sie war ja auch nicht Frau Ohlert, in deren Haut sie in diesem Moment gerne gesteckt hätte.

"Liebe Kollegin*nen* und Kollegen, äh..., nochmal..., also liebe Kollegin - denn soweit ich sehe, ist nur eine da –, liebe Kollegen, da ich Ihre wertvolle Zeit nicht über Gebühr strapazieren möchte, fasse ich mich kurz. Ich freue mich auf die Zusammenarbeit mit Ihnen und werde auch weiterhin mein Bestes geben. Herzlichen Dank schon heute für Ihr Vertrauen."

Eilig kehrte sie zu ihrem Platz zurück.

Kersch übernahm wieder das Wort: „Liebe Frau Schneider, in Zukunft bitte etwas weniger bescheiden. Dafür besteht kein Anlass. Sie haben in diesem Quartal die meisten Aufträge an Land gezogen und das mit ziemlichen Abstand zum Zweitplatzierten. Aber muss ich das gesondert erwähnen? Meine Herren, Zahlen lügen nicht. Nehmen Sie sich ein Beispiel an unserer Championette und nehmen Sie sie ernst, denn Sie werden noch mehr von ihr hören. Diese Beförderung ist erst der Anfang! Gratulation Frau Schneider."

Nadja wartete darauf, dass Vinzent Regnier ebenfalls geehrt wurde. Nichts dergleichen geschah. Seltsam. Hatte sie etwas verpasst?

Als das erneute Klatschen abebbte, bat Kersch in den Wintergarten.

Es dauerte eine Weile, bis alle Gäste ihre Plätze gefunden und eingenommen hatten. An jedem der drei Tische war für acht Leute gedeckt.

Kersch wurde flankiert von seiner Frau zur Rechten und Karin Mommsen zur Linken. Daneben saß Gatte Mommsen. Karin Mommsen leitete die Personalabteilung. Sicher nicht von ungefähr. *'Personal Property'* mutmaßte Nadja giftig.

Ohlert besetzte den Stuhl neben Frau Kersch und die schöne Frau Ohlert thronte zwischen ihrem Mann und Florian.

Bei näherer Betrachtung war die Anordnung gar nicht so schlecht. Florian würde - abgelenkt durch seine leicht bekleidete Nachbarin - nicht allzu sehr auf die nonverbale Kommunikation zwischen Leo und Nadja achten.

Erst einmal jedoch widmete Florian seine ganze Aufmerksamkeit seiner Frau. "Ich bin so stolz auf dich. Aber findest du nicht, dass diese Ernennung außergewöhnlich kurzfristig stattfand? Etwas mehr Vorbereitung hätte sicher nicht geschadet."

Nadja sah erst zu Leo, der sie scharf musterte, dann wandte sie sich an Florian. Sie rückte ganz nah an ihn heran und flüsterte ihm ins Ohr: "Du meinst, dann hätte ich eine bessere Dankesrede gehalten? Liebling, diese Beförderung war längst überfällig."

Aus den Augenwinkeln bemerkte sie, dass Leo diese Vertraulichkeit nicht entging.

Florian insistierte, "aber warum ausgerechnet heute? Im September bereits übernimmst du diesen Posten, da wäre es wirklich angebracht gewesen, dich etwas früher zu informieren, anstatt dich fünf vor zwölf ins kalte Wasser zu werfen."

Wieder wandte Nadja die Flüstertechnik an, um ihr Gegenüber zu ärgern. Sie griff sich an den Hals und spielte mit der rechten Hand an den Knöpfen ihres Kleides. Noch etwas inniger als zuvor hauchte sie, "vielleicht war die Ernennung als Urlaubsüberraschung gedacht. Du siehst ja, in welch guter Laune unser Statthalter heute ist. Ich vermute, er wollte mehr Untergebene um sich scharen, die ihm ihre Aufwartung machen. Vielleicht kam ihm die Idee ja erst heute Mittag."

„Viele Untergebene hat es ja nicht gerade getroffen. Vielleicht war die Laune eures Chefs doch nicht so gut, wie du mir jetzt weismachen willst."

Florian stand auf. „Entschuldige bitte, ich muss kurz in der Kanzlei anrufen. Leider duldet das keinen Aufschub."

Als er auf der Terrasse telefonierte, zwinkerte Leo ihr zu. Er erhob sich ebenfalls und entfernte sich Richtung Waschräume. Nadja war erleichtert, dass er Florian nicht gefolgt war.
Wotan Freyberg trat an ihren Tisch.
"Herzlichen Glückwunsch, liebe Frau Schneider. Willkommen im Club."
Ehe sie sich bedanken konnte, fuhr er fort. "Hochachtung! Unser Kaiser hat sich mit der Installation dieses Operettenpostens wieder einmal selbst übertroffen. Warum überrascht mich das nicht?"
Ohne auf eine Antwort zu warten, drehte er sich um und schlurfte davon.

Ohlert hielt sich auch nicht lange mit Lobeshymnen auf. Er kam gleich auf die Details ihrer künftigen Tätigkeit zu sprechen und vergaß darüber völlig die Anwesenheit seiner Frau, die still den Ausführungen ihres Gatten lauschte. Nadja hörte nur mit halbem Ohr zu, denn sie dachte an die hämische Bemerkung Freybergs, der das Verkaufsgebiet Süddeutschland bisher in seiner Gesamtheit betreut hatte.

*
Da Edgar sich über sie hinweg ausgiebig mit seiner neuen Mitarbeiterin über die Belange der ***Mastorn*** austauschte, wandte Christina sich an deren Ehemann zu ihrer Linken, der gerade wieder Platz genommen hatte und sein Smart Phone in seinem Sakko verstaute.

"Wie fanden Sie die Rede?"
Sie fühlte sich etwas unbeholfen. Dabei hatte sie sich gründlich wie immer vorbereitet. Aber dieser Mann brachte sie aus einem unerklärlichen Grund aus der Fassung. Von ihm ging eine natürliche Selbstsicherheit aus, die sie bei Edgar vermisste. Der kaschierte seine Unsicherheit mit kaltschnäuziger Arroganz.
"Welche Rede?"
"Oh, entschuldigen Sie, ich wollte Sie nicht stören."
In ihrem kurzen Kleid kam sie sich plötzlich albern vor. Warum nur in aller Welt hatte sie sich die Haare schneiden lassen und ihre Augen schwarz umrandet? Sie fühlte sich in diesem Moment wie das abgehangene Groupie eines Rockstars und das Verblüffendste war, dass Edgar ihre Wandlung noch immer nicht bemerkt hatte.
"Um ehrlich zu sein, mir ist dieser Niederlassungsleiter etwas zu selbstverliebt. Das Wort Zurückhaltung scheint in seinem Wortschatz nicht zu existieren. Aber sieht man davon einmal ab, fand ich ihn ganz amüsant. Und Sie? Wie fanden Sie seinen Auftritt?"
„Bühnenreif."
Mehr fiel ihr nicht ein. Edgar kümmerte sich wieder um sie.
Endlich wurde der erste Gang wurde aufgetragen, *Hors d'œuvre froid* - geräucherter Heilbutt auf einem Rote Bete Salat. Es folgten Consommé, Lachsforelle in Blätterteig, Sorbet, Putenkeule, Käse und den Abschluss krönte ein Mango Panna Cotta.
Das Essen wurde begleitet von einem unablässigen Stühlerücken, Aufstehen, Hinsetzen, Umsetzen und Durcheinanderschnattern.
Christine stocherte sich mehr oder weniger schweigend durch all die Köstlichkeiten. Ihr angelerntes Wissen war nicht gefragt. Weder Edgar noch Florian Schneider zeigten Interesse, es mit ihr zu teilen. Hin und weder prostete ihr Jemand zu. Ihr fiel auf, dass es Diane Fuller kaum besser

erging als ihr. Das hatte etwas Tröstliches. Christina lächelte ihr zu. Ihre freundliche Geste wurde dankbar erwidert.

Plötzlich sprangen alle auf und strebten auf die Terrasse. Dort tanzte bereits ein dicklicher, etwas ungepflegter Typ, der wie ein Jojo auf und absprang, während seine dunkel gekleidete Begleitung sich wie in Trance im Kreise drehte. Sie sah aus, als habe sie sich vom gleichen Maskenbildner, wie Christina stylen lassen.
Edgar zog Christina zu einem Stehtisch, der noch frei war. Als Nadja Schneider sich in Begleitung ihres Mannes näherte, winkte er ihr zu. Die Schneiders gesellten sich zu ihnen und bestellten Caipirinhas. Edgar forderte seine Mitarbeiterin zum Tanz auf und ließ Christina mit Florian allein.
Der nahm den Redefaden von vorhin wieder auf. „Sie sagten beim Dinner, der Auftritt des Niederlassungsleiters sei bühnenreif gewesen. Was meinten Sie damit?"
Sie spürte, dass er sich bemühte, mit ihr ins Gespräch zu kommen. Er hatte den denkbar schlechtesten Einstieg dafür gewählt, denn genau genommen, hatte sie der Rede ebenfalls nicht zugehört.
Da sie sich aber an Kersch´ frühere Ansprachen erinnerte, erklärte sie, "er ist witzig, schlagfertig, originell, aber auch irgendwie hinterhältig. Seine Anzüglichkeiten verbirgt er geschickt hinter Wortspielen, Anekdoten und Frotzeleien. Manchmal überschreitet er Grenzen. Meines Erachtens ist er ein begnadeter Entertainer."
"Für den Job, den er ausübt, ist das eine nicht zu unterschätzende Begabung."
Sein Lächeln war verführerisch.
Ihre anfängliche Nervosität schwand. Zunehmend fühlte sie sich in seiner Gegenwart wohler. Christina vertraute ihm an, dass sie ihr Jurastudium abgebrochen hatte, doch weiterhin großes Interesse an diesem Fach hegte - eine kokette Lüge

im Hinblick auf das Interesse. Er fragte sie nicht nach dem Grund ihres Scheiterns, und sie hütete sich, ihn zu verraten.

Als das intensive Gespräch plötzlich ins Stocken geriet, forderte er sie zum Tanzen auf. Sie war aufgeregt, als sie ihm folgte, denn sie wusste, dass sie von allen Seiten unverhohlen angestarrt wurde. Erhobenen Hauptes schritt sie zur Tanzfläche, um dem ´Volk´ zu bieten, wonach es lechzte. Schneider führte sie gekonnt über das glatte Parkett. Er tanzte hervorragend. Seine Hände lagen lose, fast unbeteiligt auf ihrem Rücken und doch spürte sie ein wunderbares Prickeln auf ihrer Haut, das langsam ihren ganzen Körper ergriff. Percy Sledge sang ´When a man loves a women´. Sie drückte sich enger an ihn, um mehr von ihm zu spüren. Er schien ihre Aufforderung zu verstehen. Seine warmen Finger glitten langsam nach unten bis zu der Stelle, an der es gefährlich wurde. Aber sie hatten längst die Grenze des Anstands passiert. Christina fürchtete, jeden Moment aufstöhnen zu müssen. Eine derart starke Empfindung hatte sie nie zuvor erlebt. Sie war wie in einem Rausch. Wie es ihm erging, musste sie nicht hinterfragen. Sie spürte es. `Oye coma ya` von Santana erlöste sie. In geziemenden Abstand voneinander bewegten sie sich zu den Latin Jazz-Klängen. Aus den Augenwinkeln beobachtete sie, dass Edgar mit Frau Mommsen tanzte, während Kersch mit seiner Frau vorliebnahm. Solange Edgar beschäftigt war, konnte Christina sich ebenfalls beschäftigen. Sie wunderte sich über Edgars Engagement. An dieser Art Gymnastik war er eigentlich nicht interessiert und an seiner Partnerin konnte es auch nicht liegen.

Der DJ legte eine Michael Bolton- und danach eine Michael Bublé-Nummer auf. Beide Songs ließen verschiedene Formen rythmischer Annäherung zu. Dr. Schneider entschied sich für eine lockere, die er nach und nach eine enge wandelte. Nach weiteren zwei Tänzen, die sie in schweigender Ekstase genossen hatten, löste sich der nun nicht mehr ganz Unbekannte von Christina.

Er begleitete sie zu ihrem Platz und auf dem Weg dorthin bedankte er sich förmlich: "Sie tanzen sehr gut. Darf ich Sie später noch einmal entführen? Bitte entschuldigen Sie mich." Er eilte davon.

Jeder musste bemerkt haben, dass sie vielleicht etwas mehr getan hatten, als zu tanzen. Ihr war heiß und das lag nicht an der abendlichen Resthitze. Ihr Kleid klebte ihr feucht am Körper. Mit einer Serviette fächelte sie sich Luft zu und versuchte zur Besinnung zu kommen.

Sie entschied, dass das am besten auf der Damentoilette ging. Um keinen Verdacht zu erregen, musste sie auf die Rückkehr Dr. Schneiders warten. Endlich kam er. Die Krawatte hatte er zwischenzeitlich etwas gelockert.

In den Spiegeln des hell erleuchteten Puderraums entdeckte sie, dass das Lider-Kunstwerk ziemlich verwischt war. `Ich sehe aus wie ein Panda-Bär, der in einen Hochdruckstaubsauger geraten ist´.

Sie war sich sicher, dass sie nicht nur Lippenstiftspuren auf seinem Hemd hinterlassen hatte. Als sie ihr Äußeres halbwegs in Ordnung gebracht und ihre innere Fassung wiedergefunden hatte, kehrte Christina in die festliche Arena zurück. Ihr Tisch war leer, denn alle befanden sich auf der Tanzfläche. Edgar tobte jetzt ausgelassen mit der Gattin eines seiner Kollegen über die Terrasse, während Schneider seine feingliedrige Frau zum Big-Band-Sound der 40er Jahre führte. Die Zusammenstellung der Musik ließ vermuten, dass auch der DJ in einen Hochdruckstaubsauger geraten war.

Christina hielt sich an einem Glas Aperol Spritz fest und betrachtete den Mann, der den Furor in ihr ausgelöst hatte. Dr. Schneider war groß, sogar größer als Edgar und mindestens fünf Jahre älter als ihr Mann. Christina schätzte ihn auf Mitte Vierzig. Schön im klassischen Sinne war er nicht. Sein schwarzes Haar war von silbernen Fäden durchzogen und über seinen dunklen Augen lagen buschige Brauen wie Schattenspender. Er hatte große, wunderbare Hände. Eigentlich war alles groß an diesem Mann und dieses Große wirkte an ihm erstaunlich jugendlich und sensibel. Man hatte das Gefühl, dass er nicht wusste, wohin mit den riesigen Händen. Dabei wusste er es sehr genau, das hatte er ihr auf der Tanzfläche eindrucksvoll bewiesen. Sie konnte sich an ihm nicht satt sehen. Während sich die Paare über die Tanzfläche schoben, stellte sie Vergleiche an und die fielen nicht gut aus für Edgar. Der wirkte mit seiner durch übertriebenen Sport ausgemergelten Figur, den manikürten Fingern und den ausgesucht eleganten Anzügen, die ihm ein distinguiertes Aussehen verleihen sollten, manchmal eigentümlich tuntenhaft.

An diesem Abend wurde ihr schlagartig klar, wonach sie sich all die Jahre schmerzlich gesehnt hatte. Florian Schneider hatte Dämonen in ihr geweckt, die danach lechzten, befreit zu werden. Leider war er für diese Aufgabe der am wenigsten Geeignete. Nicht nur, dass er bereits vergeben war, sondern auch noch an eine Kollegin Edgars. Ein Schauer durchzuckte sie, als sie über ihr unsittliches Verlangen sinnierte.

Zu ihrer Erleichterung widmete sich das Objekt ihrer Begierde den Rest des Abends seiner Frau, die auf Christina einen nervösen, gehetzten Eindruck machte. In den Tanzpausen krampften sich ihre Hände an halbvollen Gläsern fest, um deren Nachfüllung sie sich intensiv kümmerte. Christina fiel auf, dass Nadja Schneider ziemlich unmäßig trank und hoffte inständig, dass ihre gereizte Laune nicht mit den Vorgängen auf der Tanzfläche zu tun hatte. Sie fand es irritierend, dass Schneider nichts gegen das Treiben seiner Frau unternahm. Wenigstens wurde sie nicht laut, vielmehr schien es so, dass sie sich mit zunehmendem Alkoholpegel mehr und mehr in sich zurückzog.

Edgar spielte bis zum Ausklang des Festes den liebevollen Ehemann. Wenn es seiner Karriere guttat, war ihm nichts zu mühsam. Und Christina lief wieder synchron. An diesem Abend hatten sie beide fast perfekt ihre Rollen gespielt. Den kleinen Ausrutscher auf der Tanzfläche verzieh sie sich großzügig, zumal der Edgar offenbar entgangen war.

Der einzige, der es außer Schneider gewagt hatte, sie zum Tanzen aufzufordern, war Kersch. Er wirkte etwas abwesend, als er seine Pflichtrunden mit ihr absolvierte. Fortwährend sah er sich um. Das störte sie nicht, denn sie tat das gleiche. Als er ihr auf den Fuß trat, entschuldigte er sich. Er war sichtlich durcheinander, vergaß sogar seine üblichen Schmeicheleien. So hatte sie ihn noch nie erlebt. Ihre Vorsätze, ihn zu becircen, um Edgar zu provozieren, hatte Christina längst vergessen.

Sie hing anderen Gedanken nach und zum ersten Mal tat es ihr leid, dass sich ein Event der **Mastorn** dem Ende zuneigte.

Als sie im Taxi saßen, fragte Edgar sie plötzlich, „warum hast du heute früh so geschrien?"

Sie schreckte auf. "Ich hatte einen fürchterlichen Traum" – und *der handelte von dir*, wollte sie sagen, aber das ging ihn nichts an.

„Und der war so fürchterlich, dass du nicht darüber reden willst?"

Sie antwortete nicht, denn sie sah das Bild vor sich, wie Edgar mit einem Messer zwischen den sich windenden Schlangenkörpern auftauchte und versuchte, ihr die Gliedmaßen abzuschneiden. Die Erinnerung daran war so entsetzlich, dass sie darüber nicht sprechen konnte.

"Das war übrigens nicht das erste Mal, dass du im Schlaf geschrien hast."

"Ach nein, das hast du mir nie erzählt."

"Ich wollte dich nicht beunruhigen."

Soviel Fürsorge passte nicht zu Edgar. Vielleicht log er ja. Vielleicht wollte er ihr nur einreden, dass sie ein hysterisches Dummchen sei. Sie sah ihn an. Sogar in der Dunkelheit leuchteten seine Augen, dieses Blau schien wie von einer Batterie betrieben.
"Ich habe von dir geträumt. Immer wenn ich schreie, bist du der Anlass. Ist das nicht seltsam?"
"Das finde ich keineswegs. Du kennst doch fast niemanden. Von wem sonst solltest du träumen? Von deiner komischen Freundin vielleicht, dieser Mensch gewordenen Geschmacklosigkeit? Da muss man schon schreien, wenn man sie nur sieht!" Sein Ton klang verächtlich.
Er drehte sich ab und sah aus dem Fenster. Das Thema war für ihn erledigt.

*

Kleider, Schuhe, Kosmetika und Geschäftsunterlagen lagen wild verstreut auf dem Boden. Nadja packte ihre Koffer für das bevorstehende Seminar, das am kommenden Dienstag beginnen sollte.

´Als ob ich für Monate verreisen würde´, stöhnte sie und wühlte sich durch den Haufen.

Die Dinge die sie mitzunehmen gedachte, bemühte sie sich schon eine ganze Weile, auf ein Minimum zu reduzieren. Sie las ihren Terminplan ein weiteres Mal sorgfältig durch. Da sie beabsichtigte, die Wochenenden zu Hause zu verbringen, konnte sie vieles aussortieren. Die Auswahl ihrer Garderobe orientierte sich nicht nur an offiziellen Vorgaben, konservativ distinguiert für den Tag, edel leger für den Abend. Es gab auch inoffizielle, und die bereiteten ihr Sorgen.

Leopold Kersch hatte sie am frühen Morgen dieses spätsommerlichen Freitags zu sich zitiert und ihr ganz unverfroren seine persönliche Liste der Kleider diktiert, die sie mitnehmen sollte. Sie war geschockt gewesen.
"Ich möchte das nicht. Wie oft muss ich dir das noch erklären. Bitte begreife endlich, dass unsere Beziehung keinen Bestand hat. Wir sollten endlich damit aufhören, unsere Partner zu hintergehen. Mir ist nicht entgangen, wie deine Frau darunter leidet."
"Das sind ja ganz neue Töne. Solange du mit deinem Steuerhinterzieher nur liiert warst, hattest du keinerlei Skrupel, ihn zu betrügen – und jetzt, wo du diesen albernen Ehe-Fetzen in Händen hältst, glaubst du, das sei Verrat. Was für eine Heuchelei!"
Er schnaubte verächtlich.
"Was ist, wenn er es herausfindet? Ich wage mir nicht vorzustellen, was dann passiert. Einen Skandal kannst auch du dir nicht leisten."
"Er wird es eher herausfinden, wenn du jetzt rumzickst."
Die Erpressung saß! Er war sich so sicher, dass ein Skandal nur ihr schadete und möglicherweise hatte er Recht.

*

Sie wollte ihn unbedingt wiedersehen. Christina war sich bewusst, dass sie die Büchse der Pandora öffnete, wenn sie nicht zur Vernunft kam. Aber es half nichts. Diese nicht zu bändigende Sehnsucht beherrschte seit dieser Sommerparty im August ihr ganzes Denken.

Sie grübelte darüber nach, wie sie mit Dr. Schneider möglichst unverfänglich in Kontakt treten konnte. Sie suchte nach der Adresse seiner Kanzlei bei Google, was sich aufgrund seines Allerweltsnamens als relativ schwieriges

Unterfangen darstellte. Nach einigem Recherchieren wurde sie endlich fündig.

Da die Wahrscheinlichkeit einer zufälligen Begegnung äußerst gering war, überlegte sie, ob sie diese 'Zufälligkeit' nicht herbeiführen sollte, indem sie ihm vor seinem Büro über den Weg lief oder ihm in einem nahegelegenen Restaurant auflauerte. Sie verwarf diese Ideen, weil sie sich nicht sicher sein konnte, dass er sich an sie erinnern würde und weil sie wusste, dass sie sich niemals trauen würde, ihn anzusprechen.

Plötzlich fiel ihr ein, dass er auf dem Fest beiläufig erwähnt hatte, seine Kanzlei suche eine Halbtagskraft für das Telefon und den Empfang, weil ein weiterer Anwalt in die Sozietät eingetreten sei und sich dadurch personelle Engpässe ergeben hätten.

Sie blätterte sich durch die Stellenangebote der *Süddeutschen Zeitung* vom vergangenen Wochenende und fand tatsächlich eine entsprechende Anzeige: `Kanzlei sucht zur Entlastung des Sekretariats eine/n Mitarbeiter/in mit EDV- und Englischkenntnissen. Bitte melden Sie sich telefonisch bei Frau Baumann oder senden Sie aussagefähige Bewerbungsunterlagen an die *SSS Treuhand- und Steuerberatungs GmbH*´

Ein Wink des Schicksals oder des Teufels Fingerzeig in den Abgrund? Sie überlegte fieberhaft, welcher Weg der Geschicktere war, ein Bewerbungsschreiben oder ein Telefonat. Schließlich entschied sie sich für den Anruf, da ihre schriftlichen Unterlagen alles andere als aussagefähig waren. Sollte man von ihr schriftliche Belege ihrer beruflichen Qualifikation verlangen, würde Christina ihre Freundin Violetta bitten, ihr eine Art Zeugnis auszustellen.

Violetta arbeitete in einer Werbeagentur als Texterin. Dort hatte Christina gelegentlich vormittags ausgeholfen - Edgar wusste nichts davon. Später hatte Violetta ihr einen Laptop zur Verfügung gestellt, auf dem sie zu Hause kleine Schreibaufträge erledigen konnte und Zugang zum Internet hatte. So war sie für Edgar physisch immer erreichbar und konnte sich um seinen Hund kümmern, den es des Öfteren an die frische Luft drängte. Edgar konnte sehr jähzornig werden, wenn er nicht wusste, wo seine Frau steckte. Wenn sie aus dem Haus ging, meldete sie sich bei ihm ab, das hieß, sie hinterließ auf seinem Handy eine entsprechende Nachricht. Er kontrollierte sie, indem er sie auf dem Festnetz anrief und ihr kleine Aufträge erteilte, die keinen Aufschub duldeten. Edgar war in dieser Hinsicht ziemlich kreativ. Das Vorhandensein des Rechners erklärte Christina ihm damit, dass sie sich weiterbilden wollte und dieses Gerät günstig aus zweiter Hand erworben hatte. Erstaunlicherweise war er so beeindruckt über Christinas Bildungswillen, dass er ihr einen EDV-Kurs spendierte, wenngleich auch nur einen bei der Volkshochschule. Der reichte seiner Meinung nach vollkommen aus. Ihre Kenntnisse erweiterte sie dank der Hilfe von Violetta.

Jetzt, da ihre Ehe sich ihrem Tiefpunkt näherte, hatte sie keine Bedenken mehr, sich über Edgars Verbot hinwegzusetzen und sich eine bezahlte Arbeit zu suchen. Ein abgebrochenes Jurastudium galt allerdings nur bedingt als Eintrittskarte in die Welt eigenen Gelderwerbs. Doch in diesem Fall ging es um mehr als einen bezahlten Job. Sorgfältig legte sie sich das Frage- und Antwortspiel für ihre Bewerbung zurecht. Sie stellte sich vor, was Dr. Schneiders Sekretärin von ihr zu erfahren suchte und legte sich überzeugende Antworten zurecht. Sie übte so lange, bis sie den Mut aufbrachte, das Anwaltsbüro anzurufen.

Frau Baumann stellte zu Christinas Überraschung keine Fragen, sondern schilderte die Gepflogenheiten der Kanzlei und wie sie sich die Tätigkeit der neuen Mitarbeiterin in diesen Abläufen vorstellte. Sie vereinbarten einen Gesprächstermin für den nächsten Tag um elf Uhr. Als Christina mit zitternden Fingern den Hörer aufgelegt hatte, fiel sie erschöpft auf ihren Sessel, um sich zu beruhigen. Mit einem Taschentuch tupfte sie sich über die Stirn und die Oberlippe. Sie schwitzte. Körperausdünstungen waren ihr ein Gräuel. Erst jetzt wurde ihr klar, dass sie keine rechte Vorstellung davon hatte, wie es ihr trotz fehlender Erfahrungen gelingen sollte, die begehrte Stelle zu ergattern. Bitter gestand sie sich ein, dass sie vielleicht zu alt für eine Tätigkeit am Empfang war. Außerdem war es gut möglich, eigentlich sogar sehr wahrscheinlich, dass Schneider sie nicht in seiner Kanzlei haben wollte. Immerhin war sie die Angetraute eines Kollegen seiner Frau und die seinerzeitige Erregung auf der Tanzfläche war nicht einseitig gewesen.

Trotz der Ernüchterung, die ihre umfangreichen Überlegungen verursacht hatten, traf Christina am folgenden Tag pünktlich in der Anwaltskanzlei ein, die in einem klassizistischen Altbau mit goldgelber Fassade und Blick auf die Isar untergebracht war. Außer ihr wartete noch eine junge Frau. Sie trug ein blasslila Kostüm mit einer gelblichen Bluse. Die Kombination aus hellroten Haaren und einem bleichen, ungeschminkten Gesicht beleidigte Christinas sensibles Farbempfinden. Die optische Ungeschicklichkeit ihrer Konkurrentin verbuchte sie als Pluspunkt für sich.

Inständig hoffte Christina, ihn zu sehen. Die meisten Zimmertüren standen offen, aber es war ihr unmöglich, von ihrem Sitzplatz auf einem braunen Wildleder-Fauteuil im

Flur, einen der Räume einzusehen. Ein junges Mädchen fragte die beiden Bewerberinnen nach ihren Getränkewünschen. Christina bat um einen Kaffee. Sie brauchte etwas zum Festhalten, und wenn es nur eine Tasse war, um ihre unerträgliche Anspannung ein wenig zu lösen. Unter dem Vorwand, die Bilder an den hellgrau getönten Wänden betrachten zu wollen, schlenderte sie über den Flur. Vor einem großen Bild, das in düsteren Tönen ein Schachbrett mit chaotisch verstreuten Figuren darstellte, blieb sie lange stehen. Die Darstellung fesselte sie, ohne dass sie sich erklären konnte, warum. Die zwei Bauern, die mit freudloser Siegermiene das Feld beherrschten, erschienen ihr wie das Abbild ihrer eigenen Einsamkeit inmitten gleichgültiger, toter Seelen. Das in altmeisterlicher Manier gemalte Bild beunruhigte sie. Die nebelverhangene Unfarbigkeit und die verwischten, dunklen Schattierungen von braun bis grau, in denen lediglich Blutspritzer und die Münder der beiden Überlebenden in sattem, fast obszönem Rot leuchteten, verliehen dem Acrylgemälde eine Stimmung grenzenloser Trostlosigkeit und Leere. Eigentümlich berührt las sie auf einer Karte am unteren Rand des Bildes den Titel: ***Tanz der Verlierer***

Sie riss sich los von dem deprimierenden Anblick und schlenderte weiter, um einen Blick in Dr. Schneiders Büro zu erhaschen. Was sie zu sehen bekam, waren lediglich die Vorzimmer. Die Räume der Anwälte waren geschlossen. Eine vollschlanke Frau, mittleren Alters, die sich als Frau Baumann vorstellte, bat die blässliche Mitbewerberin, ihr zu folgen. Da sie sich für eine Tätigkeit bewarb, die mit Mandantenkontakt verbunden war, hatte Christina mit enormem Aufwand an ihrem Erscheinungsbild gefeilt. Natürlich war das nicht der einzige Grund und so hatte sie eine Auswahl getroffen, die beiden Ansprüchen gerecht wurde. Zu einem engen taubenblauen Rock der hoffähig am

Knie endete, trug sie eine weiße Bluse mit einem zur Schleife gebundenen Schal und einen dunklen Blazer, den ein helles Einstecktuch zierte. Die hochhackigen, dunklen Pumps waren zwar unbequem, brachten aber ihre Beine vorteilhaft zur Geltung. Julian hatte ihr Haar zu einem kunstvollen Knoten geformt, der das völlige Gegenteil ihrer letzten Kreation darstellte. Er war etwas verblüfft gewesen über ihre Rückkehr zu alten Gewohnheiten. Nachdem sie ihm erklärt hatte, wofür sie diese konservative Frisur benötigte, hatte er sie ihr stirnrunzelnd gesteckt. Natürlich hätte das auch selbst hinbekommen, doch sie wollte nichts dem Zufall überlassen. Dabei überließ sie grundsätzlich nie etwas dem Zufall. Plötzlich beschlich sie das Gefühl, vielleicht etwas zu dick aufgetragen zu haben. Es ging doch nur um die Stelle in einem Vorzimmer oder noch profaner, am Empfang. Frau Baumann riss sie aus ihren Überlegungen. "Bitte kommen Sie. Herr Stöhr erwartet Sie bereits."
Christina griff nach ihrer Handtasche und folgte der Sekretärin.
Leander Stöhr, jugendlich, schlaksig und Anfang dreißig, war mindestens ebenso nervös wie Christina, was auf sie eine entspannende Wirkung ausübte. Plötzlich fühlte sie sich überlegen und stark und rechnete sich gute Chancen aus. Amüsiert registrierte sie, wie er sie sichtbar hingerissen anstarrte. Lasziv lehnte sie sich zurück und schlug die Beine verführerisch übereinander. Ihr Rocksaum bewegte sich geringfügig nach oben, was in der Absicht der Trägerin lag. Ihr entging nicht, dass Stöhr Schweißperlen auf der Stirn hatte, als er sich nach ihrem beruflichen Werdegang erkundigte. Ausführlich schilderte sie ihre Arbeit bei Violettas Werbeagentur, wobei sie es mit Dichtung und Wahrheit nicht allzu genau nahm. Den mit Erfolg besuchten EDV-Kurs bei der Volkshochschule erwähnte sie ebenfalls und natürlich vergaß sie nicht, ihr Jura-Studium in den

spärlich gefüllten Topf ihrer Kenntnisse zu werfen. Letzteres beeindruckte Stöhr am meisten.

„Ein Jurastudium ist sicher von Vorteil für das was wir hier machen, aber eigentlich geht es bei uns mehr um Steuerangelegenheiten, denn um Streitigkeiten. Unser Spektrum umfasst Bilanzen, Fristverlängerungen, Jahresabschlüsse, darüber hinaus Firmenverkäufe – bewertungen und -übernahmen und manchmal geht es um Erbschaftsangelegenheiten."

„Und manchmal auch um Selbstanzeigen beim Finanzamt", warf Christina ein.

Stöhr lachte.

"Wie ich sehe, kennen Sie sich in den Bereichen aus, auf die es hier ankommt."

Seine Stimme hatte einen rauen Klang angenommen. Das machte ihn noch sympathischer.

"Bisher habe ich zwar wenig Erfahrungen sammeln können, das soll aber keineswegs bedeuten, dass ich nicht lernfähig wäre", erklärte sie und versenkte ihre sorgsam geschminkten Katzenaugen direkt in seine grünen Pupillen.

Er wich ihrem Blick aus und betrachtete die Papiere, die vor ihm lagen.

Zwischenzeitlich war ihr Rock grenzwertig nach oben gerutscht. Sie richtete sich auf und zog den Saum nach unten, eine Geste, die mehr Aufmerksamkeit erregte, als augenscheinlich beabsichtigt. Sie war Teil einer ebenso gefährlichen, wie ausgeklügelten Choreographie.

Nach dem Gespräch, das etwa zwanzig Minuten gedauert hatte, bat Stöhr sie, erneut im Flur auf dem ledernen Ungetüm Platz zu nehmen. Es dauerte weitere zwanzig Minuten, bis Frau Baumann erschien, um Christina zu fragen, wann sie anfangen könnte.

"Wenn es Sie möchten, komme ich gerne schon morgen", antwortete Christina mit einnehmendem Lächeln.

"Gut, das wäre uns sehr angenehm. Ich bereite den Anstellungsvertrag für Sie vor. Dazu müsste ich Ihre Gehaltsvorstellungen wissen. Bitte vergessen Sie nicht, Ihre Zeugnisse und Ihre Steuerkarte mitzubringen."
"Herr Stöhr hat mit mir nicht über Geld gesprochen."
Christina war verlegen, denn sie hatte vergessen, sich über gängige Gehälter zu informieren.

Frau Baumann bat sie noch einmal zu Stöhr. Nun, da sich Christina ihrer Sache sicher war, erlaubte sie sich sogar zu feilschen. Sie pokerte Stöhrs Angebot um 10 % nach oben, was ihr Selbstvertrauen an diesem Nachmittag noch einmal stärkte.

Vergeblich hatte sie gehofft, Florian Schneider zu sehen. Offenbar war er an diesem denkwürdigen Tag nicht im Büro. Wie würde er reagieren, wenn er sie zu Gesicht bekam? Würde man sie noch während der Probezeit entlassen? War sie der Aufgabe überhaupt gewachsen? Wie sollte sie ihrem Mann beibringen, dass sie ohne seine Einwilligung eine Stellung angenommen hatte? Würde er ihr einen Strich durch die Rechnung machen und sie in eine beschämende Situation bringen, wenn sie absagen musste? Auf keinen Fall durfte er erfahren, bei wem sie ihre Brötchen verdienen würde. Ihre Euphorie verflog und machte einer beklemmenden Traurigkeit Platz. Diese Traurigkeit kam nicht von ungefähr. Sie musste sich mit der Tatsache auseinandersetzen, dass sie ernstlich die Absicht hegte, in eine funktionierende Beziehung einzubrechen. Was war nur in sie gefahren, sich derart erbärmlicher Finessen zu bedienen? Nur weil ihre Ehe ein Desaster war, hatte sie nicht das Recht, eine andere zu zerstören. ´Nein´, beschwichtigte sie sich, ´ich werde seine Ehe nicht gefährden, ich will ihn einfach nur sehen – in seiner Nähe sein´. Dass dieser Vorsatz illusionär war, schwante ihr.

Sie rief ihre Freundin Violetta an, um mit ihr das Ereignis, das so widersprüchliche Empfindungen in ihr ausgelöst hatte, zu begießen. Von Feiern konnte keine Rede mehr sein, aber vielleicht konnte Violetta ihr helfen und wenn nicht, dann sie wenigstens etwas aufheitern. Sie trafen sich in einer Bar in der Nähe des Anwaltsbüros. Violetta arbeitete für die Agentur *Smell, See and Feel*, die zufälligerweise in der gleichen Straße wie die *SSS Treuhand- und Steuerberatungs GmbH* ein geräumiges Büro unterhielt.

Die hervorstechendsten Merkmale Violettas waren ihre ausladenden Formen und langes rötlichschwarzes Haar, das sie meist offen und manchmal zu neckischen Löckchen gedreht, trug. Sie war eine durchaus anziehende Frau in den Enddreißigern. Leider hatte sie einen fatalen Geschmack, einen Hang ins Ordinäre, wie Christina fand. Ihre Outfits stammten samt und sonders von angesagten Designern, waren aber für jüngere und vor allem schlankere Trägerinnen entworfen. Männern jedenfalls schien Violettas Aufmachung zu gefallen. Den Erfolg bei ihnen dokumentierte ein häufiger Liebhaberwechsel. Dabei verschlang Violetta nicht die schlechtesten Exemplare, wie Christina bewundernd eingestand. Meist war es Violetta, die ihre Affären nach kurzem Antesten beendete. Ihre Freiheit war ihr lieber. Christina beneidete sie manchmal darum, wie sie ungeniert ihre Neigungen auslebte. Ihr imponierten die Unbekümmertheit, die Spontaneität und der extrovertierte Charme Violettas - Eigenschaften die sie zu einem begehrten Gast exzentrischer Partys und Events krönte. Manchmal schaffte sie es damit sogar in den Gesellschaftsteil der Tageszeitung. Genau genommen war Violetta eine

Feministin, wenngleich sie diese Überzeugung nicht durch ihr Erscheinungsbild zum Ausdruck brachte.

Ihrem hehren Anspruch verpflichtet, behauptete sie, dass Fremdgehen das beste Rezept sei, Christinas Ehe zu retten. Mehrmals hatte sie versucht, Christina mit ihren Freunden, Kollegen, Ex-Liebhabern oder flüchtigen Bekannten zu verkuppeln. Dass diese Freundschaftsdienste danebengingen, lag weniger an Christinas moralischen Bedenken, als an ihrem mangelnden Selbstwertgefühl. Natürlich war sie sich bewusst, dass sie anziehend auf Männer wirkte, wie sie damit umgehen sollte, wusste sie allerdings nicht. Edgars ständige Herabsetzungen hatten sie in dieser Hinsicht nachhaltig geschädigt. Ihre Bestätigung suchte sie sich deshalb auf eine Art, die weder Edgar noch Violetta gutgeheißen hätten. Nicht einmal sie selbst fand in Ordnung, womit sie ihre Ausflüge würzte. Ihr kleines Geheimnis waren folgenlose Flirts mit Fremden, die ihr nicht zu nahekommen konnten. Darin lag eine bequeme Unverbindlichkeit, die ihre Phantasie beflügelte und ihrer Selbstwahrnehmung guttat. Mindestens einmal pro Woche fuhr sie in die Innenstadt zum Einkaufen mit abschließendem Besuch eines Cafés oder eines Restaurants während der Mittagspause. Sie bestellte sich stets einen großen Salat und ein Glas San Pellegrino und beobachtete das Terrain. Ein Opfer fand sich fast immer. Dabei war es egal, ob jung, alt, dick, dünn, allein oder in Begleitung. Das Shoppen war nur ein Vorwand für ihre Fluchten in das Schattenreich unerfüllter Sehnsüchte.
"Was gibt es zu begießen, hast du endlich einen Lover?" platzte Violetta taktlos heraus, als sie ihre Freundin sah, "du siehst so aufgetakelt aus, dass ich annehmen muss, du triffst dich gleich mit ihm in einem Stundenhotel, wo er dir das nötigste vom Leib reißt und es dir ordentlich besorgt."

Stundenhotel, das passte zu Violetta. Bei ihr durfte man getrost davon ausgehen, dass sie Manches schon von innen gesehen hatte.

"Nein, einen Lover brauche ich jetzt nicht mehr, denn ich habe etwas Besseres!" verkündete Christina in der Gewissheit, dass sie log.

"Was kann noch besser sein, als ein ausdauernder Hengst?"

"Du bist so was von geschmacklos! Aber was soll´s. Dir nehme ich es nicht übel. Also, um es kurz zu machen, ich habe einen Job."

Violetta war sprachlos, was selten vorkam. So bekam Christina die Gelegenheit, ihrer Freundin ausführlich das Vorstellungsgespräch zu schildern. Die Gründe ihrer überraschenden Entscheidung, sich eine Arbeit zu suchen, sparte sie - entgegen ihrer Vorsätze - aus.

"Weiß dein Herzchen schon davon?"

"Nein natürlich nicht, so schnell wollte ich mir die Laune nicht verderben, er wird es früh genug erfahren."

Beide lachten ausgelassen, als sie sich Edgars Reaktion ausmalten und bestellten sich neue Drinks.

"Erst wird er toben, dann wird er über dich herfallen, um seine ehelichen Rechte grob einzufordern und als Krönung des Ganzen wird er dir verbieten, zu arbeiten", resümierte Violetta.

Sie hatte aufgehört, zu lachen. Oft genug hatte sie als ungebetene Zeugin unerquicklichen Auseinandersetzungen im Hause Ohlert beigewohnt.

"Und so wie ich dich kenne, wirst du dich wieder fügen, ganz das brave kleine Mädchen, das Edgar so schätzt", fuhr sie fort und rührte betrübt in ihrem Cocktailglas.

Christina schwieg.

"Wie bist du eigentlich gerade auf diese Kanzlei gekommen?"

"Sie hatten inseriert und da ich ein bisschen Jura studiert habe, bot sich dieser Arbeitsplatz geradezu an. Außerdem ist

er in deiner Nähe, was bedeutet, dass wir uns von nun an häufiger sehen können."
"Wenn dein feines Edgarlein das zulässt."
Violetta und Edgar hassten einander mit Inbrunst.
"Ich dachte eigentlich, dass du mich bei meinem Vorhaben unterstützt."
"Aber ja, natürlich tue ich das. Nichts wäre mir lieber, als dass du dich von diesem Schwein endlich emanzipierst und dabei werde ich dich nach Kräften unterstützen. Das verspreche ich dir! Ich habe übrigens geplant, meine Mittagspause etwas auszudehnen. Schließlich habe ich ja nicht oft Gelegenheit, dich zu sehen und dann auch noch solche Neuigkeiten zu erfahren."
Darauf stießen sie an. Sie hatten viel Spaß miteinander, tranken mehr, als sie vertrugen und verstiegen sich dabei in immer neue kleine Gehässigkeiten gegen Christinas rücksichtslosen Gatten. Bevor sie sich trennten, verabredeten sie, sich von nun an so oft wie möglich mittags zu treffen.

Christina fühlte sich nach diesem Wiedersehen so beschwingt, dass sie spontan beschloss, sich neu einzukleiden und Edgars Bankkonto zu dezimieren. Obwohl sie sich immer ein wenig ekelte, fuhr sie gerne mit öffentlichen Verkehrsmitteln. Der Geruch und die Enge waren ihr zwar ein Gräuel, die Anonymität hingegen entschädigte sie für diese Nachteile. In letzter Zeit allerdings starrten die jungen Männer lieber auf ihre Handys statt auf die Beine attraktiver Mitreisender. Sie nahm die U-Bahn nach Schwabing. Die Innenstadt mied sie an diesem späten Nachmittag, denn sie hatte keine Lust, sich durch große Menschenansammlungen zu kämpfen und von ungewaschenen Flegeln anrempeln zu lassen. Außerdem konnte sie die stickige Luft in den Kaufhäusern und das unfreundliche Geblaffe entnervter Verkäuferinnen nur schwer ertragen.

Als Jagdrevier erkor sie sich die Hohenzollernstraße mit ihren ausgefallenen, nicht ganz billigen Boutiquen. Sie suchte fast jeden Laden auf, denn wie so oft, konnte sie sich nicht entscheiden. Entweder sagte ihr die Farbe nicht zu, oder das edle Stück überschritt finanziell das Limit dessen, was sie Edgar zuzumuten beabsichtigte. Endlich kaufte sie sich einen pfirsichfarbenen Rock, eine Seidenbluse und beigegetönte Schuhe im Chanelstil – die Erstausstattung für ihre neue Herausforderung. Abschließend genehmigte sie sich ein Glas Weißwein in einer kleinen italienischen Bar, obwohl sie die *Margeritas* noch spürte. Es war ihr ausnahmsweise egal. Sie brauchte Alkoholisches, um sich Mut für die unausweichliche Aussprache mit Edgar anzutrinken.

Außer einem Pärchen in mittleren Jahren lehnte nur ein hochgewachsener Mann, Typ ´Vertreter für Haushaltsgeräte´, an einem der runden Stehtische. Er prostete Christina gönnerhaft zu. Sie lächelte freundlich zurück – ihr Lieblingsspiel nahm seinen Lauf.

Der Fremde fühlte sich durch ihr Lächeln aufgefordert und gesellte sich prompt zu ihr an den Tisch: "Erlauben Sie, dass ich Sie zu einem Glas Wein einlade?"

Damit hatte er die rote Linie überschritten.

Spontan lehnte sie ab: "Nein danke. Leider habe ich noch einige Besorgungen zu erledigen", und bereute augenblicklich ihren vorschnellen Rückzug: "Nun, wenn ich es recht überlege, für ein Gläschen reicht die Zeit wohl."

"Das freut mich. Eine weise Entscheidung. Angesichts der Tüten, die Sie um sich herum platziert haben, habe ich den Eindruck, dass Sie Ihre Besorgungen bereits erledigt haben. Bleiben sie beim Weißen?"

Der Mann stellte sich als Andreas Nicolai vor und war tatsächlich Vertreter. Allerdings betreute er die Sparte Spirituosen, Spezialität ´Weine aus Südafrika´, wie er ihr ausführlich erklärte. Christina ließ ihn reden, denn das tat er offensichtlich gern. Außerdem hatte sie einen ziemlichen Schwips.
Irgendwann sah sie auf die Uhr und erschrak: "jetzt muss ich aber wirklich los. Danke für Ihre freundliche Einladung. Es hat mir Spaß gemacht, mich mit Ihnen zu unterhalten. Auf Wiedersehen."
"Ich möchte Sie gerne wiedersehen. Darf ich Sie anrufen?"
Er hatte die direkte Art eines Verkäufers.
Zögerlich antwortete sie: "Besser, ich rufe Sie an. Geben Sie mir Ihre Telefonnummer?"
Das klang ganz nach Violetta, `ich bin zwar gebunden, einem Abenteuer aber durchaus nicht abgeneigt´.
Sie steckte seine Karte in ihre Handtasche und verließ eilig das Etablissement.

Auf dem Weg zur U-Bahn kicherte sie still in sich hinein. Ihr war, als sei sie aus einer dunklen Gruft nach oben gekrochen und gewöhne sich ganz allmählich an das Licht. Sie konnte nicht umhin, sich einzugestehen, dass sogar Andreas Nicolai sie in eine gewisse Stimmung versetzt hatte, obwohl er ihr als Mensch nicht besonders gefallen hatte. Vielleicht würde sie ihn wirklich irgendwann einmal anrufen. Die Visitenkarte musste sie natürlich verschwinden lassen - oder für den Fall der Fälle bei Violetta deponieren. Vielleicht konnte ihre Freundin ja sogar etwas damit anfangen. Andererseits konnte sie ihrem Mann auch erklären, dass sie einen kleinen Vorrat an guten Weinen anzulegen gedachte und diesbezüglich erste Kontakte hergestellt habe.
Edgar war bereits zu Hause, als sie die Wohnungstür aufschloss. Er lümmelte in einem Sessel, die Füße auf dem Sofatisch von sich gestreckt. Obgleich er sich in eine Zeitung

vertieft hatte, lief der Fernseher mit lautem Ton. Edgar hatte die enervierende Angewohnheit gleichzeitig zu lesen, zu telefonieren und Nachrichten zu hören.

"Wo warst du den ganzen Tag, ich habe mehrmals angerufen? Du weißt, dass ich mir Sorgen mache, wenn ich nicht weiß, wo du steckst. Außerdem habe ich Hunger."

Sorgen waren im Hinblick auf Christina das wenigste, was Edgar sich machte. Was für ein scheinheiliger Vorwand, um sie in die Schranken zu weisen.

"Wofür habe ich ein Handy?"

"Sehr schlau. Leider zeigt mein Telefon nicht an, wo du dich befindest, während ich mit dir spreche. Im Übrigen war es ausgestellt, vermutlich nicht geladen, wie üblich. Du lernst es nie!"

Er blickte nicht von seiner Lektüre auf, während er mit ihr sprach. Sein unhöfliches Benehmen animierte sie, sofort mit der Neuigkeit herauszuplatzen.

"Du hättest mir ja eine Nachricht hinterlassen können. Übrigens, hatte ich das Telefon ausgestellt, weil ich bei einem Vorstellungstermin war, und ob du es glaubst oder nicht, ab morgen arbeite ich halbtags in einer Anwaltskanzlei. Was sagst du dazu?"

Jetzt ließ er das Blatt sinken und sah sie völlig perplex über den Brillenrand hinweg an. Er musste erst einmal verdauen, dass sie die Unverfrorenheit besessen hatte, ohne seine Erlaubnis eine derartige Entscheidung zu treffen und sie auch gleich in die Tat umzusetzen.

In letzter Zeit hatten sie zwar manchmal darüber gesprochen, dass Christina einer Beschäftigung nachgehen sollte, um sich ausgeglichener zu fühlen. Edgar hatte vage zugestimmt, ernstlich damit gerechnet hatte er aber nie. Christina hing seiner Meinung nach vielen Hirngespinsten nach, ohne sie je in die Tat umzusetzen. Er hatte ihr dieses Zugeständnis auch deshalb gemacht, weil er davon überzeugt war, dass niemand

sie mit ihrem fehlenden beruflichen Background einstellen würde.
Als Christina Edgar nun von ihrer künftigen Tätigkeit erzählte, verschwieg sie das entscheidende Detail. Sie erwähnte zwar die Namen aller Anwälte, stellte aber erleichtert fest, dass er ihr nicht wirklich zuhörte. Nachdem seine erste Überraschung kühler Nüchternheit gewichen war, entschied er, Christina bei der Umsetzung ihres Plans zu unterstützen. Beim Abendessen diskutierten sie ausführlich über ihre berufliche Zukunft. Christina konnte es kaum glauben. Edgar schien fast froh über ihre neue Eigenständigkeit zu sein, versorgte sie sogar mit Tipps für ihr Verhalten Kollegen gegenüber, machte sich Gedanken über ihre Kleidung und wies sie auf typische Marotten von Chefs hin. Nicht alles, was er sagte, fand ihren Beifall.
Unbeirrt fuhr er fort: "Achte auf die Frauen! Frauen können so gemein sein, vor allem dann, wenn sie merken, dass du über keinerlei Wissen verfügst. Und so wie du aussiehst, erregst du natürlicherweise deren Argwohn. Damit erfüllst du die denkbar schlechtesten Voraussetzungen, dich bei Kolleg*innen* beliebt zu machen."
Das Wort ´Kolleginnen´ dehnte er in die Länge. Irgendwie klang bei ihm alles, was mit Frauen zu tun hatte, abschätzig.
"Warum sagst du das? Warum behauptest du, dass ich über keinerlei Wissen verfüge? Natürlich habe ich wenig praktische Erfahrung, aber das heißt noch lange nicht, dass ich dumm bin. Und hör endlich damit auf, mir permanent einzuimpfen, dass ich allein mit meinem Aussehen glänzen könnte! Das hört sich so an, als ob ich nur wegen meiner Titten und wegen meines Hinterns eingestellt worden wäre."
Sie war verärgert und wollte das Thema beenden.
"Du kannst manchmal so verdammt gewöhnlich sein, weißt du das? Diesen Ausdrucksstil, den du dir vermutlich bei deiner lieben Freundin Violetta abgeschaut hast, solltest du dir als erstes abgewöhnen. Im Übrigen habe ich nicht gesagt,

dass ich dich für dumm halte, denn dann hätte ich dich nicht geheiratet. Trotzdem schadet es nichts, wenn du dich ein wenig in die Materie einarbeitest."
"Deine Arroganz ist manchmal unerträglich. Was bildest du dir eigentlich ein? Glaubst du wirklich, es ist erstrebenswert, auf deine Art Karriere zu machen?"
"Was meinst du damit?" fragte er erstaunt.
"Ich nehme an, du gehst mit deinen Mitarbeitern genauso rücksichtslos um wie mit mir. Anders kann ich mir einfach nicht erklären, wie du es in deinem Alter bereits geschafft haben sollst, der zweite Mann bei der **Mastorn** zu werden - zumal du nicht einmal ansatzweise das Format eines Leo Kersch´ besitzt!"
Sie spürte die Wirkung des Alkohols.
"Siehst du, das ist es was ich mit 'Unwissenheit' gemeint habe. Du reagierst typisch weiblich. Ohne Zusammenhänge zu erkennen, stellst du einfach aus dem Bauch heraus eine Behauptung auf. Ich bin lediglich der zweite Mann in München. Da ist noch viel Raum nach oben. Aber lass es gut sein, es ist müßig, darauf einzugehen. Wenn du es wenigstens drei Monate schaffst, in dieser Kanzlei zu bleiben – als was auch immer -, dann genießt du meine volle Hochachtung", konterte er herablassend.
Er war unübersehbar wütend über ihren Vergleich mit Kersch.
Mit der köstlichen Genugtuung, dieses eine Mal dem ehelichen Kampfring als Sieger entstiegen zu sein, beobachtete sie, wie er geräuschvoll mit der Zeitung raschelte, um sie dann zerknüllt auf den Teppich zu werfen. Dieser beleidigende Akt verfehlte ausnahmsweise seine Wirkung, denn längst war sie in Gedanken bei einem anderen Mann.
„Ach ja, um bei Kersch zu bleiben. Er hat mich nach der Sommerparty auf dich angesprochen."

Christina wurde hellhörig. „Und was meinte er im Hinblick auf mich?"

„Er fand dein Outfit bemerkenswert. Das meinte er übrigens nicht als Kompliment."

„Sondern?"

„Das willst du nicht hören."

Er stand auf.

"Mir ist der Appetit vergangen, warte nicht auf mich", sagte er und ging die Hundeleine holen.

Mit Karl, dem alten Dackel verließ er das Haus. Manchmal kam es ihr vor, dass Edgar den Hund mehr mochte, als sie.

Sie blieb noch eine Weile sitzen und hing ihren Träumen nach. Nagender Hunger holte sie in die Wirklichkeit zurück. Sie bereitete sich ein Schinkensandwich und wartete auf Edgars Rückkehr. Warum sie auf ihn wartete, konnte sie sich nicht erklären. Eigentlich sollte sie doch froh sein, dass er aus dem Haus war und sie in Ruhe ließ.

Endlich stand sie auf, um schlafen zu gehen. Als sie aus dem Bad trat, erwartete Edgar sie an der Tür. Er hatte dieses gefährliche Glitzern in den Augen.

"Du hast mich erschreckt. Ich hatte dich noch nicht zurückerwartet?"

"Ich hatte einfach Sehnsucht nach meiner kleinen Heldin, die sich künftig tapfer in der Arbeitswelt zu behaupten gedenkt."

Sein Ärger schien verraucht oder hatte – im Gegenteil - seine Lust beflügelt.

Was immer es war, Christina hatte keine Ambition, mit ihm zu schlafen. Sie wünschte ihm kühl eine gute Nacht und hoffte, er würde ihr ausnahmsweise ersparen, was er als sein eheliches Recht betrachtete. Einmal mehr hoffte sie vergebens.

"Deine Frechheiten haben mich aufs äußerste gereizt. Ich habe eine ganz neue Seite an dir entdeckt. Mal sehen wie weit sie reicht", keuchte er und packte sie an den Schultern, um sie brutal gegen den Türrahmen zu drücken.

Ihre Gegenwehr quittierte er mit einem Grinsen, dem etwas Teuflisches anhaftete. Mit dem linken Ellenbogen öffnete er die Tür und schob Christina in ihr Zimmer. Dort warf er sie in gewohnter Manier aufs Bett, schob ihr dünnes Nachthemd nach oben und drang so hart in sie ein, dass sie vor Schmerzen aufschrie. Christina brachte nicht die Kraft auf, sich zu wehren. Er war ohnehin stärker. Offenbar hatte er diese Vergewaltigung gebraucht, um Christina für ihr rebellisches Verhalten zu bestrafen.

Dass er eine Geliebte hatte, änderte an diesem Verhalten nichts. Es war gut möglich, dass er sie eine Weile nicht gesehen hatte, weil er neuerdings häufig nach Christina begehrte. Sie erinnerte sich in diesem Moment an Violettas Worte am Nachmittag. In puncto ´schnelle Nummer´ hatte ihre Freundin – wie so oft - Recht behalten.

Als er befriedigt war, ließ er von ihr ab und verließ wortlos das Zimmer. Für ihn war damit die Angelegenheit erledigt, abgehakt.

Der eheliche Akt diente ihm – wie Christina sich eingestand - weniger zur Befriedigung sexueller Bedürfnisse, sondern eher dazu, Macht auszuüben und zu demütigen. Dabei war Edgar nicht immer so gewesen. Wann er sich verändert hatte, konnte Christina nicht mehr genau bestimmen. Diese Veränderung war ein schleichender Prozess, der sich über lange Jahre hingezogen hatte und offenbar noch nicht zu Ende war. Es war keineswegs so, dass Christina sich in dieser Hinsicht etwas vormachte. Sie wusste sehr genau, dass Edgar ihr gegenüber gefühllos und zuweilen sadistisch war. Und doch gelang es ihr nicht, sich von ihm zu lösen. Ihre Gefühle schwankten ständig zwischen bedingungsloser Opferbereitschaft und blankem Hass. Jetzt überwog der Hass. Tiefer, traumloser Schlaf erlöste sie endlich von den Gedanken an ihren Peiniger.

Beim Frühstück schwiegen sie sich an. Christinas Vorfreude auf den Beginn der Arbeit war durch das abendliche Erlebnis

erheblich getrübt worden. Sie fühlte sich aber nicht nur deswegen schlecht. Ungute Empfindungen beschlichen sie auch bei ihrem Vorhaben, mehr als nur ihre Arbeitskraft in eine angesehene Anwaltskanzlei einzubringen.
Edgar erhob sich, trank noch einen Schluck Kaffee und tupfte sich den Mund gekünstelt mit der Stoffserviette ab, die er dann scheinbar achtlos auf den Boden fallen ließ. Er bückte sich nicht danach.
Sie beobachtete ihn und bemerkte kühl, "sie wird heute Abend immer noch daliegen, wo du sie soeben hingeworfen hast."
"Mich stört es nicht, dich schon eher. Oder ist das auch ein Teil der neuen Christina, die du mir gestern vorgeführt hast? Du hast vergessen, das Laken zu wechseln, so wie immer, nachdem dein schweißtriefender Gatte dich besprungen hat. Lag es daran, dass dich meine Ausdünstungen dieses Mal weniger gestört haben oder lag es daran, dass es dir Spaß gemacht hat? Letzteres kann ich mir bei dir eigentlich nicht vorstellen."
"Mit DIR wird es mir nie Spaß machen!", provozierte sie ihn und wunderte sich über ihr plötzliches Selbstvertrauen.
Edgar wunderte sich offenbar auch, denn er blieb ihr eine Antwort darauf schuldig.
´Zwei zu Null!´ dachte sie, als er grußlos das Haus verlassen hatte. Sie verspürte eine tiefe Genugtuung.
Langsam stand sie auf. Sie überlegte, in der Kanzlei anzurufen und abzusagen. Aber es gab triftige Gründe, die dagegensprachen. Die Serviette ließ sie liegen.
Eine fast unerträgliche Sehnsucht nach dem Mann, mit dem sie nur ein einziges Mal getanzt hatte, trieb sie. Nach der unseligen letzten Nacht hatte sich dieses Verlangen gesteigert. Dr. Schneider erschien ihr wie der edle Ritter, auf den sie immer gewartet hatte, Erlöser ihrer Qualen. Plötzlich sah sie auch eine Gelegenheit, Edgar für seine unzähligen

Niederträchtigkeiten zu bestrafen und das auf die verletzendste Art, die bei einem Mann wie ihm möglich war.

Ihre Rachegelüste hatten letzte Bedenken beiseite gefegt und davon beflügelt, trat Christina ihren Dienst pünktlich um neun Uhr an. Martha Baumann empfing sie freundlich und stellte sie den einzelnen Kollegen vor. Es schienen alle außer Dr. Schneider anwesend zu sein. Die Chefsekretärin zeigte Christina ihren Arbeitsplatz im Flur. Ein großer Empfangstresen, ausgestattet mit einer aufwändigen Telefonanlage und einem Computer war ihr Reich. Daneben standen ein großer Kopierer und ein Faxgerät. Die Arbeitsmöbel waren weiß, die Wände grau und die Besucher-Sessel hoben sich dunkelbraun von der hellen Umgebung ab. Die Einrichtung strahlte feine Zurückhaltung aus – *Bauhaus*, teuer, funktionell und dezent.

Christina hatte wenig Mühe, sich mit der Technik, die ein Büro ausmachte, vertraut zu machen. Neben ihrem Platz lag das Zimmer der zwei Kolleginnen, die außer der Chefsekretärin ganztags arbeiteten. Beide waren höflich zurückhaltend, mit einem leicht zu vergessenden Aussehen. Christina schätzte die beiden Steuergehilfinnen auf Mitte zwanzig. Später erfuhr sie, dass sie verheiratet waren und je zwei Kinder hatten. Frau Baumann war offensichtlich die graue Eminenz, die alles am Laufen hielt. Und ´grau´ war bei ihr wörtlich zu verstehen, denn alles an ihr war asphaltfarben, das kurze, maskulin geschnittene Haar, der Lidschatten, das Kostüm, und sogar Schuhe und Strümpfe. Dennoch, eine graue Maus war sie nicht. Ihre Üppigkeit, ihre erstaunliche Größe und ihr dazu korrespondierendes Auftreten adelten sie zu einer raumfüllenden Persönlichkeit.

Leander Stöhr begrüßte die neue Mitarbeiterin freundlich und schien wieder ein wenig verlegen. Schmunzelnd dachte Christina an ihr Vorstellungsgespräch bei ihm.

Dr. Schulz, ein stattlicher Mittvierziger, zeigte ihr voller Stolz sein Refugium, einen mit lichten Designermöbeln spartanisch ausgestatteten Raum, dessen große Fenster eine prächtige Aussicht auf die Isar boten. Gezwängt in einen senfgrünen Zweireiher wirkte er wie ein Oberfinanzbuchhalter, dem lediglich die Ärmelschoner fehlten. Dieser Eindruck wurde verstärkt durch eine ausgedünnte, mittelbraune Haarpracht und eine Brille, die seinem Gesicht in ihrer kassenärztlichen Anmutung einen Anflug von Jugendlichkeit verlieh. Es war unübersehbar, dass Schulz bei der Wahl seines Outfits weniger Fortune als bei der Ausstattung seines Zimmers gehabt hatte. In dieser Hinsicht ähnelte er Violetta, wenngleich deren Farbempfinden gehörig von dem des Juristen abwich.
Wie beiläufig erkundigte sich Christina nach dem dritten Anwalt.
"Dr. Schneider nimmt einen wichtigen Termin in Frankfurt wahr und wird wohl die ganze Woche dort zu tun haben, wenn nicht ein Wunder geschieht." Bei dem Wort `Wunder´ verdrehte Dr. Schulz die Augen.
„Sie werden ihn früher kennen lernen, als Ihnen lieb sein kann", klärte die omnipotente Herrin des Hauses sie auf, die zwischenzeitlich das Zimmer betreten hatte. Sie drängte zur Eile.
„Ach Frau Baumann bringen Sie mir doch bitte die Akte `Tee on Time´, bevor Sie die Tür hinter sich zu machen. Danke und Ihnen liebe Frau Ohlert wünsche ich einen guten Start und viel Spaß in unseren Räumlichkeiten."
Christina schluckte ihre Enttäuschung hinunter und folgte der Chefsekretärin. Sie nahm ihren Platz hinter dem Besuchertresen ein und lauschte dem Tratsch, den die graue

Eminenz ihr bereits am ersten Tag servierte. Immerhin erfuhr sie so einiges über die Eigenarten der Anwälte, wobei sie sich speziell für die Gewohnheiten des abwesenden Advokaten interessierte, was der redseligen Chefsekretärin offenbar nicht auffiel.

Der Vormittag verging viel zu schnell für Christinas Dafürhalten.

"Wer kümmert sich eigentlich am Nachmittag um den Empfang?"

"Eigentlich brauchen wir niemanden am Empfang, denn unsere Mandanten besuchen uns relativ selten. Dr. Schneider betreut seine Kunden in der Regel außerhalb und die beiden anderen Anwälte halten es genauso, mit dem Unterschied, dass deren Klienten hauptsächlich in München ansässig sind. Mit Kleinkram, wie Scheidungen, Verkehrsdelikten, Streitereien unter Nachbarn und Betrug haben wir nichts zu tun. Unsere Kanzlei hat sich auf die umfangreichen Vertragswerke mittlerer Unternehmen spezialisiert. Nun ja, ganz stimmt das nicht, Herr Stöhr kümmert sich um all die Dinge, die man grob als ´*Kleinvieh macht auch Mist*´ bezeichnen würde."

"Das heißt jetzt aber nicht, dass Sie mich eigentlich gar nicht brauchen, oder?"

"Aber wo denken Sie hin, das Kleinvieh verursacht die meiste Arbeit und Stöhr braucht eine umsichtige Hilfe, die ihn entlastet. Wie ich schon sagte, ist auch er oft außer Haus und dann bricht bei ihm - durchaus nicht selten - Chaos aus. Aber verschaffen Sie sich selbst einen Eindruck. Nachmittags entlastet uns an vier Tagen pro Woche eine junge Steueranwältin, die derzeit in Mutterschaftsurlaub ist. Aber seien Sie unbesorgt, Sie nimmt Ihnen nichts weg, selbst dann nicht, wenn sie wieder Vollzeit arbeitet. Wir haben mehr als genug zu tun. Dafür sorgt unser lieber Dr. Schneider, der Arbeit ohne Ende anschleppt."

In den folgenden Tagen erging es Christina wie am ersten Tag. Die Zeit raste. Sie freute sich jeden Morgen auf ihre Kollegen und zusehends freundete sich mit dem Gedanken an, Dr. Schneider – wenn sie ihn endlich zu Gesicht bekam - aus schicklicher Distanz anzuhimmeln.

Mit Violetta dagegen traf sie sich mehrmals zum Lunch. Violetta besaß die geniale Gabe, ihre Freundin stets aufzuheitern. Leider hatte sie immer wenig Zeit, während Christina lange freie Nachmittage zur Verfügung standen. Diese nutzte sie weiterhin für ihre heimliche Leidenschaft und pflegende Maßnahmen im Eigenheim und am Körper.

Seit der verhängnisvollen Nacht hatte Edgar sie nicht mehr angerührt. Er kam spät nach Hause und legte sich sofort schlafen. An seiner Freundin konnte es nicht liegen, denn Christina roch weder ihr Parfum an seinen Sakkos, noch fand sie Make-up-Flecken an seinen Hemden. Sie durchsuchte weiterhin seine Kleidung auf verdächtige Spuren, so wie sie es immer getan hatte. Aufgrund ihrer umfangreichen Recherchen kam sie zu dem Schluss, dass Edgar sich intensiv auf sein kühnes Vorhaben konzentrierte, Kersch abzulösen. Vielleicht hatte sie ja mit ihrer Bemerkung, dass er ihm nicht das Wasser reichen könne, dazu beigetragen.

Nach einer Woche war es soweit.
Frau Baumann rief Christina in sein Vorzimmer.
"Liebe Frau Ohlert, heute bekommen Sie Gelegenheit *The Big Boss* kennen zu lernen, auf den Sie so neugierig waren. Ich habe ihm bereits von Ihnen erzählt."
Sie betätigte die Gegensprechanlage.
"Dr. Schneider, sie ist da."
"Wunderbar, dann schicken Sie sie rein und bringen Sie uns bitte einen Kaffee."

Seine tiefe, warme Stimme verursachte in Christina ein herrliches Prickeln wohliger Vorfreude. Ihr Gesicht glühte, als sich die Türe zu seinem Büro öffnete, dem Schrein unstillbarer Begierde.

Er kam ihr entgegen und sah sie an wie Jemanden, an den er sich vage entsann, nicht aber, in welchem Zusammenhang. Zaghaft reichte sie ihm ihre maniküre Hand, die sie am liebsten versteckt hätte und nannte noch einmal ihren Namen.

Seine dunklen Augen blitzten auf. "Was für eine Überraschung. Ich freue mich sehr, dass Sie mein seinerzeitiges Angebot direttamente wahrgenommen haben. Aber, ist es Ihnen nicht unangenehm, ausgerechnet bei mir zu arbeiten, Frau Ohlert?"

Der Name ´Ohlert´ hatte sein Erinnerungsvermögen reaktiviert.

"Wenn es Ihnen nicht unangenehm ist, habe ich kein Problem damit", entgegnete sie so locker sie konnte und log, "und übrigens das mit dem *direttamente* stimmt nicht. Ich darf Ihnen versichern, Dr. Schneider, dass ich nicht wusste, dass wir uns auf diesem Wege wieder begegnen würden. Selbstverständlich hätte ich dann von einer Bewerbung abgesehen. Der Name Schneider besticht ja nicht gerade durch Seltenheitswert, wie Sie mir zugestehen müssen. Aber wenn Sie sich unwohl bei dem Gedanken an eine Zusammenarbeit mit mir fühlen, verlasse ich auf der Stelle das Büro."

Sie war den Tränen nahe.

"Sind Sie immer so theatralisch? Keineswegs fühle ich mich unwohl bei dem Gedanken an eine Zusammenarbeit mit Ihnen, im Gegenteil! Ich dachte nur an Ihren Mann, dem diese Kooperation vielleicht nicht schmecken wird. Jedenfalls wirkte er auf mich an besagtem Abend – ich hoffe ich verletze Sie jetzt nicht – etwas schwierig. Den Tanz mit Ihnen werde ich übrigens nie vergessen."

Er lächelte. Die Zweideutigkeit seiner letzten Worte war ihr nicht entgangen und doch kam es ihr vor, als ob er nur aus reiner Höflichkeit darauf hingewiesen hatte.
"Danke! Darf ich Sie noch um etwas bitten?"
"Noch etwas? Ist das nicht ein bisschen viel für den Anfang?"
Offenkundig war er mit seinen Gedanken längst woanders.
"Bitte erzählen Sie es nicht Ihrer Frau. Durch sie würde vermutlich mein Mann davon erfahren."
"Hatte ich doch recht mit meiner Vermutung?"
"Ein wenig schon. Er ist natürlich damit einverstanden, dass ich arbeite. Ja, er besteht sogar darauf. Ich fürchte nur, er wäre nicht begeistert, wenn er erführe, dass ich für den Ehegatten einer seiner Mitarbeiterinnen tätig bin. In dieser Hinsicht ist er etwas eigen."
"Da Sie ohnehin nicht für mich, sondern für Stöhr arbeiten, erachte ich Ihre Befürchtungen als gänzlich unbegründet. Nichts desto trotz wird meine Frau nichts über Sie erfahren, denn wir trennen Berufliches strikt von Privatem. Nun wünsche ich Ihnen alles Gute in Ihrem neuen Job."
Er geleitete sie zur Tür und bedeutete ihr mit einem kurzen, festen Händedruck, dass für ihn die Audienz beendet war. Sie drehte sich noch einmal um, um sich zu verabschieden, aber er hatte bereits nach dem Telefonhörer gegriffen und schenkte ihr keine Beachtung mehr. Beim Hinausgehen wäre sie fast mit Frau Baumann zusammengestoßen, die ein Tablett mit zwei Tassen Kaffee, Zucker, Milch und Gebäck in den Händen hielt.
"Eine Tasse genügt!" stieß Christina hervor und verließ das Vorzimmer.

Nach der ernüchternden Begrüßung durch Dr. Schneider schlich sich der Vormittag zum ersten Mal quälend lang hin. Der Elan der letzten Woche war verflogen. Christina konnte es kaum erwarten, die Kanzlei zu verlassen. Sie freute sich auf ihr Zuhause, ja sogar auf Karl, den sie eigentlich immer nur widerwillig Gassi führte. Die Türe schließen und alles aussperren, was für eine Verheißung! Edgar war in Tschechien und wollte nach einem kurzen Zwischenstopp in München nach Ludwigsburg im Schwäbischen. Vermutlich stimmte das nur zum Teil, aber egal. Hauptsache, er war weg. Die Tatsache, dass er neuerdings sehr oft nach Ludwigsburg fuhr, wertete sie als weiteres Indiz für ihre Vermutung, dass er den König vom Thron zu stoßen gedachte.

Als sie ihr Haus betrat, erschrak sie. War sie in den letzten Wochen wirklich so abgelenkt gewesen, dass sie es nicht bemerkt hatte? Die Sonnenstrahlen, die durch die großen Fenster fielen, richteten ihre Scheinwerfer erbarmungslos auf Möbel, auf denen sich Staub gesammelt hatte. Jede Menge. Hässlicher, unappetitlicher Staub, der ihren ästhetischen Anspruch Lügen strafte. Überall in ihrem Haus, dessen andere Hälfte sie mit den Krahls teilten, offenbarte sich das gleiche Elend. Missgelaunt strich sie im Bad im ersten Stock mit den Fingerkuppen über Fliesen, Scheiben, Flächen und Möbel, die ihr widerlich klebrig vorkamen. Es schien ihr, als hätten sich die Ablagerungen ihrer unfrohen Ehe in das Weiß der Kacheln gefressen und sie in ein hässliches Eierschalengelb verwandelt. Wie sollte es ihr gelingen, diese schmuddelige Trostlosigkeit zu beseitigen. Sie musste Edgar davon überzeugen, beide Bäder neu fliesen zu lassen. Bis es soweit war, sollte eine Mischung aus scharfem Haushaltsreiniger und Essig ausreichen. Christina mochte den Geruch von Desinfektionsmitteln, je strenger, umso lieber. Als Erstes machte sie sich über die in den Ausguss gespülten Abfälle ihres Mannes her. Wieder dieses Würgen. Jedes Haar eine Folter. Edgar wusste, wie sehr sie unter seiner Unordentlichkeit litt und deshalb nahm sie an, dass er genau deswegen die Zahnpasta-Tube nie verschloss und seine benutzten Handtücher auf die Erde warf, damit sie sie wie ein Stubenmädchen aufhob.

Während sie sich im Badezimmer zu schaffen machte und ihre Enttäuschung vom Morgen in gehässige Gedanken über den Verursacher all ihres Übels wandelte, rief der an: "Hallo, mein Herzchen, wie fühlst du dich nach deiner ersten Arbeitswoche?"

Seine freundliche Nachfrage provozierte sie noch mehr.

Kühl entgegnete sie: "Danke der Nachfrage. Die Details erzähle ich dir, wenn du zurück bist. Wann darf ich den frischgebügelten Pyjama für dich bereitlegen und die Hausschuhe vorwärmen?"

"Süß. So feinsinnig kenn ich dich gar nicht. Deswegen rufe ich an. Ich fahre noch heute nach Ludwigsburg. Am Wochenende bin ich zurück. Du hast also deine Ruhe und bist ausgeschlafen, wenn du dich erneut den tückischen Unwägbarkeiten des Berufslebens stellen musst. Pass auf dich auf!"

Was für ein überflüssiger Spruch, ging es ihr durch den Sinn. Trotz seiner Süffisanz war sie unendlich erleichtert, als sie den Hörer aufgelegt hatte. Selbst wenn es stimmte, dass er ohne Umwege nach Ludwigsburg fuhr, allein würde er vermutlich dort nicht ankommen. Sie hoffte es sehr, denn so konnte er sich an seiner Gespielin abreagieren und verschonte Christina mit seinen rüden `Zärtlichkeiten´.

Als das Telefon erneut schnarrte, ignorierte sie es. Sie hatte noch so viel abzuarbeiten, dass sie nicht gestört werden wollte. Sicher war es Violetta und Christina verspürte wenig Lust, ihr von ihrem erniedrigenden Erlebnis am Morgen zu berichten, zumal sie ihr das Kapitel ´Florian Schneider´ bisher vorenthalten hatte. Eigentlich merkwürdig, dass ihre einzige Freundin so wenig von ihr wusste. Aufgrund Christinas ehelicher Dissonanzen nahm Violetta wie selbstverständlich an, dass ihre Freundin gehemmt und verängstigt war und diese Unzulänglichkeiten durch

exzessives Einkaufen und Putzen kompensierte. Christina ließ sie vorerst in diesem Glauben. Irgendwann würde sie Violetta *The Rest of the Story* anvertrauen. Alles zu seiner Zeit.
Christina schuftete, bis die Erschöpfung sie zum Aufgeben zwang. In dieser Nacht schlief sie mit angenehmen Träumen verwöhnt, bis der Wecker sie wachrüttelte.
Wieder überlegte sie, in der Kanzlei anzurufen und abzusagen.
Doch feige zu kapitulieren, konnte sie sich nicht leisten. So zwang sie sich aus den Federn, um ihren neuen Verpflichtungen nachzukommen. Dieser Job bedeutete - ungeachtet ihrer Gefühle für Dr. Schneider - die einmalige Chance für sie, sich aus jahrelanger Isolation zu befreien und ins Leben zurückzukehren. Sie durfte sie nicht verpatzen.

Bevor sie das Haus verließ, wanderte sie durch alle Räume, um den Anblick klinischer Sauberkeit zu genießen, bevor Edgar ihn wieder ruinierte. Zufrieden mit ihrer Leistung machte sie sich auf den Weg.
An diesem Morgen empfand sie es als besonderes Glück, dass die Herren Schneider und Schulz einen gemeinsamen Termin aushäusig wahrnahmen. Eine weitere peinliche Begegnung würde ihr erspart bleiben. Und so verhielt es sich auch in den kommenden Tagen. Florian - wie sie ihn im Stillen vertraulich nannte – war häufig abwesend, jedenfalls zu den Zeiten ihrer Anwesenheit.

*

Leo liebte es, wenn sie sich abends aufreizend und am Tage wie eine brave Tochter aus gutem Hause ausstaffierte. Darunter sollte sie stets Wäsche in unschuldigem Weiß tragen, Schwarz verabscheute er.

Nadja befolgte Leos Anweisungen akribisch, um ihm keine Angriffsfläche zu bieten. Sie suchte zarte weiße Dessous aus ihren überquellenden Schubladen und dazu Nylons in allen Schattierungen.

Der Gedanke, dass Leo sie noch am Sonntagabend, gleich nach ihrer Ankunft in Ludwigsburg zu treffen wünschte, versetzte sie in eine seltsame Stimmung aus Panik und Vorfreude.

Was er mit ihr in den Tagen, die er passenderweise ebenfalls in Ludwigsburg verbrachte, zu treiben gedachte, hatte er ihr in epischer Breite beschrieben. Seine Anzüglichkeiten stießen sie ab und gleichzeitig erregten sie sie. So war es während ihrer langjährigen Affäre immer gewesen. Und sogar jetzt noch übte Leo eine Faszination auf sie aus, die mindestens ebenso stark war, wie ihre Angst vor ihm.

Je näher der Termin ihres Seminars rückte, umso weniger Bedenken hegte Nadja, das abgebrochene Verhältnis mit Kersch zu reaktivieren.

Wie sie erwartet hatte, reagierte Florian auf ihre Reisepläne ungehalten. Seine Reaktion war umso verständlicher, als sie ihn erst wenige Tage vor ihrer Abreise damit konfrontiert hatte. Sie wusste, dass er nicht glücklich über ihr berufliches Engagement war. Dennoch gestand er es ihr zähneknirschend zu, weil er eingesehen hatte, dass sie nach ihrer Fehlgeburt Ablenkung brauchte. Er hatte sie danach nicht mehr gedrängt, noch einmal schwanger zu werden, obwohl er sich nichts sehnlicher als ein Kind wünschte.

Wenn sie sich stritten, was selten vorkam, dann regelmäßig über Nadjas Arbeit bei der *Mastorn*. Florian war schon von Berufs wegen eher ein ruhiger und bedächtiger Mensch, der sich nicht leicht zu Ausbrüchen hinreißen ließ.

Der Tobsuchtsanfall, den er jetzt bekam, überraschte und erschreckte sie.

"Ich habe die Schnauze voll von deinen ewigen Überstunden und den damit verbundenen Saufgelagen. Was für ein Leben führen wir Beide eigentlich - ein gemeinsames jedenfalls nicht! Du interessierst dich ausschließlich für die Belange deiner Firma und ich, dein unvermeidlicher karrierenotwendiger Anhang - oder was immer du in mir siehst - bin dir scheißegal! Ist dir eigentlich schon einmal aufgefallen, dass du über nichts Anderes redest, als darüber, was in deinem lächerlichen Büro vorgefallen ist? Allmählich musst du Prioritäten setzen. Ich habe nämlich keine Lust mehr, die zweite Geige in deinem Leben zu spielen. Nach dieser Reise änderst du diese Situation oder ich ändere sie!"

Er war so außer sich, dass er keuchte und nach Luft rang.

Nadja starrte an ihm vorbei durch das Fenster, denn sie konnte ihm nicht ins Gesicht sehen. Sie kam sich unsäglich verkommen vor. Wie recht er doch hatte, ohne es zu wissen oder ahnte er etwas? Fieberhaft rang sie nach einer Antwort. Mit ernstem Gesicht wandte sie sich zu ihm um und sah ihm direkt in die dunklen Augen.

Der Blick brannte, aber sie hielt ihm stand: "Bitte bringe einen Funken Verständnis für meine Lage auf, so wie ich es für deine tue. Schließlich bist auch du häufig unterwegs, manchmal tagelang, wenn du deine Mandanten in Frankfurt, Oslo, Wien oder sonst wo besuchst. Es tut mir leid, dass ich dich mit meinen Problemen gelangweilt habe. Du darfst mich weiterhin mit deinen erfreuen, weil ich mich ganz gut in deine berufliche Lage versetzen kann."

Jedes Wort schärfte den Verrat, den sie zu begehen trachtete.

Sein Gesicht war immer noch rot vor Zorn, als er ihr entgegenschleuderte, "ich kann nicht sehen, wo da Zusammenhänge bestehen sollen. Ich nehme meine Arbeit nicht annähernd so wichtig, wie du deine, für die du jeden

Tag katzbuckeln musst. Im Gegensatz zu dir bin ich selbständig und kann mir meine Brötchengeber aussuchen!" Plötzlich stockte er. Er hatte noch mehr sagen wollen, spürte aber, dass er zu weit gegangen war. Wütend rannte er aus dem Zimmer und knallte dabei die Türe so laut ins Schloss, dass das Bild neben dem Eingang von der Wand fiel und das Glas zerbrach. Kurz darauf hörte sie, dass er die Wohnung verließ. Es dauerte eine Weile, bis sie sich bewegen konnte. Zitternd kehrte sie die Glasscherben zusammen und schnitt sich dabei in den rechten Mittelfinger. Das Blut, das in einer grotesken Fontäne über den Parkettboden spritzte, erschien ihr in diesem Moment wie ein Vorbote fürchterlicher Ereignisse. Mit Entsetzen malte sie sich aus, wozu Florian sich hinreißen lassen könnte, erführe er, welchen verschlungenen und keineswegs immer ehrenvollen Pfaden sie ihren märchenhaften Aufstieg bei der *Mastorn* zu verdanken hatte.

Ihr sonst so friedfertiger Ehemann hatte eine neue Seite offenbart. Es war eine die ihr nicht gefiel.

Er kehrte erst am Sonntagmorgen zurück. Seine Stimmung hatte sich nicht gebessert. Er wirkte ungepflegt in seinem zerknitterten Leinen-Sakko. Sein Teint war fahl, das Haar hing ihm unfrisiert und fettig in das mit Bartstoppeln übersäte Gesicht, als er grußlos die Küche betrat, um sich Kaffee in eine große Tasse zu gießen. Fluchtartig verließ er mit dem dampfenden Getränk den Raum, als wollte er vermeiden, dass sie ihn ansprach. Sein schmuddeliges Aussehen entsetzte sie, denn Florian war ein Mann, der sehr viel Wert auf sein Äußeres legte. Jetzt wirkte er wie jemand, der die Nacht sprichwörtlich in der Gosse zugebracht hatte.

Nachdem er außergewöhnlich lange geduscht und sich rasiert hatte, kehrte er ordentlich angezogen in die Küche zurück, stellte wortlos die leere Tasse in die Spüle, um dann erneut das Haus zu verlassen. Sie hatte ihn nur beobachtet und sich nicht getraut, ihn anzusprechen, weil sie mit weiteren verbalen Ausfällen rechnete. Und so war sie erleichtert, dass er gegangen war.

Nach einer Weile stand sie auf, ging in das Wohnzimmer und fischte aus dem Schrank eine angebrochene Flasche Cognac. Sie leerte das erste Glas mit einem großen Schluck und goss ein zweites nach. Danach fühlte sie sich etwas wohler, bis ihre Gedanken wieder um die Schulung und um Leo Kersch kreisten. Erst ein drittes Glas der goldbraunen Flüssigkeit konnte ihre erneut erwachte Unruhe lindern.

Anschließend gönnte sie sich ein ausgedehntes Bad, schminkte sich mit leicht zittriger Hand so sorgfältig wie möglich und zog sich an. Für die Fahrt wählte sie ein dezentes dunkelblaues Kostüm mit einem engen kurzen Rock. Eine weiße hochgeschlossene Bluse, eine Perlenkette und ein seidenes Hermès-Tuch mit klassischem Pferdegeschirr-Motiv. vervollständigten ihr etwas tantiges Outfit. Sie sah jetzt aus wie eine Landgräfin norddeutscher Herkunft, die zum Damenkränzchen aufs Gestüt geladen war. Vielleicht hätte sie doch den Schottenrock anziehen sollen, den Leo ihr vor vielen Jahren aus Schottland mitgebracht hatte. Sei´s drum, er konnte auch so zufrieden sein. Vor allem dann, wenn er ihr den Rock hochschob und sich ihm zwei bestrumpfte Beine in hochhackigen Pumps mit viel Fleisch zwischen Spitze und weißem Strumpfhalter darboten.

'Brezelchen, du solltest immer so aussehen, dass alle Männer mit dir schlafen wollen, aber keiner es wagt, dich auch nur um ein Rendezvous zu bitten', war eine seiner bevorzugten Forderungen. Nadja teilte seine perverse Vorliebe für den züchtigen 'Stewardessen-Look' nur bedingt. Und einmal mehr hasste sie sich dafür, dass sie es zugelassen hatte, in seine alles verschlingenden Fangarme zu geraten. Oder liebte sie ihn noch immer?

Während der langen Fahrt dachte sie daran, wie alles begonnen hatte:

Rückblende 'Leopold Kersch'

Sie war eine von über hundert Bewerbern. Das Auswahlverfahren für die diversen Jobs, die die **Mastorn** *zu vergeben hatte, war langwierig. Nach umfangreichen Tests und langen Gesprächen mit verschiedenen Mitarbeitern, die sich über mehrere Tage erstreckt hatten, wartete sie mit den wenigen noch verbliebenen Anwärtern vor der massiven Türe des Niederlassungsleiters. In dem weitläufigen dunklen Flur gab es keinerlei Sitzgelegenheiten. Nadja war erschöpft, doch vor allem war sie nervös, denn sie fürchtete, an der letzten Hürde zu scheitern. In Fünfminutenabstand suchte sie die Toilette auf. Dann endlich war die Reihe an ihr. Sie wurde von einer Sekretärin in das riesige Büro von Leo Kersch gebeten.*

Kersch lief um den Schreibtisch herum, um seine Besucherin zu begrüßen. Nadja setzte ein selbstbewusstes Lächeln auf und reichte ihm die Hand.

"Sie sind also Frau Nadja Thalen. Was für ein hübscher Name. Wie fühlen Sie sich nach den Strapazen der unzähligen Gespräche?"

Inzwischen thronte er wieder hinter seinem wuchtigen Möbelstück.
"Gut. Ich habe diese Gespräche nicht als so anstrengend empfunden", log Nadja.

Kersch verunsicherte sie.
"Warum haben Sie gerade dieses Foto für Ihre Bewerbung gewählt? Darauf sehen Sie aus wie ein Vamp. Sie sollten übrigens, für den Fall, dass Sie bei uns arbeiten, Ihre Frisur ändern."
Darauf war Nadja nicht vorbereitet.
"Ich glaube, ich verstehe Sie nicht ganz. Was haben Sie an meinem Haar auszusetzen? Auf jede Frage war ich gefasst gewesen, nicht aber auf eine derartige Bemerkung."
Kersch starrte noch immer auf das Foto, das sein Missfallen erregt hatte. Langsam sah er hoch.
"Liebe Frau Thalen, Sie haben es in diesem Job mit einer Menge Journalisten zu tun. Es scheint daher nur naheliegend, dass ich darauf achte, dass meine Mitarbeiterinnen nicht allzu aufreizend aussehen, schließlich vertreten sie unser Unternehmen nach außen hin. Aber ich habe mich ohnehin noch nicht entschieden. Wir werden uns nächste Woche auf alle Fälle bei Ihnen melden. Ich drücke Ihnen die Daumen und vielen Dank für Ihr Kommen."
Er war erneut um den Tisch herumgekommen. Völlig perplex über das kurze Gespräch, das ihr offensichtlich aus dem Ruder geglitten war, erhob Nadja sich ebenfalls. Bevor sie sich versah, befand sie sich wieder auf dem dunklen Flur. Sie stellte erst jetzt fest, dass sie die letzte Bewerberin gewesen war. Benommen fuhr sie nach Hause.
Eine Woche später rief Kersch' Sekretärin bei ihr an und bat sie, ein weiteres Mal vorzusprechen.
Dieses Mal wurde sie sofort zu ihm vorgelassen.
Er hielt sich nicht lange mit einleitenden Floskeln auf, sondern kam sofort zur Sache:
"Was ging Ihnen letzten Donnerstag durch den Kopf, als ich Sie nach Hause schickte?"
"Um ehrlich zu sein, ich ging davon aus, dass Ihnen an meiner Mitarbeit nicht gelegen ist. Für mich war das Thema erledigt. Umso überraschter war ich, dass Sie mich nun noch

einmal eingeladen haben. Ich gehe davon aus, dass Sie mit mir nicht wieder über Frisuren sprechen wollen oder irre ich?"
"Ich habe lange über Sie nachgegrübelt, denn ich war mir wirklich nicht sicher, ob Sie die richtige Frau für den Posten einer Marketingassistentin sind."
"War es tatsächlich nur meine Optik, die Sie irritiert hat?"
Kersch grinste breit, als er diese Frage genüsslich einsog.
"Erlauben Sie mir, dass ich Ihnen diese Frage ein andermal beantworte. Es war jedenfalls nicht allein Ihre Kopfpracht, die mich nachdenklich gemacht hat. Sagen Sie mir jetzt lieber, wann Sie bei uns anfangen wollen."
Nadja hatte plötzlich eine Ahnung davon, warum ihr künftiger Chef die Antwort auf später verschob. Sie betrachtete ihn genauer. Das was sie sah, gefiel ihr und bereitete ihr zugleich Unbehagen. Leopold Kersch war etwa Mitte vierzig, hatte volles braunes Haar, blaue Augen und eine beeindruckend breite Nase, die seinem Gesicht eine animalische Männlichkeit verlieh. Obwohl er nicht sehr groß und auch nicht wirklich schlank war, verfügte er über eine unerhörte erotische Anziehungskraft. Nadja schrieb diese Ausstrahlung auch seiner Stimme zu, die tief und warm war. Offenbar war er sich dessen bewusst, denn er setzte sie sehr geschickt ein. Fast konnte man annehmen, er habe sie schulen lassen, denn er wusste sehr genau, wann er eine Pause einlegen musste.
25 war sie, als er sie einstellte und fast 27, als sie seine Geliebte wurde. Bis es soweit war, ging Nadja mit rücksichtslosem Ehrgeiz an ihre Aufgaben heran. Mit ihrem Arbeitseifer machte sie sich wenig beliebt bei ihren Kollegen, die sie argwöhnisch beobachteten. An deren Zuneigung lag ihr wenig, sie wollte ausschließlich ihrem Chef gefallen. Dafür nahm sie einiges in Kauf und riskierte viel. Manchmal ließ Kersch sie rufen, um sich über Vorfälle in ihrer

Abteilung unterrichten zu lassen. Nadja war immer gut vorbereitet.
Neben ihrer Spionagetätigkeit hatte sie ihre Zeit sinnvoll genutzt, Unmengen von Ideen zu entwickeln, die Kersch oft aufgriff und umsetzen ließ. Dazu gehörten eine Kulturstiftung, ein Umweltfonds und Mitarbeiterwettbewerbe, die das Betriebsklima verbessern sollten. Dem fühlte sich Nadja keineswegs verpflichtet. Sie denunzierte unliebsame Kollegen ohne Skrupel, bis sie nur noch von loyalen Mitarbeitern umgeben war. Längst hatte es sich herumgesprochen, dass sie gefährlich war. Ihr war klar, dass sie auf einem dünnen Seil tanzte und ohne Kersch' besondere Protektion sehr schnell abstürzen konnte.

Kurz nach Ihrem 27. Geburtstag, zu dem Kersch ihr auf seine Art gratulierte, indem er ihr durch seinen Chauffeur Blumen schicken ließ, bat seine Sekretärin Nadja an einem späten Freitagnachmittag zu einem außerplanmäßigen Termin bei ihm. Nadja argwöhnte, dass sie es mit ihren Intrigen zu weit getrieben hatte und er ihr deswegen die Leviten lesen würde. Bisher hatte er derartiges nicht getan, aber sie wusste natürlich, dass man sich bei ihm mehrfach über sie beschwert hatte. Nadja raffte ihre Unterlagen und stöckelte hocherhobenen Hauptes aus ihrem Büro, das sie sich mit zwei weiteren Assistenten teilte. Auf dem Weg zu Kersch stellte sie fest, dass manche Kollegen wegschauten, wenn sie an ihnen vorbeiging. Nur wenige erwiderten ihren Gruß. Es störte sie nicht, im Gegenteil, es gefiel ihr.

Wie immer war sie aufgeregt wie ein Schulmädchen, das seinen angebeteten Lehrer allein antrifft, als sie Kersch' Zimmerflucht betrat. Er verschloss die Türe hinter ihr und legte seine Arme gönnerhaft auf ihre Schultern. Nadja spürte, wie ihre Beine weich wurden.
Seine Stimme war rau, als er sagte:

"Sie haben einige Leute hier im Haus gehörig verärgert. Es vergeht fast kein Tag, an dem sich nicht jemand über Sie beklagt. Aber machen Sie sich deswegen keine Sorgen, mir imponiert Ihr Mut, sich alle zum Feind zu machen. Offenbar gibt es bei der Mastorn *jetzt nur noch einen einzigen Menschen, der Sie mag und das bin ich. Haben Sie heute Abend Zeit?"*
Endlich! Zwei lange Jahre hatte sie auf diesen Moment gewartet. Jetzt nur nichts verbocken. Nadja zierte sich: "Danke für das Kompliment, wenn es denn eines war und danke für Ihre Einladung. Leider muss ich sie ablehnen, denn ich bin heute mit einer Freundin verabredet."
Wenn er überrascht war, ließ er es sich nicht anmerken.
"Ich liebe Ihre Unverfrorenheit und deshalb werde ich mein Glück noch einmal bei Ihnen versuchen. Ein weiteres Mal wird es dann allerdings nicht geben. Genießen Sie den Abend mit Ihrer Freundin."
Er öffnete die Türe, um sie hinauszugeleiten.
Bevor sie sein Büro verließ, sagte er, "rufen Sie mich an, wenn Sie so weit sind."
Es dauerte drei Wochen, bis sie ihn anrief, obwohl sie es kaum ausgehalten hatte, so lange zu warten.
Sie trafen sich sehr formell in einer Hotelbar. Diese Verabredung endete bereits nach einer halben Stunde, weil Kersch sich beobachtet fühlte. Nach weiteren drei Tagen lag sie in seinen Armen. Sie hatten sich in ihrer kleinen Wohnung getroffen.
Von nun an wurde Leo der sie beschützende, alles regelnde Ruhepol, der sie mit Haut und Haaren fraß. Sie genoss seine liebevollen Anrufe während des Tages, sie freute sich auf die heimlichen Treffen während der Mittagspause und die schnellen Begegnungen am Abend.

Die Marketingabteilung der Mastorn *war ein eher überflüssiger Arbeitsbereich, denn die eigentliche*

Pressearbeit übernahm Kersch höchstpersönlich. Er kungelte mit Journalisten auf Festen und Empfängen das aus, was er in der Zeitung zu lesen wünschte. Fast täglich fand sein Name in irgendeinem Boulevardblatt Erwähnung. Dabei fehlte nie die begleitende Bezeichnung `Mastorn-Statthalter'. Nadja konnte sich des Eindrucks nicht erwehren, dass Kersch pressesüchtig war.
Weil sie nicht erpicht darauf war, Leiterin der PR-Abteilung zu werden, setzte sie ihre ganze Energie daran, in den Vertrieb zu wechseln. Kersch erfüllte ihr auch diesen Wunsch. Er bereute es nicht, denn sie avancierte in kurzer Zeit zur besten Verkäuferin des Hauses und strafte ihre Neider Lügen.

Dann kam der Tag, an dem sie ihrer intensiven Affäre mit Leo Kersch den Todesstoß versetzte.
Sie liebte ihn - weit mehr, als sie sich eingestehen wollte. Diese Beziehung wurde für sie zur Obsession, sie tat nahezu alles, was er von ihr verlangte. Dann erfuhr sie, dass es auch andere Frauen bei der Mastorn *gab, denen Leo großzügig seine Gunst schenkte. Sie akzeptierte es zähneknirschend und ließ sich weiterhin von ihm benutzen und benutzte ihn. Ein Geben und Nehmen auf beiden Seiten. Aber sie wurde empfänglicher für Alternativen.*
Und eine solche begegnete ihr auf einer Vernissage, für die die Mastorn *als Sponsor gezeichnet hatte. Nadja hatte diese prestigeträchtige Veranstaltung in ihrer alten Funktion als PR-Leiterin organisiert und war deshalb anwesend. Derartige Events wurden von den Kollegen in der Regel nicht besucht. Mit der Kultur hatten die Wenigsten etwas am Hut. Umso besser, dachte Nadja, als sie durch die Ausstellung wanderte. Sie schlürfte zufrieden ein Glas Weißwein und betrachtete versonnen ein düsteres Gemälde: Ein Schachbrett mit Figuren, die umgekippt waren, bis auf einen Bauern, einziger Überlebender auf einem Schlachtfeld.*

Das Königspaar, die Läufer, die Springer, die Türme und die übrigen Bauern hatten Gesichter. Die liegenden starrten den Betrachter mit aufgerissenen, aber toten Augen angstverzerrt an. Die stehende Figur strahlte die Selbstgefälligkeit des Siegers aus. Allerdings war auch sie, wie alle anderen mit Blut beschmiert.

Plötzlich vernahm sie hinter sich eine tiefe, samtweiche Stimme, die sie an Leo erinnerte: "Gefällt es Ihnen? Ich beabsichtige, es zu kaufen. Für mich ist es das faszinierendste Bild der Ausstellung. David hat über alle Goliaths gesiegt."

Sie drehte sich um und was sie sah, gefiel ihr. "Für mich drückt dieses Bild eher das Gegenteil aus. Einer nimmt sich alles, ohne Rücksicht auf Verluste. Dass es sich dabei um einen Bauern handelt, drückt für mich eher das Niedere seiner Beweggründe aus."

"So kann man es natürlich auch sehen." Er lächelte etwas ungelenk, offenbar hatte er etwas Geistreicheres erwidern wollen.

Eine kleine Pause entstand, dann fuhr er fort: "Die Leute behaupten, der Künstler habe für die rote Farbe sein eigenes Blut verwendet."

"Ein Grund mehr, das Bild zu kaufen. Das mit dem Blut stimmt übrigens. Ich war in die Produktion des Ausstellungskataloges involviert."

"Sage mir, was du in einem Bild siehst und ich sage dir, wer du bist", sinnierte er und blickte dabei sehr tief in ihre braunen Augen.

"Ich habe mich noch gar nicht vorgestellt – ich heiße Florian Schneider und verraten Sie mir jetzt auch Ihren Namen?"

Sie ging auf den Hinweis bezüglich der Sichtweise eines Bildes nicht ein und stellte sich auch nicht vor.

Mit Blick auf das kleine Meisterwerk erklärte sie stattdessen: "Der rote Mund des Überlebenden hat etwas

Beängstigendes; mir kommt er vor wie jemand, der uns mit seiner blutigen Grimasse auslacht, zumal er keine Augen hat. In der Wirklichkeit allerdings bleiben meist die kleinen Bauern auf der Strecke und somit haben auch Sie Recht."

In seinen grauen Pupillen las sie eine Aufrichtigkeit, die sie bisher nur selten bei einem Menschen wahrgenommen hatte.

"Schade, dass Sie mir Ihren Namen nicht verraten wollen. Dabei hatte ich Sie schon einige Zeit beobachtet, bevor ich es wagte, Sie anzusprechen. Ich hoffe, Sie hatten nicht vor, das Bild zu kaufen."

"Keineswegs, ich bin nicht so kunstinteressiert, wie es den Anschein hat. Außerdem bin ich beruflich hier und um Sie nicht länger auf die Folter zu spannen, ich heiße Nadja Thalen."

Sie hielten sich weiterhin in der Nähe des bluttriefenden Gemäldes auf und erzählten sich ihre Lebensgeschichten, wobei Nadja entscheidende Passagen ausließ.

Florian war Steueranwalt, Ende dreißig und einmal geschieden, Nadja Anfang dreißig und ledig. Gute Voraussetzungen.

Der Anwalt erwarb das teure Acrylbild und verabredete sich mit Nadja.

Anfangs war ihre Beziehung zu Florian für Nadja lediglich ein Manöver, das den Zweck verfolgte, sich an Leo zu rächen und sich ganz allmählich von ihm los zu lösen. Im Laufe der Zeit stellte sie aber fest, dass sie sich mit Florian sehr wohl fühlte. War er für ein paar Tage geschäftlich verreist, vermisste sie ihn. Er war geduldig und einfühlsam, und er besaß den unschätzbaren Vorteil, am Wochenende verfügbar zu sein. Trotzdem dauerte es eine Weile, bis Nadja erkannte, dass Florian ihr mehr bedeutete, während Leo ihr mit seinen eifersüchtigen Besitzansprüchen zunehmend auf die Nerven ging. Sie zog sich mehr und mehr von ihm zurück, fuhr aber weiterhin zweigleisig, was ihr ein hohes Maß an Phantasie und Kreativität beim Lügen und Tricksen abforderte. Sie hasste sich dafür, änderte aber nichts, denn sie war hin- und her gerissen zwischen diesen beiden höchst unterschiedlichen Männern, die sie - jeder auf seine Weise - faszinierten. Oft kam es ihr vor, als raste sie in einem Sportwagen, dessen Bremsen nicht richtig funktionierten, eine zu enge Passstraße hinunter.

Nach drei langen Jahren permanenten Täuschens überraschte Florian sie mit einem Heiratsantrag. Nadja war überglücklich. Sie sah darin eine Chance, endlich eine Entscheidung zu treffen und sie war sich sicher, die richtige getroffen zu haben.

Als Leo davon erfuhr, ließ er sie – wie sie gehofft hatte - kurzerhand fallen. Er empfand diese Hochzeit als persönlichen Verrat und reagierte auf seine Weise. Er bestrafte sie mit Repressalien und anderen kleinen Schikanen außerhalb seines Kompetenzbereiches, wobei Telefonterror noch zu den erträglicheren Übeln gehörte. Für jeden winzigen Fehler erhielt sie geharnischte Abmahnungen, von ihm persönlich unterzeichnet. Bei Besprechungen stellte er sie gerne bloß, ohne ihren Namen zu nennen, so dass sie sich nicht verteidigen konnte. Weniger geeignete Mitarbeiter wurden ihr bei Beförderungen regelmäßig vorgezogen. Sie hatte damit gerechnet, dennoch fühlte sie sich diesen Vergeltungsschlägen anfangs ziemlich wehrlos ausgeliefert. Irgendwann begriff sie, dass sie ihre Taktik ändern musste. Sie begann, sich mit einzelnen Kollegen anzufreunden und Verbündete zu suchen. Florians stetig wachsende, tiefe Zuneigung verlieh ihr die Stärke, mit Leos Grausamkeiten fertig zu werden. Als er spürte, dass die Wirkung seiner strafenden Maßnahmen nachließ, versuchte er es auf die versöhnliche Tour. Er besaß ein untrügliches Gespür dafür, wann er eine andere Strategie fahren musste. Seltsamerweise gab er sich einsichtig, als sie ihm nachdrücklich erklärte, dass er ihre Untreue nicht erzwingen konnte.

Und nun saß sie wieder in diesem unseligen ´Sportwagen´, dessen Bremsen nicht wirklich funktionierten und raste über die zu enge Passstraße geradewegs in ihr Verderben. Was für eine Metapher, angesichts der Tatsache, dass sie im Stau auf der Autobahn Richtung Stuttgart stand und ihren Erinnerungen nachhing. Hatte sie nicht eigentlich die ganze Zeit darauf gewartet? Darauf gehofft, dass Leo wieder in ihr privates Leben trat? Vielleicht war es tatsächlich so und das was Nadja jetzt tat, nur die logische Konsequenz. Und Leo hatte es gewusst. Er brauchte nur den richtigen Zeitpunkt abzuwarten.

*

Christina gab sich große Mühe, den an sie gestellten Anforderungen gerecht zu werden. Anfangs fiel ihr das nicht leicht, vor allem mit der Pünktlichkeit haperte es nach all den Jahren ohne festgelegte Zeiten. Nach kurzer Zeit jedoch gewöhnte sie sich an die Gepflogenheiten der Kanzlei. Sie residierte nun in einem winzigen Zimmer mit einem offenen Bogen zum Gang hin, direkt neben dem Eingang und neben Stöhrs Dependance. So konnte sie je nach Erfordernis ankommende Mandanten am Empfang betreuen oder für Stöhr arbeiten. Der nahm sich viel Zeit, Christina in die Geheimnisse steuerminimierender Maßnahmen einzuführen. Ihr Gefühl für juristische Finten und Finessen beeindruckte ihn. Deshalb übertrug er ihr bald die selbständige Korrespondenz mit seinen Klienten. Die Kenntnisse, die sie während ihres kurzen Studiums erworben hatte, kamen ihr dabei zugute. Sie legte Stöhr mittags die fertigen Briefe hin, die er überflog und unterschrieb. Sie zeigte sich auch in der Lage, komplizierte Abhandlungen mit Hilfe von Textbausteinen abzufassen. Stöhr lieferte ihr kurze Memos und sie konzipierte danach Verträge, Eingaben, Anträge. Sie hatte viel mit Banken und Finanzbehörden zu tun, wobei

Letztere ein besonderes Fingerspitzengefühl erforderten. Wurde es zu diffizil, halfen ihr die Steuergehilfinnen, die sich als sehr kollegial entpuppten. Alle hatten einen freundlichen, offenen Umgangston miteinander und arbeiteten höchst effektiv. Stöhr schien mit der Zeit tatsächlich Wert auf Christinas Meinung zu legen. Sein Vertrauen schmeichelte ihr und ihr Selbstvertrauen wuchs von Tag zu Tag. Jeden Morgen freute sie sich auf die Fahrt in ihr *Büro*, wie sie es längst nannte und leistete Überstunden, soweit diese möglich waren, angesichts der Tatsache, dass die junge Mutter Linda Pfahlhause nachmittags ihren Platz beanspruchte. Als Volljuristin war sie für Stöhr unentbehrlicher als Christina.

Zu ihrer eigenen Überraschung stellte Christina fest, dass es sie kaum noch störte, wenn die Gläser, die sie aus der Spülmaschine nahm, Schlieren aufwiesen. Früher hatte sie sie nachpoliert. Auch verspürte sie keinen Drang mehr, die Kacheln im Bad erneuern zu lassen. Edgar bemerkte zunächst wenig von den Veränderungen, die mit ihr vorgingen. Das lag daran, dass er eigentlich nur noch nach Hause kam, um seine Kleider zu wechseln. Offenkundig hatte er eine Grundausstattung an Hemden, Schuhen und Unterwäsche bereits bei seiner Freundin deponiert, wie Christina beim Aufräumen erstaunt festgestellt hatte. Das Fernbleiben ihres Mannes kränkte sie nur deshalb, weil er sich nicht einmal mehr Mühe gab, ihr Ausreden aufzutischen. Neulich hatte sie ihn und seine Geliebte zusammen auf der Straße gesehen, als sie zum Einkaufen in die Stadt gefahren war. Die Beiden waren händchenhaltend an Schaufenstern vorbeigeschlendert und derart miteinander beschäftigt, dass sie Christinas Auto, das fast neben ihnen an der Ampel hielt, nicht bemerkten. Die Zärtlichkeit, mit der Edgar seine Freundin bedachte, hatte Christina an die Anfänge ihrer Beziehung erinnert. Das war so lange her, dass sie in diesem

Moment kaum Eifersucht oder gar Zorn empfand. Irritierend war lediglich diese öffentlich zur Schau gestellte Knutscherei, die so gar nicht zu Edgar passen wollte.

Die Abende des Alleinseins genoss Christina sehr. Karl reichte ihr als Gesellschaft vollkommen. Mit dem Hund unternahm sie lange Spaziergänge, die sie zum Nachdenken nutzte. Bis vor kurzem war es problematisch für sie gewesen, auch nur zwei Nächte ohne die physische Nähe ihres Mannes zu verbringen, weil sie die Dunkelheit fürchtete.

Jetzt war alles anders. Wenn sie von ihren Ausflügen mit dem Hund zurückkehrte, kuschelte sie sich auf das Sofa und las juristische Fachliteratur oder trimmte ihre Figur mit Gymnastik. Beides waren gern gewählte Anstrengungen, die dem Ziel dienten, den scheuen Juristen irgendwann doch einmal zu beeindrucken.

Mit jedem Tag im Büro schien dieses Ziel sich allerdings weiter von ihr zu entfernen. War Dr. Schneider in der Kanzlei, verschanzte er sich in seinem Zimmer, das er bestenfalls verließ, um die Toilette aufzusuchen. Mit Stöhr hatte er wenig zu tun und deshalb gab es keinen Grund, ihn aufzusuchen. Insgeheim stellte Christina sich vor, dass Florian ihr nur deshalb aus dem Weg ging, um etwaigen Versuchungen vorzubeugen. Irgendwann war sie ganz froh, ihm nicht zu begegnen. Es genügte ihr, an ihn zu denken und sich das Unvorstellbare vorzustellen.
Dr. Schulz und Stöhr hielten sich indes weniger zurück. Sie flirteten mit Christina bei jeder sich bietenden Gelegenheit. Plötzlich erinnerte sie sich an eine entlarvende Szene, wie sie bei Stöhr in dessen Zimmer saß und schallend über einen Witz lachte, den Dr. Schulz, der ihnen Gesellschaft leistete,

zum Besten gab, als Florian überraschend auftauchte. Er wirkte nicht wie Jemand, der mitlachen wollte.
Eine eisige Stille hatte den Raum erfasst.
"Haben Sie nichts Besseres zu tun? Die Telefone läuten Sturm und Sie feiern hier Partys!"
Christina hatte geglaubt, sich verhört zu haben. Vor versammelter Mannschaft hatte er sie soeben zusammengestaucht. Ohne ihr weiter Beachtung zu schenken, hatte er sich an Dr. Schulz gewandt.
"Albert, kann ich dich kurz sprechen? Es geht um den Vertrag mit der Brauerei."
"Ja, natürlich, ich bin fast fertig damit."
Die beiden Herren verließen Stöhrs Zimmer.
"Es tut mir leid, ich weiß nicht, was in ihn gefahren ist. So habe ich ihn noch nie erlebt."
Stöhr wirkte zerknirscht, als er sich für Schneider entschuldigte.
"Es muss Ihnen nicht leidtun. Ich bin derartige Ausrutscher gewöhnt."
Sie konnte ihm schlecht erklären, dass sie eher erfreut, denn befremdet war. Eine Unverschämtheit konnte sie eher verschmerzen, als das völlige Ignorieren ihrer Person.
Die Barschheiten häuften sich. Das geringfügige Interesse, das er an ihr zeigte, beschränkte sich darauf, sie um Kopien oder um Kaffee zu bitten, wenn seine Sekretärin dafür nicht zur Verfügung stand. Dann rief er Christina an und orderte grußlos das Gewünschte. Frau Baumann wurde oft Zeugin dieser Unhöflichkeiten. Ihr waren sie sichtlich peinlich und eines Tages fühlte sie sich zum Einschreiten bemüßigt.
Das tat sie lautstark, wie es ihre Art war: "Können Sie nicht endlich aufhören, Frau Ohlert wie einen dummen Lehrling zu behandeln! Sie sind der Einzige, der so mit ihr umspringt. Wenn Sie eine persönliche Schuhputzmamsell benötigen, dann stellen Sie sich eine ein! Das wäre für alle Beteiligten von Vorteil und würde weniger kosten."

Da sich diese ungeheuerliche Szene im Flur abspielte, bekamen fast alle Mitarbeiter unfreiwillig mit, wie die Chefsekretärin ihren Boss zusammenstauchte. Der schenkte ihr keine Beachtung, ließ sie einfach stehen und verschwand in seinem Zimmer.

Nach einer Weile kam er wieder heraus, riss seinen Mantel vom Garderobenständer und bellte Frau Baumann an: "Tun Sie mir einen Gefallen, kümmern Sie sich ausnahmsweise einmal um Ihre eigenen Angelegenheiten!"

Dann stürzte er aus dem Büro und knallte die Haustüre mit einem heftigen Knall hinter sich zu.

Christina sah Frau Baumann an, die ratlos den Kopf schüttelte.

"Ich verstehe einfach nicht, was in ihn gefahren ist. Seit Tagen ist er schrecklich gereizt. Ich glaube, es liegt daran, dass seine Frau verreist, um an einem Seminar ihrer Firma teilzunehmen. Er ist immer ziemlich aufgeladen, wenn sie aushäusig unterwegs ist, aber so extrem habe ich ihn noch nie erlebt."

Die Erwähnung von Florians Frau ließ Christina aufhorchen.

"Aber er verreist doch auch ständig."

Frau Baumann konnte nicht ahnen, dass Christina über das Seminar bereits Bescheid wusste.

"Für einen Mann gelten diesbezüglich andere Kriterien. Verstehen Sie mich bitte nicht falsch, aber in dieser Hinsicht ist unser Dr. Schneider hoffnungslos altmodisch."

"Da steht er meinem Mann in nichts nach", rutschte es Christina heraus.

Sie musste aufpassen, dass sie sich nicht verriet. Frau Baumann würde die Erste sein, die ihr kleines Geheimnis ausplauderte.

"Wenn Ihr Mann Sie so liebt, wie Dr. Schneider seine Frau, dann ist das für mein Empfinden völlig in Ordnung. Ich wünschte, mein Göttergatte hinge so an mir."

"Ja, mein Mann liebt mich sehr." Christina wusste nicht, warum sie das gesagt hatte.
Voller Neid dachte sie an die kleine innig geliebte Frau des Anwalts.

*

Die kleine innig geliebte Frau des Anwalts grübelte während ihrer dreistündigen Anreise nach Ludwigsburg weiter über ihre Lage nach, durchdachte alle Möglichkeiten und kehrte doch immer wieder zum Ausgangspunkt zurück. Die Ausweglosigkeit ihrer Situation stimulierte sie auf unerklärliche Weise. Sie machte es ihr leichter, sich auf das einzulassen, was sie eigentlich nie mehr wollte. Je näher die Zentrale der *Mastorn* rückte, desto beschwingter wurde sie.

Kaum hatte sie ihr Hotelzimmer bezogen, läutete das Telefon. Während der Fahrt hatte sie ihr Handy ausgeschaltet, jetzt aber gab es kein Entrinnen mehr.
Seine Stimme klang wie Samt. Die bayerische Klangfärbung verlieh ihr einen zusätzlichen Reiz.
"Brezelchen, endlich! Ich habe schon mehrfach versucht, dich zu erreichen. Bitte nimm dir gleich ein Taxi und komm in die Stadt. Ich kann es kaum erwarten, deinen wunderbaren, geschmeidigen Körper zu spüren, dich zu fühlen und zu umarmen. Ich habe so lange darauf verzichten müssen. Ich möchte dir so vieles sagen und zeigen. Geht es dir nicht genauso?"
Er erwartete selbstverständlich, dass sie diese Frage bejahte.
Wen, außer ihr bedachte er wohl derzeit mit dem Kosenamen 'Brezelchen' und vermied so peinliche Verwechslungen?
"Ich bin mir im Moment nicht so sicher", gestand sie.
"Wart´s ab! Ich werde schon dafür sorgen, dass deine letzten Zweifel ausgeräumt werden."

Sie glaubte ihm aufs Wort und bekam eine Ahnung davon, was er sich als Dankeschön für die Beförderung wünschte.

*

Das Seminar bedeutete für Christina eine Win Win Situation in jeder Hinsicht. Nicht nur Florians bessere Hälfte würde für einige Zeit weg sein, sondern auch die ihre. Wobei sich Christina nicht sicher war, ob man bei Edgar von der besseren Hälfte sprechen konnte.

Sie hatte sich einen Plan zurechtgelegt, Dr. Schneider aus der Reserve zu locken. Jetzt, da sie wusste, dass er impulsiv war, begann sie ihn zu provozieren. Wenn er sie anraunzte, raunzte sie zurück. Dabei achtete sie stets darauf, dass ihre Kollegen wenigstens einen Teil davon mitbekamen. Tag für nahm sie sich mehr Freiheiten heraus, die sie sich erlauben konnte, weil sie Rückhalt durch die beiden anderen Anwälte genoss. Die stellten sich stets auf ihre Seite und reizten Schneider damit noch mehr. Christina servierte ihren Kolleginnen ungebeten Kaffee und nahm ihnen kleine Arbeiten ab, während sie Dr. Schneider Getränke nur auf Bestellung nach mehrmaliger Aufforderung lieferte.

Ganz allmählich entwickelte sich ein ebenso raffiniertes, wie riskantes Spiel zwischen ihr und Schneider. Er hatte offensichtlich begriffen, dass sie ihn herausfordern wollte, und er stieg darauf ein. Sie hatten eine subtile Form der Verständigung gefunden, die den anderen verborgen blieb. Bei jeder sich bietenden Gelegenheit fielen sie verbal übereinander her. Doch bald genügte ihnen das nicht mehr. Es begann damit, dass Florian ihre Hand flüchtig berührte, wenn er ihr eine Akte übergab. Diese kleine Geste ließ sie bereits innerlich beben. Mehr brauchte sie nicht. Es genügte ihr, dass er in ihrer Nähe war.

Sie hatte mitbekommen, dass er seine Frau mehrmals täglich anrief. Frau Baumann hatte ihr erzählt, dass ihr Chef immer zur gleichen Zeit telefonierte und sie ihn dann nicht stören durfte. Christina wollte es genauer wissen und schneite einmal ´rein zufällig´ in sein Zimmer, als er zärtlich turtelte. Er hatte um eine Akte von Stöhr gebeten und sie passte den Zeitpunkt ab, ihn bei seiner Lieblingsbeschäftigung zu überraschen. Er war so versunken in sein Geplänkel, dass er nicht einmal bemerkte, dass sie in seinem Zimmer wartete und jedes seiner Worte mitbekam.
Als Christina die Akte auf den Tisch legte und Anstalten machte, den Raum zu verlassen, bedeutete er ihr mit einer Handbewegung zu bleiben und beendete sein Gespräch schnell.
"Entschuldigen Sie bitte, ich hatte Sie nicht bemerkt. Was ist das?"
Er deutete auf den Ordner, den sie ihm hingelegt hatte
"Der Vorgang *Brauerei Oberleitner*, um den Sie gebeten hatten."
Christina beugte sich über den Schreibtisch und schob ihm den Vorgang näher hin, so nahe, dass sie ihn fast berührte.
Plötzlich ruhte seine Hand wieder wie unabsichtlich auf der ihren. "Ist Stöhr soweit, dass wir uns mit der Gegenseite treffen können?"
Es schien ihr, als ob er den Faden verloren hatte, denn diese Frage stand gar nicht zur Debatte. Stöhr war keineswegs so weit, dass ein Termin vereinbart werden konnte. Vielmehr war es so, dass er die Hilfe seines erfahrenen Kollegen benötigte. Dabei ging es allerdings nicht um die *Brauerei Oberleitner*, sondern um terminliche Versäumnisse eines Steuermandanten.

Sie spürte Schneiders Atem, der ein wenig schneller ging. Ihre eigene Erregung konnte sie kaum verbergen.
"Was ich Sie immer schon fragen wollte, was haben Sie da an Ihren Händen?"
Sie wusste, worauf er anspielte.
"Sie meinen den Ausschlag? Er ist nicht ansteckend. Es handelt sich lediglich um eine Allergie gegen Gummihandschuhe. Das Dumme ist nur, wenn ich darauf verzichte, verschlimmern sich die Ekzeme."
"Sie sollten sich eine Putzfrau leisten", stellte er nüchtern fest.
Sie hatte schon klügere Sätze von ihm gehört.
„Ich habe eine, damit ICH es mir leisten kann, niedere Arbeiten bei Ihnen verrichten zu dürfen."
Eilig verließ sie den Ort dieser beschämenden Begegnung und hastete ins Bad. Ihr Gesicht schien zu glühen, als sie sich im Spiegel betrachtete. Nie zuvor hatte eine einfache Berührung sie derart aus der Fassung gebracht. Dr. Schneider allerdings war es seiner taktlosen Bemerkung zu ihrer Hauterkrankung allerdings gelungen, sie rüde in die Wirklichkeit zu zerren.
In ihrem Kopf hämmerte es. Was bildete er sich eigentlich ein? Dieses Mal hatte er den Bogen überspannt. Ihr Ärger hielt nur kurz an. Kaum dass sie sich beruhigt hatte, hatte sie ihm auch schon verziehen.

Die Begierde, die nicht einmal Edgar mehr stillen wollte, trieb Christina dazu, sich selbst zu helfen und dabei ihre Phantasie einzusetzen. In schillernden Farben malte sie sich aus, wie der honorige Dr. Schneider sie während der Bürostunden auf seinem kostbaren Art Deco-Schreibtisch vögelte. Jede Position probierte sie im Geiste aus. Von draußen drang das Geschrei der Nachbarskinder, die mit Karl herumtollten. Der Hund bellte die Hintergrundmusik dazu.

Den Lärm nahm Christina nur entfernt wahr. Sie war in ihre eigene Welt abgetaucht und träumte von leidenschaftlichen Umarmungen in verschwiegenen Etablissements und die Angst, dabei beobachtet oder erwischt zu werden, löste einen zusätzlichen Kick aus. Wie lange würde ihre Phantasie noch ausreichen? Verdammt, sie war eine Frau und sie wollte endlich wie eine behandelt werden!

Darüber hinaus ergriff noch etwas anderes Besitz von ihr. In ihren Tagträumen mutierte Florian nach und nach zu dem Gefährten, der nicht nur das Bett mit ihr teilte, sondern auch den Alltag. Und darin kamen natürlich auch Kinder vor. Eine richtige Familie, mit zwei perfekten Sprösslingen, einem Jungen, der seinem Vater glich und einem Mädchen das ihr ähnlich sah. Sie sah sich als fürsorgliche Gattin eines erfolgreichen, gutaussehenden Anwalts, an dessen Seite sie für Gerechtigkeit kämpfte. Eine winzige Kleinigkeit störte auf dem strahlenden Bild aus Geliebter und fürsorglicher Mutter. Diese Kleinigkeit – real existierende Partner - verdrängte sie so lange, bis sie in ihrer Gedankenwelt nicht mehr vorkam und der Höhepunkt sie erlöste.

An einem Donnerstag meldete sich Frau Baumann mit einer fiebrigen Erkältung krank. Christina arbeitete an einem Antrag für eine Fristverlängerung, die Stöhr dem Finanzamt übermitteln wollte, als ihr Telefon klingelte. Sie hob ab.
"Können Sie bitte gleich zu mir kommen."
"Guten Morgen…", aber Dr. Schneider hatte schon aufgelegt.
Der Text für Stöhr konnte warten, er war ohnehin noch nicht im Haus.
Sie ließ die angefangene Arbeit liegen und eilte drei Türen weiter.

"Ich habe eine etwas heikle Bitte", begann Schneider grußlos.
Das Wort ´heikel´ löste in Christina freudige Erwartung aus.
"Wie Sie wissen, ist Frau Baumann überraschend ausgefallen und das ausgerechnet jetzt, wo ich sie am nötigsten bräuchte. Trauen Sie sich zu, Frau Baumann für einige Tage zu vertreten? Außerdem müsste ich Sie bitten, mich kommenden Montag nach Kulmbach zu begleiten, um ein Protokoll vor Ort zu erstellen. Frau Pfahlhausen - die mich üblicherweise begleitet - muss ihr krankes Baby pflegen, obwohl sie sich die Kinderbetreuung mit ihrem Mann teilt. Anyway, wenn etwas schiefgeht, dann gleich richtig. "
"Wenn Herr Stöhr nichts dagegen hat, komme ich natürlich mit", erwiderte sie betont zurückhaltend. Er sollte nicht sehen, wie glücklich er sie mit seiner Bitte gemacht hatte.
"Danke. Ich werde mit Stöhr sprechen."
Er beugte sich wieder über seine Akten.
"Da wäre noch etwas".
"Ja was denn?" fragte er ungehalten, ohne aufzublicken.
Was für ein Flegel!
"Ich möchte, dass Sie mich während der Zeit, in der ich explizit für Sie arbeite, fair behandeln und nicht bei jeder Gelegenheit zurechtbügeln – vor allem nicht *coram publico*."
Nun hob er doch den Kopf und sah Christina an. "Falls ich das je getan haben sollte, möchte ich mich hiermit in aller Form entschuldigen. Es war nie meine Absicht, Sie zu kränken. Im Gegenteil, ich schätze Ihre Arbeit sehr und bin deshalb durchaus nicht unglücklich darüber, dass Sie mich an Stelle von Frau Pfahlhausen begleiten."
Entsprach das der Wahrheit oder wollte er einfach nur höflich sein?
Natürlich war Stöhr einverstanden damit, seine geschätzte Mitarbeiterin für einige Tage auszuleihen. Die beiden Steuergehilfinnen würden für ihn und Dr. Schulz arbeiten

und sobald ihr Mann sich wieder um das Baby kümmern konnte, würde die junge Anwältin das Übrige erledigen.

Kaum hatte Christina das Büro Frau Baumanns bezogen, bat Florian sie zu sich, um sie mit dem Vorgang vertraut zu machen. Sein Umgangston ihr gegenüber hatte sich zufriedenstellend entwickelt.

Christina hatte ein Tablett mit Kaffee und Mineralwasser dabei, als sie sein Büro betrat. Schneider bedankte sich für die Aufmerksamkeit, die er sonst als etwas Selbstverständliches hinnahm. Er griff er in seine Schreibtischschublade und zog eine angebrochene Schachtel mit *Walkers Pure Butter Shortbread* heraus, Kekse schottischer Provenienz, deren Form an kleine Ziegelsteine denken ließ. Christina hätte diese kalorienreichen Zahnfeinde normalerweise nicht einmal beachtet, wollte die gute Stimmung aber nicht trüben und langte beherzt zu.

Er lächelte sie freundlich an. „Es freut mich, dass es Ihnen schmeckt. Meine Frau rührt so etwas nicht an. Leider. Dabei könnte sie gerne etwas mehr auf den Rippen haben. Aber verstehe einer die weibliche Psyche."

Sie plauderten noch eine Weile über kulinarische Gepflogenheiten und wandten sich anschließend der Grobversion des Kaufvertrages zu. Christina gab sich Mühe mit Einlassungen und Anmerkungen zu glänzen. Ihr maßloses Verlangen beflügelte ihre Kreativität in nie gekannter Weise. Dr. Schneider zeigte sich beeindruckt, denn sie hatte einige Vorschläge beigesteuert, die er in das umfangreiche Schriftstück einbaute. Dabei handelte sich um nicht unwesentliche Passagen, die er übersehen oder nicht für wichtig erachtet hatte. Der Nachmittag verstrich wie im Flug. Als Christina sich verabschiedete, lobte Schneider sie ein weiteres Mal.

Am frühen Morgen des nächsten Tages rief er sie aus seinem Auto an, um ihr mitzuteilen, dass er allein nach Kulmbach fahren würde.
"Mir ist es lieber, Sie halten im Büro die Stellung. Änderungen nehme ich während der Besprechung direkt im Laptop vor. Nach Ihrer gestrigen Leistung bin ich überzeugt davon, dass Sie in der Kanzlei wertvollere Beiträge leisten können. Diese Meinung teilt übrigens auch mein Kollege Stöhr."
Christina konnte ihre Enttäuschung nur mühsam verbergen.
"Wann werden Sie zurück sein? Steht etwas Wichtiges an, das ich in der Zwischenzeit erledigen kann?"
"Ich hoffe, um fünf zurück zu sein. Wäre es Ihnen möglich, auf mich zu warten? Dann könnten wir den Vertrag gemeinsam finalisieren. Ich denke, dass es sich bei den Korrekturen nur um Marginalien handeln wird und wir das Mammutwerk heute Abend in ´trockene Tücher´ wickeln. Ihre Überstunden werden selbstverständlich bezahlt."
Die Aussicht auf den Abend versöhnte sie, aber sie hütete sich, ihm das zu sagen.
"Ich werde versuchen auf Sie zu warten, vorausgesetzt, mein Mann lässt sich mit einer Pizza vom Italiener abspeisen."
"Ach, ich dachte Ihr Mann sei auch auf diesem komischen Seminar in Ludwigsburg."
Natürlich wusste er das. Daran hatte sie nicht gedacht.
"Das war nur ein Scherz. Ich werde auf Sie warten."

Um ihre Ungeduld zu zügeln, studierte sie die Unterlagen, die sie in Martha Baumanns Zimmer fand. Sie machte sich mit der Arbeit der Chefsekretärin vertraut in der Hoffnung, dass deren krankheitsbedingte Abwesenheit andauern würde. Danach schrieb sie Briefe für Stöhr. Die Betriebsamkeit lenkte sie ein wenig ab. Um bei den anwesenden Anwälten Eindruck zu schinden, verzichtete sie sogar auf ihre Mittagspause. Sie hatte ohnehin keinen Appetit.

Als das Telefon läutete, erkannte sie auf dem Display Schneiders Rufnummer. Sie hob ab, bevor eine der Kolleginnen ihr zuvorkommen konnte.

„Schön, dass ich Sie noch antreffe. Ich habe den Vertrag mit meinen Anmerkungen soeben zu Frau Baumann nach Hause gemailt, damit sie ihn bearbeiten kann. Sie ist – ohne Ihnen damit erneut zu nahe zu treten wollen – etwas erfahrener und weiß genau, wie sie mit meinen Einlassungen umzugehen hat. Dazu benötigt sie eine alte Akte mit einem ähnlichen Vorgang. Wollen Sie zu ihr fahren, den Ordner mitnehmen und ihr bei der Fertigstellung helfen? Natürlich verstehe ich es, wenn Sie dieses Ansinnen ablehnen. Immerhin handelt es sich um einen Krankenbesuch, also einen Risikoauftrag."

Christina konnte sich Angenehmeres vorstellen, behielt das aber für sich.

„Das geht schon in Ordnung. Weiß Frau Baumann Bescheid, dass ich sie heimsuche?"

Sie entlockte ihm ein kurzes Lachen.

„Ich wollte zuerst Ihre Zusage, bevor ich Sie in die Höhle der Löwin entsende. Danke für Ihren Heroismus."

„Um welche Akte handelt es sich denn?"

„Um den Vorgang *Brauerei Hufsteige*. Allerdings ging es dabei um eine Insolvenz. Der Himmel weiß, warum die Baumann gerade den benötigt. Wussten Sie übrigens, dass sie als Steuerprüferin beim Finanzamt tätig war, bevor sie zu uns kam? Eine geeignetere Mitarbeiterin konnten wir uns seinerzeit nicht wünschen."

Es schien Christina, als wollte er etwas Nettes sagen, um auf diese Weise seine Dankbarkeit auszudrücken. So redselig hatte sie ihn bisher nicht erlebt.

„Sind Sie schon auf dem Weg zurück?"

„Ja, ich quäle mich bereits an diversen Baustellen vorbei, hoffe aber, gegen 17 Uhr zurück zu sein. Sehen wir uns dann?"

Die letzte Frage verstand sie nicht.

„Ich sollte doch Frau Baumann zur Hand gehen."
„Nehmen Sie sich ein Taxi zu ihr und ich hole Sie dort ab, wenn ich zurück bin. Dann haben wir – falls Sie es sich bis dahin nicht anders überlegt haben – einen hoffentlich kurzen, arbeitsintensiven Abend vor uns. Das alles könnte ich auch gemeinsam mit der grauen Eminenz abschließen, möchte sie jedoch nicht über Gebühr beanspruchen. Schließlich soll sie in Ruhe genesen, abgesehen davon, dass Herr Baumann sicher ebenfalls etwas dagegen hätte."
„Wenn Frau Baumann mich nicht ansteckt, stehe ich Ihnen abends gerne zur Verfügung."
Ein arbeitsintensiver Abend – was für eine Verheißung!

Stöhr half Christina bei der Suche nach der Akte *Insolvenz Brauerei Hufsteige.*

Er fand mehrere Ordner mit der der Aufschrift der Brauerei in Martha Baumanns Zimmer. „Nehmen Sie am besten alle mit", riet er ihr.
Christina packte alles ein und rief ein Taxi. Es regnete, als sie durch den nachmittäglichen Verkehr in den Norden der Stadt fuhr. Frau Baumann wohnte in einem Mehrfamilienhaus in einer ruhigen Seitenstraße, die von Kastanienbäumen gesäumt war. Ihre Stimme klang kratzig, als sie über den Lautsprecher Christina nach oben bat. Eingewickelt in einen riesigen Schal bat sie ihre Besucherin in ihre Wohnung, die hell und gemütlich wirkte.
„Schön sauber haben Sie es hier."
„Wie bitte?" Die Gelobte war sichtlich irritiert.
Christina beeilte sich, hinzufügen, dass ihr die Einrichtung gut gefiel.
„Möchten Sie einen Kaffee, einen Tee, einen Likör und dazu etwas zum Naschen, bevor wir uns in die Arbeit stürzen?"

„Danke, einen Kaffee trinke ich gerne, allerdings schwarz und ohne Beilage."
Während Frau Baumann in der Küche hantierte, sah sich Christina in ihrem Wohnzimmer um. Familie Baumann hatte offenbar ein Faible für Nippes. Jede noch so kleine Ablage war bestückt mit Porzellanfigürchen, neckischen Reise-Mitbringseln, Vasen, Blumentöpfen und Fotos in bunten Rahmen. Alles wirkte völlig staubfrei, als sei die gesamte Einrichtung vor Christinas Ankunft hochdruckgereinigt worden.
„Wir gehen in mein Arbeitszimmer", rief Frau Baumann aus dem Flur. Christina folgte ihr in den winzigen Raum, der mit modernstem Büro-Equipment ausgestattet war. Die Gastgeberin platzierte das vollgestellte Tablett auf einem Beistelltischchen und bat Christina neben ihr Platz am Schreibtisch zu nehmen. Dann fuhr sie den Rechner hoch.
Während sie dies tat, fragte sie beiläufig: „war er in den letzten Tagen etwas ausgeglichener?"
„Wer?"
Frau Baumann sah Christina an wie ein begriffsstutziges Kind.
„Von wem reden wir denn?"
Sie drückte auf den On-Button des Laserdruckers und resümierte: „Unser Dr. Schneider ist manchmal ungehörig schroff, übrigens nicht nur Ihnen gegenüber. Er war beileibe nicht immer so. Als ich bei ihm anfing, war er ausgeglichen, angenehm, hilfsbereit und emphatisch. All diese guten Eigenschaften haben sich im Laufe der Jahre verflüchtigt."
„Woran machen Sie das fest? Sie haben natürlich Recht, sehr höflich ist er nicht. Aber es muss ja irgendetwas passiert sein, das ihn so verändert hat."
„Seine Frau hatte eine Fehlgeburt. Seitdem ist er nicht mehr der Alte."
Frau Baumann seufzte und starrte auf ihren Bildschirm.
Christina wollte gerne mehr erfahren und hakte deshalb nach.

„Sie können es doch noch einmal versuchen. Vielleicht klappt es ja beim zweiten Mal."
„Mhm…, er möchte wohl schon, aber ich fürchte, sie hat genug von Familienplanung. Ah, da ist er ja schon."
Der letzte Satz bezog sich auf den Vertrag, dessen erste Seite den Bildschirm füllte. Christina spürte, dass die privaten Ausführungen zum Thema Dr. Schneider beendet waren.
Sie arbeiteten sich zügig durch die Korrekturen und nach gut einer Stunde konnte Frau Baumann ein fertiges Exemplar zum Querlesen ausdrucken. Sie nahm sich die ersten Seiten vor und drückte Christina den Rest in die Hand.
„Warum eigentlich haben Sie die Ordner der *Brauerei Hufsteige* benötigt?" fragte Christina in die angespannte Stille.
„Weil wir für die auch eine Übernahme ausgehandelt hatten. Die Details und Belege dazu sind im Insolvenzordner abgelegt."
„Diese Insolvenz hat hoffentlich Niemand aus der Kanzlei zu verantworten, oder?"
„Wo denken Sie hin? Die Sache ist die, dass die *Brauerei Oberleitner* sich ebenfalls in keinem guten Zustand befindet und deshalb Teile ihrer Produktion verkaufen muss. Genau gesagt, muss sie die Filetstücke veräußern. Wir vertreten die Käuferseite und der geht es richtig gut. Dr. Schneider hatte offenbar ein persönliches Problem damit, den Kleinen – sprich den Verkäufern – derart rigoros die Luft abzuschnüren und das sorgte in den vergangenen Wochen zu erheblichen Dissonanzen bei unseren Mandanten. Nicht sehr professionell, aber ehrenvoll!"
„Da hat er wohl die falsche Seite vertreten."
„So könnte man es nennen. Sie sehen, so böse ist er gar nicht. Möchten Sie noch etwas trinken?"
Christina bat um einen weiteren schwarzen Kaffee.
„Ich rufe ihn jetzt mal an, um zu hören, wann wir ihn erwarten dürfen."

*

Nachdem Leo noch einige Anzüglichkeiten ins Telefon gegurrt hatte, die Nadja entgegen ihrer Vorsätze erregten, versäumte er nicht, ihr den Namen des Lokals in Ludwigsburg zu nennen, in dem er sich mit ihr treffen wollte. Ihr war leicht schwindelig, als sie den Hörer auflegte. Sie ahnte, dass diese Gleichgewichtsstörungen nicht allein der Wirkung des Cognac zuzuschreiben waren.

Leo war es spielend geglückt, sie erneut in seinen Bann zu ziehen.

Nach einem Pikkolo aus der Minibar fühlte sie sich besser. Sie ging ins Bad, um ausgiebig zu duschen, ihr Make-up aufzufrischen und ihre Zähne gründlich zu putzen. Dann entschied sie, eine andere Bluse und einen anderen Rock anzuziehen. Sie knöpfte die Bluse nur bis zum Ansatz ihrer Brüste zu, so dass man die sehen konnte, wenn sie sich vorbeugte. Sie richteten sich unter dem hauchdünnen Stoff herausfordernd auf, da sie ein wenig fror. Auf Slip und BH verzichtete sie. Als sie mit dem Ankleiden fertig war, setzte sie sich auf das Bett und betrachtete sich zufrieden im Spiegel. Sie spreizte ihre Beine ein wenig, um ihre entblößte Scham zu sehen. Obgleich sie das Gefühl hatte, dass sie etwas zu weit ging, gefiel ihr der Gedanke, sich ihm so nackt wie möglich, zu präsentieren. Es würde ihm gefallen. Bevor sie das Zimmer verließ, schlüpfte sie in dunkle Wildlederpumps, deren Absätze so gewagt waren, dass ein normales Gehen nur unter erschwerten Bedingungen möglich war. Leo war Schuhfetischist. Während des Liebesspiels mit ihm trug sie oft Pumps, deren Stiletti an Mordwerkzeuge erinnerten und die sich gelegentlich in seinen weichen Körper bohrten. Ein marineblauer Cashmere-Blazer gab ihrer Erscheinung einen seriösen Anstrich. In einen warmen

Trenchcoat gehüllt, stolperte sie auf die Straße, um in das wartende Taxi zu gleiten. Nachdem sie sich in den Fond des Fahrzeuges gequetscht hatte, nannte sie dem Fahrer die Adresse des Restaurants. Sie genoss die Fahrt, denn eine wilde Vorfreude hatte sie erfasst. Sie ließ das Fenster ein weniger herunter, öffnete ihren Mantel und ihre Beine und ließ sie von der kühlen herbstlichen Luft streicheln. Dann schloss sie die Augen, um ihre Empfindungen ungestört zu genießen. Wohlige Schauer jagten durch ihren Körper.

Plötzlich wurde sie unsanft aus ihren Träumen gerissen.
"Wir sind da", bellte der Fahrer unwirsch mit unverkennbar schwäbischem Akzent.
Ruckartig setzte Nadja sich auf und bedeckte ihre intimen Körperteile, offenbar zu spät, denn der Mann hatte sich bereits umgedreht. Sollte er Zeuge ihrer ungezügelten Lust geworden sein, ließ er es sich nicht anmerken. Sie zahlte und stieg so damenhaft wie möglich aus. Amüsiert beobachtete sie aus den Augenwinkeln, dass er ihr nachstarrte, bis sie das Lokal erreicht hatte. Erst dann setzte sich seine Droschke in Bewegung.

*

Es war kurz nach sechs, als Dr. Schneider endlich bei Martha Baumann eintraf. Er sah abgekämpft, aber zufrieden aus, und er schien sich zu freuen, dass Christina auf ihn gewartet hatte.

„Es tut mir leid, dass Sie so lange ausharren mussten. Ein Unfall an einer Baustelle, der Regen und als Krönung der Feierabendverkehr, es konnte kaum schlimmer kommen."
Als Frau Baumann ihm die korrigierte Fassung des Vertrages in die Hand drückte, erklärte sie, „wir haben alles mehrfach durchgeackert und nichts mehr gefunden, das einer

Überarbeitung bedarf. Mit dieser Version können sogar unsere Mandanten konform gehen."
Er lachte und dieses Mal war es ein besonders ehrliches Lachen. „Das wissen wir spätestens, wenn sie uns das Mandat entziehen."
Christina schlüpfte in ihren Burberry-Mantel, griff nach ihrem Regenschirm und verabschiedete sich von Frau Baumann. Dann folgte sie dem Anwalt zu seinem Auto, das um einige Ecken geparkt war. Galant hielt er den Schirm über sie und öffnete ihr die Beifahrertür. Während der Fahrt schwiegen sie weitestgehend. Das änderte sich, als sie die Kanzlei betraten. Sie waren allein. Er bat sie in sein Zimmer. Kaum hatten sie sich an seinen Schreibtisch gesetzt, griff er in seine Schublade. Christina fürchtete, dass er wieder seine klobigen Kekse hervorzaubern würde. Sie hatte Hunger, aber den wollte sie nicht auf diese Weise stillen. Stattdessen zog er ein paar Papiere heraus und sagte: "Der Vertrag ist fast ohne Änderungen von der Gegenseite akzeptiert worden. Allerdings hatten wir lange Diskussionen um jeden einzelnen Punkt. Diese Franken sind wirklich schwerfällig und manchmal habe ich Ihre Überzeugungsfähigkeit vermisst, ein Talent, um das ich Sie beneide. Das Feintuning einschließlich Kopierarbeiten lassen wir uns morgen angedeihen. Jetzt bin ich zu erschöpft dafür und Sie wirken auch ein wenig abgespannt. Ich begleite Sie zu Ihrem Wagen."

Nach einer kleinen Pause erzählte er ihr dennoch vom Verlauf der Verhandlungen. Christina hörte zu und unterbrach ihn kein einziges Mal - ganz fürsorglichen Gefährtin, so wie sie es sich zurechtgeträumt hatte.
Als er fertig war, sagte sie: „Lassen uns doch die notwendigen Arbeiten jetzt erledigen, denn – soweit ich weiß - haben weder Sie noch ich heute Abend etwas Besseres vor. Darüber hinaus hätte es den Vorteil, dass Sie morgen länger

schlafen könnten. So wie Sie aussehen, hielte ich das für keine schlechte Idee."
Schneider sah sie überrascht an. Er ließ sich ihren Vorschlag durch den Kopf gehen.
„Sie haben Recht. Meine Frau ist heute Morgen zu ihrem mehrwöchigen Meeting aufgebrochen und mich erwartet zu Hause nichts als Ödnis. Kennen Sie sich mit Frau Baumanns Rechner aus?"
Was für eine überflüssige Frage. Christina fiel auf, dass er dunkle Ränder unter den Augen hatte und sich feine Bartstoppeln über seine Wangen verteilten. Offenbar hatte er seine Morgentoilette etwas nachlässig ausgeführt.
Sie machten sich im Büro der Chefsekretärin an die Arbeit. Während Christina am Computer hantierte, saß Schneider neben ihr. Sie drehte den Monitor so, dass er näher an sie heranrücken musste, um in den Bildschirm zu sehen. Dabei war das eigentlich nicht nötig, denn Christina tat nichts anderes, als Druckaufträge zu erteilen. Unmerklich rückte sie ein weiteres Stück an seine Seite. Er reagierte nicht, denn er war intensiv in seine Textpassagen vertieft, die er bereits in- und auswendig kennen musste. Als sie ihm ganz nah war, dachte sie an den Art Deco-Schreibtisch in seinem Zimmer. Nach einer Stunde lagen die fertigen Exposés feinsäuberlich gestapelt auf der Ablage, bereit für den Notar, die Käufer, die Verkäufer und alle übrigen Beteiligten.
Schneider bedankte sich überschwänglich für Christinas Hilfe.
Seine dunkelgrauen Augen glitten wie abwesend über ihren Körper, als er sagte: "Suchen Sie sich einen Tag aus, an dem ich mich bei Ihnen mit einem Abendessen bedanken darf. Heute bin ich zu geschwächt. Übrigens, woher haben Sie eigentlich diese phänomenalen Kenntnisse?"
"Meine phänomenalen Kenntnisse verdanke ich einem abgebrochenen Jurastudium."
Das hatte sie ihm schon einmal erzählt.

"Sie haben ein erstaunliches Gespür für betriebswirtschaftliche Zusammenhänge. Könnten Sie sich vorstellen, Frau Baumanns Platz einzunehmen? Sie ist nicht mehr die Jüngste und wird sich vermutlich in nicht allzu ferner Zukunft zur Ruhe setzen."
"Sie wird damit nicht einverstanden sein", gab Christina bescheiden zu bedenken.
Ihr war heiß geworden. Die Vorstellung, mit ihm ständig zusammen zu arbeiten, war ungemein verlockend und gefährlich.
"Da mögen Sie nicht unbedingt Recht haben. Sie zieht sich schon seit einer Weile zurück. Letztens hat sie angedeutet, dass sie mehr Freizeit braucht und am liebsten nur noch an vier Tagen pro Woche arbeiten möchte. Das würde natürlich bedeuten, dass Sie ganztags für mich arbeiten müssten. Ach ja, fast hätte ich es vergessen, ich habe meiner Frau nichts von Ihnen erzählt."
Er lächelte sie bei dieser Zusicherung verschwörerisch an.
"Das war nett von Ihnen. Trotzdem möchte ich vorerst nicht für Sie arbeiten. Ich fühle mich bei Herrn Stöhr sehr gut aufgehoben."
Warum sagte sie das? Sie beraubte sich aller Möglichkeiten.
"Schade. Natürlich respektiere ich Ihre Entscheidung. Stöhr wäre ohnehin sauer gewesen, wenn ich ihm im Tausch mit Ihnen, Frau Baumann vor die Nase gesetzt hätte."
Zum Zeichen seines Einverständnisses reichte er ihr seine Hand. Sie erwiderte den sanften Druck dieser großen Pranke und drückte sie so heftig, dass ihr Ehering sich schmerzhaft in ihr mit Quaddeln übersätes Fleisch presste. Wieder quälte sie dieses brennende Verlangen, dass seine Hand endlich mehr tat, als nur die ihre zu umklammern. Plötzlich ließ er sie los, als hätte er sich die Finger daran verätzt. Dann stand er schwerfällig auf.
"Was ist mit Ihnen, geht es Ihnen nicht gut?" fragte er sie besorgt.

"Nein, es geht schon wieder, ich finde nur, dass die Luft in diesem Zimmer unerträglich stickig ist. Das liegt wohl an diesem anhaltenden Regen", stammelte sie verlegen und ärgerte sich über ihre alberne Reaktion.

Er öffnete das Fenster und blieb eine Weile dort stehen. Offenbar war ihm ebenfalls heiß geworden.

"Darf ich Sie jetzt zu Ihrem Auto begleiten? Es ist spät und da möchte ich Sie nicht alleine durch die dunkle Nacht hetzen."

"Danke, ich fürchte nur, dass Sie einen weiten Weg vor sich haben."

"Ich bin versessen darauf, mich etwas zu bewegen und frische Luft zu atmen."

Schweigend schritten sie nebeneinander her, bis er sie plötzlich nach ihrem Hund fragte.

"Ach Karl ist bei unserer Nachbarin. Ihre beiden Töchter kümmern sich rührend um ihn. Sie sind ganz versessen auf den lieben, alten Kerl. Ich wusste gar nicht, dass ich Ihnen von unserem Hund erzählt hatte."

"Als Sie einmal sehr wütend auf mich waren, sagten Sie, sogar Ihr Hund hätte es bei Ihrem Mann besser als Sie bei mir. Das war für mich eine sehr interessante Aussage."

"In Hinblick auf den Hund oder auf meine Ehe?"

Darauf blieb er ihr die Antwort schuldig.

Als sie ihr geparktes Auto erreicht hatten, verabschiedete Florian sich hastig, ohne sie ein weiteres Mal zu berühren. Sie war erleichtert.

*

Leo hatte sich in die hinterste Ecke des Restaurants zurückgezogen. In seinem dunklen, etwas unmodischen Anzug wirkte er distinguiert, respekteinflößend und zugleich erotisch. Er strahlte eine natürliche Macht aus, die ihm eine unerhörte sexuelle Anziehungskraft verlieh.

Nadja war sich sicher, dass er es in einem Bananenstaat zum Diktator gebracht hätte. Weil aber die Voraussetzungen dafür fehlten, regierte er die Firma wie ein Gewaltherrscher. Bisher hatte ihm kein Skandal etwas anhaben können, obwohl er in der Wahl seiner Mittel nicht zimperlich war. Seine Kungeleien mit Politikern und stadtbekannten Größen, zu denen die Lokalprominenz ebenso zählte, wie die Unter- und Schattenwelt, waren allgemein bekannt.

Weil er aber mit seinen ungewöhnlichen Methoden die erfolgreichste Niederlassung Deutschlands aufgebaut hatte, genoss er die rückhaltlose Unterstützung der Konzernzentrale. Aufgrund seiner Position legte er Wert auf Diskretion. Jedenfalls behauptete er das. Deshalb hatte er Nadja nicht mit seinem Wagen abgeholt, obwohl sie davon ausging, dass die halbe Belegschaft über ihr Verhältnis Bescheid wusste. Sie glaubte nicht, dass Kersch sich wirklich einen Deut um seinen Ruf scherte, aber vielleicht um den Nadjas. Solange sie Angst haben musste, dass Florian über ihr ausschweifendes Doppelleben erfuhr, war sie für Leo eine willige Gespielin. Sie fragte sich, ob er wirklich glücklich darüber war, dass er sich mittels Erpressung ihre Zuneigung erkaufte. Oder war es umgekehrt? Bildete sie sich ein, dass sie ihm nur aufgrund seiner Erpressung willens war. War es nicht vielmehr so, dass sie eigentlich ganz gerne auf seine Wünsche einging und dieses Gefühl seines Machtmissbrauchs ihr Gewissen beruhigen sollte?

Er blickte von der Speisekarte auf als er sie sah. Freudestrahlend eilte er ihr entgegen.
"Na mein Brezelchen, endlich haben wir wieder einmal ungestört Zeit füreinander. Gut siehst Du aus."

Sie sog den maskulinen Duft ein, den er verströmte, ein. Es war unbestritten, Leo roch sogar nach Macht.

Umständlich ließ sie sich auf den von ihm zurechtgerückten Stuhl nieder. Sie musste auf ihre Kleidung achten, damit er nicht gleich bemerkte, welche Überraschungen sie für ihn bereithielt.

"Du siehst auch sehr gut aus, aber das brauche ich dir ja nicht zu sagen", schmeichelte sie ihm.

Etwas Geistreicheres fiel ihr spontan nicht ein. Sie war ein wenig verlegen, denn es war lange her, seit sie sich zum letzten Mal privat getroffen hatten.

Leo half ihr, die alte Vertrautheit mühelos wiederherzustellen, indem er erst einmal über geschäftliche Dinge plauderte. Er erging sich in Andeutungen über berufliche Veränderungen, die geplant seien. Wen und was sie betrafen, verriet er ihr allerdings nicht. Nach einer Weile merkte Nadja, dass er sie ganz beiläufig ausfragte und sie ihm bereitwillig erzählte, was er zu hören hoffte. Ein Teil seiner Erfolgsstrategie war, Menschen intimste Geheimnisse zu entlocken, um im geeigneten Moment Kapital daraus zu schlagen. Er verstand es vorzüglich, den verständnisvollen, väterlichen Freund zu mimen, dem man rückhaltlos vertrauen konnte.

"Wie kommst du eigentlich mit Ohlert zurecht?"

"Warum fragst du? Du weißt doch, wie er ist."

"Eben, deswegen. Er ist eine Natter und ich möchte nicht, dass du unter ihm zu leiden hast."

"Ich leide nicht unter ihm. Er ist ja ohnehin meistens unterwegs."

"Ich finde, er ist etwas zu oft unterwegs. Weiht er dich eigentlich darüber ein, was er so treibt, wenn er nach Tschechien, Ungarn, Slowenien oder Polen fährt?"

"Nein, Osteuropa ist schließlich sein Revier und da zieht er es wohl vor, sich nicht in die Karten schauen zu lassen.

Eigentlich müsstest du doch besser wissen, welche Strategien er dort verfolgt."

"Das Problem ist, dass ich es nicht weiß. Er verbirgt etwas vor mir und ich habe den bösen Verdacht, dass er in schmierige Geschäfte verwickelt ist und wenn er dabei nicht aufpasst, kann das für die *Mastorn* verheerende Folgen nach sich ziehen."

´Du meinst, er ist dabei nicht so geschickt wie du´, dachte sie in diesem Moment, behielt diese Erkenntnis aber für sich.

"Hast du mich deswegen befördert, dass ich Ohlert ausspioniere?"

´Operettenposten´, fuhr es ihr durch den Kopf

"Aber Brezelchen, nein, natürlich nicht. Ich sagte es dir doch bereits, ich habe dich befördert, weil du über herausragende Talente verfügst."

Sie fragte sich, an welche Talente er dachte, als er das sagte.

"Ich mache mir Sorgen. Ohlert ist nicht nur unverhältnismäßig oft in Tschechien unterwegs, sondern auch verdächtig oft in Ludwigsburg. Er denkt, ich wüsste das nicht, aber da unterschätzt er meinen Spürsinn."

"Vielleicht hat er in Tschechien eine Geliebte, wobei ich mir das schwer vorstellen kann. Immerhin hat er eine äußerst attraktive Frau."

"Was sagt das schon? Wenn du einen Eisschrank im Bett hast, brauchst du ab und zu etwas Warmes. Ohlert hat eine Geliebte, aber dabei handelt es sich nicht um eine Tschechin."

Natürlich wusste er über Ohlerts Privatleben bestens Bescheid. Warum aber wusste er nicht, was Ohlert in Osteuropa trieb und warum er so häufig in die Zentrale nach Ludwigsburg fuhr?

"Kannst du bei ihm nicht die bewährte Methode anwenden?"

Leo sah sie fragend an. Dann runzelte er die Stirn.

"So leicht ist das bei ihm nicht. Dieser aalglatte Überflieger ist ja nicht dumm und die Tricks hat er sich bei mir abgeguckt."
Plötzlich nahm er ihre Hand und führte sie genießerisch an seine Lippen. Sein Mund liebkoste jeden Finger einzeln, dann nahm er sich ihre andere Hand vor. Während dieses zärtlichen Spiels ließ er Nadja nicht aus den Augen. Sein Gesichtsausdruck hatte etwas Animalisches angenommen. Lüstern glitten seine dunklen Augen über ihren Körper und erzeugten erotische Stromstöße bei seinem Opfer. Sie fühlte sich wie das Kaninchen, paralysiert von der Schlange, die sie gleich mit Haut und Haaren verschlingen würde. Nie zuvor hatte sie ein derartiges Verlangen empfunden und konnte es kaum erwarten, es zu befriedigen.
Kaum hatten sie das Dessert hastig hinuntergeschlungen, zahlte er augenblicklich und sie verließen das Lokal. Draußen öffnete Leo die Beifahrertür seines Mercedes´ und half ihr beim Einsteigen.
Dabei entging ihm nicht, dass ihr Wickelrock sich unter dem lose übergeworfenen Mantel geöffnet hatte und ihr dunkles Vlies für einen kurzen Augenblick freigegeben hatte. Er beeilte sich, auf der Fahrerseite einzusteigen und loszufahren. Als Ziel wählte er den nahegelegenen einsamen Parkplatz eines Einkaufscenters. Die Umgebung mochte trist sein, aber was machte das schon aus, wenn alle Schleusen sich buchstäblich öffneten. Leo verriegelte die Türen von innen und beugte sich über ihren Schoß, den sie inzwischen freigelegt hatte. Sie spürte seine heißen Küsse zwischen ihren Schenkeln. Um seiner wendigen Zunge auf ihrer Erkundungstour entgegenzukommen, hob sie ihre Beine.
Plötzlich hielt er inne und sah sie eindringlich an.
"Ich habe in den letzten Jahren fortwährend an dich gedacht. Nie habe ich eine Frau heftiger begehrt als dich. Jetzt, wo du endlich wieder bei mir bist, will ich nichts überstürzen."
"Ja", flüsterte sie.

Ihr Herz raste, sie glaubte zu zerspringen. Sie schloss die Augen und unterdrückte das Stöhnen, das ihr in die Kehle stieg, denn sie wollte ihm Zeit lassen, die Spannung ins Unerträgliche zu steigern. Er betätigte die elektronische Sitzverstellung des Beifahrersitzes, damit sie so bequem wie möglich liegen konnte und er genügend Platz fand, um auf sie zu gleiten. Plötzlich spürte sie einen harten Stoß, er war kraftvoll in sie eingedrungen. Sie schrie laut, als sie einen Höhepunkt erlebte, der einer Explosion gleichkam. Völlig erschöpft fiel sie in sich zusammen. Eine Weile ruhten sie aneinander gekuschelt in der wärmenden Enge des Wagens, dessen Scheiben sich durch die Hitze des Gefechts beschlagen hatten. Dann begann er sie erneut zu küssen und zu liebkosen. Dabei wanderten seine Hände unter ihren Körper. Um ihm zu helfen, schlang sie die Beine um seine Taille und drängte sich mit aller Kraft an ihn. Er befreite sich aus der Umklammerung und bat sie auszusteigen. Erwartungsvoll lächelte sie: "Was hast Du vor?"
"Sei nicht so ungeduldig. Du wirst schon sehen."
Er befahl ihr, sich bäuchlings auf den nassen Kotflügel zu lehnen. Sie spürte, wie er ihr Mantel und Rock nach oben schob, spürte die Regentropfen auf ihrer nackten Haut. Sie fühlte, wie er sich gegen sie presste, um sie dann von hinten zu beglücken. Schneller und schneller bewegte er sich in ihr und sie folgte seinem Tempo. Sie liebten sich rhythmisch in vollkommenem Einklang, bis sie sich beide gleichzeitig in ekstatischer Verzückung entluden.

*

Christina war glücklich wie lange nicht. Edgar konnte sie nicht quälen und Florian war nett zu ihr. Ihr Glück erfuhr ein jähes Ende durch die Rückkehr von Frau Baumann, die bereits nach wenigen Tagen das Krankenbett mit dem Büro tauschte. Christina räumte ihre Sachen und kehrte an den Empfangstresen zurück.

Weil sie fast jeden Tag anrief, gab Christina dem Drängen Violettas nach, sich mit ihr zum Mittagessen zu treffen. Seit sie in ihrer Nähe arbeitete, verspürte sie immer weniger Lust dazu. So gerne sie ihre Freundin hatte, so sehr begann sie Violettas manchmal peinliche Direktheit zu stören, zumal die Möglichkeit bestand, ihren Chefs über den Weg zu laufen. Und weil Christina wusste, wie Violetta sich beim Anblick von Männern aufführte, die nicht nur über gutes Aussehen, entsprechende Positionen mit adäquatem Einkommen und das richtige Alter verfügten, hielt sie es für angebracht, sich ihre persönlichen Chancen nicht durch Violettas aufdringliche Avancen verderben zu lassen. Violetta verstand es, ihre Opfer einzukreisen und im geeigneten Moment wie ein hungriger Aasgeier zuzuhacken.

Die befürchtete Situation trat ein. Als die beiden Herren das Lokal betraten, blickte Christina bewusst in eine andere Richtung in der Hoffnung, sie würden sie nicht bemerken.

Sie sollte sich irren. Dr. Albert Schulz stürzte strahlend an ihren Tisch, widerwillig gefolgt von seinem Partner, der einen betont missmutigen Gesichtsausdruck aufgesetzt hatte. Am Verhalten ihrer Freundin erkannte Christina, dass sie über die unerwartete Abwechslung höchst erfreut war. Ostern und Weihnachten fielen zusammen und das bereits mittags. Was konnte sie sich mehr wünschen.

Schulz setzte ein entwaffnendes Grinsen auf, als er die beiden Frauen begrüßte. Christina fand, dass er etwas dümmlich damit aussah.

"Anscheinend haben wir den gleichen Geschmack, wenigstens was die Wahl des Restaurants betrifft." Er grinste immer noch.

Christina fühlte sich bemüßigt, die Vorstellung zu übernehmen.

"Violetta, darf ich Dich mit Dr. Schulz und Dr. Schneider bekannt machen? Meine Freundin Violetta Schnitzler, nicht verwandt oder verschwägert mit dem Schöpfer des `Reigens´, Arthur Schnitzler, obgleich mindestens ebenso begabt, vor allem im Hinblick auf die Phantasie." Ein Seitenhieb auf ihre Freundin.

Jäh fiel ihr auf, dass Schulz Violetta fasziniert anstarrte, die sich mit betörendem Lächeln, das ihr Erfolg bei Männern und Frauen gleichermaßen garantierte, direkt an ihn wandte, während sie mit ihren Ausführungen eigentlich Christina meinte: "Liebe Christina, warum hast du mir vorenthalten, dass du so reizende Chefs hast? Meine Freundin übertreibt gerne, vor allem was mein dichterisches Können anbelangt. Ich texte lediglich Werbung."

Christina fühlte sie desavouiert. Aber das genügte Violetta noch nicht. Sie war in ihrem Element und spielte die bewährte Aufführung, die sie damit einleitete, dass sie genießerisch mit der Zunge ihre Lippen benetzte. Anschließend folgte ein verführerisches Lächeln, das den Blick auf blütenweiße Jacketkronen freigab, auf die sie besonders stolz war. Als nächstes warf sie den Kopf kokett nach hinten und schüttelte dabei ihr volles Haar, das in seiner eingefärbten Röte unübersehbar war. Was für eine Show! Drittklassig, aber wirkungsvoll.

"Frau Schnitzler arbeitet in der Werbeagentur *'Smell, See & Feel'*. Diese Agentur residiert zufällig in der gleichen Straße

wie unsere Kanzlei", erklärte Christina trocken, als müsste sie die Anwesenheit ihrer schrillen Freundin entschuldigen.
"Erlauben Sie, dass wir uns zu Ihnen setzen, oder wollen Sie Ihr Mahl lieber allein genießen?"
"Ja bitte, setzen Sie sich doch, nichts ist uns lieber als die Gesellschaft zweier charmanter Herren," säuselte Violetta mit leicht nasalem Unterton und verschlang dabei Dr. Schulz, der die Frage gestellt hatte, mit ihren dunkel umrandeten Kulleraugen.
An Florians Miene erkannte Christina, dass der nicht das geringste Bedürfnis verspürte, den Tisch mit ihnen zu teilen. Er gab sich keinerlei Mühe, seine Abneigung zu verbergen. Entsprechend mürrisch verhielt er sich während des ganzen Essens.
Dr. Schulz dagegen schien bester Laune. Er wirkte aufgeräumt und fröhlich wie nie. Im Büro gab er sich eher zugeknöpft, wenngleich er gerne lachte. Selten hingegen sprach er über Privates. Er wirkte immer etwas verklemmt, vor allem in Gegenwart von Frauen. Jetzt plapperten er und Violetta miteinander wie zwei Teenies, sie sich lange nicht gesehen hatten. Sie tauschten Anekdoten aus und amüsierten sich über Banalitäten. `Small Talk´ in Reinform, stellte Christina indigniert fest. Kein Wunder, dass Schneider so mürrisch drein sah.
Es war nicht zu übersehen, dass Schulz von seiner farbenprächtigen Gesprächspartnerin, die optisch einen krassen Gegensatz zu ihm bildete, entzückt war. Violetta hatte trotz ihrer achtunddreißig Jahre ein Gesicht, dem etwas niedlich Infantiles anhaftete. Diesen naiven Ausdruck verdankte sie ihren vollen Lippen und den riesigen grünen Augen, mit denen sie so verzückt dreinblicken konnte, wie ein Kind, das gerade ein wunderschönes Geschenk erhalten hat. Wer genauer hinsah, der konnte allerdings auch Spuren erlittener Enttäuschungen auf dem hübschen Puppenteint

entdecken, besonders dann, wenn Violetta vergaß, zu lächeln.

Christina war erstaunt darüber, dass ihre Freundin sich mit diesem langweiligen, ungelenken Mann abgab, anstatt ihre Fühler nach dem weitaus interessanteren, wenngleich ruppigen Dr. Schneider auszustrecken. Möglicherweise vertraute sie auf ihren Instinkt, der sie selten trog und der sagte ihr, dass Schulz noch zu haben war. Christina wusste, dass er nicht verheiratet war und dass er eine Freundin hatte, hielt sie für ausgeschlossen.

Florians ungeteilte Aufmerksamkeit galt dem Studium der Speisekarte, die er mit einer Intensität las, als handle es sich um einen spannenden Kriminalroman. Die *'Tortellini a la Rabiata'*, die er bestellte, verschlang er ebenso schweigsam wie gierig, kaum dass die Kellnerin sie ihm vorgesetzt hatte.

Christina versuchte einen kurzen Blick von ihm zu erhaschen, aber er sah erst auf, als er mit dem Essen fertig war. Dann trafen sich ihre Augen für einen unendlich langen Moment. Sie spürte Tränen voller Sehnsucht in sich aufsteigen. Er wandte sich hastig ab, suchte in seiner Jackentasche nach einem Geldschein, den er seinem Partner hinwarf und sprang auf.

Seine große Eile begründete er damit, dass er einen Termin wahrzunehmen habe und schon sehr spät dran sei. Christina wusste nichts von einem Termin. Sie ahnte, dass dieser gehetzte Aufbruch lediglich ein Vorwand war, ihrer Gesellschaft zu entfliehen.

Violetta hatte zwischenzeitlich Schulz dazu gebracht, sie in den *'Kufler'* einzuladen. Das luxuriöse Restaurant gegenüber der Oper war ihr bevorzugtes Testgelände. Wie sie das angestellt hatte, war Christina entgangen. Sie war zu sehr mit ihren eigenen Flirtversuchen beschäftigt gewesen, als dass sie auf ihre Freundin hätte aufpassen können. Violetta besaß die Chuzpe, vorzuschlagen, dass Christina und Dr. Schneider mitkommen sollten, als wären gute alte Bekannte. Schulz

war begeistert von dieser Idee. Er versprach, seinen Partner zu überreden und sie anzurufen. Seine Begeisterung erklärte Christina sich damit, dass er sich vermutlich ein wenig davor fürchtete, mit Violetta alleine zu sein. Sie war sich sicher, dass Florian sich niemals auf ein Abendessen zu viert einlassen würde. Er war ihr zwar ein Dinner schuldig, doch das beabsichtigte sie allein mit ihm zu genießen.
Nachdem auch Dr. Schulz das Lokal verlassen hatte, fauchte Christina:
"Wie konntest du mir das antun? Bist du verrückt geworden, mich in eine so unangenehme Lage zu bringen?"
"Warum kreischt du so, ich weiß gar nicht, wieso du dich so aufregst. Sei doch froh, dass du endlich einmal was anderes siehst, als deinen miesen Gatten, die personifizierte Pest. Du wirst sehen, mit den Beiden werden wir einen sehr lustigen Abend verbringen", konterte Violetta fröhlich. Sie hatte jetzt wieder diesen kindlichen Ausdruck im Gesicht und war nicht im Geringsten irritiert über Christinas hysterischen Ausbruch.
"Du verlierst zu leicht die Fassung," fuhr sie ungerührt fort.
"Mir ist das alles so peinlich", jammerte Christina, die ihre Felle davonschwimmen sah.
Violetta war selten etwas peinlich. Sie hatte eine sehr offene Art, die manche Leute störte, aber auch vielen als Ausdruck eigenwilliger Natürlichkeit imponierte. Diese Schnoddrigkeit, die zuweilen in Rücksichtslosigkeit ausartete, passte zu ihr wie ein gut sitzender Anzug.
"Und was bitteschön soll daran peinlich sein? Dieser Dr. Schulz war doch völlig hingerissen von mir. Oder sollte ich mich darin getäuscht haben? Ach, was frage ich dich. Du hast doch von diesen Dingen überhaupt keine Ahnung!"
"Ist dir eigentlich entgangen, dass Dr. Schneider glücklich verheiratet ist und ich bin es ebenfalls?"
"Was willst du mir damit sagen? Mir ist nicht entgangen, dass er verheiratet ist, aber woran hätte ich bitteschön

erkennen sollen, dass seine Ehe glücklich ist? Vermutlich ist er genauso glücklich verehelicht wie du!"
Ein schrilles Lachen entlockte sich Violettas Kehle. "Mal abgesehen davon, dass er schlecht gelaunt und frappierend unhöflich war, hat er keinen bleibenden Eindruck bei mir hinterlassen. Den überlasse ich gerne dir. Im Übrigen brauchst du ihn ja nicht gleich zu heiraten. Einem kleinen Abenteuer werdet ihr beide wohl kaum abgeneigt sein", erwiderte Violetta gönnerhaft und lachte weiter, wenn auch etwas leiser.
"Ich danke dir für deine Großzügigkeit, aber wie du weißt, interessieren mich fremde Männer nicht, und verheiratete schon gar nicht."
Was für eine Heuchelei! Gut, dass sie Violetta nie von ihren hungrigen Streifzügen durch die Cafés der Stadt erzählt hatte.
"Ach hör endlich auf damit! Dein Mann betrügt dich nach Strich und Faden, er schläft doch kaum zu Hause. Jedenfalls hast du das behauptet. Und glaubst du wirklich, dass dein geschätzter Chef seine Frau nicht hintergeht? Nimm es doch einfach einmal von der lockeren Seite. Wenn du dir nicht bald einen Liebhaber anlachst, dann endest du als verbitterte alte Jungfer. Manchmal zeigst du ja jetzt schon Ansätze."
Christina überhörte den letzten Satz geflissentlich: "Du vergisst offensichtlich, dass ich für die Beiden arbeite. Was glaubst du, wie ich mich am nächsten Tag verhalten soll, wenn wir uns am Abend in weinseliger Laune geduzt und abgeknutscht haben?"
Violetta unterbrach sie kühl: "Das ist dein Problem, du musst endlich lernen, mit anderen Menschen zurechtzukommen. Vielleicht haben sie sowieso keine Zeit, dann erledigen sich deine welterschütternden Sorgen von selbst. Komm lass uns gehen, ich muss zurück in die Agentur."

Sie sprang auf und zog ihren nach oben gerutschten rosa Stretchmini, der ihre ausladenden Oberschenkel freigegeben hatte, energisch nach unten.

Als sie auf der Straße standen, fragte Christina plötzlich: "Findest du Schulz attraktiv? Könntest du wirklich ein Verhältnis mit ihm anfangen?"

Violetta sah nachdenklich an Christina vorbei auf einen imaginären Punkt, der ihre ganze Aufmerksamkeit zu erfordern schien. "Ich verstehe deine Frage nicht, das Aussehen war für mich noch nie ein ausschlaggebendes Kriterium. Außerdem betrachte ich es als enormen Glücksfall, dass er noch zu haben ist, oder hat er etwa eine Freundin?"

"Nicht, dass ich wüsste, er spricht nicht über sein Privatleben. Mein Typ wäre er jedenfalls nicht."

"Ich weiß, wer dein Typ ist."

Mit dieser rätselhaften Feststellung und einem schmatzenden, rote Abdrücke hinterlassenden Kuss auf die pfirsichgetönte Wange ihrer Freundin, verabschiedete sich Violetta und stöckelte in die Richtung ihrer Agentur davon. Christina stand noch eine Weile wie angewurzelt auf dem Trotteur und sah ihr nach. Violetta sah wirklich auffallend aus und das war eine gelinde Untertreibung.

Wie erwartet, sagte Florian die Verabredung ab.

Er zog sich elegant aus der Affäre: "Ich weiß natürlich, dass ich Ihnen noch ein Abendessen schulde, ziehe aber vor, dabei auf die Anwesenheit Ihrer bemerkenswerten Freundin und meines Kanzleipartners zu verzichten."

Er verriet ihr allerdings nicht, wann er seine Schulden bei ihr zu begleichen gedachte.

*

Die Nacht verbrachte Nadja in Leos Suite. Sinnvollerweise wohnte er in einem besseren Hotel, als die zweite Garnitur der *Mastorn*.

Er war zärtlich zu ihr wie ein frischverliebter Jüngling. Liebevoll drückte er sein Gesicht in ihr dunkles Haar und murmelte in ihr Ohr: "Es war eine wunderbare Idee von dir, mich heute mit diesem außergewöhnlichen Outfit zu überraschen. Du hast mich fast um den Verstand gebracht. Es wäre schön, wenn wir uns wieder öfter lieben könnten."

"Wir werden sehen", versprach sie und schloss seinen Mund sanft mit ihrem Zeigefinger.

Sie küssten, streichelten und umarmten einander, bis sie erschöpft einschliefen.

Am frühen Morgen schlich sie sich davon, ohne ihn zu wecken. Mit einem Taxi kehrte sie in ihr Hotel zurück. In ihrem Zimmer fand sie keine Nachricht von Florian vor. Er hatte auch keine SMS hinterlassen. Sie hatte damit gerechnet, dass er sich so verhielt und in gewisser Weise war sie erleichtert darüber.

Kaum hatte sie sich ausgezogen, um ein erfrischendes Bad zu nehmen, läutete das Telefon. Sie wusste instinktiv, wer sie anrief.

"Brezelchen, wie geht es dir? Ich habe mich nie besser gefühlt. Zwischen uns besteht immer noch eine ungeheure Anziehungskraft. Lass sie uns auskosten bis zum letzten Tropfen. Wir sehen uns am Freitag um acht im selben Lokal wie gestern! Ich konnte es so einrichten, dass ich wieder in Ludwigsburg zu tun habe. Ich freu' mich schon drauf. Erhole dich inzwischen ein wenig von den nächtlichen Strapazen, damit du bis Freitag wieder fit bist und denk' an mich."

Mit einem lauten Schmatz, der als inniger Kuss gedacht sein sollte auf, legte er auf. Offensichtlich hatte er nicht viel Zeit. Nadja überlegte, wie das bewerkstelligen sollte. Am Freitagabend fand eine Feier statt, zu der einige Größen der Zentrale geladen waren. Möglicherweise auch Kersch.

Sie kam zu dem Schluss, dass sie sich den Besuch des Restaurants sparen konnten und sich stattdessen im Anschluss an das Betriebsfest zum ´Dessert´ auf dem tristen Supermarktparkplatz verabreden könnten. Nadja richtete sich auf eine weitere ausschweifende Nacht mit Leopold ein. Und sie freute sich darauf, wenngleich es sie schockierte, dass sie keinerlei Gewissensbisse empfand.

Der lange Tag in der Konzernzentrale schlauchte sie. Sie war müde und unkonzentriert und bekam nur wenig von dem mit, was der Seminarleiter zu sagen hatte. An den lebhaften Diskussionen nahm sie kaum teil, die Themen interessierten sie nur am Rande. Außerdem fand sie die Beiträge inhaltsleer und störte sich daran, dass die Teilnehmer sich um Nichtigkeiten zankten. Mit Besorgnis allerdings registrierte sie, dass Ohlert sie aufmerksam beobachtete. Er war für einen Tag angereist, um über seine Arbeit zu referieren. Christina ging davon aus, dass der Vortrag nur als Vorwand für einen anderen Reisegrund diente.

Am Nachmittag wurde sie zunehmend nervöser. Die Gedanken an Florian und den Ehebruch, den sie ein weiteres Mal zu begehen gedachte, drängten sich unangenehm in ihr Bewusstsein.

Sie rief ihn an. Florian hatte sich beruhigt. Er entschuldigte sich bei ihr für seinen Ausbruch vor der Abreise und dafür, dass er sie nicht angerufen hatte. Wenigstens dieses Problem war gelöst. Und doch blieb die Frage offen, warum er sich nicht bei ihr gemeldet hatte.

Die kommenden Tage waren ausgefüllt mit intensiver Arbeit. Nadja bemühte sich, mehr Einsatz zu zeigen. Sie durfte sich keine Schwächen leisten, wenn sie beweisen wollte, dass ihr Aufstieg verdient war. Entgegen seiner Ankündigung blieb Edgar Ohlert zwei Tage länger und hielt sich immer in ihrer Nähe auf. Er saß neben Nadja im Seminarraum des Tagungshotels und er leistete ihr mittags Gesellschaft, in dem er sich an den Tisch setzte, an dem Nadja mit den

anderen Kollegen bereits Platz genommen hatte. Seine aufdringliche Präsenz war ihr unangenehm. Sie war sich fast sicher, dass er über ihr Verhältnis zu Kersch Bescheid wusste. Ohlert war clever und - was schlimmer war – durchtrieben. Sie musste vorsichtig sein.
„Ich reise Freitag am späten Nachmittag ab", kündigte er überraschend an, als er sich wieder einmal ungebeten neben Nadja platziert hatte. Immerhin etwas tröstliches, denn das bedeutete, dass er der Veranstaltung fernbliebe. Fast hatte sie vergessen, dass sie Ohlert ebenfalls beobachten sollte. Ein Katz und Mausspiel. So recht wusste Nadja bis dato nicht, welche Geheimnisse sie Kersch´ Intimfeind entlocken sollte und vor allem nicht wie.

Die Anstrengungen, die das Seminar mit sich brachte, lenkten sie zeitweilig von ihrem chaotischen Gefühlsleben ab. Für den Tag, an dem sie Leo wieder sehen sollte, hatte sie einen Vortrag auszuarbeiten. Es ging dabei um den Vergleich fernöstlicher Arbeitsethik mit deutscher Mentalität. Dieser Vortrag sollte als Diskussionsgrundlage dienen. Sie hatte sich vor Beginn des Seminars intensiv vorbereitet, war nun aber überrascht, dass sie über ein ihr fremdes Gebiet sprechen sollte. So verbrachte sie den Donnerstagabend damit, sich in die komplexe Materie einzuarbeiten, und stellte fest, dass dieses Thema sie zunehmend fesselte. Die Strebsamkeit der Asiaten faszinierte sie, ihre Art zu leben stieß sie ab. Sie fand heraus, dass Frauen in diesen Regionen eine nur untergeordnete Rolle spielten. Als sie die Brücke zu hiesigen Verhältnissen herzustellen versuchte, fiel ihr auf, dass es Frauen in Deutschland nicht viel besser erging, von der Kanzlerin einmal abgesehen. Die Führungsebenen waren nach wie vor Männern vorbehalten, das ließ sich trotz weniger Alibi-Direktorinnen nicht leugnen. Dass ihre Münchner Dependance eine Ausnahme darstellte, war im Wesentlichen darauf zurückzuführen, dass der Chef eine

Schwäche für das weibliche Geschlecht hegte. Der Erfolg gab ihm Recht. Die starke Präsenz von Frauen im oberen Management hatte entgegen aller Unkenrufe zu erstaunlich positiven Ergebnissen geführt. Diese Erkenntnis wollte sie, entgegen der Vorgaben, herausstellen. Zunehmend vom ursprünglichen Thema abkommend, tauchte sie immer tiefer in die Geschichte weiblicher Emanzipation ein. Als Vorbild diente ihr Norwegen, reich, fortschrittlich und in gesellschaftspolitischen Dingen sehr modern. Sie fand heraus, dass die norwegischen Frauen nach den Finninnen die ersten in Europa waren, denen ein Wahlrecht zugesprochen wurde. Und so wunderte sie sich nicht, dass ein Drittel der Abgeordneten im norwegischen Parlament weiblichen Geschlechts war. Die vorbildliche Frauenquote setzte sich in der Besetzung der Aufsichtsräte norwegischer Unternehmen fort. Was ging sie die Arbeitsauffassung rückständiger Schwellenländer an, wenn es weit attraktivere Themen gab.

Nebenbei beabsichtigte sie, in ihren Vortrag einzuflechten, dass Männer korrupter, feiger und verlogener waren als Frauen und mit diesem Verhalten die Moral eines Unternehmens untergruben und dessen Reputation nachhaltig schadeten. An diesem Passus arbeitete sie lange, denn jedes Wort konnte eines zu viel sein und ihr letztendlich das Genick brechen und nicht denjenigen, auf die er gemünzt war. Am Ende hatte sie ihn so zurechtgestutzt, dass nicht einmal mehr die, die er betraf, sich angesprochen fühlen mussten. Mit dem Ergebnis war sie zufrieden. Was für eine Steilvorlage für eine Diskussion!

Ihr Beitrag erntete großen Beifall. Wie erwartet, war den männlichen Teilnehmern der Seitenhieb auf ihr geschlechtsspezifisches Verhalten entgangen, weil sie den wichtigsten Teil ihrer Rede ganz dezent in andere kontroverse Thesen integriert hatte. Und diese kontroversen Thesen regten an und auf. Die Teilnehmer stritten darüber noch mehr als sonst. Nadja sonnte sich in ihrem Erfolg und beobachtete Ohlert, der seinerseits das Gleiche tat. Ihre Blicke trafen sich wie Waffen, bereit den Gegner zu vernichten. Ohlert hatte die Feinheiten ihrer Ausführungen verstanden.

In der Pause flüchtete sie aus dem Seminarraum, denn sie hatte das Gefühl in Gegenwart dieser kaltäugigen Natter (Leos Worte), die sie erkennbar hasste, zu ersticken. An der Kaffeetheke scharrten die Kollegen sich um sie, um ihr zu gratulieren und einzelne Punkte, die der Klärung bedurften, ein weiteres Mal zu erörtern. Vor allem die Frauen leisteten ihr Gesellschaft.
Darüber hatte sie vergessen, was sie am Abend erwartete. Erst als sie ausgepowert auf ihr Hotelbett fiel und das Telefon sie aus sanftem Halbschlaf riss, fiel es ihr wieder ein.
"Hallo Brezelchen, ich kann es kaum erwarten, du hoffentlich auch - lass uns später den Parkplatz wieder zum Spielplatz unserer Gelüste entweihen."
Schon seine Stimme versetzte sie in einen gefährlichen Zustand.
Nadja spürte ein loderndes Glühen zwischen ihren Beinen, als er langsam fortfuhr, ausführlich jedes ihrer Körperteile schamlos zu beschreiben und wie er es schlecken, küssen oder sonst wie zu verwöhnen gedachte.
Sie verfuhren nach dem gleichen Ritual wie bei ihrem letzten Treffen, allerdings später als erhofft. Die Feier hatte sich endlos hingezogen und keiner von Beiden wollte durch vorzeitiges Verschwinden auffallen. Als sie sich endlich an der düsteren Stelle hinter dem schrillen Einkaufscenter trafen, fielen sie übereinander her, wie Tiere über ihre Beute.

Er liebte sie wieder im Stehen und im Auto und danach lagen sie eng umschlungen im Fond des Wagens. In diesem Zustand vollkommener Geborgenheit vergaß sie den Verrat, den sie soeben erneut an Florian verübt hatte.
Aus dem Handschuhfach zog Leo einen mit klarem Schnaps gefüllten Flachmann:
"Hier trink, damit du dich nicht erkältest. Natürlich hätten wir es auch komfortabler haben können, aber auf keinen Fall so reizvoll wie hier, findest du nicht auch, mein kleines, geiles Brezelchen?"
"Ja, je unbequemer, desto reizvoller", säuselte sie und biss sanft in sein Ohr.
In die Stille hinein sagte er plötzlich: "Wer weiß, wie oft wir uns noch sehen werden."
"Was meinst du damit?"
"Ich war ja nicht umsonst in Ludwigsburg. Seit der Staatssekretär seinen Posten geräumt hat, bin ich ganz offensichtlich zur *Persona non Grata* für die Herren Vorstandsvorsitzenden mutiert."
Sie wusste, was er meinte und fragte trotzdem: "Was hat der Staatssekretär mit deiner Position zu tun?"
"Ach Brezelchen, das weißt du doch genau! Ohne seinen Einfluss und dem seiner Vasallen erhalten wir die Aufträge nicht mehr so easy, wie sie es in Ludwigsburg von uns gewohnt sind. Und ohne diese profitable Verbindung wirst auch du nicht mehr die stolzen Provisionen einfahren, die dir zum Aufstieg verholfen haben. Von weiteren Vorteilen, die man in Ludwigsburg gerne in Anspruch nahm, möchte ich gar nicht sprechen."
"Aber noch wirkt sich diese politische Veränderung nicht in Zahlen aus."
"Nein, noch nicht, aber da es ganz offenbar Jemanden gibt, der mir permanent zwischen die Beine grätscht und gehörig an meinem Stuhl sägt, sieht die Sache nicht so rosig aus. Aber sei versichert, dass mir dazu etwas einfallen wird!"

Sie glaubte ihm aufs Wort.
Die Nacht verbrachte sie bei ihm.
"Könntest du dir vorstellen, dass Ohlert fähig ist, Schmiergelder zu zahlen und nebenbei etwas in die eigene Tasche zu stecken?"
Sie befand sich gerade in einem wohligen Dämmerzustand, als er sie mit dieser ungeheuerlichen Frage konfrontierte.
"Traust du ihm das zu?"
"Es gibt nichts, was ich ihm nicht zutraue. Das Doppelhaus, mit dem er in Solln protzt, ist entschieden eine Nummer zu exklusiv für sein Gehalt."
Nadja war zu müde, um sich in Mutmaßungen über Ohlerts Verfehlungen zu ergehen.
"Vielleicht hat ja seine Frau etwas dazu beigetragen."
"Der Eisschrank? Womit? Die feine Dame erwirtschaftet doch nichts. Aber vielleicht hast du Recht und ihre großzügigen Eltern haben etwas beigesteuert. Ohlerts Erzeuger sind ebenfalls ganz gut ausgestattet. Ich werde das herausfinden."
´Oder Vinzent Regnier´, mutmaßte Nadja im Stillen.
Leo saß aufrecht im Bett und starrte an die Wand. Zum ersten Mal glaubte Nadja so etwas wie Sorge bei ihm zu spüren. Er hatte Angst, Angst vor Ohlert, der offenbar noch ausgekochter als er selbst war. Sie richtete sich ebenfalls auf und legte ihren Kopf an seine Schulter. Eigentlich sollte sie ihn trösten, aber aus triftigen Gründen war sie nicht so besorgt wie er. Und doch tat er ihr leid. Der Zwölfender wurde vom jungen Stier zur Strecke gebracht. Oder hinkte dieser Vergleich? War nicht eher Leo der Stier, der keine Hörner mehr hatte? Ein Ochse ohne Hoden?
Sie beschloss, ihre Spitzeltätigkeit für Leo einzustellen.

Am Samstagmorgen brachen alle Kursteilnehmer auf, um das Wochenende zu Hause zu verbringen. Am Sonntagabend wollten sie sich wieder treffen, um das Seminar fortzusetzen.

Nadja verspürte keine Eile, die Heimfahrt anzutreten. Sie war in Katerstimmung und sie hatte Angst, Florian unter die Augen zu treten. Ein beklemmendes Gefühl, dass er ihr den Betrug ansehen würde, zog ihr die Brust zusammen. Bevor sie losfuhr, bediente sie sich noch einmal ausgiebig an der Minibar. Die entnommenen Getränke bezahlte sie beim Verlassen des Hotels bar. Der Cognac, den sie zügig hinuntergekippt hatte, verursachte eine angenehme Wärme in ihrem Innersten, die allerdings nur vorübergehend anhielt. Die dreistündige Fahrt erschien ihr schrecklich kurz und es gab keinen erlösenden Stau, der das Wiedersehen mit ihrem Mann hinauszögerte.

Als sie die Türe ihres Appartements aufschloss, merkte sie erleichtert, dass Florian nicht zu Hause war. Möglicherweise hatte er noch nicht mit ihrer Rückkehr gerechnet. Im Flur stand eine große Vase, gefüllt mit einem bunten Strauß Frühlingsblumen. Im Wohnzimmer war der Tisch liebevoll gedeckt. Offensichtlich wollte Florian ihr eine Freude bereiten, nachdem er eine Woche nur wenig hatte von sich hören lassen. Sie lächelte und ging in ihr Zimmer, um ihre Sachen auszupacken. Sie duschte ausgiebig und zog dann ein zartes blütenweißes Batist-Nachthemd mit einem rüschenbesetzten Hausmantel aus dem gleichen Material an, weil die Farbe Weiß - in diesem Fall völlig unpassend - etwas Reines, Unschuldiges verkörperte. Sie schauderte, denn Leo drängte sich in ihre Gedanken. Das Ensemble, das sie selten trug, ließ sie aussehen wie einen zarten Engel, der nur Gutes im Schilde führte. Um diese Wirkung zu verstärken schmückte sie ihren dunklen Pagenkopf mit einem Haarreif, an dem eine rosa Schleife befestigt war. Anschließend platzierte sie sich auf dem *Eames Lounge Chair*, der in der Mitte des Wohnzimmers stand. Was für ein

Bild! `Eine Fee, hingegossen in schwarzes Leder, wartet auf ihren Prinzen´.

Träge schloss die Fee ihre Augen und ließ die vergangenen Tage Revue passieren.
Je mehr die Erlebnisse mit Leo sich in ihre Erinnerung drängten, desto nervöser wurde sie. Sie musste unbedingt zur Ruhe kommen und den unehrenhaften Teil ihrer Reise ausblenden. Im Kühlschrank fand sie eine Flasche Champagner, die sie zügig öffnete. Mit der Flasche und zwei Gläsern kehrte sie an ihren Platz zurück. Sie goss ihr Glas voll und leerte es mit einem Schluck. Als sie sich ein zweites genehmigte, hörte sie, dass die Haustür geöffnete wurde. Der Prinz stürzte mit Tüten beladen in den Salon, um seine kleine Frau mit den großen Rehaugen überglücklich zu begrüßen.
„Wie schön, dass du schon da bist. Ich habe erst später mit dir gerechnet, daher bin ich mit meinen vielfältigen Vorbereitungen noch nicht fertig. Aber zuerst möchte mich bei dir entschuldigen, dass ich dich nur selten angerufen habe. Ich war einfach zu wütend. Allerdings hatte ich keine Ahnung davon, wie sehr du mir bereits nach einer Woche fehlen würdest. Du siehst zum Anbeißen aus. Lass Dich umarmen, mein süßer Fratz."
Sie fiel in seine Arme und murmelte: "Ich habe dir deine Telefonabstinenz längst verziehen. Glücklicherweise war ich derart eingespannt in Arbeit, dass mir nur wenig Zeit blieb, darüber nachzudenken. Natürlich hätte auch ich mich öfter melden können, aber auch ich war wütend. Aber lass uns jetzt nicht mehr darüber reden. Deine Entschuldigung nehme ich gerne an. Ich habe einen Bärenhunger."
Florian löste sich sanft von ihr.
"Schön, dann kümmern wir uns erst einmal um die kulinarischen Genüsse, bevor wir uns den anderen zuwenden", schmunzelte er und liebkoste ihre Wangen.

Sie goss ihm ein Glas Champagner ein und prostete ihm zu:
„Auf ein langes und harmonisches Wochenende."
„Mit viel, viel Liebe", ergänzte er.

*

An einem Mittwoch, an dem Edgar erneut nach Ludwigsburg fahr, das dritte Mal innerhalb weniger Wochen, meldete sich Frau Baumann wieder krank. Für die am nächsten Tag stattfindenden Gespräche, die die Übernahme einer kleinen, feinen Reiseagentur betrafen, musste ein umfangreicher Vorvertrag aufgesetzt werden. Dr. Schneider hatte vergeblich versucht, eine Aushilfskraft für den Abend aufzutreiben. Christina erklärte sich bereit, die undankbare Aufgabe des Abtippens zu übernehmen. Der Anwalt hatte die Rohfassung handschriftlich aufgesetzt und saß jetzt wieder neben ihr an dem Schreibtisch, der – hätte sie nicht abgelehnt - längst ihrer gewesen wäre. Christina fütterte den Computer mit Florians Textvorgaben.
Sie arbeiteten sehr konzentriert, als plötzlich ihr Handy läutete. Schneider bedeutete ihr, dass es ihn nicht störte, wenn sie die Arbeit unterbrach.
Seufzend hob sie ab.
„Wo bist du?"
Das Bellen dröhnte in ihren Ohren.
„Da, wo du dich tagsüber auch aufhältst."
„Was soll das heißen?"
Wieder dieses Gebelle.
Verlegen sah sie den Anwalt an. Er lächelte verständnisvoll und nutzte die Zeit, einen Blick auf ihre Knie zu werfen und sie nutzte sie, um näher an ihn heranzurücken. Er deutete an, das Zimmer zu verlassen. Sie schüttelte den Kopf. Er blieb sitzen.

„Ich arbeite, falls es das ist, womit du dich während deiner Abwesenheit beschäftigst. Es wird bei mir heute etwas länger dauern. Überstunden, aber das kennst du ja."
Plötzlich berührten seine Knie die ihren.
„Ja, das kenne ich, allerdings mit dem Unterschied, dass es sich bei meinen Überstunden tatsächlich um solche handelt. Und ich verdiene sogar Geld damit."
Der Anwalt verfolgte den Dialog lächelnd und behielt die Knie dort, wo sie waren.
„Du gehst sofort nach Hause!"
Christina trennte die Verbindung. Sie hatte genug.
„Ihr Mann?"
Sie nickte und wandte sich wieder ihrer Arbeit zu. Schneider rückte ein wenig von ihr ab und ordnete seine Knie.
„Er ist in Ludwigsburg und ärgert sich, dass ich seine Anweisungen ignoriere."
„Nimmt er auch die ganze Zeit an diesem komischen Seminar teil, das mir meine Frau für fast drei Wochen entzieht?"
„Daran nimmt er nur sporadisch teil. Darüber hinaus hat er ständig Besprechungen in der Konzernzentrale. Offen gestanden, interessiert es mich nicht besonders, womit er seine Zeit verbringt."
„Schade, dass Ihr Mann es nicht genauso sieht. Wenden wir uns lieber wieder den wichtigen Dingen zu."
Zu ihrer Verblüffung telefonierte Florian an diesem langen Abend nicht mit seiner Frau. Auch sie rief nicht an. Ein Novum, aus dem Christina schloss, dass über seiner mustergültigen Ehe ein kleines Sturmtief aufgezogen war.
Sie arbeiteten ohne weitere Unterbrechung bis kurz nach zehn.
Als sie den Vertrag endlich fertig hatten, fühlte Christina eine bleischwere Müdigkeit. Sie konnte kaum noch etwas erkennen, alles verschwand hinter einem milchigen Vorhang, der sich über ihre Augen gelegt hatte. Auch Schneider wirkte

mitgenommen. Dunkle Schatten unter den Augen und eine gelbliche Gesichtsfarbe ließen ihn plötzlich sehr alt aussehen. Das konnte natürlich auch dem Licht geschuldet sein, das ihn unbarmherzig ausleuchtete.

„Wir sollten noch eine Kleinigkeit essen, Sie werden sicher hungrig sein. Außerdem tut es uns Beiden ganz gut, ein wenig abzuschalten. Da Niemand Sie zu Hause erwartet, werden Sie es nicht allzu eilig haben. Oder bekommen Sie Ärger?"

„Den bekomme ich ohnehin, egal ob ich vor oder nach Mitternacht in den goldenen Käfig zurückkehre."

Obwohl sie sich nach Schlaf sehnte, war sie nur allzu gerne bereit, Schneiders später Einladung Folge zu leisten. Sie gingen in ein Restaurant nebenan, weil es dort um diese Zeit noch etwas zu essen gab und sie sich eine umständliche Autofahrt ersparten. Zum Essen bestellte Florian eine Flasche *Barolo*, weil er rotem Wein eine beruhigende Wirkung zuschrieb. Tatsächlich legte sich Christinas Anspannung nach dem ersten Glas.

Sie fühlte sich nicht mehr müde und zittrig, als sie ihn fragte: „Warum bezeichneten sie vorhin das Seminar in Ludwigsburg als ´komisch´? Nehmen Sie die Arbeit Ihrer Frau nicht ernst?"

„Ich nehme ihre Arbeit sogar sehr ernst. Sie zwingt mich dazu, denn Nadjas Broterwerb genießt mittlerweile einen höheren Stellenwert als ich. Oder lassen Sie es mich so ausdrücken, es ärgert mich, dass wir so gut wie kein gemeinsames Leben mehr haben. Seit meine Frau auf dem Karriereretrip ist, schiebt sie pausenlos Überstunden."

Er wirkte bedrückt. „Als ich während Ihres Telefonats schmunzelte, war mir gar nicht nach Lachen zumute."

„Wie meinen Sie das?"

Sie hatte sein Schmunzeln nicht bemerkt, weil sie von seinen Knien abgelenkt war.

„Nun ja, als Sie sagten, dass ihre Überstunden tatsächliche Arbeit seien. Offenbar gehen Sie davon aus, dass Ihr Mann darunter etwas anderes versteht."

Da er so direkt gefragt hatte, sollte er auch eine ehrliche Antwort bekommen.

„Mein Mann betrügt mich. Ich gehe allerdings nicht davon aus, dass es sich bei Ihrer Frau ebenso verhält."

„Das hoffe ich."

Er schien sich seiner Sache nicht sicher.

„Ich vermisse sie und ich kann Ihnen nicht beschreiben, wie sehr. Sie ist der Grund dafür, dass ich die wichtigsten Arbeiten in die Abendstunden verlege, um nicht allein zu Hause ins Grübeln zu geraten. Es tut mir leid, dass ich Sie dafür missbrauche."

„Sie müssen sich dafür nicht entschuldigen. Auf mich wartet zu Hause nur Karl und der fühlt sich bei den Krahl Töchtern viel wohler"

„Warum gehen Sie nicht mit Ihrer reizenden Freundin aus?"

Da hatte er natürlich Recht. Sie sollte sich mit Violetta verabreden. Aber solange die Aussicht auf nächtliche Überstunden bestand, war Violetta nur zweite Wahl.

„Mit *reizend* wollten Sie auf etwas ganz Bestimmtes anspielen, nicht wahr?"

„Wie kommen Sie darauf? Ich finde Ihre Freundin außergewöhnlich. Nein, das ist nicht der richtige Ausdruck, ich finde sie schnuckelig. Sie hat etwas an sich, das ich als äußerst anziehend bezeichnen würde. Aber verraten Sie es ihr nicht, sonst wird sie noch selbstbewusster, als sie ohnehin schon ist. Diese Meinung teilt übrigens auch Schulz, der ganz verzückt von ihr war."

„Ja, das war nicht zu übersehen", stellte Christina fest und war einmal mehr beeindruckt von Violettas Talenten.

Nun hakte sie ihrerseits nach: „Warum treffen Sie sich nicht mit Ihren Kollegen oder Freunden, um sich ein wenig abzulenken?"

„Weil Albert nicht annähernd so unterhaltsam ist wie Sie und mit Stöhr pflege ich bis dato keine privaten Verbindungen. An Wochenenden spiele ich gelegentlich Golf mit Albert, aber zu mehr reicht es nicht."
Sie fühlte sich geschmeichelt.
Ihr Part der liebevollen Gefährtin - Hauptfigur aus ihrem Phantasiereich - wurde auf eine harte Probe gestellt, als er sagte: „Um ehrlich zu sein, wünsche ich mir nichts sehnlicher als eine richtige Familie mit plärrenden, ungezogenen Blachen. Leider hatte meine Frau eine Fehlgeburt und ist aus verständlichen Gründen für derartige Wünsche - momentan jedenfalls - nicht empfänglich. Deshalb respektiere ich, so gut ich eben kann, ihre Arbeit. Das bedeutet nicht, dass ich die Hoffnung aufgegeben habe, ihre Einstellung irgendwann einmal zu ändern."
Schade, dass sie ihm jetzt nicht sagen konnte, wie sehr seine Wünsche den ihren ähnelten. Was für eine schreiende Ungerechtigkeit, dass nicht sie seine Frau sein durfte.
„Das tut mir Leid für Sie. Ist das der Grund für Ihre gelegentliche Gereiztheit?"
Sie wollte sich nicht anmerken lassen, dass sie über seine Familientragödie bereits Bescheid wusste.
Er sah sie überrascht an. Jetzt im warmen Licht des Restaurants wirkten seine Gesichtszüge nicht mehr müde und alt.
„Merkwürdig, diese Frage wurde mir schön öfter gestellt. Ich merke oft nicht, dass ich unfair reagiere."
Sie genoss die Offenheit, die er ihr entgegenbrachte.
Ein erster Schritt, der sie zu einem zweiten ermutigte. „Ich wünschte, mein Mann würde mich so vermissen, wie Sie Ihre Frau. Das Wenige an Aufmerksamkeit, das er mir angedeihen lässt, äußert sich darin, mir Befehle zu erteilen und schmutzige Wäsche auf den Fußboden zu werfen."
Sie biss sich auf die Zunge.

„Oh´ verzeihen Sie, ich wollte meine albernen Probleme nicht vor Ihnen ausbreiten."
Er sah sie nachdenklich an.
Nach einer langen Pause sagte er, „ich ahnte nicht, dass Sie so leiden. Sie haben sich bisher nichts anmerken lassen. Erzählen Sie ruhig weiter. Es tut mir gut, Ihnen zuzuhören."
Aus seinen Worten glaubte Christina ehrliche Anteilnahme herauszuhören.
„Interessieren Sie sich wirklich für mein tristes Leben, das bar jeglicher Zuwendung ist?"
In ihren Worten lag keine Spur Verlegenheit. Freundlich interessiert nickte er.

Und sie begann zu reden:

Edgar hatte Christina nach ihrer Heirat gezwungen, ihr Studium abzubrechen. Er vertrat die Ansicht, genug zu verdienen um seiner Frau 'schnödes Malochen', wie er es drastisch auszudrücken pflegte, ersparen zu können. Eine arbeitende Ehegattin passte nicht in sein Idealbild eines gehobenen Lebensstils. Er hatte Christina zu einer schönen, inhaltsleeren Staffage degradiert, die sich in erster Linie um sein Wohlergehen zu kümmern hatte. Anfangs gefiel Christina das Leben als zierendes Beiwerk an der Seite ihres aufstrebenden Mannes, denn Edgar nahm viele gesellschaftliche Verpflichtungen mit ihr wahr, die sie als interessante Abwechslung empfand. Als ihr dieses Dasein zu eintönig wurde, unternahm sie einen Versuch, zur Universität zurückzukehren, der von Edgar damit quittiert wurde, dass er ihr strikt verbot, jemals wieder zu studieren. Sie erklärte sich dieses Verhalten als Anwandlung von Eifersucht.

Er selbst hatte sein betriebswirtschaftliches Studium schon vor seiner Heirat mit Bravour beendet und sich dann bei der Mastorn Software beworben, einem Großkonzern, der sich international in zahllosen Bereichen zukunftsträchtiger Technologien engagierte. Entscheidend dazu beigetragen hatten diverse Aufkäufe mittlerer Unternehmen, die bereits erfolgreich auf dem Markt agiert hatten. Edgar Ohlert begann seine Arbeit in der Sparte 'Private Kommunikationssysteme'. Seine vielfältigen Fähigkeiten verhalfen ihm zu einem raschen Aufstieg in diesem fast unüberschaubaren Firmenkonglomerat. Innerhalb weniger Jahre hatte er es zu einem von zwei gleichberechtigten Verkaufsleitern in dem Bereich gebracht, wo er seine Karriere begonnen hatte. Damit war er nicht nur in die zweite Hierarchieebene der Münchner Filiale aufgerückt, sondern er war auch der jüngste, der je diese Position erreicht hatte. Christina hatte eine vage Ahnung, wie hart die Ellenbogen waren, die er benutzt hatte, um die beiseite zu schubsen, die ebenfalls versucht hatten, diese steile Treppe im Eiltempo empor zu klettern.

Die Banalität ihres eintönigen Lebens malträtierte Christina auch körperlich, sie klagte über Migräneanfälle, Verdauungsbeschwerden und bekam anscheinend grundlos Weinkrämpfe. Die umso mehr, wenn irgendetwas in ihrem Haushalt nicht ihrem Empfinden von Ordnung entsprach. Obwohl sie bereits mehrere Putzfrauen verschlissen hatte, scheuerte sie Fliesen, Böden und Fenster bis zur Ohnmacht selbst und hatte doch nie das Gefühl, allen Schmutz wirklich beseitigt zu haben. Für sie war alles ungezieferbehaftet, was nicht den aseptischen Geruch von Reinheit verströmte. Unordnung verursachte ihr tiefes Unbehagen. Edgar hasste Chaos und Schmutz ebenso wie sie, war aber rücksichtslos schlampig, weil er sich darauf verlassen konnte, dass seine Frau sich um seine Nachlässigkeiten kümmerte. Allerdings konnte er es nicht ertragen, wenn Christina in seiner Gegenwart, bewaffnet mit Eimer und Putzlumpen, streng parfümierte Desinfektionsmittel verwienerte. Die Tatsache, dass er ebenso wie sie alles Unperfekte verabscheute, war inzwischen das einzig Verbindende zwischen ihnen. Christina nahm an, dass dies - neben anderen praktischen Erwägungen - einer der wenigen Gründe für Edgar war, bei ihr zu bleiben. Er lud selten Leute ein, denn Gäste verursachten unnötige Aufräumarbeiten, wie Christina wiederholt gejammert hatte. Eine weitere Obsession Christinas galt dem Hund. Eigentlich hatte sie sich sehnlich eine Katze gewünscht, musste darauf aber verzichten, weil Edgar vorgab, allergisch gegen Katzen zu sein. Seine Allergie schien auch Kinder zu betreffen.

Christina führte die Abneigung Edgars gegen Nachwuchs darauf zurück, dass er eifersüchtig war. Offenbar hatte er Angst, die fürsorgliche Aufmerksamkeit seiner Frau mit einem anderen Wesen teilen zu müssen. Er selbst hatte keine Geschwister. Seine Eltern waren eine seltsame Mischung aus weichem Versagervater und strenger, mit eisernem Durchsetzungswillen gesegneter Mutter. Das Architekturbüro, das sie führten, verdankte seinen Erfolg ausschließlich der Leistung von Christinas Schwiegermutter. Edgar war aus ihrem Holz geschnitzt. Er verachtete seinen ängstlichen Vater ebenso wie die Mutter. In seiner Kindheit war Edgar weitgehend sich selbst überlassen gewesen. Abgeschirmt von anderen Kindern seines Alters verbrachte er seine Tage im Atelier seiner Eltern, die ihm viele Freiheiten ließen. Bedingt durch diese familiäre Ausgangslage hatte er nie gelernt, etwas mit anderen zu teilen oder gar etwas herzugeben. Alles was er tat, diente ausschließlich seinem persönlichen Nutzen. Am Anfang ihrer Ehe versuchte Christina Verständnis für Edgars besondere Situation aufzubringen. Später ärgerte sie sich zunehmend darüber, immer zu seinen Gunsten zurückstehen zu müssen. Sie hatte sich schweren Herzens damit abgefunden, dass lediglich ein Hund zur Bereicherung ihres Familienlebens beitrug.

Sie hatte fortwährend das brennende Verlangen, etwas tun zu müssen und mochte es noch so unbedeutend sein, die Leere füllen, die Edgar bei ihr hinterlassen hatte.

Florian unterbrach Christina nur einmal. „Wie konnte es soweit kommen, dass Sie diesen Mann geheiratet haben?"

Sie lieferte ihm auch darauf eine Antwort.

Vor fünfzehn Jahren hatte Christina Edgar auf der Universität kennen gelernt. Damals war sie hingerissen von dem ebenso intelligenten wie gut aussehenden, hoch gewachsenen Studenten, der mit seinem überheblichen Charme fast alle Mädchen außer Rand und Band brachte. Seine Unverschämtheiten lösten bei Frauen den unwiderstehlichen Drang aus, ihn herumzukriegen. Das ´Skilehrer-Syndrom´, wie Christina es respektlos nannte.

Edgar verstand es vorzüglich, seine Anziehungskraft weidlich auszunutzen und er besaß wenig Skrupel, auch die Freundinnen seiner Studienkollegen reihenweise aufs Kreuz zu legen, was ihm einmal eine Prügelei eintrug, die seinen Marktwert beim weiblichen Geschlecht steigerte. Auch Christina war eine solche Beute. Sie selbst galt ebenfalls als ausgesprochen begehrenswert, weil sie nicht nur ungemein attraktiv und gut situiert war, sondern auch eine arglose Schüchternheit an den Tag legte, die Männer charmant mit ´unschuldig´ umschrieben. Tatsächlich war sie naiv und unerfahren. Als Edgar ihr über den Weg lief, war sie mit einem Jungen ihres Alters und ihrer Studienrichtung liiert, der – wie sie - aus gutem Hause stammte und zu den gefragten Schwiegersöhnen ehrgeiziger Mütter zählte. Als sie das erste Mal in die klirrend eisblauen Augen Edgars geblickt hatte, brach Christina ihre innige Beziehung kurzerhand ab und stürzte sich Hals über Kopf in dessen Arme. Bald galten sie und Edgar als das schillerndste Paar an der Hochschule. Erst war Edgar Ohlert nur geschmeichelt gewesen, dass er die schönste Studentin abgeschleppt hatte, dann verliebte er sich in sie, soweit er zu so etwas wie Lieben fähig war. Das junge Paar turtelte bei jeder sich bietenden Gelegenheit, wobei er nie das Ziel seines Betriebswirtschaftsstudiums aus den Augen ließ. Sie hingegen vernachlässigte ihre Arbeit, weil sie in besinnungsloser Liebe erstarrt war. Im Laufe ihrer Beziehung brauchte ihr schlanker Adonis wieder die Bestätigung anderer Verehrerinnen, die er sich in ausreichendem Maße holte. Christina tolerierte seine Untreue, denn sie hatte Angst, ihn sonst zu verlieren. Je mehr er sie betrog, desto mehr verfiel sie ihm. Nach drei Jahren heirateten sie. Danach wurde er noch rücksichtsloser. Seine Ruppigkeit und seine minder ausgeprägten Gefühle begannen sie zu quälen. Sie wurde müde, um seine Zärtlichkeiten wie ein Hund um die Zuneigung seines Herrchens zu betteln. Edgar erwiderte die zunehmende Verzweiflung seiner Frau in der für ihn angemessenen Weise. Er begann sie zu ignorieren. Manchmal wechselte er tagelang kaum ein Wort mit ihr. Er zeigte keinerlei Neigung, mit ihr über seine Probleme, so denn er welche hatte, zu sprechen. Interesse an ihr zeigte er allenfalls, wenn er etwas von ihr haben wollte. Das war immer dann der Fall, wenn sie ihm für sein berufliches Fortkommen dienlich war. Nach und nach fand sie sich damit ab, und doch – sie konzentrierte sich weiterhin darauf, sein Begehren zu wecken, wobei sie sich eingestehen musste, dass ihr das immer seltener gelang. Ihre Gefühle für ihn tobten in einem ständigen Wechselbad. Es gab Momente, in denen sie ihn zutiefst verabscheute und dann wieder liebte sie ihn mit all der ihr verbliebenen Kraft. Sie bewunderte ihn ebenso sehr, wie sie ihn verachtete. Sie ertappte sich immer öfter dabei, dass sie froh war, wenn er erst spätnachts nach Hause kam. Dann war er meist stark angetrunken, was sich am nächsten Tag in starken Kopfschmerzen bei ihm niederschlug. Sie übernahm es dann freudig, ihn zu bemuttern und wieder aufzurichten und so wenigstens für einen kurzen Moment so etwas wie Dankbarkeit, fast Zuneigung von ihm zu erfahren.

Sie erzählte Schneider nicht alles, aber es reichte, um ein Bild ihrer Beziehung zu Edgar zu zeichnen. Plötzlich hielt sie inne. Ein warmes Gefühl der Befreiung überflutete sie. Ihr war, als habe sie soeben einen riesigen Müllkübel entleert.

Florian hatte ihr zugehört und während der ganzen Zeit ihre Hand locker umklammert gehalten. Es war eine schlichte Geste, die eine angenehme Wirkung auf sie ausübte. Als könnte sie noch mehr von dieser köstlichen Nähe aufsaugen, hatte sie scheinbar achtlos mit seinen Fingern zu spielen begonnen. Sie tat es mit wechselndem Druck, mal verfransten sich ihre in den seinen, mal glitten sie zart seinen Handrücken hinauf, ohne dass Christina ihren Gesprächsfluss stoppte. Sehnlich wünschte sie sich in diesem Augenblick, sie nie wieder loslassen zu müssen. Schneider schien Gefallen an diesen Berührungen gefunden zu haben, denn er tat nichts dagegen. Unübersehbar genoss er ihre kleinen Streicheleinheiten.
Als sie das Lokal zur Sperrstunde um ein Uhr verließen, bat Schneider sie, ihn nach Schwabing auf einen Schlummertrunk in eine Bar zu begleiten. An dem hohen Tresen dieses Lokals wagte sie nicht, ihre Fingerspiele fortzusetzen. Vielmehr versteckte sie ihre Hände wieder, wie sie es oft unwillkürlich tat. Er hielt sich ebenfalls zurück. Als

auch dieses Nachtlokal schloss, erbot er sich, sie nach Hause zu bringen:
„Lassen Sie Ihren Wagen stehen, Sie sehen so müde aus, dass ich fürchte, Sie schlafen während des Fahrens ein."
Sie nannte ihm ihre Adresse in Solln, die er in sein Navigationsgerät eintippte und ließ sich erschöpft und glücklich in den Beifahrersitz sinken. Dann schloss sie die Augen und gab sich ihren Wunschträumen hin. Er störte ihren kleinen Schlaf nur einmal, um sich zu vergewissern, dass er noch in die richtige Richtung fuhr.
Als sie vor ihrem Haus hielten, weckte er sie sanft. „Liebe Frau Ohlert, Sie sind zu Hause. Darf ich Sie zur Türe begleiten?"
Verwirrt richtete sie sich auf. In der Dunkelheit des Fahrzeuges sah sie nur den Glanz seiner Augen. Unvermittelt nahm er sie in die Arme und küsste sie. Lange und intensiv. Er steigerte ihr Verlangen bis zur Schmerzgrenze, als er seine Zunge zärtlich um die ihre kreisen ließ. Sie hörte ihn leise stöhnen, doch jäh löste er sich mit einem unsanften Ruck von ihr.
„Entschuldigen Sie bitte, ich weiß nicht, was in mich gefahren ist."
Mit einer hilflosen Geste zupfte er an seiner Krawatte, die noch genauso saß, wie vorher. „Wenn Sie möchten, kommen Sie morgen ruhig etwas später. Es war ein anstrengender Tag heute. Sie sehen aus, als ob Sie Ruhe gebrauchen könnten."
Seine Stimme klang rau - rau und kalt.
„Wenn Sie nichts dagegen haben, werde ich morgen frei nehmen, denn ich habe einiges zu erledigen."
„Leider geht das nicht, denn Frau Baumann wird nicht kommen und ich möchte, dass Sie sich um das Büro kümmern. Wie Sie wissen, bin ich morgen den ganzen Tag bei der Reiseagentur und es geht nicht an, dass die halbe Belegschaft fehlt!"

Diese Worte brachen so barsch aus ihm heraus, dass sie erschrak. Abrupt riss sie die Wagentüre auf und stieg aus, denn es gab nichts mehr, was ein weiteres Verweilen rechtfertigte.

„Danke für Ihre aufopfernde Hilfe, ich werde mich erkenntlich zeigen."

Er war ebenfalls ausgestiegen.

„Sie brauchen mir nicht zu danken, die Überstunden werden gut honoriert!"

Sie hatte ihre Beherrschung wieder gefunden, er dagegen wirkte fast Mitleid erregend zerknirscht. Mit der Kraft ohnmächtiger Wut warf sie die Wagentür zu und schritt energisch auf ihr Haus zu, ohne sich noch einmal umzudrehen. Er war ihr nicht gefolgt. Fürs Erste hatte sie genug von ihm.

Sie lag im Bett und fand keine Ruhe. Das Gefühl, dass er, nachdem er sie geküsst hatte, fast einen Schritt weitergegangen wäre, ließ sie nicht los.

Am nächsten Tag entschuldigte er sich ein weiteres Mal für sein Verhalten. Für den Kuss oder seine Grobheit danach? Die Antwort darauf blieb er ihr schuldig.

Ungeachtet des nächtlichen Debakels entschied Dr. Schneider am darauffolgenden Tag, Frau Baumann in das Vorzimmer von Stöhr zu versetzen. Für Schulz arbeiteten die beiden Mädchen im Wechsel. Daran hatte sich nichts geändert. Als Martha Baumann kurzem Krankenausstand in die Kanzlei zurückkehrte, gab sie sich wenig Mühe, ihre Verbitterung angesichts der Degradierung zu verbergen. Sie zeigte Christina offen, dass sie sie für ihre missliche Lage verantwortlich machte. Vor einiger Zeit hätte Christina Vorbehalte gehegt, einer gut meinenden Kollegin den Job wegzunehmen. Nun aber hatten sich die Dinge geändert. Sie wollte nicht länger das sich fügende kleine Mäuschen sein, das es stets allen recht zu machen versuchte. Florian ignorierte die Sticheleien seiner ehemaligen Sekretärin ebenso. Emotionen seiner Mitarbeiter schienen ihn nicht zu interessieren. Er zeigte eine erstaunliche Gefühllosigkeit im Umgang mit ihnen und konnte zuweilen unerhört überheblich sein. Diese Charaktereigenschaft fiel Christina nicht erst jetzt auf, da sie Zeugin wurde, wie er Frau Baumann mit wenigen Sätzen aus seinem Vorzimmer hinauskatapultierte. Christina stürzte sich in Arbeit, um diese beschämende Szene zu vergessen.

Es half nichts. Nach einer Woche in ihrem neuen Büro hielt sie es nicht mehr aus. Gewissensbisse plagten sie. Sie bat um einen Termin bei Schneider. Er hatte sofort Zeit für sie.

„Liebe Frau Ohlert, was kann ich für Sie tun?"

Seine überraschende Freundlichkeit verwirrte sie.

„Ich kann nicht für Sie arbeiten", platzte sie heraus.

„Ah ja? Darf ich Sie nach dem Grund fragen?"

Er hatte seine Lesebrille abgenommen. Offenbar ging er davon aus, dass es sich um eine längere Unterredung handelte.

„Es ist einfach nicht fair, Frau Baumann von ihrem angestammten Platz zu verdrängen. Das hat sie nicht verdient und ich muss gestehen, dass ich mich schäbig dabei fühle, wie eine fette Kröte auf einem Platz zu thronen, der mir nicht zusteht."

„Ist das alles?"

Er sah sie forschend an. Was wollte er von ihr hören? Dass sie sich in ihn verliebt hatte und Angst vor ihren Gefühlen hatte?

„Bitte stellen Sie den alten Zustand wieder her", bat sie und kämpfte gegen das Verlangen an, ihm die weiteren Gründe für diesen Wunsch zu nennen.

Schneider hatte sich zurückgelehnt und lächelte verständnisvoll, als er sagte: „Frau Baumann geht in Kürze in Rente. Das hatte ich Ihnen schon gesagt und daran hat sich nichts geändert. Sie ist nicht so verdrossen, wie sie sich den

Anschein gibt. Genau besehen, ist sie ganz froh über diese Entwicklung, denn sie macht es ihr einfacher, uns zu verlassen. Seien Sie ihretwegen unbesorgt. Aber...."
Er ließ sich Zeit, bevor er den Satz zu Ende sprach, „...Ihre Loyalität einer Kollegin gegenüber ehrt Sie. Ich werde nicht versäumen, Frau Baumann zu erzählen, wie Sie sich für sie eingesetzt haben."
So kam es, dass Christina ihr neues Vorzimmer beibehielt.

An einem sonnigen Vormittag, der den Herbst in prächtiger Vielfarbigkeit zeigte, rief Violetta an, um Christina zu informieren, dass sie sich zwischenzeitlich mit Albert Schulz getroffen hatte. Die Details wollte sie ihr bei einem gemeinsamen Mittagessen ausführlich schildern. Christina war schon immer sehr neugierig gewesen, wenn es um Violettas abwechslungsreiches Liebesleben ging und in diesem Falle noch mehr als sonst. Sie konnte es kaum erwarten, ihre Freundin zu sehen.

*

Nadja traf sich während ihres Seminars insgesamt viermal mit Leo. Mehr Zeit konnte er nicht erübrigen, da er bis zum Hals in Arbeit steckte, wie er ihr erklärte. Diese Arbeit schien ganz erheblich mit seinen Aufenthalten in Ludwigsburg zu tun zu haben.

Nadja liebte ihn fast wie früher. Sie mochte seine verrückten Einfälle. Sie freute sich, wenn er mit den steifen Oberkellnern scherzte oder den Hotelportier zum Lachen brachte. Dann war er wie ein verspieltes Kind und seine Omnipräsenz war nur erahnbar. Nach und nach entlockte er ihr Intimitäten ihrer Ehe, die er geschickt dazu nutzte,

Florian in ein wenig schmeichelhaftes Licht zu rücken. Leo ging aber nie so weit, Nadja dazu zu animieren, eine Trennung ins Kalkül zu ziehen. Er hatte sich mit der Situation arrangiert. Alles andere wäre eine Belastung für Leo gewesen.

Wenn er nicht in Ludwigsburg war, sehnte Nadja sich nach Florian. Ihre zwiespältigen Gefühle beunruhigten sie zusehends. Sie nutzte die Wochenenden, ihren Mann zu sehen und Klarheit zu gewinnen. Wenn sie bei ihm war, war alles andere wie ausgelöscht. Florian zeigte sich liebevoller als je zuvor, so als wollte er seine Frau erneut erobern. Die Trennung bekam ihnen gut, fand Nadja. Sie genoss es, verwöhnt zu werden und trotzdem konnte sie es kaum erwarten, am Sonntagabend nach Ludwigsburg zurückzukehren in der Hoffnung, Leo zu sehen.

Nach Abschluss ihres Seminars änderte sich der Zustand warmherziger, suchender Nähe zwischen ihr und ihrem Mann unversehens. Florian wirkte oft abwesend und zerstreut. Fragte sie ihn nach seinem Befinden, erhielt sie ausweichende Antworten. Meist schleppte er Aktenordner nach Hause, mit denen er sich in sein Arbeitszimmer zurückzog. Sie lag dann allein vor dem Fernseher, sah sich seichte Filme an und trank Rotwein. Der Wein versetzte Nadja in einen seidigen Dämmerzustand, aus dem sie nachts mit einem faden, klebrigen Geschmack im Mund erwachte. Sie lag dann bis zum Morgen grübelnd in ihren Kissen und lauschte dem gleichmäßigen Atem Florians.

Nach solchen langen, ruhelosen Nächten fühlte sie sich ausgelaugt, erschöpft und zerschlagen und dann wieder hypernervös. Sie hatte immer häufiger mit Konzentrationsschwierigkeiten zu kämpfen.

Ihr Aufstieg wurde von den Wenigsten mit Wohlgefallen gesehen. Seit sie aus Ludwigsburg zurückgekehrt war, bekam sie die Ablehnung unverhohlen zu spüren. Die Methoden, derer sich die Führungsspitze erfolgreich bediente, wurden auch von den unteren Chargen angewandt. Anweisungen, die sie an Untergebene erteilte, ignorierten diese auf eine Art, als habe sie sich nicht klar genug ausgedrückt. Fasste sie nach, bekam sie nicht selten dreiste Ausreden zu hören, begleitet von abfälligem Grinsen.

Besonders Frauen in ihrem Mitarbeiterstab ließen ihrer Aversion gegen Nadja ungezügelten Lauf. Telefonate, die sie dringend erwartete, wurden nicht durchgestellt, Briefe die Eilvermerke enthielten, blieben länger liegen, als gewöhnliche und Aktennotizen wurden ihr gar nicht oder verspätet überbracht, so dass sie häufig uninformiert oder falsch unterrichtet war. E-Mails von Bedeutung landeten in ihrem Spam-Ordner. Diese Intrigen brachten sie mehr als einmal in Verlegenheit, was ihre Kollegen mit hämischen Bemerkungen quittierten. Das Büro war zum Kriegsschauplatz entartet, auf dem plötzlich die anderen die Schlachten anzettelten und Nadja zusehends an Boden verlor. Am schlimmsten waren die Scharmützel aus dem Hinterhalt. Eigentlich ihr Terrain, jetzt aber war sie das Opfer. Es wurde Zeit, dass sie wieder loyale Mitarbeiter auf ihre Seite zog, ein schwieriges Unterfangen, angesichts ihrer wenig rühmlichen Vergangenheit.

Leos Lust an sexuellen Eskapaden mit ihr war seltsamerweise verflogen, aber er unterstützte sie in ihrer Arbeit, soweit er konnte. Das tat er sehr diskret, um Nadjas Ansehen nicht noch mehr zu untergraben. Die heißblütige

Affäre in Ludwigsburg war für ihn offenbar nur ein kurzes Intermezzo gewesen. Darüber hätte sie eigentlich erleichtert sein sollen, doch sie war enttäuscht.

Auch ihr Zuhause erschien ihr wie ein Kriegsschauplatz, auf dem sie kämpfen musste, kämpfen um die Liebe Florians, die ihr ebenfalls abgekühlt schien. Aus seinem abweisenden Verhalten musste sie schließen, dass er eventuell mehr wusste, als er zu erkennen gab. Aber wie sollte sie das herausfinden, wenn er nicht darüber sprach?

Vor ihrer Beförderung mochte sie nicht in die Kantine gehen und jetzt war das Casino Feindesland. Inzwischen fühlte sie sich wie eine Aussätzige, eine der die unselige Liaison mit Kersch ins Gesicht geschrieben stand wie eitrige Lepra. Noch hatte sie genug Kraft, sich zu wehren und noch hatte sie Erfolge vorzuweisen, die ihr sogar wenig wohlmeinende Kollegen schwerlich absprechen konnten. Aber wie lange hielt sie das durch?

Sie wurde Stammgast in einem kleinen italienischen Restaurant, das preiswerte Menüs inklusive obligatem Hauswein offerierte. In der Regel gönnte sie sich wenigstens zwei Gläser ihres Lieblingsgetränks und hing düsteren Gedanken nach. Niemand sollte sehen, wie miserabel es ihr zwischenzeitlich ging. Als Dessert lutschte sie Pfefferminzpastillen, die sie in großer Menge stets bei sich trug.

Eines Mittags stieß Freyberg zu ihr. ´Der hat mir gerade noch gefehlt´, dachte sie wutentbrannt, als er an ihren Tisch trat.

„Ah was für ein Zufall. Schön Sie zu sehen, Frau Schneider. Was trinken Sie da?"

Er winkte dem Kellner zu und bedeutete ihm mit einer Geste, dass er das Gleiche zu trinken wünschte. Der brachte ein Glas Rotwein und die Karte.

Freyberg prostete Nadja zu. „Wir haben etwas zu feiern."

„Ich wüsste nicht was. Vielleicht haben Sie etwas zu feiern. Ich jedenfalls nicht."

„Das wundert mich. Immerhin haben Sie jetzt freie Bahn. Aus dem Operettenposten hat Kersch flugs einen richtigen Job gezaubert."
Freybergs kleine Schweinsäuglein hatten sich zu Schlitzen verengt.
„Wie meinen Sie das?"
Freyberg seufzte, als habe er es mit einem besonders begriffsstutzigen Wesen zu tun.
„Nun tun Sie doch nicht so! Der Verkaufsleiterposten für ´Oberbayern´ existierte doch vorher gar nicht, der für ´Süddeutschland´ hingegen schon. Erst hat man mir die Provisionen gekappt, indem ich sie mit Ihnen teilen durfte und jetzt braucht man mich gar nicht mehr. Glückwunsch Frau Schneider. Sie haben sich wieder einmal selbst übertroffen."
Der zynische Unterton störte sie.
„Davon habe ich nichts gewusst. Ehrlich."
Und dieses Mal meinte es Nadja wirklich ehrlich. Leo hatte ihr wieder ein Ei ins Nest gelegt, eines das entschieden zu hart war. Sie musste mit ihm reden.
Freyberg lachte bitter. „Wer´s glaubt, wird selig. Schnappen Sie sich meine Kundendatei und meine Verkäufer und werden Sie glücklich damit! Sie dürfen aber versichert sein, dass ich auch in Frankfurt Zugriff darauf habe. Von Ihnen lasse ich mir meine jahrelangen Bemühungen nicht kaputtmachen! Aber was soll´s, für unseren Bonsai-Kaiser wird es langsam auch eng in München. Vielleicht wollte er Ihnen deshalb noch ein hübsches Abschiedsgeschenk auf den Gabentisch legen."
Nadja horchte auf. Allmählich dämmerte ihr, dass es wohl kein Zufall war, dass Freyberg in ihr Stammlokal gestolpert war. Er verfolgte erkennbar eine Absicht. Er winkte noch einmal nach dem Ober und bestellte weitere zwei Gläser Wein.

„Ich muss zurück ins Büro", versuchte Nadja das unangenehme Gespräch abzuwürgen.
Ihren Einwand ignorierend, polterte Freyberg weiter. „Nun behaupten Sie bitte nicht, das hätten Sie auch nicht gewusst!"
Sie antwortete nicht, nippte nur an ihrem dritten Glas Rotwein. Jetzt, da er so redselig war, musste sie ihn aus der Reserve locken und das ging am einfachsten, wenn sie schwieg. Das Büro musste warten.
„Seit der Staatssekretär, Kersch´ bester Freund, der politischen Bühne entsagt hat – freiwillig oder nicht, sei dahingestellt - ist Kersch für die hohen Herren in Ludwigsburg eher ein Problembär, denn ein Segen. Jedenfalls, was den Standort München anbelangt."
Woher wusste Freyberg von dieser fruchtbaren Beziehung Leos mit dem Staatssekretär? Er erriet ihre Gedanken. „Sie schauen mich an, als ob Sie fieberhaft überlegten, woher ich das alles weiß. Das ist nun wahrlich kein Geheimnis. Jeder weiß davon und jeder weiß auch, mit wem Kersch aktuell die Laken teilt."
Nadja hatte das Gefühl, in den Magen getreten worden zu sein.
„Und was treibt Ohlert so? Wissen das auch alle?"
„Nein. Ohlert ist ausgeschlafener, raffinierter. Aber er ist auch gieriger und diese Gier wird ihm früher oder später das Genick brechen."
Nadja starrte Freyberg verblüfft an.
„Worin äußert sich denn diese Gier?" fragte sie scheinheilig.
„Ach Frau Schneider, warum sollte ich das gerade IHNEN erzählen? Sie wären die Erste, die mit derart brisanten Informationen zu unserem Statthalter rennen würde."
„Glauben Sie nicht, dass Kersch darüber längst im Bilde ist?"
„Nein, das glaube ich nicht. Wie ich schon sagte, Ohlert ist raffinierter und vor allem ist er diskreter."

Nadja musste Freyberg Recht geben. Kersch ahnte etwas, aber eine Ahnung ließ sich nicht beweisen und schon gar nicht in geeignete Gegenmaßnahmen umsetzen.
„Wenn ich Sie richtig deute, ist Ohlert in schmutzige Geschäfte verwickelt."
„Das habe ich nicht gesagt. Was sind für Sie ´Schmutzige Geschäfte´?"
„Ich spreche nicht von den kleinen Zuwendungen, derer wir uns alle bedienen, um einen Auftrag zu ergattern. Ich spreche davon, dass Manche nicht nur anderen etwas zuwenden, sondern auch sich selbst."
Sie hatte ihm das Stöckchen hingeworfen und hoffte, dass er danach schnappte. Er tat es nicht. Stattdessen rief er wieder nach dem Ober. Dieses Mal, um zu zahlen. Großzügig lud er sie ein. Dann sprang er auf und verabschiedete sich. Sein Händedruck war kräftig, nein er war brutal. Freyberg wollte ihr wehtun. Sie ließ sich nicht anmerken, dass er ihr fast die Knochen gebrochen hatte.
„Adieu Frau Schneider. Alles Gute. Wir hören voneinander."
Darin war sich Nadja sicher. Sie sah ihm nach, wie er behände das Lokal verließ und bedauerte, nicht mehr aus ihm herausgekitzelt zu haben.

Ende Oktober ließ Kersch überraschend ein Meeting im Betriebskasino einberufen, zu dem die gesamte Belegschaft geladen war. Er teilte den Versammelten mit, dass er nach Frankfurt versetzt werde, um den dortigen Niederlassungsleiter, der aus Altersgründen ausschied, abzulösen. Ein Nachfolger für Kersch sei bereits bestimmt. Sein Name werde aber erst zu einem späteren Zeitpunkt bekannt gegeben. Die Gerüchteküche brodelte. Ein Teil der Mitarbeiter glaubte zu wissen, dass in Frankfurt einiges im Argen lag und der noch amtierende Chef keineswegs aus Altersgründen ausschied. Vielmehr benötigte die

Konzernzentrale dort einen entschlossenen Aufräumer, einen wie Leopold Kersch. Ein anderer Teil hing der Theorie an, dass Kersch es zu weit getrieben habe und deshalb strafversetzt wurde. Nadja wusste es besser. Plötzlich kam ihr Freyberg, der so unsanft Abservierte wieder in den Sinn. Er war ebenfalls nach Frankfurt versetzt worden. Gab es da einen Zusammenhang? Steckte er mit Leo unter einer Decke und hatte sie hinters Licht geführt? Warum hatte Leo ihr nichts davon erzählt? Sie war irritiert. Wem eigentlich konnte sie noch trauen?

Seinen Abschied feierte Kersch mit einem rauschenden Fest, dessen verschwenderische Ausstattung seiner exzentrischen Art entsprach und das vom legendären *Dallmayr Partyservice* ausgerichtet wurde.

Selbst einige Klatschreporter der regionalen Boulevardpresse waren bereitwillig der noblen Einladung gefolgt. Schließlich galt es der Abschiedsshow eines stadtbekannten Patriarchen samt seiner fernseherprobten Gattin beizuwohnen.

Die Party geriet – wie erwartet - zur monströsen Beweihräucherung des Managers, der sich im Gefühl seiner uneingeschränkten Autorität ausgiebig sonnte. Seine Frau Diane harrte an seiner Seite wie eine Marmor-Statue, schweigend, glatt und unnahbar. Was für ein Auftritt! Seinen berüchtigten Charme versprühte der Gefeierte an jenem denkwürdigen Abend wie die Werbedamen eines Kaufhauses ihre Parfümproben.

Nadja stand alleine abseits und füllte sich mit Champagner ab. Niemand hielt sie davon ab, in immer schnellerer Folge ihre leeren gegen gefüllte Gläser auszutauschen.

Als sie zur Toilette aufbrach, merkte sie, dass sie schwankte. Sie hoffte inständig, dass es niemandem auffiel. Nach ihrer Rückkehr bestellte sie Mineralwasser, um den bittertrockenen Geschmack, den der Alkohol verursacht hatte, hinunterzuspülen. Sie lehnte in der Ecke des Casinos wie beiläufig an der Wand, damit sie weiterhin so wenig Aufmerksamkeit wie möglich erregte. Außerdem gab ihr die Mauer ein wenig Halt. Sie verspürte den dringenden Wunsch, das Fest diskret zu verlassen, fürchtete aber hinzufallen, wenn sie ein weiteres Mal die Managerkantine durchquerte. So verharrte sie unschlüssig an ihrem Platz und beobachtete das Geschehen, bei dem sie lediglich Zaungast war.

Plötzlich stand Leo neben ihr und zischte ihr leise ins Ohr: "Na Brezelchen, werde ich dir fehlen?"

Sie merkte, dass sie zitterte.

"Aber ja, natürlich wirst du das. Ich bin vermutlich diejenige, die deinen Abgang am meisten bedauert", zwitscherte sie süßlich, nicht ohne Ironie in ihrer belegten Stimme.

Schmerzlich wurde ihr plötzlich bewusst, worauf sie den ganzen Abend gewartet hatte. Sie hätte alles dafür gegeben, mit Leo seinen privaten Abschied zu feiern. Aber es gab allem Anschein nach eine Frau, die er ihr vorzog. Freyberg hatte Recht gehabt, er wusste, wer sie war – und vermutlich nicht nur er. In der Vergangenheit war Nadja so sehr mit ihren persönlichen und beruflichen Unwegsamkeiten beschäftigt gewesen, um Nachforschungen über das Liebesleben ihres Chefs anzustellen. Brennende Eifersucht bohrte sich in ihre waidwunde Seele wie ein glühender Pfeil.

"Ich rufe dich an", waren Leos letzte Worte, bevor er sich abwandte und überschwänglich einen seifigen, bleistiftschmalen Abteilungsleiter begrüßte.

Zum Abschluss des Abends wurde Edgar Ohlert zum Nachfolger von Kersch gekürt.

Diese Nachricht flocht Kersch ganz nebenbei in seine launigen Abschiedsworte und überraschte die Anwesenden einmal mehr. Jeder wusste, wie Kersch zu Ohlert stand und dass er vermutlich alles getan hätte, dessen Nominierung zu verhindern. Daher hatten die meisten Mitarbeiter damit gerechnet, dass ein Quereinsteiger den begehrten Sessel in der obersten Etage ergattern würde.

Die Entscheidung für Ohlert löste allgemeine Verständnislosigkeit, ja Bestürzung aus. Entsprechend verhalten klang der Beifall. Wieder einmal. War nicht der Beifall anlässlich Nadjas Ernennung ähnlich dürftig ausgefallen?

Was für ein Déjà-vu. Nadja und Ohlert teilten sich die letzten Plätze auf der nach unten begrenzten Beliebtheitsskala der *Mastorn*.

Ohlert störte sich nicht daran. Siegessicher eilte er nach vorne, ließ sich das Mikrofon von Kersch reichen – es sah aus, als risse er es ihm aus der Hand - und bedankte sich mit dürren Worten für das Vertrauen, das ihm zu dieser Krönung verholfen hatte. Dabei gab es vermutlich niemanden, bei dem er sich für dieses ´ominöse´ Vertrauen hätte bedanken müssen. Es war eine leere Floskel, denn was auch immer zum Aufstieg Ohlerts beigetragen hatte, die Crew in München zeichnete dafür nicht verantwortlich.

Nadja hätte von Leo zu gerne erfahren, warum es ihm nicht gelungen war, das zu verhindern. Sie kam aber nicht mehr an ihn heran, weil er mit allgemeinem Händeschütteln und Lächeln in Kameras, die sich ihm entgegen schoben, beschäftigt war.

Während sie ihm dabei zusah, zog sie ihre Schlüsse. Und die sagten ihr, dass er über die Nominierung Ohlerts als Nachfolger vermutlich nicht so unglücklich war, wie die meisten glaubten. Wenn Ohlert tatsächlich in unsaubere Aktionen verwickelt war, dann war es nur eine Frage der Zeit, bis Kersch ihn zur Strecke brachte und ihn seines

Postens beraubte. Das war die eine Möglichkeit. Es gab aber auch eine andere. Vielleicht war ihm diese Personalentscheidung von der Konzernzentrale aufgezwungen worden. Und die dritte Möglichkeit bestand schließlich darin, dass Kersch von Ohlert erpresst wurde. Diese Möglichkeit erschien ihr als die Wahrscheinlichste, nach allem was Leo ihr über ihn erzählt hatte. Es wurde höchste Zeit, dass sie sich nach einer neuen Aufgabe umsah.

*

Seit Edgar aus Ludwigsburg zurückgekehrt war, wirkte er aufgeräumter.
Offenbar hatte er dort glückliche Stunden mit seiner Freundin verbracht und dieser Umstand wirkte sich nun auf ihr häusliches Zusammenleben aus.

Nur gelegentlich wurde dieser neue Frieden getrübt. Christina vermutete, dass das immer dann der Fall war, wenn er mit seiner Geliebten stritt.

Vor drei Tagen war es wieder einmal soweit gewesen. Da forderte Edgar seine vermeintlichen Ansprüche rabiater denn je ein. Lange hatte er Gott sei Dank nicht gebraucht, um sich zu erleichtern. Kaum war er fertig, sprang er auf und richtete seine Kleider. Er drehte sich nicht einmal um, als er aus ihrem Zimmer stürmte. Kurz darauf verließ er das Haus. Ebenso gut hätte er sie schlagen können. Der Sexualakt mit ihr diente offenbar einzig dem Zweck, sie zu demütigen.

Als er weg war, tat sie das, was sie nach seinen rohen Attacken stets tat. Sie reinigte sich unter der Dusche ausgiebig und gründlich, bis sie glaubte, den 'Dreck', mit dem er sie besudelt hatte, restlos entfernt zu haben. Als nächstes wechselte sie die Betttücher und warf alles, was er angefasst hatte, in die Waschmaschine. Den Schalter drehte sie auf 90 Grad.

Leider war Edgar in der Nacht zurückgekehrt und leider war dies ein Samstagmorgen und das hieß, dass sie mit ihm frühstücken musste. Das war fast genauso schlimm, wie mit ihm zu schlafen. Zu gerne hätte sie den Grund seiner Rückkehr erfahren. Die Vorstellung, dass er sich möglicherweise mit seiner Gespielin nicht versöhnt hatte, wertete sie als Menetekel.
„Wir haben etwas zu Feiern."
„So?" fragte sie hellhörig.
Bei Edgar bedeuteten positive Nachrichten nicht immer Gutes für diejenigen, die sie erfuhren.
„Ab kommenden Monat leite ich die *Mastorn* in München."
Sie verschluckte sich an einem Stück Brötchen.
„Gratuliere."
„Etwas mehr Begeisterung stünde dir gut zu Gesicht."
„Diese Beförderung kommt etwas überraschend oder hattest du damit gerechnet?"
Christina fragte sich, was dieser Aufstieg für sie bedeuten konnte. Ließ er sich nun endlich von ihr scheiden oder drängte er sie noch mehr in die undankbare Rolle des hübschen ´Beipacks´.
Vorsichtig fragte sie: „Wie beeinflusst deine neue Herausforderung unser Zusammenleben?"
„Ich werde noch mehr als bisher unterwegs sein. Ist es das, was du wissen wolltest?"
Er köpfte sein hart gekochtes Frühstücksei mit einem Messer und fuhr fort, „wie geht es dir übrigens in deinem Job?"
Christina wurde jäh aus ihren Gedanken gerissen. Mit dieser Frage hatte sie nicht gerechnet.
„Seit wann interessiert dich das?"

„Mir ist nicht entgangen, dass du länger arbeitest. Du hättest es mir ruhig sagen können."
„Ja, du hast Recht. Ich wurde ebenfalls befördert. Ich hätte es dir längst erzählt, aber du warst in letzter Zeit so selten zu Hause, dass sich nie der Moment dazu ergab. Außerdem ist mein Aufstieg längst nicht so wichtig wie deiner."
„Dann scheinen sie mit deiner Arbeit zufrieden zu sein. Wenn es dich glücklich macht, soll es mir recht sein. Allerdings möchte ich über derartige Entscheidungen künftig vorab informiert werden. Ist das klar?!"
„Ja, natürlich. Du kannst mir aber nicht vorwerfen, dass ich deswegen den Haushalt vernachlässige", entgegnete Christina kleinlaut. Sie fröstelte.
„Solange du nicht in meiner Gegenwart anfängst, Fenster zu putzen oder Staubzusaugen, ist es mir egal, wann du dich um den Kram kümmerst. In letzter Zeit fällt mir allerdings auf, dass du einiges ziemlich verlottern lässt. Woran liegt das?"
Er fuchtelte mit dem Messer, mit dem er soeben das Frühstücksei traktiert hatte und sah sie über den Brillenrand hinweg an. Edgar war unfair. Das Haus war noch sauberer als sonst. Sie verkniff sich eine Antwort und stellte fest, dass er keine erwartet hatte.
Stattdessen vertiefte er sich in seine Zeitung.
Ohne sich von seiner Lektüre abzuwenden, sagte er plötzlich, „trotz dieses kleinen Ärgernisses muss ich zugeben, dass du - seit du arbeitest - ausgeglichener und selbstsicherer geworden bist. Eine zufriedene Frau macht auch im Bett mehr her."
Er faltete das Heft achtlos zusammen und fixierte seine Frau mit seinen eisklaren Augen, deren Blau durch die getönte Brille auf eine irritierende Weise verstärkt wurde. Sie wusste, was dieser Blick bedeutete und stöhnte innerlich auf. Nein, nein, und nochmals nein! Sie war einfach nicht in der Lage seine rohe Lust schon wieder zu ertragen, und sie sagte es ihm. Es war das erste Mal, dass sie sich verweigerte. Edgar

war perplex über diesen Affront. Mit versteinerter Miene stand er auf, schleuderte das Heft auf den Teppich, angelte sich im Flur seinen Mantel und griff nach der Hundeleine. Karl sprang bellend an den Beinen seines Herrchens hoch.
„Ich bringe den Hund nach draußen. Du kümmerst dich ja nicht darum. Also dann bis später und sieh zu, dass du in Stimmung kommst!"
Christina hoffte inständig, dass sein Ausflug sehr, sehr lange dauern würde. Vielleicht konnte er sich ja inzwischen bei seiner Herzensdame erleichtern.

*

Nachdem Leopold Kersch die Firma verlassen hatte, lockerte sich allen düsteren Unkenrufen zum Trotz, die angespannte Atmosphäre. Ohlert pflegte weiterhin eine ausgiebige Reisetätigkeit und kümmerte sich weniger um firmeninterne Details, als sein Vorgänger. Diese Vorgehensweise wirkte sich positiv auf das Betriebsklima aus. Die neue Lässigkeit äußerte sich auch darin, dass nach Feierabend in den Büros regelmäßiges *After Work Drinking & Talking* gepflegt wurde, das in den umliegenden Bars seine Fortsetzung fand.
Komplizierte Arbeiten hob Nadja sich für die Zeit nach fünf Uhr auf. Dann wurde sie seltener durch zeitaufwendige Anfragen und Telefonate gestört und konnte sich ein erstes Gläschen Sekt in Gesellschaft ihrer Sekretärin genehmigen.
Den Außendienst erledigten nun ihre Untergebenen, was für sie durchaus angenehme Seiten hatte. Wotan Freyberg hatte ihr einen reichen Fundus an Kontakten, Anfragen und Vorverträgen hinterlassen, den diese in der Provinz abarbeiteten.
Carmen Brixen hatte Nadja ebenso wie die Büroflucht und die Ausstattung von Freyberg übernommen. Die Sekretärin verfügte über einen kleinen Eisschrank in ihrem Vorzimmer,

in dem sie vormals kleine Snacks und Säfte aufbewahrt hatte. Jetzt diente er zur Kühlung von Alkoholika aller Art.
Obgleich Nadja mit Carmen in jeder Hinsicht gut harmonierte, traute sie ihr nicht über den Weg. Höchstwahrscheinlich hielt sie ihren Ex-Chef über die Ereignisse in München auf dem Laufenden.
„Auf einen gut gelaufenen Tag."
Jeden Vorfeierabend leitete Nadja auf diese Weise ein.
Mit dem täglichen Happy Hour Ritual zwang sie ihre neue Mitarbeiterin auf ihre Seite. Eine gemeinsame Leiche im Keller schuf Loyalität, ganz im Sinne Leopolds.

Manchmal meldete sich ihr Lehrmeister aus seinem neuen Herrschaftssitz in Frankfurt und munterte sie auf. Da er meist wenig Zeit hatte, beschränkte die Unterhaltung sich in der Regel auf witzige oder zotige Monologe seinerseits.
Nadja reichte Frau Brixen ein weiteres Glas Sekt und stieß mit ihr an. Sie lehnte am Kühlschrank und beobachtete ihre junge Sekretärin, die die Sonderbehandlung erkennbar genoss.
„Freyberg hat immer nur Kaffee und Schokolade spendiert. Auf die Dauer ist das meiner Figur nicht bekommen. Nicht einmal an seinem Geburtstag gab er Einen aus."
„Warum nicht?"
"Er ist erklärter Antialkoholiker und bei ihm ging das soweit, dass er sich sogar Likörpralinen verkniff."
Was für eine Überraschung! Demnach war es kein Zufall gewesen, dass er in Ellens Stammlokal aufgetaucht war.
„Wie hat Freyberg seine Verkaufserfolge erzielt? So wie es sich für mich darstellt, hat er die meisten Geschäfte selbst an Land gezogen."
„Ja, das stimmt", bestätigte Carmen.
„Die kleinen Fische überließ er seinen Verkäufern, die großen angelte er selbst."

„Warum tat er das? Es brachte ihm doch kaum mehr Provision ein?"
„Freyberg ist ein Verkaufsgenie. Er brauchte diesen Hype, ein nahezu aussichtsloses Geschäft an Land zu ziehen. Es lief immer darauf hinaus, dass er zuerst seine Außendienstler losschickte. Die durften die Beute erschnüffeln und er erlegte sie schlussendlich. Die Provisionen kassierten zum Großteil seine Trüffelschweine. Alle fuhren gut mit dieser Methode."
„Dann dürften die Trüffelschweine jetzt ziemlich sauer sein."
„Es liegt doch an Ihnen, wie Sie mit denen verfahren. Laden Sie sie zum Essen ein und fragen Sie sie nach ihren Wünschen und Vorschlägen."
„Das ist eine gute Idee. Könnten Sie das bitte für mich organisieren."
Freyberg hatte acht Verkäufer, die das Gebiet Süddeutschland beackerten, bevor Nadja ihm zwei davon abnahm, um ´ihren Operettenstaat´ Oberbayern zu betreuen. Nun gebot sie über alle acht Verkäufer, die von ihr ähnliche Geschenke erwarteten, wie sie sie von ihrem Vorgänger gewöhnt waren.
Sie leerten ein drittes Fläschchen und Nadja nutzte die Gelegenheit, Carmen ausgiebiger auszuhorchen. „Was ich mich die ganze Zeit frage ist, warum ging er nach Frankfurt, wenn hier alles wie am Schnürchen lief?"
Carmen schluckte, bevor sie zögerlich antwortete: „Nun ja, das ist – denke ich – einfach zu beantworten. Das Feld ist abgeerntet. Die Filetstücke, die es in Süddeutschland zu holen gab, hat er ins Portfolio der *Mastorn Frankfurt* gepackt und zieht nun dorthin, um ein neues Gebiet abzugrasen. Kersch hat ihn dazu überredet."
Dieses Schwein, dachte Nadja spontan, meinte damit aber nicht Freyberg. Es wurde Zeit, dass sie das Schiff verließ, bevor sie über Bord ging.

*

Schneider zeigte in den folgenden Wochen keinerlei erkennbare Gefühlsregung. Nichts deutete darauf hin, dass zwischen Christina und ihm eine Begegnung stattgefunden hatte, die mehr als nur ein kollegiales Schmusen gewesen war.

Dann bat er sie erneut, länger zu bleiben. Dabei gab es keinen triftigen Grund für eine sofortige Bearbeitung des Falles. Christina versuchte sich einzureden, dass er nach einem Vorwand gesucht hatte, um mit ihr zusammen zu sein. Zu ihrer Verärgerung ließ er sie bis halb elf schreiben, ohne ihr eine Pause zu gönnen. Die Tür zu seinem Zimmer stand offen. Er selbst bearbeitete eine andere Akte, die seine ganze Aufmerksamkeit in Anspruch nahm. Offenbar hatte er nicht bemerkt, wie spät es war, als er endlich die erlösenden Worte aussprach:

„Für heute haben Sie genug getan. Ich würde mich freuen, wenn Sie wieder eine Kleinigkeit mit mir essen würden."

Sie zierte sich.

„Danke, aber eigentlich bin ich zu müde dafür."

„Sie wollen mir doch nicht erzählen, dass Sie nicht auch hungrig wie ein Wolf sind", insistierte er freundlich, „bitte geben Sie mir jetzt keinen Korb."

Sie lächelte zurückhaltend. Unentschlossen stand sie an der Tür, wusste nicht, was sie tun sollte. Sie hatte Angst, noch einmal brüsk zurückgestoßen zu werden.

Er ging auf sie zu und drückte ihr einen zarten Kuss auf die Stirn, wobei er ihren Kopf mit beiden Händen hielt und sich zu ihr hinunterbeugte. Es war eine freundschaftliche, jedoch unerhört liebevolle Geste. Ihr Widerstand war gebrochen. Erst jetzt merkte sie, wie hungrig sie war. Nachdem er ihr in den Mantel geholfen hatte, verließen sie zusammen das Büro.

Ihre vor wenigen Wochen begonnene Unterhaltung setzten sie nun fort. Wieder war es Christina, die erzählte und er gab sich mit der Rolle des geduldigen Zuhörers zufrieden.

Bei Christina brach ein Damm. Die Flutwellen der Gemeinheiten, die Edgar ihr zugefügt hatte, ergossen sich über Schneider wie die Lava eines explodierenden Vulkans. Längst vertraute sie ihm rückhaltlos. Wieder hielt er ihre wunden Hände lose umklammert, ließ sich aber zu keinen weiteren Zärtlichkeiten hinreißen. Kurz nach Mitternacht begleitete er sie zu ihrem Auto.
Freundlich, fast schüchtern bat er sie abschließend: „Bitte verbringen Sie öfter einen solchen Abend mit mir. Ich genieße die Unterhaltung mit Ihnen sehr, denn Sie bringen mich dazu, manche Dinge in einem anderen Licht zu sehen. Heute hatte ich das Gefühl, dass auch Sie ganz gerne mit mir zusammen sind oder irre ich mich?"
„Nein durchaus nicht, mir ergeht es ähnlich wie Ihnen, äh … ja also bis morgen dann, gute Nacht."
Sie hatte es plötzlich sehr eilig, denn sie fürchtete, im nächsten Augenblick ihre Beherrschung zu verlieren und ihm um den Hals zu fallen.

In der Folgezeit arbeitete Christina mindestens einmal pro Woche bis spätabends in der Kanzlei und ging anschließend mit Dr. Schneider zum mitternächtlichen Dinner. Ihre Beziehung zu ihm begann sich zu festigen. Sie konnte ihm gegenüber eine Offenheit zeigen, die ihr bei ihrem Mann nie eingefallen wäre. Immer mehr entdeckten sie und Schneider gemeinsame Interessen. Sie diskutierten über Bücher, die sie gelesen hatten, über französische Musik und über italienische Filme, die sie beide schätzten.

Schneiders Privatleben hingegen blieb Christina weitgehend verborgen. Er sprach kaum darüber. Zwar war sie neugierig, wollte ihn aber nicht ausfragen. Es fiel ihr schon schwer genug, zu ertragen, dass seine ganze Fürsorge und Leidenschaft einer anderen Frau gehörten.

Schneider vermied es bei diesen innigen Treffen weiterhin, Christina anzufassen. Lediglich ihre Hände wagte er zu berühren – für Christina bereits die pure Erotik.

*

Die Kollegen aus den anderen Abteilungen, die Überstunden absolvierten, griffen in der Regel zu Härterem, wie Nadja nach und nach herausfand. Diese stillschweigend geduldeten Zechereien hatten zu einer Art Interessengemeinschaft geführt, deren erlauchtem Kreis sie bisher nicht angehörte. Carmen, Single in den Endzwanzigern, dagegen schon. Wenn sie nach der feierabendlichen Sekteinlage das Büro verließ, eilte sie in eine kleine Bar um die Ecke und traf sich mit anderen Singles und Verheirateten, die es so wenig wie sie nach Hause drängte.
Eines Tages hatte Nadja das Vertrauen ihrer Mitarbeiterin soweit gewonnen, dass diese sie zur abendlichen Trink- und Flirtrunde einlud. Ein großer Erfolg für Nadja, wenngleich ein zweifelhafter. Von da an gehörte sie dazu. Sie beobachtete, wie Carmen reichlich Gelegenheit nutzte, mit Abteilungsleitern zu flirten. Was sich danach ergab, blieb für Nadja im Dunklen. Sie war nicht neugierig auf das Privatleben ihrer Mitarbeiterin. Sie selbst wurde weitgehend in Ruhe gelassen. Dass sie lediglich dem Gremium der geduldeten Mittrinker angehörte, lag weder an ihrem Alter noch daran, dass sie verheiratet war. Dieser Umstand war

ihrer denunziatorischen Vergangenheit geschuldet, die ihr anhaftete, wie Sekundenkleber.

Nach einem dieser langen Tage fühlte sie sich besonders beschwingt und locker, als sie ihre Wohnungstüre aufschloss. Sie rief nach ihrem Mann, der keine Antwort gab. Sie wusste, wo sie ihn finden würde. Florian saß über einem Berg von Papieren gebeugt in seinem Arbeitszimmer. Sie trat zu ihm und versuchte, ihm einen Begrüßungskuss auf die Wange zu hauchen. Angewidert schob er sie von sich:

„Du hast getrunken."

„Ja, ein wenig. Merkt man das?"

„Ich merke es schon seit langem und ich ekle mich vor dir, wenn du eine Fahne hast."

„Entschuldige bitte, du hast Recht. Diese Unsitte, nach Feierabend noch ein kleines Gelage zu veranstalten, hat sich bei uns eingebürgert, seit Kersch weg ist. Wir alle arbeiten jetzt noch mehr als vorher und deswegen brauchen wir diese kleine Entspannung am Abend. Manchmal habe ich das Gefühl, nicht mehr fertig zu werden mit all dem Mist, den man bei mir ablädt, seit mein Vorgänger das Weite gesucht hat."

„Schade, dass er nicht geblieben ist."

„Freyberg?"

„Nein, nicht der! Ich meinte, dass es schade ist, dass du trinken musst, seit dir die protektionelle Unterstützung deines ehemaligen Chefs fehlt."

„Kannst du das bitte wiederholen, damit ich verstehen kann, was du meinst!" schrie sie aufgebracht, plötzlich stocknüchtern geworden.

„Warum regst du dich so auf, das ist mir einfach so rausgerutscht? Entschuldige bitte. Was ich eigentlich sagen wollte, ist, dass er die Firma ganz offensichtlich besser im Griff hatte, als sein Nachfolger", entgegnete Florian verschlagen und wandte sich wieder seinen Unterlagen zu, ohne Nadja eines weiteren Blickes zu würdigen.

„Übrigens fände ich es angebracht, wenn du erst mal ins Bad gehst und deinen lausigen Atem in Ordnung bringst."
So ruppig war er noch nie zu ihr gewesen.
Nadja schrubbte ihre Zähne, bis das Zahnfleisch blutete, als könne sie damit das niederschmetternde Wort `Protektion´ wegbürsten, die Wahrheit, die ihr Mann nichts ahnend ausgestoßen hatte. Oder ahnte er doch etwas? Anschließend gurgelte sie ausgiebig minzhaltiges Mundwasser, das sie sogar schluckte in der Hoffnung, den üblen Geruch zu tilgen.
Nach diesem erniedrigenden Erlebnis schaffte sie es, eine Woche lang keinen Tropfen anzurühren. Die Einladungen ihrer Kollegen in das düstere Lokal lehnte sie freundlich mit Hinweis auf familiären Besuch ab. Das schwache Gerüst erwachter Anerkennung seitens der *Mastorn*-Belegschaft wollte sie nicht dadurch gefährden, dass sie dem allabendlichen Solidaritätsschlucken aus wenig überzeugenden Gründen fernblieb. Als sie Ärger mit Ohlert bekam, begann sie wieder zu trinken.

*

An einem sommerlichen Morgen, während sie mit den Anwälten in einer Besprechung saß, rief Violetta an. Dr. Schneider bedeutete Christina, dass sie das Gespräch ruhig annehmen sollte.
Sie entschuldigte sich, ging in ihr Zimmer und hob den Hörer ab.
Violetta klang fröhlich und aufgekratzt wie immer.
Das stimmt nicht, denn dieses Mal klang sie intensiver. „Na, meine gequälte Kreatur, wie geht es dir heute?"
„Ach Liebste, ich fühle mich keineswegs gequält. Edgar lässt mich in Ruhe und meine Chefs spenden mir die Anerkennung, die mir zusteht."
„Und sonst vermisst du nichts? Oder gibt es etwas, das ich wissen müsste?", fragte Violetta verschwörerisch.

„Deswegen rufst du mich sicher nicht an, oder?"
„Nein, deswegen rufe ich dich nicht an. Wenn es soweit ist, erfahre ich es ohnehin früh genug von dir. Ich möchte dich einladen."
„Wozu?"
„Hat Albert nichts verlauten lassen?"
Albert?
„Nein, nun lass dir doch nicht alles mühsam aus den Rippen leiern? Was also ist der Grund deiner Einladung?"
„Komm, lass uns zum Mittagessen gehen. Hast du nachher Zeit?"
Natürlich hatte Christina Zeit.
Sie verabredeten sich wieder in ihrem Stammlokal. Es stand nicht zu befürchten, dass sie Gesellschaft bekommen würden, denn die Herren Anwälte nahmen später Termine außerhalb der Stadt wahr. Violetta erwartete Christina bereits auf der Terrasse. Optisch hatte sie sich ihrem neuen Freund bereits angenähert. Sie zeigte zwar immer noch mehr Dekolleté, als in Christinas Augen schicklich, jetzt aber umschmeichelte es feinste taubenblaue Seide. Der Rock war knielang und eine einreihige Perlenkette vervollständigte das Ensemble, das in seiner Schlichtheit an wohlerzogene Töchter aus untadeligem Hause denken ließ. Violetta war kaum wieder zu erkennen.
Als sie Christina erspähte, sprang sie auf und hätte fast das kleine Tischchen umgeworfen, an dem sie gesessen hatte. Die überwiegend männlichen Gäste drehten sich nach ihr um, was allerdings weniger ihrer Ungeschicklichkeit zuzuschreiben war. Auch in Taubenblau war Violetta eine Herausforderung.
„Du siehst gut aus", begrüßte Christina sie und meinte es ehrlich, denn Violetta sah hinreißend aus.
"Die Liebe ist das beste Schönheitselixier, das man sich wünschen kann. Der Appetit reduziert sich auf das Sexuelle

mit sensationellem Kalorienumsatz. Solltest du auch mal ausprobieren."

"Danke, ich muss nicht abnehmen. Aber, wenn ich dich richtig verstehe, scheint Dr. Schulz eine Kanone in geschlechtlicher Hinsicht zu sein", witzelte Christina.

"Ich weiß, dass du ihn spießig findest. Aber täusch dich da mal nicht", lächelte Violetta sphinxartig und schilderte in allen Einzelheiten die verschiedenen Begegnungen zwischen ihr und dem Advokaten.

"Ich werde mich verloben", schloss sie ihre Ausführungen.

Christina verschluckte sich an ihrem Mineralwasser, das sie sich eingangs bestellt hatte.

"Doch nicht etwa mit Dr. Schulz? Sag, dass das nicht wahr ist!"

"Was ist daran so seltsam, dass du an dieser Neuigkeit fast erstickt bist? Freust du dich denn gar nicht mit mir?"

"Oh… doch schon….." Christina stockte, weil sie tatsächlich geschockt war.

"Albert sagt, er habe sich noch nie bei einer Frau so wohl gefühlt wie bei mir. Ich ziehe übrigens in spätestens zwei Monaten zu ihm", schnurrte Violetta selbstzufrieden und zupfte an ihrem Ausschnitt.

"Natürlich ging das alles recht schnell, das gebe ich gerne zu. Mit der Heirat lassen wir uns noch etwas Zeit. Ein solches Ereignis bedarf schließlich gründlicher Vorbereitung."

"Und wann und wo wird eure Vereinigung gefeiert?"

Violetta ignorierte den Sarkasmus in Christinas Frage.

"Am 31. Mai in Alberts Appartement."

Während sie sich genussvoll einen Keks zwischen ihre neuerdings dezent getönten Lippen schob, streute Violetta ein: "Ach fast hätte ich es vergessen, Albert hat seine Kollegen samt Frauen eingeladen. Das stört dich doch hoffentlich nicht."

"Warum sollte es mich stören?"

"Ich wollte damit eigentlich nur zum Ausdruck bringen, dass die Frau von deinem Dr. Schneider eventuell einen Zusammenhang herstellen könnte. Was soll ich ihr zum Beispiel antworten, wenn sie mich fragt, wie ich meinen Verlobten kennen gelernt habe?"
Violetta hielt erwartungsvoll inne.
„Sag ihr doch einfach die Wahrheit."
Christina fiel nichts Besseres ein. Es wurde Zeit, dass ihre Partner davon erfuhren.
„Das meinst du doch nicht im Ernst?"
Beiläufig hakte sie nach, „wirst du alleine kommen? Oder bringst du das Schwein mit?" "Ob Dr. Schulz diese Ausdrucksweise schätzt, wage ich zu bezweifeln. In dieser Hinsicht solltest du noch ein wenig an dir arbeiten. Das Schwein, wie du meinen Ehemann zu bezeichnen pflegst, wird wenig Lust verspüren, am schönsten Fest seiner Lieblingsfeindin teilzuhaben."
"Was soll ich deiner Meinung nach tun?" fragte Violetta ratlos.
Sie war clever genug, den folgerichtigen Schluss zu ziehen, dass auch Schneiders Frau nichts von Christinas Anstellung bei ihrem Mann wusste.
"Mach dir keine Sorgen. Ich werde auch nicht kommen. Stattdessen schlage ich vor, wir Beide feiern deine Verlobung stressfrei nach."
"Das halte ich für keine gute Idee. Du bist meine beste Freundin und ich möchte diesen Tag nicht ohne dich begehen. Ich glaube nicht, dass du Edgar auf Dauer verheimlichen kannst, bei wem du arbeitest. In dieser Hinsicht fürchte ich, unterschätzt du deinen Peiniger gründlich. Und wenn er es irgendwann durch einen dummen Zufall herausbekommt, dann gute Nacht!"
Das stimmte. Aber daran wollte Christina nicht denken.
Sie hatte ihrer Freundin nicht zugehört, erst als diese sagte, „…schließlich habe ich einen Haufen recht attraktiver

Verehrer für dich eingeladen", schenkte sie ihr wieder ihre Aufmerksamkeit.
Und wie um dieses Versprechen zu unterstreichen, fuhr Violetta sich mit ihrer Zunge wieder einmal verführerisch über ihre Lippen und zog gewohnt freundliche Blicke auf sich. Christina tat es ihr nach und erntete ebenfalls beifälliges Lächeln. Sie hatte ihr heimliches Hobby schon lange nicht mehr gepflegt. Es wurde Zeit, dass sie wieder einmal die City mit ihren zahllosen Cafés aufsuchte und sich eine Portion Selbstbestätigung erflirtete.

Mit Widerwillen dachte Christina daran, dass Florian nicht allein kommen würde. Sie musste ihrer Freundin zustimmen in ihrer Befürchtung, dass Florians Frau ebenfalls Zusammenhänge herstellen würde. Vielleicht hatte er ja gelogen, als er Christina versichert hatte, seiner Frau gegenüber ihre Tätigkeit in seiner Kanzlei verschwiegen zu haben.
Violetta, die die sorgenvollen Überlegungen ihrer Freundin zu erraten schien, erklärte:
"Albert ist eingeweiht. Ihm wird nichts Verdächtiges rausrutschen. Auch Stöhr weiß Bescheid. Sei unbesorgt. Und trotzdem solltest du Edgar reinen Wein einschenken."
"Erst, wenn wir geschieden sind."

*

Seit einiger Zeit ging es Nadja morgens ziemlich schlecht. Ihr war schwindlig und sie fror. Das Autofahren strengte sie an. Ein ständiges Flimmern vor ihren Augen trübte ihr den Blick. Waren das bereits erste Entzugserscheinungen, die auftraten, wenn sie sich nicht ständig neuen Sprit zuführte? Tatsächlich brauchte sie immer mehr. Und dieses Mehr war auch ein Mehr an Prozenten. Sekt und Champagner genügten nur noch in Ausnahmefällen. Im Büro beließ sie es dabei, aber zu Hause gönnte sie sich stärkere Drogen. Es wurde schwieriger, den Stoff diskret zu besorgen und das Leergut zu entsorgen. Das Schlimmste war die dauernde Heimlichtuerei. Trinken in dieser Form war eine einsame Beschäftigung. Die Angst, dabei erwischt zu werden, hatte die Angst vor Entdeckung ihres Ehebruchs verdrängt.

Nadja entwickelte enorme Kreativität in Bezug auf das Erschließen neuer Quellen und das Vertuschen. Die Apotheke war dabei zu einer wichtigen Anlaufstation geworden. Mit einem großen Arsenal pharmazeutischer Mittel schaffte sie es, Florian gegenüber zu verheimlichen, dass sie unmäßig trank. Sie hatte es in dieser Disziplin längst zu großer Meisterschaft gebracht.

Auf dem Weg zur Arbeit hielt sie stets bei einem riesigen, unpersönlichen Supermarkt an und erwarb allerlei Dinge, die sie nicht brauchte. Ganz nebenbei versorgte sie sich auf diese Weise mit Flachmännern. Bevor Nadja anschließend ihr Büro betrat, suchte sie die Toilette auf, um die erlösende Flüssigkeit mit hastigen Schlucken hinunterzukippen. Danach ging es ihr meistens besser und der dumpfe Reiz sich übergeben zu wollen, verschwand.

Aber Florian war nicht blind. Immer wieder ließ er heimlich halb gefüllte Flaschen verschwinden, die Nadja später ebenso heimlich suchte. In ihrer Gegenwart rührte er keinen Tropfen an, um zu demonstrieren, dass er bequem darauf verzichten konnte. So lange er in ihrer Nähe war, trank sie ebenfalls nur Tee, Säfte und Mineralwasser. Die Stimmung war gereizt. Nadja verließ die Wohnung oft unter einem banalen Vorwand, um sich einen oder zwei Schnäpse in einer hässlichen Eckkneipe - die sie bequem zu Fuß erreichen konnte - zu genehmigen.

Als sie wieder einmal zu einem ihrer kurzen Ausflüge aufbrechen wollte, stellte er sich ihr in den Weg: „Liebes, du musst nicht extra in die düstere Kälte hinaus, um dir Nachschub zu besorgen. In der Küche liegt genug. Und damit du dich deiner Leidenschaft ungestört hingeben kannst, habe ich mir erlaubt, aus unserem Schlafzimmer auszuziehen. Für drei ist es dort zu eng."
Nadja erschrak. „Warum hast du das getan?"
„Was meinst du damit? Dass ich dir genug zu trinken besorgt habe, oder dass ich mein Bett umgestellt habe?"
Sie antwortete nicht.
Ungerührt fuhr er fort, „solange du nicht nüchtern bist, möchte ich mit dir nicht in einem Zimmer schlafen. Es tut mir leid."
„Und dass es nicht soweit kommt, dafür hast du gesorgt. Danke!"
Sie wandte sich ab.
Florian nahm sie in den Arm. Schweigend drückte er sie minutenlang an sich. Sie schmiegte sich erschöpft an seine Schultern und ließ die Tränen laufen, die sie nicht zurückhalten konnte.
An diesem Abend verzichtete sie aufs Trinken. Florian schlief trotzdem in seinem Arbeitszimmer.

Es folgte eine stürmische Zeit für Nadja. Mehr als je zuvor stritten sie und Florian, meist aus nichtigen Anlässen. Ihre Versöhnungen genossen sie umso leidenschaftlicher. Sie liebten sich mit nie gekannter Intensität. Ihre Ehe hatte eine neue Dimension erreicht, die alles bisher gemeinsam Erlebte in den Schatten stellte. Sie arbeiteten noch härter – Nadja, weil sie unter Druck stand, und Florian, weil er ihren umnebelten Zustand kaum ertrug. Die wenigen Momente, die sie nun zusammen waren, verplemperten sie nicht mit fruchtlosen Diskussionen, die sie zu nichts führten. Stattdessen zogen sie es vor, ohne Umschweife miteinander zu schlafen. Sex hatte eine zentrale Bedeutung für sie gewonnen, wenngleich sie ihn seltener praktizierten. Manchmal schweiften Nadjas Gedanken dabei ungewollt ab zu Leo. Sie verspürte dann ein unbezähmbares Verlangen nach seinen klobigen Händen, die so kräftig und zugleich so feinfühlig zupacken konnten.

Florian kehrte nicht mehr in das gemeinsame Schlafzimmer zurück.

*

Je näher die Verlobungsparty rückte, desto unsicherer wurde Christina. Die Einladung lag seit Wochen unbeantwortet in ihrem Zimmer. Natürlich hatte sie diese auch Edgar gezeigt, der sie kurz gelesen hatte und dann verächtlich auf den Tisch geworfen hatte.

"Dass diese Schnepfe noch einen abkriegt, hätte ich ihr nicht zugetraut."

"Dem entnehme ich, dass du nicht mitkommen möchtest", stellte sie so beiläufig wie möglich fest.

"Das hast du vollkommen richtig erkannt. Dafür ist mir meine Zeit zu kostbar. Außerdem muss ich nach Ludwigsburg."

"Das ist jammerschade. Dann muss ich wohl oder übel alleine hingehen", flötete sie bedauernd und hoffte inbrünstig, dass er es sich nicht anders überlegte.

Er tat es nicht. Einen Tag vor dem Ereignis brach er nach Ludwigsburg auf. Eine Sorge weniger, stellte sie befriedigt fest.

Die andere Sorge blieb und so rief sie am nächsten Morgen Violetta an.

„Es geht nicht", stotterte sie, als ihre Freundin sich gemeldet hatte.

„Liebste Christina, bitte nicht schon wieder, verschone mich mit deinen Ängsten und Zweifeln und reiß dich endlich einmal zusammen!"
Violettas Stimme hatte einen ungeduldigen, entnervten Unterton.
„Entschuldige bitte, dass ich so rumzicke."
„Rumzicken ist das richtige Wort. Übrigens Dr. Schneider kommt alleine, wenn es das war, was dir auf den Nägeln gebrannt hat. Seine Frau mag seine Kollegen nicht besonders. Jedenfalls hat er es so ausgedrückt. Bis später dann. Ich freu mich auf dich – hoffentlich alleine."
Erleichtert legte Christina auf. Was für ein Glück. Besser konnte es nicht laufen und musste man diese Fügung nicht gar als Wink des Schicksals betrachten.
Nachdem sie die Geschenke - ein symbolträchtiges Paar Boxhandschuhe und einen Golf-Putter für Damen - besorgt hatte, brachte sie den Nachmittag damit zu, die passende Garderobe auszuwählen. Kein leichtes Unterfangen angesichts dessen, was sie damit bezweckte. Schließlich entschied sie sich für einen schwarzen Blazer mit passender Hose und einen weißen seidenen Rollkragenpullover. Das blonde Haar bändigte sie zu einem strengen Pferdeschwanz, was ihrem Aussehen eine herbe Note verlieh, die in reizvollem Kontrast zu ihren weiblichen Formen stand. Sie war froh, dass Edgar nicht zu Hause war. Hätte er sie so gesehen, hätte er vielleicht Verdacht geschöpft. Und was das bedeutet hätte, wagte sie sich nicht vorzustellen. Eine zerstörte Frisur war das Wenigste, was sie in diesem Falle zu erwarten hatte.
Als sie endlich fertig war, begutachtete sie sich im Spiegel. Der Aufwand hatte sich gelohnt. Sie rief ein Taxi.
Dr. Schulz bewohnte ein weitläufiges Appartement mit großzügiger Terrasse in Harlaching. Das Interieur war puristisch, schick und teuer. Es erinnerte sie an sein Büro. Christina fühlte sich in dieser spartanischen Umgebung auf

Anhieb wohl. Allerdings stand zu befürchten, dass Violetta einige Änderungen vornehmen würde, sobald sie ihre Zelte erst einmal aufgeschlagen hatte.

Die künftige Mitbewohnerin stürzte auf sie zu, um sie überschwänglich zu begrüßen. Sie zerrte ihre Freundin ins Wohnzimmer, um sie herumzureichen wie ein Schlagersternchen, das eine Autogrammstunde abhalten sollte. Christina ließ diese Prozedur willig über sich ergehen, versäumte dabei aber nicht, nach *ihm* Ausschau zu halten.

"Er ist noch nicht da", raunte Violetta ihr zu und entschwebte inmitten einer Parfumwolke, um sich anderen Neuankömmlingen zuzuwenden.

Christina hielt immer noch die Geschenke in den Händen. Sie stellte die Pakete ab und machte sich auf den Weg, die anderen Räume zu besichtigen. Da sie außer Dr. Schulz und einigen Kollegen Violettas niemanden kannte, kam sie sich etwas verloren vor. Leider war auch Leander Stöhr noch nicht eingetroffen.

Als sie in das fast leer geräumte, riesige Wohnzimmer trat, forderte sie ein hochaufgeschossener, dicklicher Twen, den sie auf Mitte zwanzig schätzte, zum Tanz auf. Auch wenn er nicht wie Johnny Depp aussah, nahm sie die Einladung dankbar an. Glücklicherweise waren sie nicht die ersten, und somit musste es ihr nicht peinlich sein, dass ihr fülliger Partner sie ziemlich ungeschickt über den Parkettboden schleifte. Seine Verrenkungen wirkten wie eine exotische Voodoo-Beschwörung. Christina hatte Mühe, auf dem glatten Boden nicht auszurutschen, während er sie immer wieder losließ, um sich in wilder Verzückung den Klängen *Van Morrisons* hinzugeben. Der aufdringliche Duft, der seinen nach hinten gegelten Haaren entströmte, stieg ihr unangenehm in die Nase. Trotzdem war ihr dieses alberne, schweißtreibende Gehopse lieber, als liebeskrank auf den Eingang zu starren.

Sie bat um eine kurze Pause, als sie sah, dass Stöhr erschienen war. Er war nicht allein. "Darf ich Ihnen Cora Baum vorstellen, meine Lebensgefährtin, Cora und das ist unsere berühmte Christina Ohlert, die Seele der Kanzlei."
"Wie hört sich das denn an?", protestierte Christina.
"Sie haben Recht. Die Seele unseres - nein meines Büros - ist immer noch Frau Baumann. Die lässt sich übrigens entschuldigen. Jetzt hütet ihr Ehemann mit einer Erkältung das Bett und sie möchte ihn nicht allein lassen. Haben Sie die beiden Turteltauben schon gesehen?"
"Aber ja, da hinten turteln sie."
Stöhr zog mit seiner hübschen Freundin weiter und ließ Christina mit ihrem Galan, der sich als Sven vorstellte, alleine. Sollte Sven zu der Sorte Verehrer gehören, die Violetta explizit für sie eingeladen hatte, lag sie geschmacklich wieder einmal völlig daneben.
"Lass uns ein weiteres Tänzchen wagen."
Sven benutzte bereits das vertrauliche ´Du´. Christina hatte weder etwas gegen das Duzen noch gegen ein Tänzchen.
Sie trank einen Schluck Champagner und kehrte mit Sven in das geräumige Wohnzimmer zurück, in dem soeben die Musik *Eric Claptons* von beschwipsten Tänzern entweiht wurde.
Der Champagner hatte Christinas Anspannung gelöst. Völlig versunken gab sie sich den rhythmischen Bewegungen hin. Sie hatte die Augen geschlossen.
"Erlauben Sie, dass ich Ihre Partnerin entführe, sie scheint etwas ermüdet."
Es war Florians sonore Stimme, die sie zusammenzucken ließ.
"Wenn es denn sein muss", protestierte ihr übergewichtiger Eintänzer gekränkt und entließ Christina seinen massigen, nassen Pranken. Florian ergriff ihren Arm und zog sie in das hintere Ende des Zimmers, wo er sie so eng er nur konnte, umschlang und mit ihr zu tanzen begann.

Sie spürte wieder diese lodernde Hitze aufsteigen, als er sich hart gegen ihre Hüften drängte und rau stöhnte: "Es ist wie damals, als wir zum ersten Mal miteinander getanzt haben. Ich habe in den letzten Tagen an nichts anderes gedacht."
Ihr wurde schwindelig. Mit aller Kraft presste sie sich an ihn und spürte seine Männlichkeit, wie an jenem denkwürdigen Sommerabend. Sie war wie im Rausch. Die Welt um sie herum existierte nicht mehr.
Offenbar war es ihm genauso gleichgültig wie ihr, ob jemand Notiz von ihnen nahm. Er war ganz nah an ihrem Ohr, als er flüsterte, „können wir uns morgen Abend treffen? Bitte."
„Wo?". Mehr brachte sie nicht heraus.
„Um sieben im *Kraftwerk*. Kennst Du es?"
„Ja, natürlich kenne ich es. Ich werde pünktlich sein", hauchte Christina.
Nichts hätte sie in diesem Moment davon abhalten können.
Als das Musikstück, ein Liebeslied von *Nat King Cole*, beendet war, ließ Florian sie unvermittelt los und verschwand von der Tanzfläche. Christina widmete sich wieder ihrem neuen Freund mit den nach hinten gekämmten, semmeligen Strähnenhaaren und dem labbrigen Leinenjacket, der sie während der ganzen Zeit beobachtet zu haben schien.
Seine Bemerkungen ließen darauf schließen.
„Ihr scheint euch lange nicht gesehen zu haben."
„Wie kommst du darauf?"
„Nun, es sah aus als würdet ihr aneinander kleben. Das war schon nicht mehr jugendfrei."
„Niemand hatte dich aufgefordert, zuzusehen", blaffte sie ihn an. Seine Frechheiten ärgerten sie.
„Entschuldige bitte, ich wollte dir nicht zu nahe treten. Möchtest du etwas trinken?"
Sie bejahte und er schlurfte davon, um ihr ein weiteres Glas Champagner zu besorgen.

Sie suchte mit ihren Augen nach Florian und entdeckte ihn im Gewirr der Gäste im Flur.
Er war in Gesellschaft eines Gastes, mit dessen Erscheinen offenbar niemand gerechnet hatte.

*

Es hatte einen hässlichen Streit zwischen Nadja und Florian gegeben. Er hatte sie dabei erwischt, wie sie sich morgens einen Cognac in ihren Kaffee zu kippen versuchte. Ohne etwas zu sagen, hatte er die Tasse genommen und den Inhalt in den Ausguss geschüttet. Sie hatte ihm dabei zugesehen.
"Sag mal, spinnst du!" keifte sie jetzt und schlug auf ihn ein.
Er packte sie brutal an ihren Handgelenken.
"Wenn ich dich noch einmal dabei erwische, suchst du dir eine andere Wohnung! Und dieses Mal meine ich es ernst."
Angewidert ließ er sie los. Sie stolperte ein wenig.
Sie hörte, wie er das Haus verließ.
Beim Hinausgehen schrie sie ihm hinterher: „Wer hat denn für den Nachschub gesorgt?" Ein langer, einsamer Samstag lag vor ihr und sie wusste nicht, wie sie ihn durchstehen sollte.
Im Bad kühlte sie ihre schmerzenden Handgelenke unter kaltem Wasser.
Während sie ihre Hände unter den Strahl hielt, sah sie in den Spiegel.
Große Augen blickten sie wirr aus dunklen Höhlen an. Der teigige Teint war mit hektischen Flecken übersät und um den Mund hatten sich tiefe Falten eingegraben. Sie fühlte sich unansehnlich und wunderte sich nicht, dass weder Leo noch Florian Interesse an ihr hatten.

Ob Leo wohl bereits über ihren Zustand Bescheid wusste? Anzunehmen war es. Entweder hatte Ohlert geplaudert oder er hatte es auf seine Weise erfahren. Tatsache war, dass sie so nicht weitermachen durfte. Lange würde Florian sich ihre Entgleisungen nicht mehr gefallen lassen. Sicher, sie schaffte es, manchmal tagelang keinen Tropfen anzurühren, aber dann passierte etwas Unvorhergesehenes und sie konnte sich nicht mehr beherrschen. Manchmal betrank sie sich bis zur Besinnungslosigkeit. Florian konnte damit nicht umgehen. Wenn er merkte, dass ihr der Abend entglitt, zog er sich zurück. Oft verließ er spät noch das Haus, um sich mit ihrer Sucht nicht auseinandersetzen zu müssen. Er stand ihr hilflos gegenüber und das machte es für sie nicht leichter.

Natürlich gab es auch Momente, in denen er sehr fürsorglich war und sich aufopfernd um sie kümmerte. Aber diese Momente wurden seltener in dem Maße, in dem sich ihre Abstürze häuften.
Der Nachmittag zog sich qualvoll in die Länge. Nadja wusste nichts mit sich anzufangen. Die angebrochene Flasche Cognac starrte sie auffordernd an. ´Nur nicht schwach werden´ redete sie sich verzweifelt ein. Vielleicht würde sie Florian im Büro antreffen. Sie rief ihn an. Tatsächlich hob er ab.
"Florian?"
Er schwieg.
"Bitte verzeih mir. Lass uns ausgehen. Ins Theater oder zum Essen – bitte", flehte sie.
Er keuchte hörbar. "Es tut mir leid, aber ich habe schon etwas vor."
"Du bist immer noch gekränkt, nicht wahr?"
"Nadja, wir werden morgen darüber reden. Ich bin nicht in der Stimmung, das auszudiskutieren"
"Du bist nie in der Stimmung!" zischte sie aufgebracht.
Wieder dieses Seufzen. Sie sah ihn vor sich, wie er entnervt die Augen verdrehte. Die Flasche rückte näher. Es gab keinen Ausweg. Wütend knallte sie den Hörer auf die Gabel und schlurfte in sein Arbeitszimmer. Sie musste

herausfinden, wo er seinen Abend verbrachte. Sie brauchte nicht lange suchen. Der große grüne Umschlag lag zwischen seinen Fachzeitschriften. In großen, feinen Lettern sprangen ihr zwei bekannte Namen entgegen: NADJA & FLORIAN.
Sie riss den Inhalt aus dem gefütterten Kuvert. *Violetta Schnitzler und Dr. Albert Schulz laden anlässlich ihrer Verlobung zur Cocktailparty am 31. August. U.A.w.g..*
Alberts Adresse folgte und eine Telefonnummer, unter der man seine Antwort hinterlassen konnte. Sie wollte kaum glauben, was sie da in Händen hielt. Florian hatte ihr nichts davon erzählt. Natürlich, sie mochte weder Albert noch seinen Partner Leander Stöhr. Aber das war kein Argument, ihr diese Einladung vorzuenthalten. Da auch sie eingeladen war, gab es keinen Grund für sie, nicht hinzugehen.
Sie machte sich ans Werk. Um nicht in Versuchung zu geraten, hatte sie den Rest der Cognacflasche in die Toilette gekippt. Sie brauchte einen klaren Kopf.
Mit geübten Fingern schminkte und frisierte sie sich. Frisieren bedeutete, das Haar locker aufzuwursteln, was ihr ganz gut stand. Dann zog sie sich ein rosa Minikleidchen über und schlüpfte in hochhackige Sandalen mit Bändern, die sie um ihre dünnen Waden wickelte und verknotete. Von weitem sah sie aus wie ein Schulmädchen, aus der Nähe wie die Oma des Schulmädchens.
Das Taxi setzte sie vor einem eleganten, quaderförmigen Wohnblock in Harlaching ab. Sie klingelte und stöckelte in den ersten Stock. Albert öffnete. Er sah sie erstaunt an.
Nadja hob ihren Kopf, damit er ihre Wange zur Begrüßung küssen konnte und lächelte dabei entwaffnend.
„Liebster Albert, ich habe ja gar nicht gewusst, dass du den Ehehafen anzusteuern gedenkst. Wer ist denn die Glückliche?"
Diese Frage erübrigte sich sogleich, als eine üppige Rothaarige strahlend auf sie zueilte.
„Sie müssen Nadja Schneider sein!"

„Sehe ich aus, wie eine Nadja Schneider oder woran haben Sie mich erkannt?"
Nadja starrte Alberts Eroberung völlig entgeistert an. Sie konnte nicht fassen, dass Albert ausgerechnet eine solche Sexbombe zu ehelichen beabsichtigte. Die Unterschiede hätten kaum größer sein können.
„Albert hat Sie mir ausführlich beschrieben."
Immer noch strahlte die Sexbombe, als habe sie den ersten Preis beim Zahnweiß-Wettbewerb gewonnen. Ihre Zähne waren beeindruckend und ihre Brüste ebenfalls.
„Ich bin übrigens Violetta. Möchten Sie etwas trinken?"
Das Wort ′trinken′ löste Panik bei Nadja aus.
„Sie möchte gerne ein Glas Wasser", antwortete Florian, der plötzlich aufgetaucht war.
Violetta sah erst Nadja und dann Florian an. Sie schien ratlos.
"Ein Glas Apfelsaft wäre schön", bat Nadja höflich.
„Was tust du hier?" zischte Florian, als ihre Gastgeberin verschwunden war.
„Ich bin einer Einladung gefolgt."
„Allem Anschein nach hast du die nicht richtig durchgelesen."
„Wie meinst du das?"
"Die Auswahl deiner Garderobe legt diesen Schluss nahe", raunzte er ihr böse zu, während er ihren Ellenbogen fest umschlossen hielt.
„Lass mich sofort los!" befahl sie leise.
Sie spürte, wie ihr der Abend zu entgleiten drohte. Florian ließ sie los. Er wirkte resigniert.
Nadja erblickte Leander auf der Terrasse. Sie ging zu ihm und ließ Florian stehen. Stöhr schien sich ehrlich zu freuen, als er sie erblickte. Er umarmte sie und stellte ihr seine Freundin vor. Wenigstens einer, der sich freute.
"Liebe Nadja, schön, dass du doch noch kommen konntest. Wir dachten schon, du hast etwas gegen uns."

"Nein natürlich nicht. Ich war nur heute Nachmittag noch etwas malad und wusste nicht, ob ich bis zum Abend fit sein würde. Hat Florian euch das denn nicht erzählt?"
Sie blickte in Richtung ihres Mannes, der sie beobachtete. Sie sah seine Silhouette nur verschwommen, denn die Terrasse war von einem Scheinwerfer erhellt, der den Blick in die Innenräume trübte.
Nadja umklammerte ihr Glas, in dem der Apfelsaft golden schimmerte. Es sah aus, als trinke sie Wein.
"Soll ich euch noch etwas zu trinken holen?", bot Leander an, als er bemerkte, dass alle drei Gläser leer waren.
Nadja zögerte. "Gerne. Bitte bring mir einen Gin-Tonic mit."
Leander verschwand ins Innere. Nadja blieb mit seiner Freundin zurück und pflegte Konversation der einfachen Art.
"Ihr Kleid gefällt mir", bemerkte Cora, als Leander mit den gefüllten Gläsern zurückkehrte.
Nadja bedankte sich höflich, sowohl für das Kompliment, als auch für den Gin-Tonic.
Cora entschuldigte sich, um sich das Näschen pudern zu gehen, wie sie es ausdrückte.
"Sie ist hübsch und sympathisch", bemerkte Nadja, als sie mit Stöhr allein war.
"Ja, das ist sie wirklich. Und außerdem ist sie sehr klug und überaus gebildet – lauter Adjektive, die auch auf dich zutreffen", lächelte Leander.
"Sag das mal meinem Mann!"
Nadja trank einen großen Schluck.
"Ich hole dir Nachschub", erbot er sich, als er sah, dass Nadjas Glas wieder leer war.
"Danke, das ist lieb von dir."
Kaum war er weg, checkte sie ihre Mailbox, denn Leo hatte ihr eine SMS geschickt: **LK IN M..** Sie wusste, wo sie ihn erreichen konnte. Leo hielt nichts von langen Nachrichten, schon gar nicht von schriftlichen. Sie hatten ihre persönlichen Kürzel, um sich zu verständigen.

Leander kehrte mit dem ersehnten Drink zurück und gab vor, nach seiner Freundin zu suchen. Nadja war erleichtert, dass er sie alleine ließ.

Mit nervösen Fingern tippte sie Leos Nr. in ihr Handy. Er war sofort am Apparat.

"Na Brezelchen, wo steckst du?"
"Ich kann jetzt nicht reden", flüsterte sie.
"O.K. machen wir´s kurz. Morgen im VJ? 20 Uhr?"
"Einverstanden".

Kaum hatte sie aufgelegt, tauchte Florian neben ihr auf.

"Ich habe dich gesucht. Das hier sieht nicht aus wie Apfelsaft."

"Das ist auch kein Apfelsaft. Und ich werde mir von dir nicht vorschreiben lassen, was ich zu trinken habe!"

"Wenn du dich unbedingt blamieren willst, kann ich dich davon nicht abhalten. Aber ich werde dir dabei keine Gesellschaft leisten. Sobald du damit anfängst, gehe ich."

Sie sah an ihm vorbei, genauer gesagt, sie ignorierte ihn.

"Wollen wir tanzen?"

Ein junger Mann mit dunklen Locken hatte die Aufforderung ausgesprochen und Nadja folgte ihr nur allzu gerne. Sie stakste auf ihren hohen Haken hinter ihm her und fand sich im Wohnzimmer auf glattem Parkett wieder. Sie musste aufpassen, dass sie nicht stolperte, daher bewegte sie sich sparsam. In der rechten Hand hielt sie ihr Glas, das sich schnell leerte. Glücklicherweise sorgte Lockenköpfchen zwischen den Tänzen für Nachschub. Zwischen Drinks und Bewegung nahm sie eine blonde Frau mit einem Pferdeschwanz wahr, die ihr irgendwie bekannt vorkam. Sie hing an einem schweren Burschen, der sie ungelenk über die kleine Tanzfläche zerrte. Bevor Nadja sie sich genauer anschauen konnte, war sie verschwunden. Es war ihr nicht klar, wie lange sie getanzt und getrunken hatte. Als sie mit ihrem Partner erschöpft auf das Sofa fiel, sah sie nur noch wenige Gäste.

"Du hast einen süßen Schwips", murmelte ihr unermüdlicher Freund. Auch er hatte offenbar Mühe mit dem Sprechen.
"Ich bin der Manuel und wer bist du?"
"Nenn mich einfach Nadja".
Manuels Lippen suchten sich ihren Weg über Nadjas Ohr und glitten dann über ihren Hals nach unten zu ihren Brüsten. Mit seinen Händen nestelte er an ihrem Kleidersaum, den er schon ziemlich weit nach oben geschoben hatte. Nadja ließ es eine Weile mit sich geschehen. Sie bekam seine Annäherungsversuche nur am Rande mit. Plötzlich schubste sie ihn weg. Verschwommen wie durch einen Schleier hatte sie wahrgenommen, dass die Leute sie ungeniert anstarrten und war jäh aufgewacht.
"Stell dich nicht so an. Du willst es doch auch!"
Er fiel auf sie. Ihn störten die Zuschauer nicht.
Mit dem letzten Fünkchen Verstand, das ihr der Alkohol an diesem Abend gelassen hatte, drückte sie ihn von sich weg und sprang auf. Irgendwie musste sie aus dieser Nummer raus, ohne dabei allzu viel ihrer Restwürde einzubüßen. Sie blickte sich nach Florian um. Er war nirgends zu sehen.
Dafür kümmerte sich jetzt Violetta um sie.
"Ich habe dir ein Taxi gerufen. Möchtest du eine Tasse Kaffee?"
Alberts stattliche Verlobte nahm sie in den Arm. Ihre mütterliche Art hatte eine beruhigende Wirkung auf Nadja. Albert half ihr beim Einsteigen in das Auto und nannte dem Fahrer die Adresse. Zu Hause fiel sie sofort in einen tiefen, traumlosen Schlaf.

Das Sonnenlicht blendete sie. Sie blinzelte und erkannte Florian, wie er am Rand des Betts stand und sie ansah.
Er wirkte trotz seines eleganten Anzugs wie ein getretener Hund. "Wie geht es dir? Du hast sehr lange geschlafen."
In seinen traurigen Augen lag etwas Anrührendes.
Nadja sah an sich hinunter.

"Ich habe mich nicht getraut, dich auszuziehen, denn ich wollte dich nicht wecken", erklärte er ihr den Umstand, dass sie immer noch ihr rosafarbenes Etwas trug und fuhr fort, "eigentlich muss ich ins Büro, aber wenn du möchtest, leiste ich dir heute Gesellschaft."
Ganz offensichtlich schien er ein schlechtes Gewissen zu haben. Nadja versuchte sich zu erinnern, warum.
„Es tut mir leid, dass ich dich gestern alleine auf der Party zurückgelassen habe."
Das war es also, was ihm Sorge bereitete.
„Wenn du dich gestern nicht um mich gekümmert hast, brauchst du es heute auch nicht", krächzte sie leise. Es fiel ihr schwer, zu sprechen, sie hatte einen Kater.
„O.K. wie du meinst. Möchtest du einen Kaffee?"
„Ja, gerne."
Nadja versuchte aufzustehen. Ihr Kopf dröhnte. Längst war ihr eingefallen, dass Leopold in München war und sie ihn unbedingt sehen musste.
Sie ließ heißes Wasser in die Wanne und glitt langsam hinein. Nicht nur ihr Kopf schmerzte. Florian brachte ihr den Kaffee und stellte ihn auf den Wannenrand. Dann zog er sich einen Hocker unter dem Waschtisch hervor, setzte sich darauf und sah seine Frau eine ganze Weile nachdenklich an. Nadja schloss die Augen, sie konnte seinen Blick nicht ertragen.
Endlich sagte er: „Ich möchte unsere Ehe retten, aber ohne deine Hilfe gelingt es mir nicht."
Sie öffnete ihre Augen und sah ihn überrascht an.
„Und was soll ich deiner Meinung nach tun?"
„Häng den Job an den Nagel. Er bringt dich um. Das mit dem Trinken gibt sich dann vielleicht von selbst. Ich wäre auch bereit, Opfer zu bringen."
„Du möchtest eine Familie, stimmt´s?"
„Das ist jetzt nicht so wichtig, es sei denn, du willst es auch. Noch eine Fehlgeburt möchte ich dir ersparen."

Nadja griff nach seiner Hand. „Lass mir etwas Zeit."
Er stand auf. „Wenn es uns hilft, lass ich dir Zeit, aber nicht in alle Ewigkeit."
Sie lehnte sich zurück und dachte nach.
Als das Wasser fast kalt war, stieg sie aus der Wanne und wäre beinahe ausgerutscht. Sie merkte, dass sie noch etwas wackelig auf den Beinen war. Sie benetzte ihr Gesicht mit eiskaltem Wasser und zog sich einen flauschigen Bademantel über. Florian saß im Wohnzimmer. Offenbar hatte er auf sie gewartet.
„Liebes, bitte geh ruhig in dein Büro. Ich möchte mich etwas ausruhen."
„Es wird aber spät werden."
Das kam Nadja gelegen. „Macht nichts. Ich werde mich mit einer alten Freundin treffen, der ich das schon lange versprochen hatte. Bitte hetze dich nicht."
Bloß jetzt keinen Fehler machen.
Aber Florian schien mit seinen Gedanken schon weit weg. Er schien erleichtert, als er sich über Nadja beugte und ihr einen Kuss auf die Stirn drückte.
„Einverstanden mein Schatz. Bis später. Und denk dran, Coca Cola schmeckt auch ohne Wodka. Ruf mich an, wenn es dir nicht gut geht."
´Wenn es sein musste, kann man auch einer trockenen Cola etwas abgewinnen´ dachte sie und war fest entschlossen, Florians Empfehlung zu beherzigen.
Aber vorher gab es noch andere Dinge zu erledigen, die keinen Aufschub duldeten.
Sie legte sich auf das Sofa und gab vor, sich auszuruhen. Dabei öffnete sich ihr Bademantel. Sie ließ es geschehen und beobachtete ihren Mann aus den Augenwinkeln. Er beugte sich über sie, mit einer Decke in der Hand, die er über ihren halbnackten Körper breiten wollte.
„Bitte bleib noch ein wenig", hauchte sie schläfrig und zog Florian zu sich hinunter.

Die Decke fiel zu Boden.

Als er eine Stunde später das Haus verlassen hatte, kramte sie ihr Handy aus ihrer Handtasche. Wie sie befürchtet hatte, war der Akku leer. Sie suchte die Nummer des Hotels *Vier Jahreszeiten* via Google auf ihrem Laptop und rief Leo an. Die Telefonistin verband sie mit seinem Zimmer.
"Brezelchen, ich hatte schon befürchtet, du hättest mich vergessen."
"Aber nein, wie könnte ich das? Was treibt dich nach München?"
"Geschäftliches und Privates. Das Private bist du."
"Sollte ich mich geschmeichelt fühlen?"
"Hast du Zeit?"
Natürlich hatte sie Zeit.
Sie verabredeten sich im *Franziskaner*, einem Münchner Traditionslokal und Lieblingsplatz Leopolds. Nachdem Nadja den Hörer aufgelegt hatte, erging sie sich in umfangreichen Restaurierungsmaßnahmen, die nach der durchzechten Nacht noch aufwändiger als gewöhnlich ausfielen. Um ihm eine Freude zu bereiten, wählte sie als Outfit den bewährten Stewardessenlook mit den kleinen Überraschungen darunter. Der Zeitpunkt, ihn zu treffen, konnte nicht günstiger sein.

Es regnete, als sie sich auf den Weg machte. Vorsichtshalber nahm sie ein Taxi, denn es war unabsehbar, wie der Abend sich – trotz guter Vorsätze – entwickeln würde. Als sie den bajuwarischen Leberkäs-Tempel betrat, bemerkte sie, dass er in einer schwer einsehbaren Ecke bereits auf sie wartete. Erleichtert stellte Nadja fest, dass das Lokal ausnahmsweise ziemlich leer war. Man konnte schließlich nie wissen, wer einem an so einem Ort über den Weg lief. Als Leo sie erblickte, sprang er auf und begrüßte sie lebhaft. Das Küssen sparte er sich. Sie waren an exponierter Stelle und er wollte kein Risiko eingehen.

"Warum treffen wir uns auch gerade hier?" lächelte Nadja ihn ratlos an.

"Du weißt, wenn ich schon einmal nach München komme, möchte ich auch gerne in meiner bevorzugten Kantine speisen."

Sie spürte sein Knie zwischen ihren. Das diskrete Liebesspiel unter dem Tisch erlaubte er sich.

Er winkte dem Ober. "Bitte ein Weißbier und ein großes Glas Wasser."

Nadja schaute ihn erstaunt an.

"Das ist einer der Gründe, warum ich dich sehen wollte", erklärte Leo ernst.

Er hatte aufgehört, ihre Beine unter dem Tisch zu bearbeiten. Nadja schluckte und wartete, was ihr Liebhaber ihr zu sagen hatte.

"In Ludwigsburg wird kolportiert, dass Ohlert sich beschwert habe, meine versoffenen Mitarbeiter durchfüttern zu müssen. Er hat offenbar in diesem Zusammenhang das Wort ´Augiasstall´ gebraucht."

"Und meinte er damit insbesondere mich?"

"Ich fürchte ja."

"Und damit schadet er dir?"

"Ohlert kann mir nicht schaden. Er schadet dir."

"Und du glaubst ihm?"

Nadja fühlte Tränen aufsteigen. Der Abend lief nicht so, wie sie ihn sich ersehnt hatte.

"Es spielt keine Rolle, ob ich ihm glaube. Fakt ist, dass er deinen Ruf ruiniert und du Probleme bekommen wirst. Er möchte seine eigenen Leute an die Schalthebel setzen und um ehrlich zu sein, das möchte **ich** unter allen Umständen verhindern."

"Warum? Es kann dir doch egal sein, was dieser Dreckskerl in München treibt."

"Mhm..., man kann nie wissen. Jedenfalls ist es nicht schädlich, Netzwerke zu unterhalten und diese zu pflegen. Und du bist ein wichtiger Teil des Netzes."
´Freyberg und Regnier, the Hacker´ offenbar auch´, dachte sie im Stillen.
"Das ehrt mich. Und nun willst du von mir wissen, wie er den Laden führt und mit wem er kungelt."
"Liebes Brezelchen, es wäre schlimm, wenn ich nicht wüsste, mit welchen Lokalgrößen und Provinzpolitikern er sich trifft. Lass uns etwas zu essen bestellen. Ich bin hungrig wie ein Wolf."
Nadja hatte keinen Appetit mehr, fühlte sich aber bemüßigt, ihm beim Dinieren Gesellschaft zu leisten. So bestellte sie sich eine Griesnockerlsuppe, während Kersch sich für den Schweinebraten entschied. Sie hätte gerne einen Wein dazu getrunken, wollte sich aber keine Blöße geben. Vor allem jetzt nicht, da auch Leo über ihre schlechten Angewohnheiten Bescheid wusste.
Er zerteilte einen Knödel und fuhr fort: "Was wirst du gegen Ohlert und seine Rufschädigung unternehmen? Hast du schon einmal darüber nachgedacht, zu den *Anonymen Alkoholikern* zu gehen?"
"Gegen Ohlert komme ich nicht an. Nicht einmal du bist mit ihm fertig geworden. Und ein Alkoholproblem habe ich noch nicht."
"Mit Ohlert werde ich fertig, darauf kannst du dich verlassen! Und das mit dem Alkoholproblem ist deine Sache. Nimm es nicht auf die leichte Schulter. Was sagt eigentlich dein angetrauter Winkeladvokat dazu?"
Sie wollte nicht mehr darüber sprechen. Er akzeptierte das und benutzte seine Hände sowohl zum Hantieren des Bestecks, als auch zur Handarbeit unter dem Tisch. Sie hatte nichts dagegen. Diese Art der Unterhaltung war ihr eindeutig lieber. Ihre Fingerübungen wurden nur von diversen Telefonaten unterbrochen, die Leo führte. Er schien wichtige

Gründe für seinen Aufenthalt in München zu haben. Nadja lauschte interessiert, gab sich aber gelangweilt.

„Was ist mit deiner Frau? Ist sie mit dir nach Frankfurt gezogen?"

„Diane ist vorerst in München geblieben. Sie arbeitet ja immer noch fürs Fernsehen und auf den Job möchte sie nicht verzichten. Wir haben das Haus behalten, weil man ja nie weiß, was kommt."

Leo spielte offenbar immer noch mit dem Gedanken, nach München zurückzukehren.

„Warum übernachtest du dann nicht zu Hause?"

Leo lächelte, „das fragst du? Ach Brezelchen, das solltest du eigentlich wissen. Ich liebe dich immer noch, auch wenn ich dich teilen muss und du nicht mehr so beißfest wie früher bist. Diane weiß nichts von meinem Kurzaufenthalt in München."

Mit beißfest meinte er eindeutig nicht ihr Aussehen.

„Es war ja immer diese Brutalität, die ich an dir bewundert habe. An Ohlert stört sie mich, bei dir törnt sie mich an."

Leo zahlte und half Nadja beim Aufstehen. Als sie das Lokal verließen, regnete es immer noch in Strömen. Nadja hatte keinen Schirm dabei. Leo hängte ihr seinen Mantel um die schmalen Schultern und hielt seinen Schirm über sie. Sie wanderten den kurzen Weg vom *'Franziskaner'* zum Hotel. Als sie eine Seitenstraße erreichten, hielt er plötzlich an. Er drückte sie gegen die Glastür eines Geschäftes und küsste sie gierig. Erst war sie überrascht, dann erwiderte sie seine Küsse.

"Ich wusste, dass du mich nicht enttäuschen würdest", keuchte er zwischen seinen Zungenspielen, als er die Überraschungen entdeckte, die sie wieder einmal für ihn bereithielt.

Ihr Haar klebte an ihrem Kopf, die Regentropfen rannen ihr übers Gesicht, das Wasser weichte ihre Kleider auf. Es störte sie nicht. Im Gegenteil. Eine unerhörte Wollust durchzuckte ihren Körper. Leo spielte sein altes Spiel mit ihr, das sie stets aufs Neue begeisterte. Nur dieses Mal führte sie die Regie.

*

Christina wunderte sich, dass Florian auf einen solchen Treffpunkt verfallen war. Das *Kraftwerk* befand sich im obersten Stock eines flippigen Möbelhauses. An den Stühlen und Tischen des Restaurants klebten Preisschilder. Das eigenwillige Ambiente erschien ihr nur bedingt geeignet für ein erstes Rendezvous. Da sie zu früh erschienen war, musste sie warten, was ihr schwer fiel angesichts der flatternden Nerven, die diese Verabredung verursacht hatte. Endlich, nachdem sie sich die dritte Tasse Kaffee bestellt hatte, erschien er. Lächelnd eilte er auf sie zu und begrüßte sie strahlend mit einem innigen Kuss auf die Wange. Verlegen wie ein Teenager ließ sie es über sich ergehen, wobei sie es vermied, ihn persönlich anzusprechen, denn sie wusste nicht, ob sie ihn duzen oder siezen sollte.
"Mir fiel auf die Schnelle leider nichts Originelleres ein, als dieser Laden. Entschuldige bitte, aber ich dachte mir, diese jugendliche Umgebung passt zu uns."
"Du brauchst dich nicht zu entschuldigen. In deiner Nähe fühle ich mich sogar in einer Kiesgrube wohl", gab sie scheu zurück.
Das 'Du' glitt ihr plötzlich ganz locker über die Lippen. Er setzte sich und orderte ebenfalls Kaffee.
"Darf ich dir noch etwas bestellen?" fragte er sie ein wenig linkisch.
Sie bat um ein Glas Mineralwasser.
Er war es, der jetzt redete. "Die letzten Wochen waren fürchterlich. Nadja war so zärtlich und liebesbedürftig wie nie zuvor und kurioserweise erreichte sie damit, dass ich immer mehr an dich denken musste. Nichts ist mehr wie vorher. Ich fühle mich schuldig, weil ich meiner Frau gegenüber so unehrlich bin, komme aber dagegen nicht an.

Dabei habe ich sie so sehr geliebt, liebe sie immer noch. Ich weiß einfach nicht, was ich tun soll?"
"Wenn du sie immer noch liebst, dann lass uns einen vergnüglichen Abend verbringen und so weitermachen wie bisher. Ich bin schon glücklich, wenn ich dich nur sehe und deine Stimme höre. Mehr muss und darf es auch nicht sein."
Er sah sie eindringlich an. "So einfach geht das nicht, jedenfalls nicht für mich. Ich kann nicht jeden Tag in deiner Nähe sein und so tun, als ob nichts zwischen uns wäre. Dafür haben wir uns schon zu weit aus dem Fenster gelehnt."
"Nicht wir, sondern ich. Ich habe dich regelrecht in die Enge getrieben und ich weiß das. Ich habe gespürt, dass du am ersten Abend, an dem ich Überstunden gemacht habe, dich fast hättest hinreißen lassen, mehr mit mir anzustellen, als mich nur zu küssen. Und doch warst du stark genug, es nicht zu tun. Habe ich Recht?"
Sie trieb ihn weiter in die Enge.
"Das Körperliche war nicht das entscheidende. Wenn ich nicht so viel Achtung für dich empfinden würde, hätte ich zweifellos versucht, mit dir zu schlafen. Aber dann wäre vermutlich alles unwiderruflich zerstört worden. Außerdem glaubte ich zu dem Zeitpunkt noch, aus dieser Nummer aussteigen zu können", entgegnete er ruhig.
Wie sehr sie ihn in diesem Moment liebte.
Aus einer spontanen Anwandlung heraus beugte sie sich nach vorne und streichelte zärtlich über seine Wangen.
Sie verließen das mit existentialistischem Charme durchtränkte Restaurant und fuhren nach Nymphenburg zum *Canal Grande*, einem italienischen Restaurant, das weit mehr ihrer augenblicklichen Stimmung entsprach. Dort verbrachten sie einen angeregten Abend, der sich erst gegen Mitternacht seinem Ende zuneigte.
„Was soll nun aus uns werden?" platzte Christina unvermittelt heraus, denn sie hatte das Gefühl, dass nun der

Zeitpunkt passend war, diese für sie so wichtige Frage zu klären, die er ihr vorher im *Kraftwerk* gestellt hatte.
„Als erstes suchen wir dir eine eigene Wohnung. Im Anschluss daran lässt du dich von diesem widerlichen Kerl scheiden. Die notwendigen Formalitäten kann ein Freund von mir vornehmen. Er ist eine Koryphäe auf diesem Gebiet, der ausgewiesene Fachmann fürs Grobe. Du kennst ihn."
„Meinst du Dr. Grünwald? Wirst du auch seine Dienste in Anspruch nehmen?"
„Lass mir etwas Zeit. Erst einmal sollten wir uns kennen lernen. Die wenigen Abende, die wir sehr förmlich miteinander verbracht haben, reichen nicht aus, eine Entscheidung von derartiger Tragweite zu treffen", wand er sich.
In diesem Punkt musste sie ihm beipflichten, obwohl sie ein wenig enttäuscht war.

Von nun an trafen sie sich fast jeden zweiten Spätnachmittag - soweit es Florians Termine erlaubten - in dem coolen Restaurant mit der offenen Küche und den preisschilderbewehrten Möbeln. Christina erschien es mit jedem Mal gemütlicher.
Sie hatte ihre Entscheidung getroffen, denn sie ertrug es nicht mehr, mit Edgar unter einem Dach zu leben. Seit er die *Mastorn* in München leitete, benahm er sich wie ein Sklavenhalter nach Gutsherrenart. Während der seltenen Gelegenheiten, die er zu Hause war, um seine Wäsche zu wechseln, schikanierte er sie noch mehr und trat oft grundlos nach dem Hund. Hatte er sich auf schmutzige Handtücher beschränkt, warf er nun auch seine gebrauchten Kleidungsstücke respektlos in die Ecke des Badezimmers. Die schmierigen Abfälle seiner Kosmetika, leere Rasierwasserflaschen, Tuben mit undefinierbaren Cremeresten und ähnliche penetrant riechende Überreste seiner Eitelkeit entsorgte er weiterhin im Waschbecken.

Einen dieser Momente, als er wieder einmal ihre sorgsam hergestellte Ordnung mit einem Handstreich vernichtete, nutzte Christina, ihn davon in Kenntnis zu setzen, dass sie ihn verlassen würde. Edgar war derart beschäftigt mit der Suche nach der geeigneten Krawatte für ein Hemd, das er sich bereitgelegt hatte, dass er ihr keine Beachtung schenkte.
Als er seine Reisetasche schloss, sah er kurz auf: „Einverstanden, zieh nur aus, nimm aber bitte nicht alles mit. Gibt es sonst noch was? Ich bin in Eile."
Bevor er das Haus verließ, kehrte er noch einmal zurück in ihr Zimmer.
„Übrigens, dass ich es nicht vergesse, eine Scheidung kommt für mich derzeit nicht in Frage! Falls du daran gedacht haben solltest, schlag es dir aus dem Kopf. Und für deine Miete wirst Du selbst aufkommen müssen, aber du willst es ja nicht anders. Der Hund bleibt selbstverständlich bei mir. Und grüß deine fette Freundin von mir, denn ich gehe davon aus, dass sie dir diesen Floh ins Ohr gesetzt hat."
„Du bist wirklich ein Schwein!" Sie sagte es leise, mehr zu sich, als zu ihm.
Da sie weit weniger erwartet hatte, war sie durchaus zufrieden mit den wenigen Brocken, der er ihr zwischen Tür und Angel hingeworfen hatte. Ein vielversprechender Anfang. Als nächstes plante sie, Florians Mann fürs Grobe aufzusuchen. Christina hatte ein kleines Vermögen - Mitgift ihrer Eltern - in die Ehe mitgebracht und das galt es, zurückzubekommen, bevor sie dieser destruktiven Verbindung den erlösenden Gnadenschuss verpasste.
Freitags und mittwochs besorgte sie sich die *Süddeutsche Zeitung* mit den Wohnungsofferten, die sie zusammen mit Florian eifrig studierte, sich aber nicht entschließen konnte. Auch der Immobilienmarkt im Internet förderte keine befriedigenden Ergebnisse zu Tage. Plötzlich kam sie auf die Idee, Violettas kleine Wohnung in Neuhausen, einem

angesagten Stadtteil am Rande des Zentrums, zu übernehmen.
Violetta war sofort einverstanden.
„Wann willst du einziehen? Von mir aus sofort. Der Vermieter wird sich freuen, dass ich ihm eine gleichwertige Nachmieterin präsentieren kann."
„Sofort ist sehr gut, denn je länger ich mich mit diesem Thema beschäftige, umso schwerer wird es für mich, das durchzuziehen."
„Ich werde dafür sorgen, dass du keinen Rückzieher machen musst", versprach Violetta. Sie kannte noch nicht den Grund für Christinas Entscheidung. Aber war Florian überhaupt der Grund? Vielleicht war er nur der Auslöser, den sie gebraucht hatte, um aus ihrer Ehehölle auszubrechen.
Violetta kümmerte sich um die Formalitäten und vereinbarte einen Termin mit dem Vermieter. Je näher dieser Termin rückte, desto nervöser wurde Christina. Sie glaubte noch immer nicht so recht daran, dass sie es tatsächlich schaffen würde, sich von Edgar zu lösen. Darüber hinaus stand zu befürchten, dass Edgar ihr einige Felsbrocken in den Weg zur ersehnten Freiheit legen würde.

Florian begleitete sie zu ihrer Verabredung. Er las den Mietvertrag, den der Besitzer der Wohnung bereits vorbereitet hatte, sorgfältig durch und bat um einige Ergänzungen, die er für wichtig hielt. Mit Christina war er übereingekommen, dass lediglich ihre Daten auf dem Vertrag festgehalten wurden und nur sie unterschrieb. Um ihre Zusammengehörigkeit zu dokumentieren, erklärte er sich bereit, für die Miete aufzukommen. Christina lehnte das ab.
„O.K. dann bekommst du eine entsprechende Gehaltserhöhung. Die steht dir auch zu."
Damit erklärte sie sich einverstanden.

Als der Vermieter gegangen war, baten sie den Hausmeister, der der Wohnungsbegehung beigewohnt hatte, um einen Satz Schlüssel.
„Natürlich, Sie werden die Räume sicherlich ausmessen wollen. Nehmen Sie diese. Ich habe noch welche in meiner Dienstwohnung. Brauchen Sie einen Zollstock?"
„Ja, selbstverständlich. Den haben wir in der Eile leider vergessen. Danke für Ihre Hilfe."
Der Hausmeister brachte das Gewünschte und ließ die Beiden allein.
Kaum hatte Florian die Türe hinter sich geschlossen, umschlang er Christina, die ihm entgegen flog.
„Ich habe so lange darauf warten müssen, länger hätte ich es nicht mehr ausgehalten."
Sie sanken auf den weichen Teppich, den Violetta ihnen überlassen hatte und liebten sich mit dem wilden Hunger eines jungen Paares, das seine erste Nacht auskostet.

Christina begann unverzüglich mit dem Sortieren ihrer Habseligkeiten. Für ihren Umzug, den sie in eine Woche legte, in der Edgar verreist war, buchte sie drei junge Männer vom Studentendienst und einen Leihtransporter. Sie nahm nur das Nötigste mit. Nichts Überflüssiges sollte ihr neues Leben belasten und schon gar nicht etwas, das Edgar ausgesucht hatte. Den Hund übergab sie treuhänderisch ihrer Nachbarin, die sich darüber sehr erfreut zeigte.
„Da werden sich Anna, Pia und Arthur sehr freuen. Sie haben sich immer schon einen Hund wie Karl gewünscht."
„Nun ja, es könnte natürlich sein, dass Edgar Besitzansprüche erhebt und dann ist die Freude eventuell nur von kurzer Dauer."
„Sollte das der Fall sein, dann kriegen die Kinder einen neuen Dackel. Und der wird dann so aussehen, wie euer Karl."

Christina wollte sich mit ihrem Mann nicht um das Sorgerecht für das Tier streiten. Isabell war ausnahmsweise alleine, als Christina Edgars liebstes Spielzeug bei ihr ablieferte. Sie lud Christina zu Kaffee und selbstgebackenem Kuchen ein, während der Hund sich in die Ecke verzog, die er schon seit langem für sich beanspruchte.

„Gibt es einen anderen Mann in deinem Leben?"

Auf diese Frage war Christina nicht vorbereitet. Sie verschluckte sich an Isabells Guglhupf.

„Ja, äh.. ja, ich denke schon."

Isabell sah sie forschend an. Mit der Antwort schien sie nicht zufrieden.

„Er ist verheiratet, nicht wahr?"

Es hatte keinen Sinn, die Wahrheit zu verschweigen. Isabell spürte sie.

„Hoffentlich wirst du nicht enttäuscht?"

„Nach einem Mann wie Edgar kann man kaum noch enttäuscht werden."

Christina spürte, dass Isabell die Beziehung zu einem verheirateten Mann missbilligte und sie konnte das gut verstehen. Sie versuchte sich vorzustellen, wie es für Isabell sein musste, von Arthur auf diese Weise verraten zu werden. Aber Arthur war anders. Und Florian? Der hatte keine Kinder. Damit entfiel ein wichtiges Element. Hätte er Kinder gehabt, wäre er – ungeachtet aller Verliebtheit - tabu für sie gewesen. Und doch - es blieb dieses Unbehagen. Vor allem jetzt, da Isabell Bescheid wusste.

Ihren Weggang vollzog Christina schnell und diskret. Seltsamerweise hatte Edgar sie nie gefragt, ob es einen anderen Mann in ihrem Leben gab. Anscheinend lag das jenseits seiner Vorstellungskraft. Jetzt da es ernst wurde, erfasste sie panische Furcht, dass er erfahren konnte, dass sie sich ausgerechnet in den Gatten einer seiner Untertanen verliebt hatte.

Florian kam fast jeden Abend für wenige Stunden in das kleine Appartement, um handwerkliche Arbeiten auszuführen. Er bohrte Löcher in die Wände, hängte Gardinen und Lampen auf und schloss elektrische Geräte an. Bisher hatte er allerdings nichts Persönliches zur Einrichtung beigesteuert.

Diese Zurückhaltung begründete er mehr ausweichend, als überzeugend: „Das ist dein Reich, das du ganz allein bewohnst, bis wir beide frei sind. Dann ziehen wir in meine Wohnung, die Nadja räumen wird."

Die Vorstellung, in der Behausung zu leben, die Florian mit seiner Frau geteilt hatte, gefiel Christina nicht. Aber daran wollte sie jetzt keinen weiteren Gedanken verschwenden.

„Fast hätte ich es vergessen. Du wolltest mir doch einen erfolgreichen Scheidungsanwalt vermitteln."

„Dir ist es ernst."

´Dir offenbar nicht.´ Sie sprach es nicht aus. Isabells Worte kamen ihr in den Sinn.

„Nie war mir etwas ernster. Den ersten Schritt habe ich getan, nun folgt der zweite."

„Ich bewundere deine Konsequenz. Morgen werde ich mich als erstes darum kümmern und einen Termin für dich vereinbaren."

´Warum nicht gleich auch einen für dich?´ Sie war einfach zu ungeduldig.

Er nahm sie in den Arm und wiegte sie sanft. Wie geborgen sie sich bei ihm fühlte. Ich lasse ihm alle Zeit der Welt, dachte sie im Stillen.

Nach einer guten Woche – als alles an seinem Platz stand - zog sie offiziell in ihr neues Heim. Florian wollte zu diesem Anlass etwas kochen. Etwas Besonderes, wie er sagte, denn sie hatten einen besonderen Grund - Christinas Freiheit. Sie deckte den Tisch mit viel Phantasie und wenig korrespondierendem Geschirr. Das kostbare Porzellan hatte sie zurückgelassen. Es fehlte ihr, aber sie wollte nichts um sich haben, das Edgar gefiel.

Florian bereitete ein aufwendiges Risotto.

Während er den Reis auf dem Herd bearbeitete, murmelte er, „wenn wir zusammenbleiben wollen, kannst du nicht länger für mich arbeiten."

Christina, die gerade seine Blumen in einer Vase arrangierte, drehte sich zu ihm um.

„Wie soll es dann für mich weitergehen? Von Edgar bekomme ich bis dato kein Geld. Außerdem hattest du mir eine Gehaltserhöhung zugesagt, die ich schon fest verplant hatte. Hast du das schon vergessen?"

„Nein, nein, natürlich nicht. Aber wir bewegen uns beide auf gefährlichem Terrain, du mehr als ich. Und jetzt glaube ich, die Lösung gefunden zu haben. Du erinnerst dich doch an Grünwald, einen deiner Verehrer. Ich habe ihn heute angerufen wegen deiner Scheidung und bei der Gelegenheit hat er wieder einmal von dir in höchsten Tönen geschwärmt. Die Gelegenheit habe ich genutzt, ihn zu fragen, ob er noch auf der Suche nach einer wirklich guten Mitarbeiterin sei. Wir sind uns handelseinig geworden."

Grünwald war ein alter Freund Florians. Sie hatten zusammen studiert und trafen sich gelegentlich auf einen Drink und manchmal arbeiteten sie zusammen oder gegeneinander, je nachdem, was anstand. War Grünwald in Florians Kanzlei, nutzte er jede Gelegenheit, um Christina galant den Hof zu machen. Sie fand ihn sympathisch.

„Aber das hat er doch nie ernst gemeint", entgegnete sie verunsichert.

„Hast du eine Ahnung! Natürlich hat er das ernst gemeint. Er sucht schon lange nach einer Assistentin."

Christina war enttäuscht. Offenbar hatte Florian kalte Füße bekommen, bevor er sich überhaupt mit ihr einließ. Er wollte sie nicht mehr in seiner Nähe haben. Sie musste ihm allerdings Recht geben. Seltsamerweise hatte sie die gleichen Gedanken gehegt. Wenn sie an Edgars Reaktion dachte, sollte er auch nur ansatzweise herausfinden, was sie mit ihrer neu gewonnenen Freiheit anstellte, lief ihr ein kalter Schauder über den Rücken.

Trotzdem war ihre Stimmung getrübt durch Florians Ankündigung.

Sie fragte ihn, „was hast du ihm eigentlich geantwortet, als er dich fragte, warum du mich los haben willst?"

„Wie kommst du darauf, dass er mich das gefragt haben könnte. Aber du hast Recht. Natürlich wollte er das wissen. Ich habe ihm die Wahrheit gesagt."

„Was hast du?" Christina war verstört.

„Nicht was du denkst. Ich habe ihm erklärt, dass du bei mir nicht arbeiten könntest, weil dein Ehemann es nicht dulden würde, dass du deine Brötchen ausgerechnet bei dem Angetrauten seiner Untergebenen verdienst. Als er davon erfuhr, hat sich sofort bereit erklärt, sich deines Falles anzunehmen."

Christina war immer noch etwas irritiert. Ihr ging das alles zu schnell und es lief nicht in die Richtung, die sie sich so sehr wünschte.

Beim Essen versuchte er sie zu trösten: „Liebes, ich bin nicht glücklich über diese Lösung. Wir haben aber keine andere Wahl. Entweder lassen wir die Finger voneinander und kehren zum ursprünglichen Zustand zurück oder du wechselst den Arbeitgeber. Ich bevorzuge, ehrlich gesagt, die zweite Lösung. Frau Baumann scheint ohnehin etwas zu ahnen. Sie sagte heute, ′langsam verstehe ich, warum Sie Frau Ohlert mir vorziehen, diese speziellen Vorzüge habe ich leider nicht zu bieten′".

„Das hätte sie doch auch so gesagt", warf Christina ein und fragte „habt ihr denn schon eine Nachfolgerin für sie?"

„Gute Frage. Stöhr kümmert sich darum. Aber du hast natürlich Recht. Aussuchen muss ich sie, denn ich bin es, der eine neue Assistentin braucht."

Später, als sie zusammen in der Badewanne lagen, sinnierte er, „diese Versteckspielerei ist nichts für mich. Ich werde es Nadja beibringen, sobald du bei Grünwald arbeitest."

„Das kannst du ihr schon in der kommenden Woche beibringen."

„Ist das dein Ernst?"

„Nie war mir etwas ernster. Damit du keine kalten Füße bekommst, werde ich morgen die Kündigung einreichen."

Versonnen spielte er mit ihren nassen Haaren.

„Nackt bist du am schönsten – und damit meine ich nicht nur deinen Körper."

Während er ihr zärtlich eine Locke aus der Stirn strich, sagte er, „ohne Make-up gefällst du mir noch besser."

Sie beugte sich nach vorne und küsste ihn. Nie war sie glücklicher, als in diesem Moment.

„Ich liebe dich", flüsterte sie und er verschloss ihren Mund mit einem weiteren Kuss.

Erst im Morgengrauen verließ er ihre kleine Wohnung.

Christina rief Grünwald an. Der war sofort für sie zu sprechen.

„Was für eine Offenbarung, Ihre sanfte Stimme schon morgens zu hören, wenngleich ich nicht überrascht bin", säuselte er.

Sie sparte sich eine Antwort und ließ ihn weiterreden.

„Florian vertraute mir an, dass er Sie schweren Herzens an mich abtreten möchte aus Gründen, die Ihre Ehe betreffen und für deren Auflösung Sie meine Dienste ebenfalls in Anspruch möchten. Ist das wahr?"

„Nun ja, offenbar sind Sie bereits bestens informiert."

Christina fragte sich, was Florian seinem Studienfreund über sie erzählt hatte.

„Er meinte auch, dass Sie lieber heute als morgen zu uns wechseln wollen. Wenn Sie einverstanden sind, zum nächsten ersten bei uns anzutreten, schicken wir Ihnen den Vertrag noch heute zu."
„Hoffentlich bereuen Sie diesen Schnellschuss nicht. Um ehrlich zu sein, würde ich gerne bereits Anfang kommender Woche zu Ihnen kommen und bei der Gelegenheit auch gleich die Formalitäten für meine geplante Trennung erledigen. Aus unserem gemeinsamen Haus bin ich zwischenzeitlich ausgezogen."
„Das ist schon einmal ein guter Anfang, aber lassen Sie uns die Einzelheiten persönlich besprechen. Da ich meinen Terminplan nicht im Detail kenne, verbinde ich Sie diesbezüglich mit meiner Mitarbeiterin. Alles Gute und bis bald. Auf Wiedersehen Frau Ohlert."

Sie hatte sich einen Tag frei genommen, um ihr neues Zuhause, das aus eineinhalb Zimmern und einer geräumigen Küche bestand, zu genießen. Dieser Genuss bestand darin, dass sie kleine Korrekturen vornahm, Bilder aufhängte und Möbel umstellte. Allmählich gewöhnte sie sich daran, allein zu leben, es gefiel ihr von Tag zu Tag besser.
Am späten Nachmittag ließ sie sich erschöpft in einen Sessel fallen und betrachtete ihr Werk. Sie war nicht zufrieden damit. Etwas störte sie, störte sie sogar ganz erheblich. Plötzlich wusste sie, was ihr nicht gefiel. Ein Hauch von Unfertigem lag über dem Ganzen. Da ihr auf Anhieb nichts einfiel, was diesen Zustand hätte ändern können, beschloss sie, sich erst einmal um das Dinner zu kümmern. Sie hatte sich den ganzen Tag darauf gefreut. Florian liebte italienisches Essen, genauso wie sie. Zur Einleitung sollte es Parmaschinken mit Melone geben, gefolgt von einer südländischen Gemüsepfanne, die ein Zitronensorbet mit Champagner zum Abschluss krönte.

Sie lächelte bei der Vorstellung, dass sie für Edgar weit aufwändigere Gerichte zubereitet hatte. Edgar war auch in dieser Hinsicht ungemein anspruchsvoll gewesen. Christina konnte ihm nur wünschen, dass ihre Nachfolgerin in der zeitraubenden Kunst des Kochens ebenso beschlagen war, wie sie.

Am Vormittag hatte sie die Zutaten besorgt und anschließend in einem kleinen Geschenkeladen Geschirr für zwei Personen, eine weiße Leinentischdecke und zwei dreiarmige Kandelaber erstanden. Das Einkaufen hatte ihr erstmals keinen Spaß bereitet. Die Prioritäten verschieben sich, wenn man liebt, dachte sie, während sie aufgeregt, wie ein Regisseur vor der Premiere seines wichtigsten Stückes, verschiedene Musikstücke ausprobierte. Schließlich wählte sie *Paolo Conte* als stimulierende Ouvertüre. Als sie in das mit duftenden Ingredienzien versetzte Badewasser glitt, läutete das Telefon. Sie hatte keine Lust, zu antworten. Es läutete weiter enervierend, bis sie es nicht mehr aushielt. Sie wäre fast ausgerutscht, als sie aus der Wanne sprang.

Florian war am Apparat: „Liebes, können wir uns gleich in der Stadt treffen, ich muss unbedingt mit dir reden."

Seine tiefe Stimme hatte einen beunruhigenden Misston, der sie in höchste Alarmbereitschaft versetzte: „Warum nicht hier, hast du abends keine Zeit?"

„Nein, was ich dir zu sagen habe, möchte ich dir lieber an einem neutralen Ort beibringen", entgegnete er nervös.

Christina schlotterte am ganzen Körper, als sie sich den Trenchcoat über ihre Jeans und das Sweatshirt, das sie sich in der Eile gegriffen hatte, überstreifte. Es war für den Frühherbst schon recht kühl, aber ihr Zittern hatte nichts mit der ungemütlichen, feuchten Witterung zu tun. Ein rauer Wind zerrte an ihren noch feuchten Haaren, als sie ihr Auto aufschloss. Dem Regen, der an die Windschutzscheibe klatschte, waren die Scheibenwischer kaum gewachsen. Das monotone Geräusch, das sie verursachten, steigerte ihre

Unruhe. Sie rechnete mit dem Schlimmsten. Was er ihr dann mitteilte, überstieg ihr Fassungsvermögen. Hinterher konnte sie sich nicht erinnern, wie sie in ihre Wohnung zurückgekommen war.

Florian erwartete sie in einer französisch angehauchten Lokalität in Schwabing, die den unschätzbaren Vorteil hatte, dass man in der Nähe relativ leicht einen Parkplatz fand.
Er nippte an einem Cognac und forderte Christina auf, ebenfalls einen zu trinken: „Du wirst ihn brauchen, wenn du erfährst was passiert ist."
„Um Gotteswillen, sag schon endlich was los ist, mach es bitte nicht so spannend, schließlich hast du mich gehörig in Panik versetzt", schnaubte Christina gereizt.
Sie ahnte, dass dies nicht der Abend wurde, auf den sie sich gefreut hatte.
Florian stockte.
Er brauchte eine Weile, bis er endlich den Mut fand, zu sagen: „Nadja ist schwanger."
Hastig kippte er seinen zweiten Cognac hinunter.
´Schwanger´ dröhnte es in ihrem Kopf. Ein Peitschenhieb, der das Ende bedeutete, ohne dass er es aussprechen musste.
„Jetzt bekommst du endlich die Familie, von der du immer geträumt hast", brach es aus ihr heraus.
Sie hatte das Gefühl, laut schreien zu müssen. Es tat so weh.
„Es tut mir leid."
„Es muss dir nicht leid tun. Ich komm schon zurecht."
„Nadja ist so haltlos. Ich kann sie in dieser Situation nicht alleine lassen. Ich wünschte, ich könnte es dir erklären."
„Du hast mit ihr geschlafen. Was gibt es da zu erklären?"
Er sah sie nicht mehr an. Stattdessen starrte er wie abwesend auf seine großen Hände, die sich ineinander krampften und scheuerte verlegen mit den Füßen auf dem Boden. Das Scharren verursachte Christina physische Schmerzen. Sie

fühlte Tränen aufsteigen. Ihr Geliebter war nur noch durch einen trüben, salzigen Schleier erkennbar.

Bevor sie einen Weinkrampf bekam, entschuldigte sie sich, um zur Toilette zu eilen. Dabei warf sie ihr gefülltes Glas um. Der Cognac ergoss sich über Florians helle Hose und den Mantel, den er sich nicht die Mühe gemacht hatte, auszuziehen. Sie schenkte dem Missgeschick keine Beachtung, setzte ihren Weg fort. Als sie sich im Spiegel der Toilette sah, erschrak sie. Ihre Nase war dunkelrot angelaufen, die Tränen, die in Sturzbächen aus ihren Augen schossen, vermochte sie nicht zu stoppen. Immer wieder versuchte sie, ihr ramponiertes Gesicht zu überpudern und die Wimperntusche, die in kleinen Rinnsalen über ihre Wangen lief, zu entfernen. Sie wusste nicht mehr, wie lange sie vor dem fleckigen Spiegel um ihr Aussehen gekämpft hatte. Zum Schluss wusch sie ihr Gesicht mit der Seife, die sie dem Spender entnahm, bis es so nackt war, wie Florian es angeblich liebte. Nackt, traurig und schutzlos. Und endlich ging es ihr besser.

Als sie an den Tisch zurückkehrte, war er fort. Sie hatte nichts anderes erwartet. Die Kellnerin richtete ihr aus, dass ihr Begleiter nicht länger hatte warten können, aber bereits bezahlt habe.

Christina blieb sitzen. Sie fühlte sich bleischwer, konnte sich nicht aufraffen, aufzustehen. Sie bestellte Tee und den auch nur, damit man sie in Ruhe sitzen ließ. Sie mochte nicht nach Hause gehen, denn dieses Zuhause hatte seinen Sinn für sie verloren.

Immer wieder kreisten seine Worte durch ihren Kopf ´sie ist so haltlos´. Ja, vielleicht stimmte das sogar, denn wann immer sie Nadja getroffen hatte, wirkte diese hypernervös und irgendwie ´durch den Wind´, wie Violetta es ausdrücken würde. Sie kramte ihr Smartphone aus der Tasche und rief Violetta an.

„Na so eine Überraschung. Wo bist du?"

„Ach Violetta, ich sitze hier in einer kleinen Kneipe, musste einfach nur schnell mal aus dem Haus, ein bisschen frische Luft schnappen. Die Einrichterei ist fürchterlich anstrengend."

„Soll ich dir Gesellschaft leisten?" Violetta klang nicht so, als ob sie darauf erpicht war.

„Nein, ich bleibe nicht lange. Nur eine kurze Frage, was hältst du von Nadja Schneider?"

„Die Frau von Alberts Kollegen? Ich habe sie nur einmal auf meiner Verlobungsparty getroffen und da ist sie ziemlich aus dem Rahmen gefallen."

„Wie meinst du das?"

„Nun ja, ich will ihr nicht zu nahe treten. Aber um der Wahrheit die Ehre zu geben, würde ich sagen, dass sie sternhagelvoll war, als sie die Feier verließ. Albert musste ihr ins Taxi helfen."

„Und wo war ihr Mann?"

"Der hatte das Fest vorzeitig verlassen. Hast du das alles nicht mitbekommen und was ist überhaupt der Grund für deine Frage?"

Nein, sie hatte es nicht mitbekommen, denn sie hatte das Fest verlassen, als sie Florian mit seiner Frau diskutieren sah.

Sie antwortete nicht gleich, dafür aber Violetta. „Natürlich weiß ich, warum dich das interessiert. Ich bin im Bilde, seit wir das erste Mal mit den beiden Anwälten zusammengetroffen sind."

„Was willst du damit sagen?"

„Dass etwas zwischen dir und Schneider läuft."

„Schade, dass ich dich in dieser Hinsicht enttäuschen muss."

Christina merkte, dass ihr wieder Tränen in die Augen traten. Sie hatte den letzten Satz mit Mühe ausgestoßen und Violetta hatte es bemerkt.

„Es ist aus, nicht wahr? Ist das der Grund für deinen Anruf?"

„Ach vergiss es einfach! Gute Nacht."

Christina trennte die Verbindung und schaltete das Handy aus.
Dann stand sie auf und verließ das Lokal. Sie schluchzte immer noch, als sie ihre Wohnung betrat.
Als erstes stürzte sie in die Küche, sammelte alle Tüten, die noch unausgepackt dastanden und warf sie mitsamt dem Inhalt in den Mülleimer. Die Sachen, die sie mit überschwänglichem Eifer für ihn ausgesucht hatte, verursachten ihr nur noch Widerwillen und Wut. Nichts sollte mehr an ihn erinnern. Seine Tasse, das einzige persönliche Stück, das er in diese Wohnung gebracht hatte, zertrümmerte sie in der Spüle, ebenso den Rahmen, in dem sein Foto steckte. Das Bild zerrte sie aus den traurigen Überresten und zerriss es in winzige Fetzen. Aus der Besenkammer holte sie eine Flasche Haushaltsreiniger, der einen beißend scharfen Geruch verströmte und begann zu scheuern. Wie sie diesen Geruch liebte.
Erst nahm sie sich die Küche vor und dann Wohn- und Schlafzimmer. Während dieser Arbeit schwitzte sie fürchterlich und Nase und Augen brannten ihr von dem stechenden Desinfektionsmittel, das sie verschwenderisch über alles verteilte, was sich wienern ließ. Wenigstens brannten die Augen nicht mehr von den heißen Tränen, die sie seinetwegen vergossen hatte. Das Wischen, mit dem erst aufhören konnte, als mehrere Fingernägel abgebrochen waren und die Ekzeme auf den Handrücken bluteten, vermittelte ihr das befriedigende Empfinden, ihren Geliebten bis auf das letzte Stäubchen aus ihrem Leben entfernt zu haben und Edgar gleich mit. Völlig außer Atem sank sie nach dieser befriedigenden Tätigkeit auf den Teppich. Sie schloss die Augen und dachte nach.
Ein weiteres Mal musste sie ihr Leben neu ordnen. In diesem Leben hatten künftig weder ein egoistischer, brutaler Ehemann noch ein unehrlicher, feiger Liebhaber Platz. Was für ein Segen, dass sie in wenigen Tagen aus Florians

Kanzlei ausschied, um sich einer neuen Herausforderung zu stellen. Seltsamerweise wurde sie immer ruhiger, während sie ihren Überlegungen nachhing. In dieser Nacht suchten die Schlangen sie wieder heim. Die Albträume waren schlimmer als beim letzten Mal.

Am nächsten Morgen rief sie in Florians Büro an, um sich krank zu melden.
Frau Rutloff, eine ihrer Kolleginnen verband sie mit Stöhr, der nach einer freundlichen Begrüßung ohne Umschweife sofort zur Sache kam: „Ich habe gehört, dass Sie völlig überraschend für uns alle, zur Kanzlei Grünwald am Rindermarkt wechseln werden. Ich persönlich bedaure Ihren Entschluss außerordentlich, was immer die Beweggründe dafür gewesen sein mögen. Dr. Schneider hat es mir heute Morgen telefonisch mitgeteilt, weil er nicht ins Büro kommt. Frau Rutloff ist gerade dabei, Ihren Schreibtisch auszuräumen. Wann kommen Sie, um sich zu verabschieden?"
Christina war zutiefst schockiert über diese erneute Ungeheuerlichkeit Florians. Er hatte es gar nicht erwarten können, sie loszuwerden.
„Ich habe leider keine Zeit, Sie zu besuchen. Das ging alles so schnell. Dr. Grünwald hat mich abgeworben und länger wollte er auf meine Zusage nicht warten. Offen gestanden, war sein Angebot so unschlagbar, dass ich nicht widerstehen konnte."
Die Lüge ging ihr leicht über die Lippen.
„Und wie hat Schneider das aufgenommen?"
Der ersten Lüge folgte eine weitere.
„Er war so sauer über meinen Entschluss, dass er nicht einmal mehr darauf warten wollte, dass ich meinen Schreibtisch selbst ausräume. Dabei gibt es dafür eine ganz einfache Erklärung. Ich habe mir eine Wohnung gemietet und um die Miete zahlen zu können, brauche ich mehr Geld.

Bitte richten Sie Frau Rutloff aus, dass sie mir meine persönlichen Dinge zusenden soll. Grüßen Sie Dr. Schulz und alle Kolleginnen von mir. Auf Wiedersehen."
Bevor Stöhr antworten konnte, hatte sie bereits eingehängt. Sie fand es bemerkenswert, was Florian an einem einzigen Tag auf die Beine gestellt hatte. Er hatte ganze Arbeit geleistet. Oder war das alles von langer Hand vorbereitet? Wusste er vielleicht schon länger, dass Nadja ihn zum Vater gemacht hatte? Vielleicht war das Angebot einer beruflichen Trennung nur der Prolog gewesen, um sie anschließend privat loszuwerden. Zwischenzeitlich traute sie ihm alles zu. Oh, wie sie ihn verabscheute! Er war keinen Deut besser als Edgar.

Als nächstes rief sie Dr. Grünwald an. Sie suchte immer noch nach einer Erklärung dafür, was einen Anwalt seines Kalibers dazu trieb, eine ihm nahezu fremde Person blind einzustellen. Möglicherweise verband ihn etwas mit Florian, das über die berufliche Zusammenarbeit hinausging. Vielleicht war er ihm eine Gefälligkeit schuldig. Sie kannte dieses Spiel des Gebens und Nehmens von ihrem Mann, der sich gerne damit brüstete, dass er grundsätzlich mehr bekam, als er investierte.

Christina begann ihre neue Tätigkeit wie geplant. Grünwald teilte die Kanzlei ebenfalls mit zwei Partnern. Außerdem arbeiteten junge Anwälte als Angestellte für ihn. Kaum hatte sie die Räume ihres neuen Arbeitgebers betreten, bat sie die Empfangssekretärin um ein Gespräch mit ihrem neuen Chef.
Grünwald gehörte nicht zu der Sorte Mensch, die sich unnötig mit Nichtigkeiten aufhielt.
Er begann die Konversation mit den Worten, „Sie wollen natürlich wissen, was mich bewogen hat, Sie zu beschäftigen, ohne mich vorher schlau über Sie gemacht zu haben."

„Nun, ich dachte das hätten wir geklärt."
„Nicht ganz, aber ich möchte ehrlich zu Ihnen sein: Florian Schneider ist ein sehr, sehr alter Weggefährte. Wir haben schon so vieles gemeinsam durchgestanden und er hat mich nie enttäuscht. Er ist absolut integer und deshalb vertraue ich ihm hundertprozentig. Und da er über Sie nur Gutes verlauten ließ, stand es für mich außer Frage, Sie einzustellen. Und zu guter Letzt suche ich seit langem verzweifelt nach einer Nachfolgerin für Frau Frenzel, der die Anreise zu weit ist. Sie wohnt außerhalb Münchens und bleibt gefälligerweise nur solange bei mir, bis ich Ersatz für sie gefunden habe. Sie sehen, so einfach ist das alles. Das Beste ist, Sie machen sich jetzt mit Ihren neuen Kollegen bekannt. Frau Frenzel wird Ihnen gerne dabei behilflich sein. Alles Gute für Ihren Neubeginn."
Er schüttelte ihr die Hand und rief Frau Frenzel zu sich.
Bevor sie mit ihrer neuen Kollegin das Zimmer verließ, fügte Grünwald noch hinzu. „Um Ihr anderes Anliegen kümmern wir uns morgen Nachmittag vor, sofern Sie sich zwischenzeitlich nicht anders entschieden haben."
Merkwürdig, dass er es für möglich hielt, dass Christina sich im Hinblick auf ihre Scheidung anders entschieden haben könnte.
Den Termin für den Nachmittag des kommenden Tages sagte sie morgens ab.
Grünwald wirkte nicht überrascht. „Sie sind noch nicht so weit, das habe ich gestern schon bemerkt. Manchmal lohnt es sich, um eine Beziehung zu kämpfen. Als erfahrener Scheidungsexperte, der in die Abgründe desaströser Verbindungen geblickt hat, weiß ich, wovon ich rede."
Für Christina stellte sich diese Frage nicht.

Florians Kanzlei hatte Christina nach ihrem spektakulären Abgang nicht mehr betreten. Bei Dr. Grünwald arbeitete sie sehr engagiert, immer um Überstunden bemüht, um nicht an

Florian denken zu müssen. Zu Hause fiel ihr die Decke auf den Kopf. Die Abende und die Wochenenden schlichen sich zäh wie klebriger Gummi dahin. Christina kämpfte wieder mit Schlafschwierigkeiten und wurde apathisch wie früher. Das einzige, wozu sie sich in ihrer Freizeit aufraffen konnte, war die Reinigung ihrer kleinen Wohnung und das ständige Umstellen der wenigen Möbel. War sie damit fertig, fing sie wieder von vorne an. Es gab nichts, was sie darüber hinaus interessierte. Weder Florian noch Edgar riefen an. Nicht einmal Violetta meldete sich. Seit sie in das großzügige Appartement ihres Verlobten gezogen war, hatte sie Christina offenbar aus ihrem Gedächtnis gestrichen.

Die großen Vorsätze, die Christina in der Nacht gefasst hatte, in der Florian sie verlassen hatte, zerrannen wie Butter in der Sonne. Obwohl ihre neuen Kollegen mit ihr anzubandeln versuchten, war sie einsam wie nie zuvor. Sie hatte nicht den Mut, sich mit einem von ihnen zu verabreden. Nach einer Weile ließen sie es sein und Christina reinigte ihre Wohnung noch intensiver. Ihre Hände waren entzündet wie nie zuvor. Sie betrachtete sie mit Wohlgefallen, ′die Strafe die mir zusteht′, redete sie sich ein. Glücklicherweise sprach sie niemand auf die eiternden Male und roten Flecken an. Sie fühlte sich wie eine alte, vertrocknete Jungfer und verzichtete deshalb auch auf ihre geliebten Stadtausflüge mit abschließendem Caféhaus-Besuch.

Einzig Isabell rief hin und wieder an. Ihr erzählte sie, dass sie zu beschäftigt sei, um sie zu besuchen. Sie hätte es nicht ertragen können, Isabell in ihrer kinderreichen Idylle Gesellschaft zu leisten. Außerdem fürchtete sie die Fragen nach ihrem Privatleben.

Im Sommer beschloss Christina, für zwei Wochen nach Österreich zu reisen. Am Millstätter See in Kärnten fand sie endlich die Muße, sich ein wenig auszuruhen. Sie schlief viel und erholte sich erstaunlich gut. So gut, dass sie nach den

Ferien ungeahnten Tatendrang verspürte. Sie buchte einen Italienischkurs und meldete sich wieder im Fitnesscenter an.
Als sie alte Fotos sortierte, läutete das Telefon.
Edgar war in die Leitung: „Ich versuche seit fast zwei Wochen, dich zu erreichen, wo hast du gesteckt? Ich habe mit dir zu reden!"
Sein Ton machte sie wütend.
Sie hatte keine Lust mehr, sich von ihm derart grob behandeln zu lassen.
„Ich werde mit dir reden, wenn ICH es für richtig erachte und nicht umgekehrt! Und ich verbiete dir, mit mir künftig auf dieser Ebene zu verkehren."
„Ah, Madame schwimmen ganz oben. Eigene Wohnung, eigenes Geld, neues Selbstbewusstsein. Vielleicht sogar ein neuer Bettgenosse?"
Da sie wusste, dass er ihr einen neuen Mann nicht zutraute, war sie nicht im Mindesten irritiert.
„Ja du hast Recht. Madame hatte endlich Zeit, nachzudenken", entgegnete sie kühl.
Sie wunderte sich, dass sie noch nicht lesbisch geworden war, nach allem, was Männer ihr angetan hatten. Nie wieder würde sie zulassen, dass diese Spezies sie quälte. Das galt erst recht für ihren Ehemann, dessen Brachialcharme sie gründlich satt hatte.
„Schön, dass es dir gut geht. Über den Grund meines Anrufes wirst du dich sicher freuen und ich könnte mir vorstellen, dass es dir danach noch besser geht. Um es kurz zu machen, ich möchte mich von dir scheiden lassen."
Damit hatte sie nicht gerechnet. Verstört bat sie Edgar, ihr ein wenig Zeit zu lassen.
„Wozu sollte ich das? Du warst doch diejenige, die aus der gemeinsamen Wohnung ausgezogen ist, weil du an meiner Seite nicht mehr leben konntest. Stell dich jetzt bitte nicht so an. Ich war bereits beim Anwalt. Lass uns dieses unwürdige

Theater beenden. Ich melde mich morgen noch einmal. Vielleicht bist du dann zur Vernunft gekommen."
„Nicht so schnell mein Lieber. Eine Scheidung kannst du dir doch gar nicht leisten. Vergiss nicht, das Grundstück gehört mir und ich denke, dass du wenig Neigung verspüren wirst, das Haus zu verkaufen."
„Wenn es das ist, was dich sorgt, dann kann ich dir versichern, dass Geld für mich kein Thema ist. Du kriegst deinen Anteil. Ciao, mach´s gut und viel Glück."
Christina starrte den Hörer in ihrer Hand an, in der Hoffnung, dass sich ihm ein positiver Laut entringen möge. Sie wartete vergebens darauf an diesem trübseligen Samstag, dessen diffuses Dämmerlicht nicht zur Jahreszeit passte.
Am Sonntagmorgen, gestärkt durch ein ausgiebiges Frühstück, fühlte sie sich tapfer genug, Edgar zu Hause aufzusuchen. Sie beabsichtigte, ihn umzustimmen. Denn wider alle Vernunft wünschte sie sich, zu ihm zurückzukehren. Seine archaische Rohheit erschien ihr erträglicher, als diese Einsamkeit, die sie schier erdrückte. Sie würde ihn sich zurechtziehen. Warum sollte ihr das nicht gelingen? Andere konnten das doch auch.

Am frühen Nachmittag fuhr sie nach Solln und parkte auf der gegenüberliegenden Straßenseite vor ihrem ehemaligen Haus. Weil auf ihr Läuten niemand reagierte, versuchte sie die Tür mit dem ihr verbliebenen Schlüssel zu öffnen. Erstaunt stellte sie fest, dass Edgar zwischenzeitlich das Schloss ausgewechselt hatte. Niedergeschlagen kehrte sie zu ihrem Auto zurück, um ihr Vorhaben für diesen Tag aufzugeben.

Plötzlich bog ein kleiner weißer BMW um die Ecke und hielt direkt vor Edgars Garage. Neugierig starrte Christina auf die junge Frau, die ausstieg. Es war dieselbe, die sie vor einiger Zeit Händchen haltend an seiner Seite gesehen hatte.

Fasziniert beobachtete Christina, wie sie ohne Schwierigkeiten die Türe aufschloss und ins Haus trat, als sei es ihr eigenes. Eine ganze Weile blieb Christina noch unentschlossen auf ihrem Posten sitzen. Sie hoffte, ihren Mann zu sehen. Irgendwann gab sie auf und trat die Heimfahrt an.

Wie angedroht, rief Edgar sie am frühen Abend an.
„Nun mein Liebling, hast du eine Entscheidung getroffen? Ich habe leider nur wenig Zeit, denn ich bin in Ludwigsburg und muss gleich zu meinem Meeting zurück. Wenn du mir jetzt noch nichts sagen kannst, melde ich mich in zwei Stunden wieder. Ich rufe dich so lange an, bis du in die Scheidung einwilligst. Also mach es uns Beiden nicht schwerer, als es ohnehin schon ist."
Erstaunlich, dass er am Sonntag ein Meeting hatte. Sie bezweifelte, dass er sie aus Ludwigsburg angerufen hatte.
„Deine Anrufe kannst du dir sparen, denn ich bediene mich jetzt bequemerweise aus deinem reichhaltigen Fundus ´salbungsvoller Nettigkeiten´ zu denen unter anderem der Satz gehörte ´einer Scheidung werde ich mich mit allen Mitteln widersetzen!´"
Ausnahmsweise war sie es, die auflegte, bevor Edgar etwas erwidern konnte. An diesem Sonntag nahm sie keine Telefongespräche mehr entgegen, obwohl das lange Läuten mehrerer Anrufe an ihren überreizten Sinnen zerrte.

Am Montag war sie bereit, sich Violetta vorzuknöpfen. Sie war derart verärgert über die Funkstille, die ihre Freundin pflegte, seit sie ihr Lager mit Schulz teilte. Dabei wusste sie über Christinas Weggang aus der Kanzlei – ihren Liebsten sei Dank - längst Bescheid.

Christina rief in der Werbeagentur *See Smell & Feel* an:
„Guten Tag, hier spricht Christina Ohlert. Kann ich bitte Frau Schnitzler sprechen."
„Christina, du? Was für eine Überraschung. Hier spricht Sven. Kannst du dich noch an mich erinnern?"
Der schmerbäuchige Jüngling, der sie so hilflos über das Parkett gezogen hatte. Der hatte ihr jetzt gerade noch gefehlt.
„Äh ja, Violettas Verlobungsfeier. Natürlich erinnere ich mich. Ich rufe später noch einmal an."
„Nein, nein Violetta ist da. Ich verbinde dich. Wollen wir uns vielleicht einmal auf einen Drink treffen?"
Ein Drink mit Sven, dem tollpatschigen Tanzbären, war das letzte, was Christina sich wünschte und doch…
„Ja gerne. Allerdings habe ich in den nächsten Wochen mächtig zu tun. Wenn ich aus dem Gröbsten raus bin, melde ich mich bei dir. Einverstanden?"
Er klang enttäuscht, als er sich von ihr verabschiedete und sie mit Violetta verband. Was sprach eigentlich dagegen, sich mit dem dicken Sven zu treffen? Viel schlimmer als Edgar war diese Wahl auch nicht.
„Hallo Christina, schön dass du anrufst. Wie geht es dir?"
Violetta klang nicht so aufgekratzt wie sonst.
„Nicht so gut wie dir, fürchte ich."
„Kann ich etwas für dich tun?"
Das klang höflich, aber zurückhaltend. Violetta war erkennbar verunsichert.
„Ich würde dich gerne treffen und dir bei der Gelegenheit zeigen, was ich aus deiner einstigen Wohnung gezaubert habe. Du wirst sie nicht wieder erkennen. Hast du heute Abend Zeit?"
Christina spürte, wie ihre Freundin zögerte. Sie hatte allen Grund dazu.
"Eigentlich wollte ich mit Albert ausgehen. Aber wir haben ja noch das ganze Leben vor uns."

"Fein, dann sehen wir uns um Sieben", sagte Christina und legte auf.

Violetta kam pünktlich. Erstaunt blickte sie sich in ihrer ehemaligen Behausung um.

„Gefällt es dir nicht?"

„Nun ja, äh... es sieht ein wenig steril aus bei dir. Wie in einem Krankenhaus."

Christina ärgerte sich über diese Einschätzung ihrer Freundin. Sie bereute bereits, Violetta in ihre Wohnung eingeladen zu haben.

„Das hätte ich nicht sagen sollen, entschuldige bitte, es ist mir spontan rausgerutscht."

Violetta hielt sich die Hand an den Mund, wie ein kleines Mädchen, das eine Dummheit ausgeplaudert hatte.

„Mir tut es leid, dass ich dir nicht die rosarote Barbie-Puppenstube mit den unzähligen plüschigen Staubfängern bieten kann, die du gewohnt warst."

Christina war so erbost, dass sie für Violettas Entschuldigung nicht mehr empfänglich war.

„Du musst nicht gleich ausfallend werden, nur weil ich mich nicht auf Anhieb in dein aseptisches Wolkenkuckucksheim verliebt habe. Unsere Geschmäcker sind nun einmal verschieden."

„Es ist kein Wolkenkuckucksheim. Es ist die Hölle!"

Nun war es raus. Violetta sah Christina erschrocken an. Dann nahm sie sie spontan in die Arme und drückte sie an sich.

Eine ganze Weile verharrten sie schweigend, bis Violetta sich löste.

„Ich habe uns was Schönes mitgebracht."

Sie fischte eine Flasche *Dom Perignon* aus ihrer riesigen Prada-Tasche und entkorkte sie.

„Ich werde zu Edgar zurückkehren", sagte Christina, nachdem sie das erste Glas Champagner getrunken hatte.

Violetta sah sie ungläubig an. „Ich glaube dir nicht, dass das Alleinsein für dich schlimmer ist, als das Zusammenleben mit dem Leibhaftigen."
„Edgar ist sicher nicht das, was eine Frau sich unter einem treu sorgenden Partner vorstellt, aber so niederträchtig, wie du ihn immer darstellst, ist er nun auch wieder nicht. Hast du in letzter Zeit etwas von Alberts Partner und seiner schwangeren Frau gehört?"
„Ah, daher weht der Wind", stellte Violetta fest und füllte sich ihr Glas nach.
„Ja, wir haben uns mit den beiden zum Dinner getroffen. Die kleine Frau Schneider hat ja nie großen Wert auf Alberts Gesellschaft gelegt, aber neuerdings ist sie ziemlich anhänglich."
´Die kleine Frau Schneider´, was für eine Bezeichnung!
„Weiß Albert über Florian und mich Bescheid?"
„Er kann eins und eins zusammenzählen. Spätestens als du deinen Job quittiert hast, wusste er es. Aber ich denke, dass Florian ihn schon früher eingeweiht hat."
„Und wie verstehen sich die Beiden"
„Welche Beiden?"
„Du weißt, wen ich meine."
„Darf ich ehrlich sein?"
„Ja bitte."
Christina fürchtete die Antwort.
"Sie verstehen sich ausgezeichnet. Auf mich wirken sie wie ein gut aufeinander eingespieltes Team. Erstaunt hat mich, wie liebevoll sie miteinander umgehen. Ich bin wahrlich kein Moralist, das weißt du. Aber in diese Ehe solltest du nicht einbrechen. Am Ende wärst du der Verlierer."
Christina hatte bereits verloren.
Sie gönnten sich ein weiteres Glas Champagner und machten es sich auf Christinas kühlem Sofa gemütlich. Das perlende Getränk löste ihre Zunge und einmal mehr versuchte

Christina aus Violetta heraus zu kitzeln, was sie an Dr. Schulz fand.

„Du meinst, weil er wie ein Buchhalter aussieht, würde er sich im Bett wie ein solcher gebärden. In diesem Falle irrst du meine Liebe, das Gegenteil ist der Fall. Aber darüber hatten wir wohl schon gesprochen, wenn ich mich recht erinnere."

„Ich wünschte, ich hätte wenigstens einen Buchhalter im Bett", sinnierte Christina.

„Ich dachte, du magst es lieber etwas härter."

„Edgar kriegt ihn nur noch hoch, wenn er mich vergewaltigt."

Betreten schwieg Christina. Sie hatte wieder einmal zu viel gesagt.

Violetta sah sie verblüfft an. „Dann zeig diesen Dreckskerl doch an."

„Nie im Leben!"

Damit war das Thema Männer abgehakt. Die beiden Frauen plauderten über Christinas Reise nach Österreich, über Mode, Friseure und Violettas Karrierepläne. Irgendwann sah Violetta auf die Uhr. Erschrocken sprang sie auf.

„Ich muss los. Ich möchte Alb nicht warten lassen."

„Alb klingt besser, als Albert – wie nennt er dich denn?"

„Mad."

Sie sprach das Wort englisch aus und setzte nach, „wie ´verrückt´, aber das passt ja zu mir."

„Alb and Mad, wie schön das klingt"

Noch schöner klang `Flo and Chris´.

Zum Abschied umarmten sich die beiden Frauen innig und bevor sie sich voneinander lösten, flüsterte Violetta, „fast hätte ich es vergessen. Er hat sich nach dir erkundigt, als seine Frau kurz den Raum verlassen hatte."

Christina glaubte ihr nicht. Etwas Derartiges hätte ihre Freundin nicht vergessen.

„Und was hast du ihm erzählt?"

„Was hätte ich ihm schon erzählen können? Ich sagte, du seiest zu deinem Mann zurückgekehrt."
„Danke."

*

Die Schwangerschaft machte Nadja sehr zu schaffen. Florian kümmerte sich nicht so um sie, wie sie es von ihm erwartet hatte. Nach außen gab er den aufmerksamen Gatten. Waren sie alleine, strafte er sie mit Nichtachtung.

Morgens fühlte sie sich meist zu schwach, um aufzustehen. Immer seltener ging sie ins Büro.

Trotz der Warnungen ihres Arztes trank sie weiterhin Sekt und Rotwein an den Tagen, die sie zu Hause verbrachte. Harte Getränke versagte sie sich und sie versuchte sich einzuschränken, was die Menge betraf. Entsprechend ihrer jeweiligen Stimmungslage gelang ihr das mehr oder weniger. Sorgfältig versteckte sie die Flaschen vor ihrer Haushälterin und vor Florian. Die leeren Flaschen ließ sie verschwinden, bevor ihr Mann die Wohnung betrat. Manchmal vergaß sie das.

Wenn sie arbeitete, bemühte sie sich, bis zum Feierabend trocken zu bleiben. Seit Leo sie auf das Problem angesprochen hatte, wagte sie nicht mehr, den allabendlichen Gelagen ihrer Kollegen beizuwohnen.

Ihren ersten Schluck des Tages genehmigte sie sich allein in einem herunter gekommenen Stehausschank. Dabei achtete sie stets darauf, dass keiner ihrer Kollegen sie dabei beobachtete, wenn sie das in einer Seitenstraße versteckte Etablissement betrat.

Ihre einzigen Freunde waren jetzt ihre Mitzecher am Tresen. Wenn Nadja sich warm getrunken hatte, plauderte sie ganz gerne mit ihnen. Sie waren längst nicht so stumpf, wie Nadja anfangs befürchtet hatte. Meist gab einer ihrer Trinkkumpane eine Runde aus, die anderen folgten und als letztes war immer Nadja an der Reihe. Sie fühlte sich wohl in diesem Kreis, denn niemand stellte ihr Fragen und niemand belästigte sie. Sie musste nichts erklären und nichts beschönigen. Manchmal stießen andere Frauen dazu, aber meistens war sie die einzige. Sie blieb nie lange, denn sie wollte keinen Verdacht zu Hause erregen. Florian sprach das leidige Thema nicht mehr an und Nadja war ihm dankbar dafür. Wenigstens in diesem Punkt musste sie nicht mehr lügen.

Sie erbrach sich morgens und manchmal sogar mittags und wunderte sich, dass sie abends nach dem Trinken keine Probleme hatte. Eine vage Ahnung beschlich sie, dass sie diese Mehrfachbelastung nicht mehr lange würde durchhalten können. Es war einfach zu viel für ihren zarten Körper, die Schwangerschaft, der Druck in der Firma, ihr Suchtproblem und die privaten Spannungen, die aus all dem erwuchsen. Florian war zwar physisch bei ihr, seelisch dagegen schien er Lichtjahre entfernt. Er schlief selten mit ihr und wenn, dann ohne große Hingabe, als wollte er sich dieser lästigen 'Pflicht' schnell entledigen. Ihr war es recht, auch wenn sie sein Verhalten als Beleidigung empfand. Sie redeten wenig miteinander, denn sie hatten sich nicht mehr viel zu sagen. Die künftige Vaterschaft schien Florian längst nicht in dem Maße zu begeistern, wie er vorgegeben hatte. Nadja zog eine Abtreibung in Erwägung. Noch war es nicht zu spät dafür.

Als Florian Ende Oktober mit einem Studienfreund zu einem zweiwöchigen Segeltörn nach Griechenland aufbrach, ergab sich die Möglichkeit für einen Abbruch.

Sie entschied sich anders. Am ersten Morgen nach Florians Abreise bat sie um einen Termin bei ihrem Chef. Ohlert hatte sofort Zeit für sie. Offensichtlich ahnte er, warum sie ihn zu sprechen suchte. Sie nahm auf dem Lederstuhl Platz, auf dem sie immer gesessen hatte, wenn sie Leo besucht hatte und erwiderte Ohlerts freundliches Grinsen. Sogar wenn er lächelte, hatte er etwas Raubtierhaftes an sich.
„Nun, liebe Frau Schneider, wie geht es Ihnen heute? Wie ich hörte, kämpfen Sie mit erheblichen gesundheitlichen Problemen, seit Sie Mutterfreuden entgegen sehen. Wann darf der glückliche Vater denn mit der Niederkunft Ihres Babys rechnen?"
Aus seinem Mund klang alles boshaft und gemein. Aber woher wusste er von ihrer Schwangerschaft? Er schien ihre Frage erraten zu haben.
„Nun Frau Schneider, ich nehme doch an, dass Sie schwanger sind. Zum einen ist Ihnen dauernd schlecht, zum anderen melden Sie sich häufig krank und zum dritten gehen Sie neuerdings immer pünktlich nach Hause, anstatt sich den Abend schön zu trinken. Und Ihr Besuch bei mir hat sicher auch einen Grund."
Christina schloss daraus, dass Carmen geplaudert hatte. Die Argumente, die Ohlert für seine Rückschlüsse vorgebracht hatte, klangen sehr weit hergeholt.
„Sie haben Recht – übrigens in allen Punkten. Tatsächlich müssen Sie sich um mich nicht mehr sorgen. Ihre ´Eiterbeule´, oder wie immer Sie mich hinter vorgehaltener Hand zu bezeichnen pflegen, quittiert ihren Job. Ach ja, da es Sie interessiert, darf ich Ihnen verraten, dass es im April soweit sein wird."

Er lächelte noch immer, jetzt aber unübersehbar süffisant.
„Ich habe Sie noch nie als ´Eiterbeule´ bezeichnet. Dass Sie allerdings ein Problem haben, über das ich mich jetzt nicht auslassen möchte, ist hinlänglich bekannt und ich gebe gerne zu, dass ich es nicht mehr lange geduldet hätte. Hoffentlich nimmt Ihr Kind keinen Schaden."
„Mein ´Problem´ haben Sie ja auch in illustrer Runde diskutiert."
„Ach Frau Schneider, da nehmen Sie sich etwas zu wichtig. Sie waren noch nie Gegenstand einer Diskussion in illustrer Runde. Sie sollten nicht alles glauben, was gewisse Tratschtaschen absondern."
Insgeheim amüsierte sie sich über Ohlerts Frechheiten. Er war außerordentlich unverschämt. Sie wünschte, sie hätte ihre alte Form wieder erlangt, um entsprechend zu kontern – die ´Brutalität´, die Leo so an ihr liebte.
„Nun, ich werde Ihre kostbare Zeit nicht über Gebühr beanspruchen. Würde es Ihnen etwas ausmachen, wenn ich meinen Schreibtisch schon heute räume und Sie mir mein Gehalt bis zum offiziellen Kündigungstermin überweisen?"
„Unter Berücksichtigung Ihres gegenwärtigen Gesundheitszustandes bleibt mir wohl keine andere Wahl. Ich veranlasse das Erforderliche und wünsche Ihnen und natürlich auch Ihrer künftigen kleinen Familie alles Gute."
Das Alphatier erhob sich von seinem Thronsessel, stolzierte um den Schreibtisch herum und schüttelte Nadja jovial die Hand. Seine Freude konnte er kaum verbergen und sein ganzes Gebaren schrie ´raus, raus, raus!´ Merkwürdigerweise war sein Händedruck weich und schwammig, geradezu ekelig, fand Nadja. Kaum hatte sie ihn verlassen, suchte sie die Waschräume auf, um sich die schmierige Feuchtigkeit Ohlerts von ihren Händen zu schrubben. Sie verspürte einen Brechreiz, der ausnahmsweise nicht hormonell bedingt war.
Außer von ihrer Sekretärin musste sie sich von niemandem verabschieden. Sie ging an Carmen Brixen vorbei in ihr

Zimmer, um ihre Habseligkeiten auszuräumen. Viel Arbeit hatte sich nicht damit, denn sie hatte seit Monaten Vorkehrungen getroffen.

Ihre Mitarbeiterin folgte ihr. „Warum überlassen Sie ihm das Feld?"

Nadja sah die junge Frau verdutzt an. „Das fragen Sie? Wer hat es ihm denn gesteckt, dass ich schwanger bin?"

Carmen blickte betreten aus dem Fenster.

„Ihm habe ich es nicht erzählt."

„Ist ja auch egal, wem Sie es unter dem `Siegel der Verschwiegenheit´ anvertraut haben. Die stille Post ist jedenfalls bei ihm angekommen und so war er bestens präpariert, als ich ihm meine Kündigung überreichte. Seine Geier lauern bereits in den Startlöchern, um sich meine Beute aufzuteilen. Viel Glück mit denen. Ich werde mich künftig um meine Familie kümmern. Das ist eine ehrenvollere und vor allem befriedigendere Aufgabe, als das hier."

Nadja machte eine verächtliche Handbewegung.

„Da haben Sie vermutlich Recht. Wann ist es denn soweit?"

Auf diese Frage hatte Nadja gewartet.

Sie strahlte übers ganze Gesicht, als sie antwortete. „Im April, wenn alles gut läuft. Nicht gerade der Wonnemonat, aber man kann es sich ja nicht aussuchen."

Der Hinweis war ihr wichtig, wenngleich das Datum vom tatsächlichen Termin abwich. Bevor sie das Büro verließ, umarmte sie ihre Noch-Sekretärin freundschaftlich. Nadja konnte sich lebhaft vorstellen, wie Ohlert seine wenigen Getreuen über ihren Abgang informierte, auf den er so sehnlich gewartet hatte.

Obwohl sie eine Sorge weniger hatte, fühlte Nadja sich keineswegs besser. Die Arbeit fehlte ihr, trotz der Behinderungen, denen sie in den letzten Monaten ausgesetzt war. Sie fühlte sich allein gelassen mit der Verantwortung, die in ihrem Bauch wuchs. Den Termin beim Gynäkologen ließ sie verstreichen aus Angst, dass er ihr wegen des Trinkens Vorhaltungen machen würde.

Eines Nachmittags wurde ihr wieder übel. Sie spürte einen scharfen Stich in ihrem Unterleib, der an die Grenzen des Erträglichen ging. Sich krümmend vor Qualen erbrach sie sich, bevor sie das Bad erreichen konnte. Als sie so hilflos zitternd auf dem Boden lag, schwor sie sich für den Fall, dass sie diese Attacke überlebte, nie wieder einen Tropfen anzurühren. Dann fiel sie in Ohnmacht, aus der sie erst Stunden später erwachte. Sie fühlte zwar immer noch starke Schmerzen, war aber bei klarem Verstand. Sehnsüchtig wünschte sie sich, dass ihr Baby diese furchtbaren Krämpfe überlebt haben mochte und auch sonst keinen Schaden genommen hatte. Endlich begriff Nadja, was sie ihrem Kind schuldig war. Diese Erkenntnis trieb ihr Tränen der Scham ins Gesicht. Mühsam kroch sie in das Badezimmer und wusch sich, bevor sie erneut in einen tiefen, komaähnlichen Schlaf fiel.

*

An einem ein strahlenden Junimorgen, es war ein unendlich langes Jahr her, seit Florian sie verlassen hatte, war Christina zum ersten Mal wieder rundum glücklich. Der beginnende Sommer weckte ihre Lebensgeister. Ihre Italienischkenntnisse hatte sie erheblich verbessert dank der vielen Zeit, die sie für das Lernen aufwenden konnte. Die Scheidung war eingeleitet, obwohl Christina sich mit aller Kraft dagegen gesträubt hatte.

Durch die monatlichen Zahlungen, die Edgar im Gegenzug zu ihrer Einwilligung zu leisten bereit war und das Einkommen, das sie von Dr. Grünwald bezog, war sie finanziell gut versorgt. Bei ihm und seinen Mitarbeitern fand sie Anerkennung, seit sie das Ruder in dem Meer heulenden Elends, in dem sie zu versinken drohte, herumgerissen hatte.

Nun schien es, als würde sich auch privates Glück einstellen. Seit etwa zwei Monaten betreute ihre Kanzlei einen Mandanten, der Probleme mit seinem Partner in München hatte. Der neue Klient gefiel Christina auf Anhieb. In manchem sah er Florian ähnlich, hatte aber im Unterschied zu ihrem ehemaligen Geliebten volles dunkelbraunes Haar dem kein Hauch von Grau anhaftete, was daran lag, dass er jünger war. Er war etwa so groß wie Florian, verfügte aber nicht über dessen durchtrainierte, drahtige Figur. Das störte sie nicht, denn er hatte andere Qualitäten, die sie anzogen. Eine war seine immerwährend gute Laune und ein verschmitztes Lächeln, mit dem er sie gerne und häufig bedachte. Bei jeder sich bietenden Gelegenheit flirtete er mit ihr. Als er wieder einmal in München zu tun hatte, lud er Christinas Chef und sie spontan zum Abendessen ein. Damit war seine Offerte völlig unverdächtig und Christina konnte die Einladung annehmen, ohne sich etwas zu vergeben.

Die Gespräche während des Abendessens drehten sich zwar fast ausschließlich um den Fall von Robert Kleeberg. Die Blicke, die sich Kleeberg und Christina zuwarfen, meinten jedoch etwas anderes. Obwohl es ihr nicht ganz leicht fiel, verhielt sich Christina so zurückhaltend wie nur irgend möglich. Sie hatte keine Eile, eine neue Beziehung einzugehen. Die Wunden, die der Verlust Ihres Geliebten und später der ihres Ehemannes verursacht hatten, waren noch nicht verheilt. Weil sie sich weitere Enttäuschungen bereits im Vorfeld ersparen wollte, musste sie unbedingt in Erfahrung bringen, ob Kleeberg in irgendeiner Form gebunden war. Ein weiteres Mal würde sie sich nicht mit einem verheirateten Mann einlassen.

Nach dem Abendessen vergingen zwei Wochen, ehe Kleeberg wieder in der Kanzlei anrief. Nachdem er mit ihrem Chef gesprochen hatte, verlangte er nach Christina.
„Ich habe ein weiteres Mal in München zu tun. Könnten Sie sich vorstellen, wenigstens ein kleines Mittagessen mit mir allein durchzustehen?"
Christina war überglücklich über diese Einladung und nahm die Gelegenheit wahr, ihn direkt auf die brennende Frage anzusprechen. „Ein Mittagessen sicherlich, dagegen wird auch Ihre Frau nichts einzuwenden haben."
„Wenn ich eine Frau hätte, hätte sie ganz bestimmt etwas dagegen", lachte er.
Seine Stimme dunkel, angenehm und gewinnend, war nichts gegen sein verführerisches Lachen, das so echt klang.
Die Einladung zum Lunch nahm sie an. Um endgültige Klarheit über seinen familiären Status zu gewinnen, knöpfte Christina sich am Nachmittag die Akte 'Kleeberg' vor. Nach der ausführlichen Lektüre konnte sie es kaum erwarten, ihn zu sehen.

Für den Abend verabredete Christina sich mit Violetta. Sie trafen sich im *Mozzamo*, einer mit dunklem Holz getäfelten, urigen Kneipe, deren gemischtes Publikum zum großen Teil ihrer Altersklasse angehörte. Es war leicht, in diesem Lokal Anschluss zu finden, da man sehr beengt aneinanderklebte. Somit ergab es sich fast zwingend, dass man mit seinem Nachbarn ins Gespräch kam. Dieses Mal hatten die beiden Frauen allerdings wenig Interesse an ihren Tischgenossen, denn sie hatten einander viel zu erzählen.
„Du hast wieder abgenommen", schmeichelte Christina ihrer Freundin.

„Die Liebe ist der beste Freund der Figur, aber das hatte ich dir ja schon erklärt. Bei dir allerdings scheint das Gegenteil dafür gesorgt zu haben."

„In diesem Punkt irrst du dich, denn ich bin ebenfalls verliebt oder vorsichtig formuliert, ein wenig verknallt."

„Du?" prustete Violetta lauthals heraus und verschluckte sich an ihrem Bier, was bei ihr einen lebhaften Husten auslöste.

Die Gäste drehten sich neugierig nach ihnen um.

„Wenn du dich beruhigt hast, erzähle ich dir mehr über meinen neuen Schwarm, der übrigens gänzlich frei von bindungstechnischem Ballast ist", nahm Christina den Gesprächsfaden wieder auf.

„Und wo ist dieses Wunderexemplar heute? Warum hast du es nicht mitgebracht? Du brauchst keine Angst zu haben, ich mache es dir nicht abspenstig."

„Das wäre meine kleinste Sorge. Das eigentliche Problem ist, dass wir bisher nur beruflich miteinander zu tun hatten", gestand Christina und löste damit einen erneuten Hustenanfall bei ihrer Freundin aus.

Christina zog es vor, das Gespräch in eine andere Richtung zu lenken, um weiteren ironischen Ergüssen Violettas zu diesem Thema zu entgehen.

„Bevor du erstickst, erzähl du mir lieber, wie es dir mit deinem Superverlobten geht", zwitscherte Christina maliziös und nippte an ihrem Pils.

„Ich habe nie geglaubt, dass es mich eines Tages so erwischen könnte. Er ist in jeder Hinsicht der Mann meines Lebens. Wir verstehen uns ohne Worte. Er weiß immer ganz genau, wie ich mich fühle und mir ergeht es bei ihm ebenso. Es ist, als ob wir in einer eigenen, nur für uns verständlichen Sprache miteinander kommunizieren."

Während Violetta von Albert schwärmte, leuchtete sie von innen heraus. Sie sah in diesem Moment wunderschön aus. Eine tiefe Zufriedenheit lag in den weichen Zügen ihres runden Gesichtes. Bei diesem Anblick wurde Christina von stechender Missgunst zermartert. Sie wäre am liebsten sofort aufgesprungen, um weiteren Hymnen auf das sagenhafte Liebesleben ihrer Freundin zu entrinnen. Warum quälte Violetta sie so? Mühsam brachte sie den Abend, der so viel versprechend begonnen hatte, mit eingefrorenem Lächeln hinter sich. Sie schwor sich, Violetta in nächster Zeit nicht zu treffen.

Robert Kleebergs Besuche in München häuften sich. Er lud Christina regelmäßig zum Mittagessen ein. Diese Verabredungen verliefen sehr offiziell, weil Grünwald Christina immer etwas mitgab, das mit Kleeberg besprochen werden musste. Die Arbeitsatmosphäre, die zwischen ihr und ihm herrschte, vermittelte Christina eine gewisse Sicherheit. Keiner der beiden wagte es, das Gespräch in persönliche Bahnen zu lenken. Zwischen ihnen lag die Distanz des Geschäftlichen, die unüberwindlich schien. Grünwald hatte durchblicken lassen, dass er Techtelmechteleien zwischen Mitarbeitern und Mandanten nicht zu tolerieren gedachte.
Es fiel Christina zunehmend schwerer, sich daran zu halten. Als sie wieder einmal nachts wach lag, versuchte sie, sich über ihre Beziehung zu Robert klar zu werden, konnte aber nicht verhindern, dass ihre Phantasien, Sehnsüchte und Wünsche wieder um Florian kreisten. Jäh fiel ihr ein, dass sein Kind, dessen Zeugung alles zerstört hatte, eigentlich längst geboren sein musste. Violetta hatte nichts darüber erwähnt. Christina fing zu weinen an, weil die Erkenntnis, dass der Mann, den sie über alles liebte, ihr so unsägliche Schmerzen zugefügt hatte. Sie schluchzte, bis keine Tränen mehr kommen wollten.
Dann stand sie auf, um sich mit etwas Beschäftigung abzulenken. Anderen half es, wenn sie lasen oder fernsahen. Sie putzte. Am Morgen traf sie eine Entscheidung, die die Lösung ihrer Probleme bringen sollte.

Als Robert Kleeberg wenige Tage später anrief, erzählte sie ihm von einer alten Freundin, die sie in Berlin besuchen wollte. Sie fragte ihn beiläufig nach Restaurants, Bars und Kneipen, die er empfehlen könne.

Als sie mit ihrer Story fertig war, vernahm sie am anderen Ende der Leitung ein tiefes Seufzen: "Können Sie Ihren Besuch verschieben? Zu diesem Zeitpunkt habe ich leider geschäftlich in Mailand zu tun und es wäre jammerschade, wenn wir die wunderbare Gelegenheit versäumten, uns zu sehen."

Etwas am Tonfall, mit dem er sein Bedauern ausdrückte, störte Christina. Er klang nicht ehrlich, eher wirkte er wie eine Höflichkeitsfloskel. Sie glaubte herauszuhören, dass er an einer tieferen Bindung mit ihr nicht interessiert war.

Enttäuscht murmelte sie: „Ich kann meine Reise leider nicht mehr verschieben, meine Freundin erwartet mich bereits. Dann sehen wir uns, wenn Sie wieder einmal in München sind."

„Ich hoffte, Sie würden mich einmal nach Italien begleiten, aber dummerweise klappt es nun wieder nicht, schade", sagte er.

Nun könnte sie nicht mehr zurück.

„Sie fahren sicher noch öfter nach Mailand. Vielleicht kann ich ein andermal meine Italienischkenntnisse verwerten. Erlauben Sie mir, dass ich Sie jetzt mit Dr. Grünwald verbinde, er erwartet Ihren Anruf dringend."

Nach der kühlen Abfuhr, die härter ausgefallen war, als sie es beabsichtigt hatte, verband sie Robert mit ihrem Chef. Verzweifelt stöhnte sie auf. Mit ihrem taktisch unklugen Verhalten hatte sie sich vermutlich jeder Chance beraubt, mit Robert eine tiefere Beziehung einzugehen.

In diesem Punkt sollte sie sich irren. Kleeberg machte auf seinem Weg nach Mailand Zwischenstation in München. Er musste mit Grünwald weitere Details seines Falles erörtern und nach Lösungen aus seiner verzwickten Situation suchen. Mit Christina, die keine Veranlassung mehr sah, nach Berlin zu fliegen, hatte er nicht gerechnet. Verwirrt starrten sie einander an, als sie ihm die Türe öffnete. Christina bat ihn herein, nahm ihm die Garderobe ab und begleitete ihn zum Vorzimmer von Dr. Grünwald.

Sie klopfte und versuchte dann an ihm vorbei in ihr Zimmer zu flüchten, aber er verstellte ihr den Weg. „Was ist mit Ihnen los? Warum verhalten Sie sich mir gegenüber so abweisend? Was habe ich denn falsch gemacht? Ich dachte immer, dass auch Sie ein wenig Interesse an mir hätten, aber offensichtlich habe ich mich gründlich getäuscht. Ich jedenfalls würde mich glücklich schätzen, wenn Sie sich doch noch dazu durchringen könnten, mich nach Mailand zu begleiten, zumal mein Italienisch mangelhaft ist. Aber wenn es Ihnen unangenehm ist, dass ich Sie so bedränge, bitte ich Sie, es mir zu sagen. Dann werde ich Sie selbstverständlich nie mehr belästigen!"

Endlich machte er Platz, um sie vorbeizulassen. Mit diesem Ausbruch hatte er ihr unmissverständlich gezeigt, dass sie ihm doch etwas bedeutete. Nun lag es an ihr, die Angelegenheit in die Bahnen zu lenken, die sie sich so sehr wünschte. Sie wartete, bis er aus dem Vorzimmer Grünwalds trat.

Dann nahm sie all ihren Mut zusammen und ging ihm entgegen.

„Ich habe darüber nachgedacht, eigentlich könnte ich mit Ihnen nach Mailand fahren. Meinen Berlinbesuch habe ich abgesagt, weil meine Freundin Lisa überraschend krank geworden ist."

Diese kleine Lüge erlaubte Christina sich, um sich keine Blöße zu geben. Hoffentlich kam sie nie in die Verlegenheit, ihm das Phantom Lisa vorstellen zu müssen.

Sie brachen an einem nebeligen Morgen Ende September nach Italien auf. Vorsichtshalber hatte sie Dr. Grünwald in ihre Reisepläne eingeweiht. Er erlegte sich nur mäßige Zurückhaltung auf, als seine Meinung zum Ausdruck brachte.
„Wenn diese Reise mit unserem Mandanten mehr als geschäftlichen Charakter hat, muss ich mir ernsthaft überlegen, ob ich Sie weiter beschäftigen kann."
Während er das sagte, verzog er das Gesicht zu einer Miene, die sie an ihren Dackel erinnerte. Christina konnte weder diesem hundeartigen Ausdruck, noch seinen Worten entnehmen, ob seine Drohung scherzhaft oder ernst gemeint war.
„Im Übrigen fände ich es nicht sehr geschickt, wenn Sie eine Affäre begännen, bevor Sie geschieden sind. Ihr Noch-Ehemann wird darin mit mir sicher übereinstimmen."
In diesem Punkt hatte Grünwald leider vollkommen Recht. Aber darüber wollte sie jetzt nicht nachdenken. Warum eigentlich sollte ihr etwas versagt sein, das sich ihr Noch-Ehemann großzügig erlaubte?

Sie übernachteten in einem kleinen, feinen Castello in Erbusco im Franciacorte. weil Robert fürchtete, in Mailand beraubt zu werden. Während der achtstündigen Fahrt, die sie mit einem sehr langen Mittagessen in Brescia unterbrochen hatten, waren sie sich näher gekommen. Erstmals sprachen sie über private Dinge. Er erzählte ihr von seiner ehemaligen Freundin, die zwei Jahre zuvor nach einem Autounfall gestorben war. Seit dieser tragischen Geschichte hatte er, wie er Christina gestand, nur noch lockere Affären gepflegt. Umso verbissener hatte er sich in seine Arbeit gestürzt und seinen Schuhgroßhandel zusammen mit seinem Partner in eine erfolgreiche Franchisekette umgewandelt. Mit dem Erfolg, der durch den Internet-Vertrieb enorm angeheizt wurde, kam der Streit um Kompetenzen und um´s Geld. Die

Differenzen zwischen Robert und seinem Teilhaber nahmen derart dramatische Formen an, dass er sich gezwungen sah, einen Anwalt zu konsultieren. Dieser sollte die undurchsichtigen Münchner Aktivitäten seines ehemaligen Partners und jetzigen Kontrahenten aufklären. Dr. Grünwald hatte nach ausgiebigem Studium der Geschäftsunterlagen einen Vergleich vorgeschlagen, der besagte, dass das Franchise-Geschäft ausschließlich Kleeberg zufallen sollte, während sein Expartner sich um das Online-Geschäft kümmerte. Das Branding bestehend aus Markennamen und Logo, sollten beide Kontrahenten jeweils geringfügig ändern, um Interessenkollisionen zu vermeiden. Da das Internet-Geschäft zukunftsträchtiger erschien, sollte Kleeberg mit einer nicht unerheblichen Summe abgefunden werden. Während Robert ihr das alles schilderte, kam er plötzlich auf die Idee, Christina die Führung einer Filiale in München vorzuschlagen. Er dachte dabei an einen Franchise-Nehmer, der den Laden aus Altersgründen zu veräußern trachtete und aus diesem Grund an Robert herangetreten war.
„Damit sähe ich eine Möglichkeit, in München weiterhin ein Bein in der Tür zu haben."
„Dein Vorschlag ehrt mich. Aber ich habe ich keinerlei Kenntnis von dieser Materie. Ich fürchte, du überschätzt meine Fähigkeiten", gab sie zu bedenken, erfreut über das Vertrauen, das er ihr so spontan entgegenbrachte.
„Den Laden werde ich selbst übernehmen, allerdings als eigenständiges Geschäft und nicht als Tochter der Kette. Ich würde das Geschäft auf deinen Namen anmelden, ohne dass du das geringste Risiko eingehen müsstest. Du wärst Geschäftsführerin mit einem entsprechenden Salär, das mit Provisionen aus dem Umsatz aufgestockt würde. Betrachte diese Reise als Start in eine vielversprechende Zukunft - oder möchtest du dein Leben als entscheidungsbeschränkte Assistentin in Grünwalds stuckverzierten Zimmerfluchten

verbringen? Dafür bist du zu intelligent. Es wäre eine Verschwendung deiner Ressourcen."

Er sah Christina von der Seite an, um ihre Reaktion zu studieren.

„Ich denke, ich kenne den Laden. Ist es der in der Westenrieder Straße? Eine ziemlich gute Lage", stellte sie fest und merkte, dass sie ins Schwarze getroffen hatte.

Er lächelte.

„Übrigens bin ich schon länger auf der Suche nach einem guten Einkäufer mit italienischen Sprachkenntnissen. Seit ich Probleme mit Schrader habe, muss ich mich um fast alles kümmern. Wie willst du dein Italienisch verwerten, wenn nicht auf Reisen? Ich möchte mich künftig verstärkt darum kümmern, neue Einkaufsquellen in der Türkei, in Hongkong und in Taiwan zu erschließen. Bisher hatte ich dazu kaum Zeit. Was hältst Du von meinem Vorschlag?"

Christina war begeistert, wollte sich ihre Freude aber nicht zu offen anmerken lassen. Ein Rausschmiss durch Grünwald erschien ihr plötzlich nicht mehr bedrohlich.

„Er ist überdenkenswert", murmelte sie leise und blickte auf die Straße, die sich wie ein schillerndes Band am Horizont verlor.

Längst dachte sie an andere Wonnen, die er ihr bereiten würde. Sie träumte von seinen starken Armen, die sie umfangen würden, von seinem weichen vollen Mund, der sie küsste, von seinem Körper, nach dem sie dürstete. Sehnlichst wünschte sie sich, dass es ihm genauso erging. Es erschien ihr wie eine Ewigkeit, seit sie die Köstlichkeiten körperlicher Hingabe genossen hatte. Jede nur denkbare Schamlosigkeit wollte sie mit ihm auskosten. Sie hatte sich vorgenommen, ihn keinen Augenblick der kommenden Nacht zur Ruhe kommen zu lassen. Dabei hatten sie noch nicht einmal erörtert, in welcher Konstellation sie zu nächtigen gedachten. Vielleicht hatte Robert zwei Einzelzimmer bestellt. Ein schrecklicher Gedanke, der sich später als völlig überflüssig herausstellte.

Robert übertraf ihre wildesten Erwartungen. Das dreigängige Dinner, das sie gleich im Hotel einnahmen, um keine Zeit zu verlieren, verschlangen sie hastig, weil sie ihr Verlangen kaum zügeln konnten. Das Dessert ließen sie fast unberührt stehen, um in ihr Zimmer zu eilen. Auf dem Weg dorthin zerrte Robert sie in eine sichtgeschützte Ecke hinter dem Lift, umschlang sie heftig und küsste sie. Seine Zunge spielte schamlos mit der ihren. Allein diese Zärtlichkeit kam fast einer pornographischen Handlung gleich. Christina konnte ihre Ungeduld kaum bezähmen. Mit Mühe schafften sie es in ihre Suite. Kaum hatten sie die Tür hinter sich zugestoßen, nestelte Christina mit wilder Entschlossenheit an seinem Hemd und dann an seiner Hose. Er löste sich von ihr, um ihr zu helfen. Und dann riss er ihr die Kleider buchstäblich vom Leib, hob sie auf den Sekretär und drang so schnell und hart in sie ein, dass sie laut aufschrie. Sie hatte etwas derartiges noch nie erlebt, obgleich Edgar alles andere als zurückhaltend war. Eine Vase samt Rosen war vom Tisch gekullert und lag nun zerbrochen inmitten von Scherben, Blumenwasser und zerrupften Blüten. Warum kam ihr gerade jetzt der Gedanke an Florian und seinen Art Deco Schreibtisch, den sie mit ihm nie auf diese Weise ausprobiert hatte?

Halbnackt, wie sie war, ließ Christina sich nach dem Akt auf das breite Bett mit den Gittersprossen am Kopfende fallen und sah ihn erwartungsvoll an.

Robert bestellte beim Zimmerservice Schaumwein aus dem *Contadi Castaldi Weingut*, das ebenso wie das Hotel seit Generationen stolzer Besitz der Familie Moretti war.

„Dieser Wein übertrifft geschmacklich jeden Champagner, wenngleich er schnöde als Schaumwein firmiert", erklärte er Christina lächelnd, während er den Telefonhörer ans Ohr gepresst hielt.

Der Kellner brachte den Wein und während er die Flasche entkorkte und einschenkte, sah er neugierig auf Christina hinunter, die etwas derangiert auf dem Bett lag.

Kaum hatte der Ober das Zimmer verlassen, holte Robert die kleine Schachtel mit den beiden Seidenschals hervor, die er für Christina am Nachmittag in einer kleinen Boutique erworben hatte.

Er setzte sich zu ihr aufs Bett und reichte ihr das halbvolle Glas, an dem er bereits genippt hatte. Sie trank und sah ihm dabei zu, wie er die hübschen Tücher aus der Verpackung schälte. Dann wickelte er erst das eine um die linke Hand Christinas und dann das andere um die rechte. Christina sah ihm interessiert dabei zu. So recht wusste sie nicht, was er mit ihr vorhatte. Dann verschlang er die beiden anderen Enden jeweils an den äußeren Bettpfosten. Christina war gefesselt. Er schob ein zweites Mal ihren Rock hoch, zwang ihre Oberschenkel auseinander und drang wieder in sie ein. Sie schrie vor Wollust, als beide gleichzeitig zum Höhepunkt kamen. Sie hatte das Gefühl, den ersten Orgasmus ihres Lebens erlebt zu haben. Roberts erotischer Grenzgang irritierte und faszinierte sie gleichermaßen. Eine völlig neue Erfahrung. Edgar war schnell und ruppig gewesen, phantasievoll allerdings nie und Florian hatte sich als das genaue Gegenteil entpuppt, sanft, zärtlich und ausdauernd. Worauf ließ sie sich nun mit Robert ein?

Als er sie losgebunden hatte, liebkoste er mit seiner Zunge ihre wunden Handrücken, als wollte er ihr damit zeigen, dass ihn nichts, aber auch gar nichts an ihr störte. Er war so höflich, sie nicht zu fragen, woher die Ekzeme kamen.

Christina stand auf, befreite sie sich von ihren restlichen, verschwitzten Kleidern und ging ins Bad. Kaum stand sie unter Dusche, folgte er ihr. Nackt glitt er hinter sie und seifte sie ein. Sie genoss diese Form der Reinigung sehr, drehte den Hahn noch stärker auf und ließ das Wasser ausgiebig über ihren erhitzten Körper laufen. Plötzlich spürte sie sein aufgerichtetes Glied zwischen ihren Pobacken. Er drückte ihren Oberkörper gegen die Wand und sie machte in dieser Nacht eine weitere Erfahrung, wenngleich eine durchaus schmerzhafte.

Ihren Kopf an seine schützende Schulter gebettet, dämmerte sie in einen süßen Schlaf, der sie mit reichlich Träumen belohnte. Ausnahmsweise kamen Schlangen darin nicht vor. Am Morgen nahmen sie ein ausgiebiges Frühstück im liebevoll gedeckten Salon des Hotels zu sich. Nur wenige Gäste taten es ihnen gleich und so galt ihnen die ganze Aufmerksamkeit der Kellner.

Beim zweiten Espresso fragte Robert: „Wie geht es dir heute?"

Christina antwortete ehrlich: „Es geht mir gut, wie lange nicht mehr. Danke für eine kurze wunderbare Nacht."

Ihre Glieder taten ihr weh, aber das machte ihr nichts aus.

Mit liebevoller Geste legte Robert den Arm um ihre Schultern, bevor er ihr ins Ohr flüsterte: „Ich werde dir so viel Glück schenken, wie du von mir haben willst. Du musst nur danach greifen und ich verspreche dir, dass dir keine Sekunde dieser Reise leidtun wird. Und wenn du danach noch Sehnsucht nach mir hast, werde ich dafür sorgen, dass wir uns häufiger sehen."

Sie sagte nichts, weil jedes weitere Wort den Zauber, der zwischen ihnen bestand, zerstört hätte. Stattdessen wandte sie sich zum Gehen. Den Vormittag verbrachten sie damit, verschiedene Schuhfabrikanten in der Umgebung Mailands aufzusuchen. Alle werkelten in kleinen oder mittleren Familienbetrieben, in denen Geschwister, Ehefrauen und Kinder mitarbeiteten. Christina hatte großen Spaß daran, mit den einzelnen Mitgliedern der Großfamilien italienisch zu sprechen. Die Fabrikanten zeigten ihr voller Stolz ihre Manufakturen, während Robert mit den Buchhaltern verhandelte. Sein Italienisch reichte dafür aus. Eigentlich war es besser, als er vorgegeben hatte. Christina fand bereits

Gefallen an dem Geschäft, das ihr neuer Freund betrieb. Sie zeigte sich sehr interessiert. Mittags wurden sie zum Essen in ein Dorfgasthaus eingeladen. Der letzte Schuhhersteller, den sie besuchten, hatte es sich nicht nehmen lassen, sie großzügig zu bewirten. Sofort standen Batterien von Flaschen, gefüllt mit Weinen verschiedenster Couleur und Mineralwasser auf dem großen Tisch. Nachdem der Kellner auch noch für staubtrockenes Brot in ausreichender Menge gesorgt hatte, nahm er die Bestellung auf. Die entpuppte sich als langwieriges Verfahren, weil alle durcheinander parlierten und mit ihren individuellen Sonderwünschen den armen Ober ins Schwitzen brachten. Der Gastgeber scherzte mit seiner achtköpfigen Verwandtschaft fröhlich und laut recht zweideutig über die 'fidanzata' und Robert ließ es sich lachend gefallen. Er hatte ihr erzählt, dass er in der Vergangenheit oft Begleiterinnen dabeigehabt hatte und Christina nahm an, dass auch die für die italienischen Gastgeber unter diesem Begriff firmiert hatten.

Üblicherweise kehrte Robert spätestens am zweiten Tag nach Deutschland zurück. Während dieser Reise jedoch entschied er, das Wochenende in Italien zu verbringen. Sie reisten nach Gardone am Gardasee und quartierten sich im '*Grandhotel*' ein, einer noblen Luxusherberge am Westufer des Sees. Den Vormittag verdösten sie auf weich gepolsterten Liegestühlen mit Blick auf das Wasser und schauten den unzähligen Segelbooten zu, die ihre Bahnen zogen. Mittags nahmen sie einen leichten Lunch zu sich und am späten Samstagnachmittag brachen sie in ein kleines Dorf in den Bergen auf, um dort den Abend zu verbringen. Unterwegs hielt Robert unvermittelt an einem Olivenhain. Er stieg aus, öffnete die Beifahrertüre und nahm Christina an der Hand: „Komm, ich will dir was zeigen."
Willig ließ sie sich führen in der wohligen Vorahnung, dass es nur Angenehmes sein konnte, was er ihr zeigen wollte. Sie

kletterten über den niedrigen Zaun, der die Olivenbäume umschloss. In der Mitte des Feldes ließen sie sich ins weiche Gras fallen und beschnupperten einander wie zwei verspielte Kinder. Robert küsste ihr Haar mit einer liebevollen Geste, die Christina selig erschauern ließ. Jede Berührung, die sie sich schenkten, zeugte von tiefer Intimität. Die Schmuserei Roberts erregte Christina. Was folgte, war ein weiterer erotischer Auszug aus Roberts vielseitigem Repertoire. Ihr lautes, anhaltendes Stöhnen unterbrach die anmutige Stille dieses Ortes wie ein Orkan. Als sie zur Ruhe gekommen war, rollte er sich neben sie und kitzelte mit einem Grashalm ihre Nase.

Dabei lächelte er sie voll zärtlicher Fürsorge an: „Ich kann mich nicht erinnern, jemals so glücklich wie jetzt gewesen zu sein. Ich wünschte mir, es ginge dir genauso oder bereust du es schon, mit mir nach Italien gefahren zu sein?"

„Aber ja, hast du das nicht bemerkt?" flachste sie ausgelassen.

Nachdem sie ihre Kleider wieder übergestreift hatten, lagen sie noch eine Weile im warmen Gras. Sie unterhielten sich über Christinas unangenehme und zähe Scheidung, die das unrühmliche Ende einer ebensolchen Ehe einläutete. Von Florian erzählte sie nichts. Roberts Nähe vermittelte ihr eine nie gekannte Geborgenheit. Er strahlte eine Sicherheit aus, nach der sie sich während ihrer langen Jahre mit Edgar immer gesehnt hatte. Mit Florian war sie nie so weit gekommen wie mit Robert bereits in einer einzigen Nacht.

Auf der Heimfahrt besprachen sie den Plan, das Geschäft in München zu übernehmen. Christina willigte ein, die Leitung der Filiale zu übernehmen, zumal sie davon ausging, dass Grünwald Konsequenzen ziehen würde, wenn er erfuhr, dass sie mit seinem Mandanten eine intime Beziehung eingegangen war. Sie sah auch ein, dass nicht nur das zu einem Problem werden würde, sondern auch die Tatsache, dass Grünwalds Kanzlei für Christinas Scheidung zuständig

war. Und es war auch nicht auszuschließen, dass ihr dort irgendwann einmal Florian über den Wege laufen würde.
Was Christina allerdings am meisten gefiel, war die Vorstellung, dass sie mit Robert zusammen sein konnte, ohne ihre jetzige Unabhängigkeit einzubüßen. Er würde in Berlin sein und sie in München. Noch war sie nicht bereit für eine ständige Zweisamkeit.
All diese Gedanken gingen ihr während der Rückfahrt durch den Kopf.
Als sie in München ankamen, fragte sie ihn: „Möchtest du noch eine weitere Nacht mit mir verbringen? Du würdest mich sehr glücklich machen."
„Ich hatte das Gleiche gedacht, hätte aber nicht gewagt, mich selbst einzuladen."
„So viel Zurückhaltung hatte ich von dir eigentlich nicht erwartet."
Sie fuhren nach Neuhausen und hielten vor Christinas Wohnung. Robert lud ihren Koffer, ein paar seiner Habseligkeiten und die Delikatessen, die sie in italienischen Feinkostgeschäften erworben hatten, aus.
Als er ihr Reich betrat, blickte er sich erstaunt um. Christina bemerkte diesen Blick, den sie bereits von anderen Besuchern kannte. Auch Violetta hatte diesen irritierten Gesichtsausdruck gehabt, als sie zum ersten Mal in ihrer Wohnung gestanden hatte.
„Es gefällt dir nicht bei mir, stimmt´s?"
Er wirkte wie ein ertapptes Kind.
„Nun ja, ich hatte mir dein Zuhause etwas anders vorgestellt."
„Du meinst, es sieht aus wie in einem Krankenhaus", insistierte sie in Anlehnung an Violettas Einschätzung.
„Ja, ein wenig. Aber wenn du dich hier wohl fühlst, dann gefällt es auch mir."
Christina fühlte sich tatsächlich wohl in ihrer Behausung. Nichts Überflüssiges störte den von ihr gewünschten

Gesamteindruck. Die letzten dekorativen Elemente hatte sie einen Monat nach Florians Fortgang entfernt. Cleanweiß dominierte. Das Sofa, das Bett, die Vorhänge, Teppiche soweit vorhanden, elektronisches Gerät und die Küchenausstattung, praktisch alles strahlte schneefarben.

Er bemerkte, dass Christina etwas enttäuscht über seine Äußerung war und umarmte sie.

„Es tut mir leid, dass ich das gesagt habe. Du bist eine extrem sinnliche Frau und deshalb hatte ich eine ebensolche Einrichtung bei dir erwartet. Das Sterile passt irgendwie nicht zu dir. Aber lieber so, als umgekehrt."

Er machte sich daran, das Abendessen aus den italienischen Delikatessen zuzubereiten. Sie half ihm dabei, wobei ihre Anstrengungen sich vor allem auf das Wegräumen von Tüten, Schächtelchen, weiteren Verpackungen und Abfällen beschränkten.

Als er fertig war, setzten sie sich in ihr kleines Wohnzimmer an einen Tisch, über den sie eine weiße Tischdecke gebreitet hatte.

„Du hast nicht zufällig Kerzen?"

Sie hatte keine mehr. Weggeworfen in der Nacht, in der Florian sie verlassen hatte. Christina fischte die Schals, die Robert ihr geschenkt hatte, aus ihrer Reisetasche und reichte sie ihm.

Er drapierte sie über eine Stehlampe. „Man merkt, du hattest schon lange keinen Besuch mehr. Wenn ich wiederkomme, bringe ich all das mit, was unser Zusammensein noch aufregender gestaltet. Und wenn es dir ernst ist, lasse ich bis dahin einen Vertrag für die Übernahme des Schuhgeschäfts für dich vorbereiten. Grünwald kann das in der Zwischenzeit erledigen."

„Ich denke schon, dass ich das möchte. Wie würde unsere Zusammenarbeit aussehen?"

Er fischte sich ein Stück Parmaschinken von der weißen Platte und rollte sie genussvoll auf einem Stück Brot zusammen, auf das er anschließend eine Scheibe Mozarella schichtete.

Während er damit beschäftigt war, erklärte er seinen Plan.

„Wie ich dir schon angeboten habe, erwirbst du die Rechte aus dem Franchise-Vertrag in der Westenrieder Straße. Das bedeutet, alle Verträge laufen auf deinen Namen, das Risiko auf mich. Ich zahle die Abfindung an den Vorbesitzer des Ladens. Was mir vorschwebt, ist ein Nobelgeschäft, luxuriös und teuer. Die exponierte Lage in der Westenrieder Straße bietet sich dafür an, sie ist nicht unbedingt High End, aber für einen ersten Versuch durchaus geeignet. In unseren Läden wird bislang ausschließlich Mittelklasse verkauft – gute Qualität, aber nichts Besonderes. Diese Ausrichtung hat sich in langen Jahren bewährt und deshalb möchte ich daran vorerst nichts ändern. Darüber hinaus spricht nichts dagegen, eine weitere Franchisekette im gehobenen Segment aufzubauen. Und du kannst mir dabei helfen. Du erhältst – wie ich dir schon in Italien vorschlug - ein Fixgehalt und zusätzlich bist du am Umsatz beteiligt. Eine ausreichende Schulung lasse ich dir ebenfalls angedeihen, damit du nicht gänzlich unvorbereitet ins kalte Wasser springen musst."

„Das hört sich sehr gut an. Sprichst du mit Grünwald darüber?"

„Gleich morgen früh, bevor ich nach Berlin zurückkehre."

Er schob ihr sein Parmaschinken-Gesamtkunstwerk in den Mund und küsste sie.

Nach dem Essen half er ihr beim Aufräumen und als die Küche endlich wieder so aussah, wie der Arbeitsraum eines pathologischen Instituts, bat Robert:

„Lass uns zu Bett gehen. Ich bin hundemüde und habe morgen eine lange Rückreise vor mir."

Um seine Worte zu unterstreichen, gähnte er ausgiebig.

„Geh du schon mal ins Bad, ich räume noch meinen Koffer aus."

Sie konnte es kaum erwarten, ihm Gesellschaft zu leisten und beeilte sich mit der Nachttoilette. Als sie ans Bett trat, merkte sie, dass er bereits schlief.

*

Etwa eineinhalb Jahre bevor Christina Robert kennenlernte, gebar Nadja per Kaiserschnitt ein Mädchen. Seit ihrem Zusammenbruch im letzten Herbst hatte sie nicht wieder getrunken. Es war ihr schwer gefallen, aber sie hielt durch und darauf war sie stolz.
Florian war während der langen Monate, in denen es ihr zeitweise sehr schlecht ging, kaum von ihrer Seite gewichen. Wann immer er konnte, arbeitete er zu Hause, um in ihrer Nähe zu sein. Ihre Alkoholabstinenz war ihm nicht entgangen und deshalb gab er sich alle Mühe, seinen Teil zum Gelingen ihrer Ehe beizutragen.
Sie waren einander wieder näher gekommen, wenngleich immer noch eine unsichtbare Barriere zwischen ihnen stand. Die alte Leidenschaft wollte sich nicht einstellen.
Sie tauften ihr Baby auf den Namen Nina. Florian wollte es gerne Luise in Erinnerung an seine verstorbene Mutter nennen, aber Nadja lehnte diesen Namen kategorisch ab.
Das Kind veränderte Florian völlig. Er wurde ganz liebender und stolzer Vater. Seine freie Zeit - er nahm sich jetzt noch mehr frei als während Nadjas Schwangerschaft - verbrachte er mit Nina. Fotos seines Babys kramte er bei jeder Gelegenheit aus seiner Brieftasche, um sie überschwänglich Freunden und Geschäftspartnern zu zeigen.
Nadja fühlte sich nicht so sehr der Mutterrolle verpflichtet, wie sie ursprünglich geglaubt hatte. Sie konnte mit dem kleinen Wesen nicht allzu viel anfangen. Wenn es nachts schrie, stand Florian begeistert auf, um es zu beruhigen. Sie hielt sich die Ohren zu und hoffte auf ein Ende der Lärmbelästigung. Falls er ihre Gleichgültigkeit

wahrgenommen hatte, ließ er sich nichts anmerken. Vielleicht war es ihm ja sogar egal, wie sie sich verhielt. Nadja fühlte sich in Gegenwart ihres überglücklichen Mannes und des Kindes immer etwas überflüssig, fast störend. Sie war eifersüchtig und sie vermisste ihren Job mehr als je zuvor.

Einmal wöchentlich kam eine Babysitterin vom Studentendienst, damit Nadja und ihr Mann etwas unternehmen konnten. Nadja freute sich immer sehr auf diesen Tag. Es war der einzige, an dem sie sich um ihr Aussehen kümmerte. Und wenn sie mit ihren umfangreichen Pflegemaßnahmen fertig war, sah sie fast so hinreißend aus wie früher. Durch die Geburt war sie etwas aus der Form geraten, ein Umstand, der sie für Florian nicht begehrenswerter machte. Während der Woche trug sie ausgebeulte Jeans und verwaschene Sweatshirts, wenn sie sich überhaupt anzog. An kühlen Tagen wärmte sie sich mit bequemen Strickjacken oder weiten Blusen, die sie lose über ihren lappigen Hosen trug. Sie verabscheute sich dafür, dass sie sich so gehen ließ, aber der Verzicht auf hochprozentige Seelentröster forderte ihr eine derartige Disziplin ab, dass es ihr nicht gelang, weitere Leistungen zu erbringen. Dieses Defizit bekam auch das Kleinkind zu spüren.

An einem Abend, an dem sie ausgehbereit auf die Babysitterin warteten, erklärte Florian:

„Ich habe eine Haushaltshilfe eingestellt."

Es klang beiläufig.

„Was hast du? Wir haben eine Putzfrau und einmal pro Wochen kommt ein Mädchen, das auf Nina aufpasst. Wozu brauchen wir jetzt auch noch eine teure Haushälterin?"

Florian lächelte.

„Wozu wohl? Ich möchte öfter mit dir ausgehen. Außerdem weiß ich, dass du darunter leidest, wegen des Kindes ständig ans Haus gebunden zu sein. Frau Weber wird sich nicht nur um den Haushalt kümmern, sondern auch um die Babypflege – natürlich nur soweit du das möchtest."

Eine verlockende Aussicht, darin musste Nadja ihrem Mann zustimmen.

Die Türglocke tönte. Nadja öffnete und begrüßte das Kindermädchen. Glücklicherweise war es das Gleiche wie beim letzten Mal, und so musste Nadja nicht viel erklären.

Sie fuhren zu einem Restaurant in der Nähe. Im Auto fragte Nadja.

„Wie bist du an unsere neue Perle gekommen?"

„Dir gefällt die Idee, nicht wahr?"

Er sah sie von der Seite an, als sie nickte.

„Ja. Ja, sie gefällt mir sogar sehr. Aber das beantwortet noch nicht meine Frage."

„Ich hatte eine Annonce aufgegeben. Und sie war die erste, die sich gemeldet hat. Sie wird dir gefallen."

„Optisch oder in ihrer Art?"

Florian lachte.

„Sowohl als auch. Sie sieht nicht besonders aus, hat aber eine sehr warmherzige Ausstrahlung. Eifersüchtig musst du auf sie nicht sein, jedenfalls nicht, was das Äußere anbelangt."

„Hast du ihre Referenzen gesehen?"

„Nein, habe ich nicht. Interessieren mich auch nicht. In diesem Fall verlasse ich mich auf meinen Bauch."

„Hoffentlich ergeht es mir genauso. Wann darf ich sie sehen?"

„Sie kommt morgen."

„Und wenn sie MIR wider Erwarten nicht gefällt?"

„Dann lade ich die anderen Bewerberinnen ein und du entscheidest dich für eine von ihnen."

Susanne Weber gefiel ihr. Gefiel ihr sogar auf Anhieb, denn sie war – wie Florian sie beschrieben hatte – ein warmherziger, mütterlicher Typ, nur wenig älter als Nadja und ungebunden. Sie erzählte, sie habe eine Hauswirtschaftslehre absolviert und während ihrer

langjährigen Tätigkeit ständig auf die Kinder ihrer Arbeitgeber aufgepasst.
„Wir haben aber ein Baby zu versorgen", stellte Nadja fest, um den Unterschied zu normalen Kindern herauszustreichen.
„Es waren meist Babys, um die ich mich gekümmert habe. Junge Mütter sind oft überfordert, besonders dann, wenn sie ihr erstes Kind aufziehen", bemerkte Frau Weber lakonisch.
„Da bilde ich leider keine Ausnahme."
Die beiden Frauen wurden sich handelseinig und Frau Weber machte sich sofort ans Werk.

Während der Woche lief nun alles wie am Schnürchen, das Kind war versorgt und die Wohnung aufgeräumt. An den Wochenenden verlotterte sie, denn Nadja hatte wenig Sinn für elementare Dinge des Haushalts.

Susanne half ihr umsichtig und sehr diskret. Jedenfalls erwähnte sie Florian gegenüber nie, dass Nadja sich ungeschickt beim Windelwechseln und all den anderen Tätigkeiten, die mit der Betreuung eines Babys verbunden waren, anstellte. Speziell ihre Verschwiegenheit war die Eigenschaft, die Nadja am meisten an ihrer neuen Haushaltshilfe schätzte. Darüber hinaus erledigte Susanne Besorgungen, fuhr mit dem Kind spazieren und kümmerte sich um jede Menge Kleinigkeiten, die Nadja das Leben erleichterten.

Die Beziehung zu Florian verschlechterte sich trotz des Kindes, oder vielleicht gerade deswegen. Ihre Ehe, die sie mit ihrer Schwangerschaft zu retten versucht hatte, geriet mehr und mehr zu einem Desaster. Florian wurde ihr immer fremder und sie ihm offenbar auch. Ihre Ausgeh-Abende verkamen zu lieblosen Goodwill-Touren seinerseits, die wohl einzig dem Zweck dienten, sie vor einem Rückfall in die Niederungen ungezügelten Saufens zu bewahren. Wobei

Florian dabei höchstwahrscheinlich mehr Angst um das Baby, als um Nadja hatte.

Sie fühlte sich zurückgestoßen und verletzt, wenn er im Freundeskreis behauptete, Nina sei die wichtigste Frau in seinem Leben.
Eines Abends, nachdem er ausgiebig mit Nina gespielt hatte, kam er unerwartet in Nadjas Zimmer, das er unter normalen Umständen nicht betrat. Weil Nadja selten Lust verspürte, dem väterlichen Treiben Florians beizuwohnen, verbrachte sie diese Zeit am liebsten in ihrem düsteren Kabinett mit den welkenden Pflanzen und den meist geschlossenen indigoblauen Samtvorhängen. Der Raum war überheizt, die verrauchte Luft stand, aber sie störte sich nicht daran. Aus dem Tablet dröhnte laute Rockmusik. Florian stellte als erstes die Musik leise.
Er wirkte sehr bedrückt, als er den niederschmetternden Satz ausstieß: „Ich kann es nicht länger ertragen, dass du dich so gehen lässt!"
Abrupt drehte er sich um und ließ sie allein. Nadja hörte noch, wie er Frau Weber zurief, dass er außer Haus essen würde und sie sich doch bitte um das Kind kümmern möge, bevor er die Wohnung verließ.
Nadja war wie betäubt. Die demütigende Wahrheit, die er ihr eben ins Gesicht geschleudert hatte, riss sie mit einem Schlag aus ihrem trägen Selbstmitleid. Schockartig drang es in ihr trübes Bewusstsein, dass sie sich zusammenreißen musste, wenn sie ihren Mann nicht endgültig verlieren wollte. Florian würde sich gewiss nicht scheuen, ihr Nina wegzunehmen. Sie wusste nur zu gut, dass er als Anwalt die besseren Chancen hatte und Florian war alles andere als sanftmütig. Auf Dauer würde nicht einmal das Kind der Grund seines Bleibens sein. Eher trat das Gegenteil ein, er würde Nina vor ihrer nichtsnutzigen Mutter zu schützen trachten.

Sie suchte nach der Flasche Rotwein und den Korkenzieher, die sie in der untersten Schublade ihres Sekretärs versteckt hatte. Für Notfälle. Die Schublade war verschlossen und wo der Schlüssel lag, hatte sie vergessen. Egal. Sie nahm einen Brieföffner und zwängte ihn in die Schublade, die sie mit Gewalt rausdrückte. Dann zog sie die Flasche heraus und entkorkte sie ungeduldig, wobei sie die Hälfte des Korkens in die Flasche bröselte. Sie fühlte sich etwas wackelig auf den Beinen, als sie nach einem Glas Ausschau hielt. Es war die blanke Wut, die sie so zittern ließ. Sie fand in der obersten Schublade einen Plastikbecher, in dem sie Münzen und Büroklammern aufbewahrte. Den leerte sie und füllte ihn mit dem Wein. Dann ließ sie sich auf das Sofa plumpsen und kippte den bis zum Rand gefüllten Becher in ihre trockene Kehle. Als sie die Flasche zur Hälfte geleert hatte, ging es ihr besser. Viele Dinge sah sie plötzlich in einem klareren Licht. Nein, sie würde auf keinen Fall zulassen, dass Florian sie verließ. Nicht nach allem, was sie auf sich genommen hatte, um diese Beziehung zu retten.

Sie suchte nach der Visitenkarte, die Leopold ihr überlassen hatte. Dann wählte sie die Nummer des Sanatoriums in Kilchberg, weit weg genug von zu Hause. Zu gerne hätte sie gewusst, wie Leo zu dieser Karte gekommen war.

Am nächsten Morgen leistete sie ihrem Mann beim Frühstück Gesellschaft. Er sah sie verwundert an, als sie ordentlich gekleidet, dezent geschminkt und frisch frisiert in der Küche erschien.

„Geht es dir nicht gut?" fragte er mehr überrascht als boshaft.

„Es geht mir nicht gut, nein. Nichts passt zusammen und ich halte das auch nicht länger aus. Gestern habe ich in einer Klinik angerufen und um einen Termin gebeten. Hättest du etwas dagegen, wenn ich mich für vier Wochen ausklinke?"

Florian sah sie immer noch völlig verdutzt an.

Er brauchte einen Moment, um das zu verarbeiten, was sie gesagt hatte.

„Was für eine Krankheit quält dich denn?" fragte er unsinnigerweise, denn eigentlich sollte er wissen, was seine Frau quälte.
„Ich bin alkoholkrank", fuhr sie ruhig fort, „und keineswegs geheilt. Ohne professionelle Hilfe werde ich nicht gesund."
Sie achtete darauf, dass ihm bewusst wurde, dass sie krank war und nicht einfach nur unbeherrscht.
„Ich habe nicht gewusst, dass es so schlimm um dich steht und es tut mir leid, dass ich so unachtsam war. Wir werden eine Lösung finden für Nina, während du weg bist. Wo ist diese Klinik?"
Er schien ernstlich besorgt und Nadja war ihm dankbar dafür.
„Sie ist in der Schweiz in der Nähe von Zürich. Ich habe im Internet recherchiert und bin auf dieses Sanatorium gestoßen."
Wieder eine Lüge und hoffentlich die letzte.
„Soll ich dich hinbringen?"
„Nein, das ist nicht nötig. Ich möchte es dieses Mal alleine schaffen. Kümmere du dich um unser Kind. Das braucht dich weit mehr als ich."
Sie dachte daran, dass auch das nicht ganz stimmte.

Sie hatten eine Lösung für Nina gefunden und Nadja brach nach Kilchberg auf. Um das Kind kümmerten sich während ihrer Abwesenheit Susanne Weber und eine Studentin, die in ihrer Wohnung im Gästezimmer übernachtete. Florian fühlte sich durch die Abwesenheit seiner Frau geradezu befreit. Die letzten Monate war sie ihm mehr als einmal auf die Nerven gegangen. Seine Kollegen brachten großes Verständnis dafür auf, dass er das Büro oft schon am frühen Nachmittag verließ, um sich um das Baby zu kümmern. In seinem häuslichen Arbeitszimmer ging ihm die Arbeit locker von der Hand. Er liebte diese Ruhe, die auch durch Ninas undefinierbare Laute nicht gestört wurde. Jeder Ausdruck von Lebhaftigkeit freute ihn bei ihr. Sie war jetzt fast ein Jahr alt und wirkte oft verstört, wenngleich sie wenig schrie. Es war eher ein klägliches, lang anhaltendes Wimmern, das sie von sich gab. Tina, die Studentin mit Erfahrung im Babysitting, ging sehr umsichtig mit Nina um. Sie schenkte dem Mädchen die Zuneigung, die ihm von der Mutter verweigert wurde.

Florian hatte mit Nadja vereinbart, dass sie während ihres Aufenthaltes in der Entzugsklinik auf jeglichen Kontakt verzichteten. Florian fand diese Lösung gut. Er merkte, dass er seine Frau kaum vermisste und das fand er bemerkenswert. Ehe er sich versah, waren die vier Wochen vorüber. Seinetwegen hätte sie ein halbes Jahr wegbleiben können - oder überhaupt für immer. Das beschämte ihn und er ertappte sich dabei, dass er wieder häufiger an Christina dachte, die er damals so unsanft aus seinem Leben befördert hatte. Manchmal verspürte er den Wunsch, sie anzurufen, unterließ es aber. Er hatte ihr genug angetan und damit jedes Recht auf Gnade verspielt. Außerdem wollte er seinem Kind ein guter Vater und seiner Frau endlich ein loyaler Partner sein.

Er fuhr zum Bahnhof, um sie abzuholen. Als sie auf ihn zueilte, erkannte er sie kaum wieder. Sie hatte sich in der kurzen Zeit sehr verändert, hatte abgenommen und sah so gepflegt aus wie früher. Strahlend fiel sie ihm in die Arme und er begehrte sie wie seit langem nicht mehr. Ein guter Start.

In dieser Nacht gingen sie sehr vorsichtig und behutsam miteinander um, so als wollten sie die zarten Bande der Versöhnung, die sie geknüpft hatten, nicht zerstören.

In den ersten Wochen nach ihrer Rückkehr riss Nadja sich zusammen. Es fiel ihr immer noch nicht leicht, nichts zu trinken, wenig zu essen und sich auch sonst zu disziplinieren. Abends, wenn Florian nach Hause kam, trug sie Kleider, Röcke und Blusen und war hübsch zurechtgemacht. Sie kümmerte sich aufmerksam um ihre Tochter, ging mit Florian regelmäßig ins Theater und besuchte Freunde. Nadja hörte ihrem Mann aufmerksam zu, wenn er über seine Arbeit sprach und gab ihm Ratschläge. Oft erkannte sie mit weiblicher Intuition Probleme und fand Lösungen, auf die er nicht gekommen war. In solchen Momenten erinnerte sie ihn an Christina, die ihn damals durch ihre bestechende Logik und ihre profunden Kenntnisse fasziniert hatte. Seltsamerweise überkam ihn diese schmerzliche Sehnsucht nach ihr immer öfter, seit Nadja sich so abmühte.

Um die Erinnerung an seine Geliebte zu verdrängen, kümmerte er sich noch intensiver um Nina, deren Fortschritte ihn mehr als alles andere interessierten. Endlich lernte sie laufen, aber leider sprach sie kaum. Sie gab weiterhin nur undefinierbare Laute von sich. Er machte sich große Sorgen. Vielleicht hatte Nadjas Alkoholsucht mit dieser Störung zu tun. Um das herauszufinden, vereinbarte er einen Termin bei ihrem Kinderarzt.

Als er fand, dass es an der Zeit war, fragte er Nadja: „Wie ist es in der Klinik gelaufen? Was haben Sie über die Ursache deiner Sucht herausgefunden? Du hast mir bis heute nichts darüber erzählt."

Sie wand sich. Das Thema war ihr sichtlich unangenehm.

„Bitte lass mir etwas Zeit. Die Therapie war qualvoll und momentan fühle ich mich noch nicht in der Lage, darüber zu sprechen."

Nicht einmal zwei Monate hielt Nadja durch. Dann verlor sie die Lust, sich jeden Nachmittag aufzuputzen. Das blaue Samtsofa in ihrem Zimmer war erneut zum Zufluchtsort phlegmatischer Tagträume mutiert. Eine angebrochene Flasche Cognac stand auf dem kleinen Tischchen neben der Couch. Zwischenzeitlich war sie - unbemerkt von Florian - zu härteren Sachen übergegangen. Die Türe ihres Zimmers hatte sie unter dem Vorwand, unter Kopfschmerzen zu leiden, verriegelt. Ihr ging die ständige Anwesenheit Frau Webers auf die Nerven. Andererseits war sie froh, dass jemand für Nina sorgte, während sie sich ihren Dämmerzuständen hingab. Sie hatte sich damit abgefunden, dass das Kind keine Bereicherung ihrer Ehe war.

Alle Anstrengungen, diesen Zustand zu ändern, waren fehlgeschlagen. Florian gab sich große Mühe, ihr vorzugaukeln, dass er sie liebte, vielleicht glaubte er es sogar, sie aber spürte, dass er ihr längst keine tieferen Gefühle mehr entgegenbringen konnte. Der Kampf um ihn laugte sie völlig aus. Sie fühlte sich nutzlos, ausgebrannt und leer. Während sie sich einmal mehr in Selbstmitleid suhlte, sank sie ganz allmählich in ihren ersehnten Dämmerschlaf, aus dem sie durch lautes Klopfen jäh gerissen wurde.

Florian hämmerte wie ein Berserker an ihre Tür. Sie blickte auf die Uhr und erschrak. Draußen war es bereits dunkel. Schnell verstaute sie die leere Flasche und das Glas hinter dem Sofa, ordnete ihr Haar und öffnete dann die Türe.
Florian war weiß vor Wut, als er sie anschrie. „Was ist los mit dir, wie siehst du überhaupt aus? Wenn du glaubst, ich merke nicht, dass du wieder säufst, dann irrst du dich gewaltig! Langsam habe ich genug von dir und du kannst davon ausgehen, dass ich das Kind mitnehme, wenn ich mich von dir trenne. Und dann kannst du meinetwegen in der Gosse enden."

Er keuchte, als er fertig war.

„...langsam habe ich genug von dir und du kannst davon ausgehen, dass ich das Kind mitnehme, wenn ich mich von dir trenne. Und dann kannst du meinetwegen in der Gosse enden...", äffte Nadja ihn nach.

Sie hatte die Nase voll von seinen Beschimpfungen und Drohungen.

„Warum legst du immer die gleiche Platte auf? Sie ist so ermüdend. Und wenn du auch nur den Versuch wagst, mir das Kind wegzunehmen, versichere ich dir, wirst du dein blaues Wunder erleben ", lallte sie und bewegte sich schwerfällig an ihm vorbei ins Badezimmer.

Sie verschloss die Tür. Plötzlich kullerten ihr Tränen über das Gesicht. Hemmungslos fing sie zu weinen an, geschüttelt von krampfartigem Schluchzen. Nach einigen Minuten war der Spuk vorüber. Nachdem sie ihre Mundhöhle gründlich gereinigt und mit Odol anhaltend nachgegurgelt hatte, wusch sie sich das Gesicht und legte Make-up auf, so gut es eben ging, bei ihren verheulten, dicken Augen. Dann ordnete sie ihre verrutschten und zerknautschten Kleider. Als sie aus dem Bad trat, stellte sie fest, dass Florian das Haus verlassen hatte - so wie immer, wenn er mit ihr gestritten hatte. Wie bequem für ihn.

Die Digitalziffern der Uhr zeigten Mitternacht an. Nadja lauschte den unvermindert anhaltenden Abrollgeräuschen von Autoreifen auf regennassem Asphalt. Sie lag in seinem Schlafzimmer und wartete auf ihn. Das seidene Nachthemd, das er ihr vor zwei Jahren geschenkt hatte, trug sie zum ersten Mal.

Er kehrte erst gegen ein Uhr morgens zurück. Offensichtlich hatte auch er getrunken, denn er bemerkte Nadjas Anwesenheit nicht. Erst als er sich zu ihr legte, schien er ihren Duft wahrzunehmen. Er drehte sich überrascht um zu ihr. Sie umschlang ihn mit aller Kraft, um zu verhindern, dass er sich ihr entwand. Dann küsste sie jede Stelle seines rauen Gesichtes. Er gab nur leise Laute von sich und begann seinerseits ihr Gesicht abzuschlecken. Sie schnurrte selbstvergessen wie eine Katze in der warmen Sonne, als sie seine feuchte Zunge auf ihren Lidern und ihren heißen Wangen spürte. Sanft löste sie ihre Arme von ihm, damit er seine orale Lustreise über den Rest ihres erhitzten Körpers fortsetzen konnte. Ihre Brustwarzen richteten sich steil auf, während er ihren Körper durch den dünnen Stoff liebkoste. Als er ihre Grotte erreicht hatte, stöhnte sie vor Wollust. Er bat sie, sich auf den Bauch zu drehen. Sie fühlte seinen Mund und seine Hände, die sie von hinten erst sanft und dann wieder grob bearbeiteten. Sie loderte vor Verlangen. Endlich erlöste er sie. Nachdem sie ihre Hitze ein wenig abkühlen hatten lassen, taumelten sie erneut in einen Rausch aus Sinnlichkeit und Gier. Ein weiteres Mal nahm er sie mit einer wütenden Gewalt, die sie aufschreien ließ. Dann setzte sie sich auf ihn, während er mit dem Rücken auf dem Bett lag und ritt auf ihm, bis beide ein zweites Mal zum Höhepunkt kamen. Ihr zartes Nachtkleid war längst zerrissen. Erschöpft und zufrieden schliefen sie aneinandergeschmiegt ein.

Morgens, kurz nach dem Aufwachen erinnerte sie sich mit Wehmut an die vergangene Nacht, die nur ein kurzes Aufflackern einer lange erloschenen Leidenschaft gewesen war. Sie ahnte, dass sie ihn damit nicht zurückgewinnen konnte. Wann eigentlich hatte er aufgehört, sie zu lieben? Und hatte sie ihn je geliebt? War sie überhaupt fähig, zu lieben? Sie war sich nicht sicher. Leopold tauchte immer öfter in diesen wirren Gedankenspielen auf. Sie vermisste ihn und sie konnte ihre Gefühle für ihn nicht benennen. Was wollte sie eigentlich? Den Vater ihres Kindes oder den anderen? Aber selbst, wenn sie diese Frage hätte beantworten können, hätte sie nicht gewusst, wie sie aus ihren Wünschen Taten formen konnte.

Ihr Zusammenleben reduzierte sich nach dieser Nacht auf Extreme, Zwischentöne gab es nicht mehr. An manchen Tagen fühlte Nadja sich in Hochstimmung, die auch ihren Mann ansteckte und an anderen Tagen verfiel sie in Agonie und auch die schien er zu spüren. Denn er kam später nach Hause, wenn sie diese Zustände hatte. Sie trank immer maßloser, anfangs eine halbe Flasche Gin pro Tag, später eine ganze. Dieses Getränk zog sie zwischenzeitlich Cognac vor, weil es relativ geruchsneutral war.

An einem schwülheißen Julitag fand Nadja in ihrer Post einen länglichen seidengefütterten Brief, auf dem in kindlicher Schönschrift ihre Anschrift gekritzelt war. Er enthielt eine Einladung zur Hochzeit von Violetta Schnitzler und Dr. Albert Schulz. Nachdenklich drehte sie die Karte in ihrer Hand. Die beiden hatte sie seit der Verlobungsparty vor mehr als zwei Jahren, an die sie sich lediglich schwammig erinnerte, nur wenige Male gesehen. Und immer hatte sie den Eindruck gehabt, dass die Beiden überhaupt nicht zusammen passten, Albert der biedere, eingefleischte Junggeselle und Violetta, die grelle, personifizierte Üppigkeit. Sie hatte Albert insgeheim immer für schwul gehalten. Umso überraschter war Nadja jetzt, dass die beiden es tatsächlich miteinander versuchen wollten.
Wohl oder übel musste sie Florian zur Hochzeit des ungleichen Paares begleiten. Schließlich war Dr. Schulz nicht nur sein Partner sondern auch ein Freund des Hauses

und er hatte seinerzeit ihrer Eheschließung beigewohnt. Nadja hasste Hochzeiten generell und diese ganz besonders. Florian freute sich über die Einladung. Er wusste seit längerem, dass sein Freund beabsichtigte, Violetta Schnitzler zu heiraten. Dass Albert sein Vorhaben so schnell in die Tat umsetzte, hatte er allerdings nicht erwartet.

Florian entging nicht, dass seine Frau keinen Gefallen an der Idee fand, an dieser Veranstaltung teilzunehmen.

„Du hast Angst, stimmt´s?"

Nadja reagierte nicht.

„Angst, dass du einmal mehr die Kontrolle verlierst", fuhr er fort und musterte sie eindringlich.

Sie nickte.

„Du kannst dich aber nicht für den Rest deines Lebens in deinem düsteren Zimmer verkriechen. Möchtest du es nicht wenigstens versuchen, dich einen ganzen Abend lang zusammenzureißen? Es wäre ein erster Schritt zurück ins Leben."

„Du meinst, so wie nach meinem Aufenthalt in der Schweiz."

Florian drückte Nadjas Kopf an seine Schulter.

"Ich habe dir versprochen, dass ich dir helfen werde und an dieses Versprechen versuche ich mich zu halten."

*

Seit einem halben Jahr war sie nun Inhaberin eines exklusiven Schuhhauses in bester Lage. Und sie hatte Erfolg.

Nach zähen Verhandlungen, an denen sich auch Roberts Kontrahent beteiligt hatte, verkaufte Frank Zottel den Schuhsalon endlich an Kleeberg – oder besser gesagt – an Christina Ohlert. Die Abstandssumme, die Zottel gefordert hatte, war durch die rege Nachfrage diverser Interessenten gewaltig gestiegen. Nach Grünwalds Intervention einigte sich Zottel mit Christina auf einen erschwinglichen Preis, der letztendlich dem Wert des Geschäfts entsprach. Robert übernahm alle Kosten, die offiziell als Kredit an Christina verbucht wurden.

Es hatte weiteren Ärger gegeben, weil Schrader nicht ganz zu Unrecht Kleeberg hinter der Transaktion vermutete. Dass die neue Inhaberin die Geliebte seines Kontrahenten war, musste Schrader nicht unbedingt erfahren. Und dass Schrader bei Zottel letztendlich nicht zum Zug gekommen war, führte Robert auf dessen prekäre Finanzlage zurück, maßgeblich durch die Abfindung an seinen ehemaligen Partner verursacht. Im Übrigen widersprach es der Vereinbarung, die beinhaltete, dass Schrader künftig alle Geschäfte via Internet abwickeln sollte.

Nach diesen Querelen erfolgte die Übergabe unproblematisch. Grünwalds Kanzlei lag nur einen Katzensprung von Christinas neuem Arbeitsplatz entfernt. Er und Christina hatten den Vertrag zusammen ausgearbeitet. Dr. Grünwald packte ihn in ein großes Kuvert und sie machten sich in Begleitung Kleebergs auf den Weg. Nach zehn Minuten hatten sie das elegante, etwas in die Jahre gekommene Geschäft erreicht. Dort verabschiedete sich Robert, denn er fand es heikel, sich dort sehen zu lassen, wenngleich es keinen Grund für diese Zurückhaltung gab. Vielleicht wollte er Christina nicht die Schau stehlen.
Zottel erwartete die neue Besitzerin mit einem riesigen Blumenstrauß, den er ihr mit der schwungvollen Geste eines alten Grandseigneurs überreichte. Die beiden Verkäuferinnen, die Christina übernommen hatte, schenkten zur Feier des Tages Sekt aus. Grünwald nippte nur an seinem Glas. Er gesellte sich zu Christina, die sich voller Verzücken in ihrem neuen Reich umsah.

„Haben Sie sich schon Gedanken darüber gemacht, wie Sie das Ganze managen werden?"
Sie sah ihn fragend an, denn sie wusste nicht, was er im Detail meinte.
„Sie werden in München sein und Kleeberg lebt in Berlin. Glauben Sie, dass das auf Dauer gut geht?"
„Ich denke schon. Idealere Bedingungen kann man sich kaum wünschen. Robert fliegt alle zwei Wochen nach Italien zum Einkaufen. Auf dem Weg dorthin macht er in München Zwischenstation und wir fliegen zusammen weiter. Schließlich muss auch ich mich um den Einkauf von Schuhen und Taschen kümmern. Im Übrigen ist Berlin nicht am anderen Ende der Welt. In einer Stunde kann ich bei ihm sein. Wofür sind schließlich die Wochenenden gut?"
„Aha, ich verstehe", murmelte Grünwald, offenbar nicht ganz überzeugt von dem was Christina ihm erklärt hatte.
Sie war selbst nicht ganz überzeugt von ihren Ausführungen. Nach einer kleinen Pause bemerkte sie: „Wenn der Laden erst einmal läuft und ordentlich Umsatz erwirtschaftet, werden wir ihn mit möglichst hohem Profit losschlagen."
Grünwald lächelte sie bei diesen Worten voll väterlichen Mitgefühls an. Christina ließ sich durch diese etwas überhebliche Reaktion des Advokaten nicht aus der Fassung bringen, denn sie kannte sich mittlerweile gut mit Lederwaren aus. Robert hatte ihr enormes Wissen vermittelt und sie war - wie in der Vergangenheit - eine interessierte und gelehrige Schülerin gewesen. Nach ihrer ersten Italienreise mit Robert hatte sie ihren Job gekündigt und war für eine Weile zu ihm nach Berlin gezogen. Sie hatte bei ihm in der Zentrale zu arbeiten angefangen, um das Geschäft von Grund auf zu erlernen. Durch diese gemeinsame Tätigkeit hatten sie großes Verständnis und Vertrauen füreinander entwickelt. Sie waren fast vierundzwanzig Stunden täglich zusammen gewesen. Obwohl sie noch nie so hart gearbeitet hatte, gefiel Christina diese Zeit. Sie genoss die

Anerkennung, die Robert ihrer Arbeit zollte, sie schätzte seine aufrichtige Zuneigung und seine kleinen Zärtlichkeiten, die er ihr während der langen Tage schenkte.
Der einzige Wermutstropfen, der auf dieses Glück fiel, war der Umstand, dass er selten mit ihr schlief. Er erklärte diese Abstinenz mit Überarbeitung. Wenn er es doch tat, dann meistens an Orten, die für sexuelle Handlungen nicht vorgesehen und deshalb wenig geeignet waren. Da sie sich sonst gut mit ihm verstand, nahm sie dieses Manko hin.

Seit der Übernahme des Geschäfts lebte sie wieder in München und er flog wenigstens einmal pro Woche von Berlin nach München, um sie zu sehen.
Ihr Glück hätte eigentlich vollkommen sein können, wäre da nicht Edgar gewesen, der sich nicht durchringen konnte, die Scheidungspapiere zu unterzeichnen. Christina musste jeden Moment damit rechnen, dass er herausfand, dass sie zwischenzeitlich selbständig arbeitete und zu allem Überfluss auch noch gut verdiente.

Das war nicht ihre einzige Sorge. Eine weitere ergab sich in Form eines Kuverts, das sie nach einem langen, schwülheißen Arbeitstag im Briefkasten vorfand. Die kindliche Schönschrift kannte sie und sie ahnte, was der längliche, seidengefütterte Brief enthielt. Sie wurde nicht enttäuscht. Albert hatte sie seit der Verlobungsparty vor mehr als zwei Jahren nicht mehr gesehen und Violetta nur gelegentlich. Umsichtig hatte Violetta den Hinweis ´mit Begleitung´ auf die Karte gekritzelt
Christina plante, die Einladung abzusagen. Sie verspürte wenig Neigung, der Vermählung ihrer Freundin mit dem Kanzleipartner ihres Ex-Lovers beizuwohnen. Noch schlimmer allerdings war die Vorstellung, Florian und seiner Frau zu begegnen. Allein der Gedanke war unerträglich.

Robert stimmte sie um. Er freute sich so sehr darauf, einem bajuwarischem Hochzeitsgelage beizuwohnen, dass Christina ihm diesen Wunsch nicht abschlagen wollte, zumal sie ihm den Grund ihrer Aversion nicht erklären konnte.
„Sie ist deine beste Freundin. Jedenfalls nehme ich das an, da du Lisa, offenbar deine zweitbeste Freundin nie besucht hast, wenn du in Berlin warst."
Christina ging davon aus, dass Robert ihren Trick mit Lisa längst durchschaut hatte.
Sie rief Violetta an, um zuzusagen. Außerdem klärte sie sie über ein paar Neuerungen auf, die ihr Leben seit ihrem letzten Treffen grundlegend verändert hatten. Violetta war erst einmal sprachlos, als sie davon erfuhr. Mit dem Versprechen, ihr die Details ausführlich persönlich zu schildern, legte Christina auf.
Robert kam ein paar Tage vor dem Fest nach München, um sich dem Anlass entsprechend einzukleiden. Er holte Christina in ihrem Geschäft ab und sie schlenderten zu *Loden Frey*. In dem feinen Fachgeschäft für bayerische Trachten fand Christina ein königsblaues Kleid aus schwerer Seide, das am Oberkörper so eng anlag, dass es ihr fast die Luft raubte. Darunter trug sie ein enges Mieder, das ihren Busen nach oben presste, was bei dem tiefen Ausschnitt des Kleides sehr reizvoll aussah und von Christina durchaus beabsichtigt war. Dazu erstand sie eine türkisfarbene Satin-Schürze und passenden Trachtenschmuck.
„Du siehst ausgesprochen verführerisch aus. Hoffentlich stichst du die Braut nicht aus", witzelte Robert, als sie aus der Umkleidekabine trat.
„Die Braut ist auch ganz hübsch. Ich glaube nicht, dass ich eine Konkurrenz für sie sein werde. Schließlich ist sie oben herum verschwenderischer ausgestattet, als ich", lachte sie spitzbübisch.
Sie fand sich in dem langen Dirndl, das ihrem blonden Haar schmeichelte, außerordentlich anziehend. Ihr Haar

beabsichtigte sie, zu einem langen Zopf flechten zu lassen mit einer großen Samtschleife als krönender Zierde.
Die Nächte vor dem Fest verbrachten Robert und Christina in ihrer kleinen Wohnung, die dank Roberts Hilfe etwas gemütlicher geworden war.

*

Ihre standesamtliche Trauung fand am Donnerstag statt. Gefeiert wurde am Samstag. Die milde Temperatur des Spätsommers war ideal für einen Nachmittag im Freien. Unzählige Schäfchenwölkchen, hinter denen die Sonne keck hervorlugte, übersäten einen tiefblauen Himmel.

Die Gastgeber hatten ein rustikales Landgasthaus mit einer großen Terrasse am Tegernsee gemietet.

Die meisten Gäste waren der Vorgabe gefolgt und erschienen in edlen Seidendirndln und modischen Trachtenanzügen. Florian hatte am Abend vorher mit Albert und dessen Freunden den Abschied vom Junggesellendasein begossen.

Nadja trug ein extravagantes, farbenprächtiges Kleid, das entfernt an ein Dirndl erinnerte. Ihr Mann hatte es ihr extra für diesen Anlass gekauft.

Sie hatte sich einen Plan zurechtgelegt, die Strapazen dieses Festes würdevoll durchzustehen. Der gelang allerdings nur, wenn Florian an Nadjas Seite blieb und sich um sie kümmerte.
Sie sagte es ihm, als sie über die überfüllte Autobahn in Richtung Süden krochen.
"Du kannst mir heute beweisen, wie sehr du mich liebst."
"Wie meinst du das?" fragte er freundlich, während er sich auf den Verkehr konzentrierte.

"Ich meine, dass du dich an deine Zusage hältst. Auch wenn dir das schwer fällt. Ich kann sonst für nichts garantieren."
"Natürlich bleibe ich in deiner Nähe. Mach dir keine Sorgen. Aber auch du musst deinen Teil der Abmachung einhalten."
Nadja antwortete nicht. Sie schwiegen, bis sie die Einfahrt des Hotels erreicht hatten.
Bevor sie ausstiegen, drehte er sich zu ihr. Er schien ehrlich besorgt.
"Wirst du durchhalten?"
Sie lächelte tapfer. "Ja, ich denke schon."
"Ich kehre sofort um, wenn du dir nicht sicher bist."
Nadja schüttelte den Kopf. Florian nahm seine Frau in die Arme und wiegte sie sanft, bevor er ausstieg, um ihr aus dem Auto zu helfen.
„Gib uns eine Chance", bat er sie nochmal eindringlich und legte den Arm liebevoll um ihre schmale Schulter, als sie auf den Eingang zuschritten.

*

Christina lehnte an Roberts Schulter, als er den Wagen in Richtung Süden lenkte. Die Salzburger Autobahn war überfüllt und sie kamen nur im Schritttempo vorwärts. Seit sie die Einladung zu Violettas Hochzeit angenommen hatte, dachte sie ständig an Florian.

Sie war froh, dass sie verkehrsbedingt einen kleinen Aufschub erhielt, bevor sie ihn wiedersehen würde. Die sattgrüne, sommerliche Landschaft, die langsam an ihr vorbeizog, versetzte sie in einen seltsam schwebenden Zustand, der nicht so lange andauerte, wie sie es sich gewünscht hätte.

Als sie auf den Parkplatz des Hotels rollten, sah sie, dass sich eben Dr. Grünwald mit seinem moosgrünen Jaguar einreihte. Galant hielten die beiden Männer ihren Damen die Türen auf, um ihnen beim Aussteigen behilflich zu sein. Grünwald stellte seine Frau vor, eine kleine patente Person undefinierbaren Alters mit kurzen, rötlichen Haaren und einem einnehmenden Lächeln. Bewehrt mit überdimensionalen Paketen wanderten die beiden Paare die breite Auffahrt zum Haupteingang des Hotels hinauf.

Von weitem sah Christina die Braut, die wie immer quirlig die Szene beherrschte. Sie sah hinreißend aus in ihrer weißen Seidentracht. Ihr Prachtbusen drohte aus dem tiefen Ausschnitt zu kullern. Als sie ihre Freundin mit Anhang auf sich zukommen sah, stürzte sie ihr strahlend entgegen. Violetta war so aufgekratzt, dass sie kaum einen zusammenhängenden Satz herausbrachte. Nachdem sie den anderen höflich die Hand geschüttelt und dankbar deren Geschenke entgegengenommen hatte, umschlang sie Christina herzlich. Diese freundschaftliche Umarmung nutzte sie, Christina etwas zuzuflüstern.

"Ich habe eine Überraschung für dich."

Christina glaubte, eine ungefähre Ahnung zu haben, welcher Natur diese Überraschung war. Nun da sie ihm in wenigen Augenblicken gegenüberstehen würde, überfiel sie Panik. Auf dem Parkplatz hatte sie sich bereits suchend nach seinem Wagen umgesehen.

„Ach Violetta. Ich bin zu alt für diese Sorte von Überraschungen. Bitte erspar mir eine Begegnung, die wir alle bereuen würden."

„Es tut mir leid. Ich habe nicht gewusst, dass du immer noch nicht darüber hinweg bist."

Violetta blickte schuldbewusst zu Boden. "Ich werde versuchen, die Tischordnung zu ändern."

„Ich kann es einfach nicht glauben. Du selbst warst doch strikt gegen diese amoralische Verbindung. Offenbar hast du das vergessen. Du hast doch nicht wirklich geplant, mich jetzt mit ihm zusammen an einen Tisch zu setzen?"

„Leider doch. Deinen Freund und Nadja habe ich ebenfalls an einem Tisch untergebracht, weit weg von euch Beiden."

Christina konnte es nicht fassen. Was hatte Violetta sich dabei nur gedacht.

„Bitte bring das sofort in Ordnung. Andernfalls verlasse ich das Fest auf der Stelle!"

Christina war so wütend, dass sie einen roten Kopf bekam. Glücklicherweise war Robert mit Dr. Grünwald beschäftigt und bekam dieses Auseinandersetzung nicht mit.

Violetta versprach, sich darum zu kümmern und verschwand in Richtung der anderen Gäste.

Händchenhaltend schlenderte Christina mit Robert in den Garten. Dort erwarteten sie festlich gedeckte lange Tafeln. Die zahlreichen Gäste standen in losen Gruppen zusammen und plauderten. Über dem ganzen lag ein Hauch von Leichtigkeit und Lebensfreude.

Im Kreise einer dieser Cliquen entdeckten sie den Bräutigam, der in seinem modisch aufgepeppten Trachtenanzug ein wenig seltsam aussah.

Sie gratulierten Albert und stellten sich den übrigen Anwesenden vor. Stöhr war in Gesellschaft einer sehr jungen, sehr rassigen Begleiterin, nur von Dr. Schneider fehlte jede Spur. Zwischen Hoffen und Bangen starrte Christina in Richtung des Parkplatzes, der von dieser Stelle schwer einsehbar war.

Sie schien das Signal übersehen zu haben, denn plötzlich setzte eine allgemeine Bewegung ein. Die Gäste suchten nach ihren Plätzen, die durch Karten gekennzeichnet waren. Als sie die ihre endlich fand, packte Christina maßloser Zorn auf Violetta. *'Christina Kleeberg'* stand neben *'Dr. Florian Schneider'*. Schnurstracks marschierte sie zum Platz der Braut.

„Das ist gemein und hinterhältig von dir", zischte sie ihr böse, nur für sie verständlich ins Ohr.

Violetta sah sie ein wenig indigniert an.

„Ich bin noch nicht dazugekommen. Ich werde das Missverständnis gleich in Ordnung bringen."

„Außerdem heiße ich immer noch Ohlert, falls dir das entgangen sein sollte!"

Robert hatte die Platzkarte ebenfalls entdeckt. Er war zu ihr gestoßen und lächelte.

„Möchtest du mich heiraten?"

„Liebling, du weißt, dass ich noch verheiratet bin", schnurrte sie.

Sie war so verwirrt, dass ihr nichts Besseres zu Roberts Antrag einfiel.

„Ich meine es ernst. Aber jetzt suche ich erst einmal nach der zweiten Karte mit dem Namen Kleeberg und mit der setze ich mich dann neben meine künftige Frau."

Sie reichte ihm die Karte mit der Aufschrift *'Dr. Florian Schneider'* und sagte: „nimm die gleich mit und lege sie an die Stelle, an der deine Karte liegt."

„Das ist eine sehr gute Idee."

Mit der Platzkarte von Dr. Florian Schneider stapfte er davon.

Christina sah ihm nach und hoffte, dass er zurückkehrte, bevor das Ehepaar Schneider auftauchte.
Diese Hoffnung erfüllte sich nicht, denn plötzlich stand Florian vor ihr. Sie erschrak, weil er so unvorbereitet aufgetaucht war. Er begrüßte sie mit einem kurzen freundlichen Nicken, bevor er wortlos mit seiner Frau verschwand, um dem Brautpaar seine Aufwartung zu machen.

Nadja Schneider trug ein langes Mousseline-Kleid, mit einem bunten Blumenmuster. Sie sah damit wie ein unschuldiges Nymphchen aus, zart und hilfsbedürftig. Christina registrierte das mit einem Anflug von Eifersucht.

Nach der Gratulations- und Begrüßungszeremonie führte Florian das Neidobjekt zu einem abgelegenen Tisch, auf dem mittlerweile die Tischkarten in gewünschter Anordnung liegen sollten. Dort begrüßten sie Robert, der allem Anschein nach noch mit dem Austausch selbiger beschäftigt war. Sie sah, dass Robert auf sie deutete. Anscheinend erklärte er ihnen, in welcher Beziehung er zu Christina stand und deshalb unbedingt neben ihr sitzen wollte. Das Nymphchen nickte freundlich und sein Begleiter schien nach kleiner Diskussion ebenfalls einverstanden mit der neuen Platzanordnung.
Zufrieden kehrte Robert zu Christina zurück.
„Offenbar gab es ein kleines Durcheinander. Dieser Dr. Schneider und seine Frau waren ganz reizend und froh, dass ich ihnen die Arbeit des Kartentausches abgenommen habe."
„Haben sie das gesagt?"
„Ja, vor allem er war erleichtert, dass er neben seiner Frau sitzen durfte. Er scheint ein wenig eifersüchtig zu sein – na ja durchaus verständlich bei diesem Zauberwesen. Mir hätte es ja auch nicht gepasst, wenn du diesen Abend neben einem fremden Mann verbracht hättest. Kennst du die Beiden?"

Christina schluckte. „Sie ist die Ex-Kollegin meines Noch-Ehemannes und er ist mein Ex-Chef."
Robert sah sie verständnislos an. Sie hatte keine Lust, ihm jetzt ihre persönliche Leidensgeschichte zu schildern, ahnte aber, dass er irgendwann nachhaken würde.
„Es ist so kompliziert, dass ich dir das jetzt nicht in Kürze erklären kann."
Florian zu sehen, brach ihr das Herz. Sie war immer noch nicht darüber hinweg. Sie musste einen Weg finden, mit ihm zu sprechen und wenn es nur ein paar Worte waren, die sie mit ihm wechselte. Nach der Vorspeise erhob sie sich und entschuldigte sich für einen Moment. Robert stand höflich auf und setzte sich dann wieder. Sie hastete zur Toilette. Als sie heraustrat, wartete er auf sie.
„Du hast es also nochmal getan."
„Was?"
„Geheiratet. Oder ist Kleeberg dein Mädchenname und dieser Typ an deiner Seite dein Bruder?"
Florian sah gut aus. Trotz der kleinen Fältchen, die sich um seine grauen Augen eingegraben hatten oder gerade deswegen. Wäre sie nicht bereits in ihn verliebt gewesen, dann wäre er ihr spätestens jetzt zum Verhängnis geworden. Ihr wurde heiß in seiner Nähe.
„Ich heiße leider immer noch Ohlert und Violetta hat da anscheinend etwas verwechselt."
„Oder sie wollte uns einen Gefallen tun. Das mit den Platzkarten ist mir nicht entgangen und meine Frau hätte den Braten auch fast gerochen, wäre deine Freundin nicht so raffiniert gewesen, dir einen anderen Namen zu verpassen."
Florians Stimme brachte sie aus dem Gleichgewicht. Sie spürte, wie ihre Knie weich wurden und ihr Kopf rot.
„Violetta war in dieser Hinsicht schon immer recht kreativ. Das verdankt sie wohl der Branche, in der sie ihre Brötchen verdient."

Florian lachte und dieses Lachen war bezaubernd. Sie konnte sich nicht losreißen.

„Du siehst fantastisch aus."

„Deine Frau auch", entgegnete sie freundlich.

"Ja, wenn sie sich rausputzt, sieht sie ganz passabel aus. Ist dieser Strahlemann mein Nachfolger?"

„Ja, ist er. Ich bin sehr glücklich mit ihm. Du bist es anscheinend nicht, sonst hätte deine Bemerkung über deine Frau eben anders geklungen."

Sein eben noch strahlendes Gesicht verdüsterte sich.

„Es freut mich für dich, dass du endlich dein Glück gefunden hast."

Sie hätte so gerne die Arme um ihn geschlungen und ihn getröstet.

Stattdessen fragte sie: „Wie geht es deinem Kind?"

„Ich glaube nicht, dass es dich besonders interessiert, wie es unserer Tochter geht. Aber sei versichert, sie entwickelt sich prächtig. Wie sieht es bei dir mit Nachwuchs aus?"

„Ich habe mir so lange ein Kind gewünscht, vielleicht zu lange. Und jetzt habe ich keine Eile mehr damit."

Florian sah sie nachdenklich an. „Warum hast du dich eigentlich nie bei mir gemeldet?"

Christina schluckte. „Ich muss zurück, bevor meine Abwesenheit auffällt. Tanzt du später mit mir?"

Seine Antwort darauf bestand darin, dass er ihr einen Kuss auf die Wange drückte, wobei er diskret seine Zunge zum Einsatz brachte. Diese kleine anstößige Geste löste die widersprüchlichsten Empfindungen in Christina aus. Irritiert sah sie ihm nach, wie er davonging – der Vater, den sie sich für ihr Kind gewünscht hätte.

Die Hauptspeise wurde aufgetragen. Danach setzte ein allgemeines Stühlerücken ein.

Robert erhob sich. „Darf ich dich kurz alleine lassen? Ich würde gerne mit Grünwald sprechen."

„Aber ja, geh nur. Ich werde Violetta etwas Gesellschaft leisten."

Sie hoffte, eine Gelegenheit zu finden, noch einmal mit Florian zusammen zu treffen.

„Was für ein Zufall! Schön dich zu sehen."

Christina blickte auf. Sven, ihr jugendlicher Verehrer, der sich auf Violettas Verlobungsparty so intensiv um sie bemüht hatte, strahlte über das weiche, runde Gesicht, als er sie umarmte. Er war nicht mehr ganz so dicklich und wirkte erwachsener.

„Darf ich dich zum Tanz entführen. Ich verspreche dir, dass ich dir nicht mehr auf die Füße treten werde."

Christina war nicht besonders glücklich über diese Einladung, nahm sie aber wahr, denn sie bot eine gute Gelegenheit, sich diskret vom Tisch zu entfernen.

Sven stellte sich beim Tanzen längst nicht mehr so tollpatschig an, wie vor zwei Jahren. Er konnte sogar richtig eloquent sein und das demonstrierte er auch.

„Ich hatte immer gehofft, dich einmal wieder zu sehen."

Christina war geschmeichelt, sogar aus dem Mund von Sven gefiel ihr eine solche Liebeserklärung.

Willig ließ sie sich von ihm führen und flüsterte ihm ins Ohr: „Du bist doch viel zu jung für mich. Ich könnte fast deine Mutter sein."

Dabei sah sie sich suchend nach dem Objekt ihrer Begierde um. Florian saß bei seiner Frau, warf Christina aber verstohlene Blicke zu, die sie nur zu gerne erwiderte. War er etwa eifersüchtig? Sie wünschte es sich. Innig drückte sie sich an den großen Sven, der dieses Entgegenkommen zu schätzen wusste.

Leise hauchte er ihr ins Ohr: „Ich bin erwachsener als du denkst. Probier´s doch einfach einmal aus."

Sein Herz pochte spürbar.

Florian stand auf und führte seine Frau auf die Tanzfläche. Christina quetschte sich noch fester an ihren jugendlichen

Galan und Florian liebkoste seine Tanzpartnerin, die seine Zärtlichkeiten erwiderte. Es war ein grausames Spiel, das sie spielten. Christina litt und hoffte inständig, dass er ebenfalls litt. Am liebsten hätte sie ihren Eintänzer weggeschleudert und wäre in die Arme ihres Geliebten geflogen.
Der war entschlossener. „Wollen wir mal tauschen?"
Er überließ seine Frau Sven und zog Christina von ihm weg.
„Ich hatte dir diesen Tanz versprochen und wenigstens einmal möchte ich ein Versprechen halten."
Er drückte sie fest an sich und keuchte „Ich muss dich unbedingt sehen".
Sie spürte seinen heißen Atem an ihrem Ohr und dachte, ´immer wenn wir tanzen, kommt das einem Geschlechtsakt gleich.´
Bevor sie etwas sagen konnte, begehrte Robert um einen Tanz. Sie hoffte, dass er nichts bemerkt hatte. Florian tanzte wieder mit seiner Frau und Sven mit einer prallen, auftoupierten Blondine mittleren Alters. Vielleicht war die etwas zugänglicher.
„Wie geht es dir?" fragte Christina Robert und fand die Frage völlig unsinnig.
Sie war durcheinander. Der Abend entglitt ihr so wie immer, wenn Florian in ihre Nähe kam.
„Es geht mir hervorragend. Warum fragst du? Weißt du, was mir am besten an diesem Fest gefällt? Es sind die Kleider der Frauen. Sogar die Dicken sehen damit gut aus. Allerdings bist du unbestritten die Königin des Abends."
Robert tanzte gut. Langsam gewann sie ihre Selbstbeherrschung zurück.
Sie schmiegte sich eng an Robert, um Florian zu provozieren. Er übersah die Szene geflissentlich und kümmerte sich aufmerksam um Nadja, die, aus der Nähe betrachtet, keineswegs wie ein blutjunges Nymphchen wirkte. Vielmehr hatte sie dunkle Ringe und tiefe Falten

unter den Augen und ihre Haut war grobporig. Kein Grund, neidisch zu sein.

Christina registrierte, dass Florian sie aus den Augenwinkeln ebenso beobachtete, wie sie ihn. Was für ein Abend.

Albert hielt eine Rede. Der Text war gelungen, die Präsentation weniger. Violetta eilte ihm zu Hilfe. Sie erzählte, wie sie ihren Mann kennen gelernt hatte, sparte dabei aber Details aus, die Christina hätten verraten können. Wenigstens in dieser Hinsicht zeigte sie Feingefühl. Stattdessen beschrieb sie ausführlich und amüsant die Zeremonie auf dem Standesamt. Trauzeugen waren ihre Schwester und Alberts Bruder gewesen.

Am Ende klatschten alle, verzehrten ihr Dessert und kehrten auf die Tanzfläche zurück. Es war kühler geworden. Die Damen hatten sich teure Schals umgelegt, die Herren trugen zum Schutz gegen die einsetzende Kühle Loden-Janker.

„Lass uns gehen", bat Christina plötzlich und zog den seidenen Schal, der schon so häufig zweckentfremdet worden war, enger um ihre Schultern.

„O.k. Liebling, ich gehe mir nur noch schnell die Hände waschen und dann verabschieden wir uns."

Sie blickte sich nach Florian um. Er machte Anstalten aufzustehen, setzte sich aber wieder, als er sah, dass Sven sich auf den Weg zu Christina machte. Bevor der sie erreichen konnte, sprang sie auf und stöckelte zu Violetta. Die Braut war in ein Gespräch mit Leuten, die Christina nicht kannte, vertieft und bemerkte sie nicht. Vielleicht wollte sie sie auch nicht bemerken nach dem Fauxpas, den sie sich mit ihrer Tischordnung geleistet hatte. Sehr interessiert lauschte die Braut den Ausführungen einer aufwändig gestylten Endfünfzigerin mit beängstigendem Untergewicht.

Christina wurde ungeduldig. Sie drehte sich um, um nach Robert Ausschau zu halten.

„Suchst du mich?" Er stand hinter ihr. Seine grauen Augen glänzten.
„Ich suche meinen Mann."
„Ich dachte, ihr seid nicht verheiratet. Er ist übrigens immer noch auf der Toilette und telefoniert. Darf ich dich morgen anrufen?"
„Nein!"
Sie sagte es lauter als beabsichtigt und die Gesellschaft um Violetta drehte sich nach ihr um. Violetta sah die Beiden mit dem verständnisvollen Gesichtsausdruck einer Mitwisserin an. Christina verabscheute sie und ihre Spielchen in diesem Moment abgrundtief.
Sie entfernte sich von ihr und ihrer Fangemeinde und Florian folgte ihr.
„Bitte gib mir eine Chance."
In seiner sonst so klaren Stimme lag etwas Flehendes und das machte ihn noch anziehender.
Plötzlich drehte er sich von ihr ab und stürmte davon. Christina sah, warum. Seine Frau benahm sich nicht so, wie man es von einer Dame anlässlich einer solchen Feier erwartete. Sie schien betrunken zu sein und klebte an einem Gast, mit dem sie so etwas wie ein Balzritual vollführte. Für Christina sah es jedoch so aus, als ob Nadja ihr Opfer zu vergewaltigen versuchte. Ungeniert küsste sie den Mann, der wesentlich jünger als sie war. Christina war geschockt und beschämt zugleich, ihre ehemalige Rivalin in einer derart misslichen Lage zu beobachten. Fasziniert verfolgte sie das Geschehen. Plötzlich verschwand das angetrunkene Nymphchen mit seinem jugendlichen Galan von der Tanzfläche. Aber anstatt zum Tisch zurückzukehren, verzog sich das Pärchen in Richtung Badehaus, das seeseitig hinter dem Hotel lag. Florian kümmerte sich nicht darum. Stattdessen kehrte er zu Christina zurück. Er war sichtlich verärgert.

Christina versprach, ihn anzurufen. Sie glaubte, ihm das schuldig zu sein, nach allem was ihm an diesem Abend widerfahren war. Er sah sie verwirrt an, als ob er nicht verstanden hätte, was sie zu ihm gesagt hatte. Mit einer verzweifelten Geste fuhr er sich durch sein ergrautes Haar.
„Ja, bitte ruf mich an. Ich muss jetzt gehen."
Plötzlich war er wieder Lichtjahre von ihr entfernt. Sie sah ihm nach, wie er zu Albert stolperte und sich von ihm und danach von Violetta kühl verabschiedete.

Robert nahm Christina an der Hand und wanderte mit ihr zum Brautpaar und zu Dr. Grünwald und dessen Frau, um sich ebenfalls zu verabschieden. Dann führte er Christina zum Parkplatz, half ihr beim Einsteigen und fuhr los. Florians Auto stand noch da, als sie aufbrachen.

„Fühlst du dich noch fahrtüchtig?", fragte Christina besorgt

„Ich habe den ganzen Abend kaum etwas getrunken, denn ich kann mich auch nüchtern amüsieren. Du musst keine Angst haben, Liebling."

Nachdem sie eine Weile auf der Landstraße gefahren waren, bog er unvermittelt ab.

„Du hast dich verfahren", bemerkte sie.

Er ging darauf nicht ein.

Stattdessen fragte er: „Hast du mit diesem Sven schon einmal geschlafen? Ich hatte das Gefühl, dass ihr euch ziemlich nahe steht."

Christina versuchte im Dunklen Roberts Gesichtsausdruck zu deuten. Sie mochte nicht glauben, was er ihr unterstellte.

„Es beschämt mich, dass du mir zutraust, mit diesem verpickelten Spätpubertierenden etwas gehabt zu haben."

„Wieso? Er ist um einiges jünger als du und so hässlich finde ich ihn nicht. Aber vielleicht siehst du das anders. Jedenfalls ist er ziemlich hinter dir her. Er hat dich keine Minute aus den Augen gelassen."

„Du bist doch nicht etwa eifersüchtig?"

Er schmunzelte hörbar.

Dann allerdings sagte er: „Wenn ich ihn mit dir im Bett erwische, breche ich ihm alle Knochen."

Christina war sich nicht sicher, ob er das ernst meinte.

Plötzlich hielt er vor einer kleinen Barockkirche, um die ein Friedhof gruppiert war. Eingegrenzt wurde das Ensemble von einer Mauer, durch die ein Gittertor führte. Die Turmglocke schlug - Mitternacht. Robert stieg aus und rüttelte an dem Gittertor, das verschlossen war.

Christina wurde unruhig.

„Was willst du hier? Etwa beten?" fragte sie ihn durch die heruntergelassene Scheibe.

"Was werde ich hier wohl wollen?"

Er lächelte sie vielversprechend an und öffnete die Beifahrertür.

„Bitte komm mit. Ich werde dir etwas zeigen."

Sie kam seiner Bitte widerwillig nach, dumpf ahnend, was er ihr zeigen wollte. Seine Vorlieben kannte sie. Er führte sie hinter den Friedhof. Hier war es stockfinster, obwohl der Himmel klar war. Die Kapelle selbst wurde von Scheinwerfern dezent angestrahlt. Das milchige Licht ließ die Umgebung noch gespenstischer wirken. In der Ferne kläffte ein Hund. Es war das einzige Geräusch, das Christina wahrnahm, als Robert sie gegen die kalte Mauer presste.

„In diesem Kleid hast du mich den ganzen Tag derartig erregt, dass ich es keinen Moment länger ausgehalten hätte", stöhnte er und zerrte ungeduldig an dem Stück, das seine Begierde entfacht hatte. Stoff riss, aber Christina konnte nicht ausmachen, welche Stelle der teuren Seide soeben zerstört wurde. Sie wollte ihm sagen, dass sie sich nicht in Stimmung für seine ausgefallen Wünsche fühlte, sah aber ein, dass es jetzt zu spät dafür war. Sie fragte sich schon die ganze Zeit, wie er von der Existenz dieses Friedhofs gewusst haben mochte. Damit er ihr Dirndl nicht noch mehr ruinieren konnte, hob sie den Rock, befreite sich von ihrer Unterwäsche und half ihm bei seinen Bemühungen. Er hob sie etwas hoch und sie umklammerte seine Hüften mit ihren Schenkeln. Als er in sie eindrang, schrie sie laut auf und dachte an Florian.

*

Nadja war alleine in der Damen-Toilette und richtete ihr Haar. Als sie in den Spiegel sah, bemerkte sie, dass Florian hinter ihr stand und sie beobachtete.
„Lass uns gehen", bat er.

Sie folgte ihm widerwillig. Ohne dass Nadja sich verabschiedete, verließen sie das Fest. Als sie im Wagen saßen, sagte er: „Du hast mit dem Kerl gevögelt, stimmt´s?"
Es war keine Frage. Vielmehr eine Feststellung. Und er war dabei völlig ruhig. Schließlich hatte er sich den ganzen Tag aufgeregt. Er ließ den Motor an und rollte los.
„Sag mal, bist du übergeschnappt", fauchte sie aufgebracht.
„Du hast doch einen Knall", schob sie nach und sprudelte weiter in einem Stil, der jeden Zuhälter beschämt hätte.
Ihre Wimperntusche und der Rest ihres Lippenstiftes waren verschmiert, er hatte ihr keine Zeit gelassen, diese Spuren ungezügelter Schamlosigkeit zu beseitigen.
Plötzlich schlug er zu; er verabreichte ihr eine schallende Ohrfeige.
Nadja wollte gerade zu einer neuen Schimpftirade ansetzen, brachte aber kein Wort mehr hervor, so perplex war sie. Etwas derart Unfassbares hatte er noch nie getan. Das war nicht der Mann, den sie zu kennen glaubte. Sie schlug zurück, als er an einer roten Ampel hielt. Er reagierte nicht, sondern hielt nur die Hand an die Stelle, die sie erwischt hatte. Jetzt gab es nichts mehr zu reden. Das eisige Schweigen zwischen ihnen war für Nadja schlimmer, als der unsägliche Schlag ins Gesicht.

Florian hatte sich in seinem Schlafzimmer verbarrikadiert. Sie lag angezogen auf ihrem Bett und zitterte am ganzen Leib. Das Licht hatte sie brennen lassen, weil sie sich vor der Dunkelheit fürchtete. Ihr Gesicht brannte, nicht nur von dem Schlag, den er ihr versetzt hatte, sondern vor Wut, Scham und Verzweiflung. Der jähzornige Ausbruch Florians im Auto hatte ihr erschreckend vor Augen geführt, dass er ihrer endgültig überdrüssig war. Sie hätte sich natürlich auch einreden können, dass er eifersüchtig gewesen war. Aber das stimmte nicht. Es gab nichts zu beschönigen. Auch wenn er sie nicht mehr mochte, hieß das nicht, dass sie ihn gehen ließ. Im Gegenteil. Von nun ab würde sie ihm das Leben zur Hölle machen.

„Entschuldige bitte, ich muss gestern wie von Sinnen gewesen sein. Es tut mir unendlich leid, lässt sich aber nicht mehr rückgängig machen. Ich kann dir nur versprechen, dass es nicht wieder passieren wird."
Florian stand traurig im Türrahmen der Küche und versuchte eine Entschuldigung zu formulieren. Er wirkte völlig in sich zusammengesunken. Sie glaubte, Tränen in seinen grauen Augen glitzern zu sehen.
Er fuhr fort, „ich kann dir leider nicht erklären, wie es dazu kam. Vielleicht war es ein lang aufgestauter Zorn, der sich Bahn brechen musste. Merkwürdigerweise hatte ich kaum etwas getrunken. Ich hätte dich gestern nicht alleine lassen dürfen."
Jetzt wirkte er wie ein großer Junge, der etwas Schlimmes angestellt hatte und sich nun in devot gebeugter Haltung seinen Verweis abholte. Nadja fühlte kein Mitleid mit ihm. Er hatte sie im Stich gelassen, trotz ihrer flehentlichen Bitte, es nicht zu tun. Und jetzt genoss sie seine Zerknirschtheit wie ein unerwartetes Geschenk. Lange sah sie ihn an, ohne zu antworten, denn sie wusste, dass sie ihn damit noch mehr quälen konnte.
Sie kostete jedes Wort aus, als sie ihn endlich erlöste.
„Zu deiner Beruhigung kann ich dir versichern, dass ich mit dem Kerl, wie du ihn gestern nanntest, nicht geschlafen oder - um mich deiner gedrechselten Advokatensprache zu bedienen - gevögelt habe!"
Sie merkte, dass er sie angewidert musterte und sie wusste, warum, denn sie hatte an diesem Morgen schon in den Spiegel gesehen. Der Anblick hatte ihr die Laune verdorben. Unter ihren Augen hingen schwere Tränensäcke, ihr Gesicht

war aufgeschwemmt und voller rötlicher Flecken und das dunkle, nicht nachgefärbte Haar von grauen Strähnen durchzogen. Sie hatte sich ihrer Kleider entledigt und trug jetzt einen schlampigen Morgenrock, schmuddlig und nach altem Schweiß riechend.
Es war ihr egal, nein, es war ausdrücklich gewünscht – Teil der Hölle, in der er schmoren sollte.
Drohend setzte sie fort, „...und noch etwas! Schlag mich nie wieder, denn das nächste Mal könnte es dir verdammt leidtun!"
Dann stand sie triumphierend vom Frühstückstisch auf und schleppte sich wie eine alte Frau ins Bad. Dort konnte sie nicht mehr an sich halten. Sie fing an zu wimmern, erst leise und erstickt, dann brach es aus ihr heraus. Die Hände an ihren Bauch gepresst, begann sie zu schluchzen. Den Weinkrampf, der aus ihr wie der Sturzbach eines gebrochenen Damms hervorbrach, konnte sie erst stoppen, als sie völlig erschöpft auf den Badezimmerteppich sank. Merkwürdig befreit lag sie eine Weile still auf dem Boden, um sich ein wenig auszuruhen.
Er musste sie gehört haben, aber das war ihr gleichgültig. Auf sein wildes Klopfen an der Türe reagierte sie ganz allmählich. Wie sie ihn verabscheute. Endlich öffnete sie.
Florian nahm sie behutsam in seine Arme und flüsterte zärtlich: „Es wird alles gut, mein Liebling. Heute ist Sonntag, lass uns ins Grüne fahren. Nur wir beide. Du wirst sehen, danach geht es dir besser. Nina kann ja eine Nacht länger bei Frau Weber bleiben. Sie fühlt sich dort ohnehin recht wohl"
Nadja ließ ihn gewähren. Sie fühlte sich geborgen wie ein Baby an der Brust seiner Mutter. Eine wunderbare, erlösende Müdigkeit überfiel sie. Sie ließ sich einfach fallen, er fing sie auf und stützte sie. Ihren Kopf an seine Schulter geschmiegt, ließ sie sich von ihm in ihr Schlafzimmer führen. Dort half er ihr sanft auf das Bett. Dann legte er sich zu ihr. Er berührte sie nicht. Nadja konnte das verstehen. Die Augen

geschlossen, lauschte sie seiner sanften dunklen Stimme, die sie einhüllte wie eine warme Decke.
„Ich hatte dir versprochen, dich während der Feier keine Sekunde alleine zu lassen und ich habe dieses Versprechen gebrochen. Du hast allen Grund, erbost darüber zu sein. Ich gäbe etwas dafür, es ungeschehen zu machen."
„Wann hast du aufgehört, mich zu lieben?"
Es wurde still im Zimmer. Nadja hörte nur noch seinen gleichmäßigen Atem und das Klicken ihres Weckers.

Florian fühlte sich Nadja gegenüber so schuldig, dass er Christina darüber fast völlig vergessen hatte. Dabei hatte er sie auf dem Hochzeitsfest so sehr begehrt wie nie zuvor eine andere Frau in seinem Leben. Wahrscheinlich war es die Erkenntnis, dass sie wieder gebunden war, die sein Verlangen ins Unermessliche gesteigert hatte. Dass ein anderer Mann seinen Platz eingenommen hatte, verletzte ihn tief und zugleich erregte es ihn unerklärlich stark. Sie genoss für ihn weiterhin den unwiderstehlichen Reiz des Verbotenen.
An der Seite seiner Frau, deren Frage unbeantwortet im Raum hing, schlief Florian an diesem Sonntagmorgen ein. Er erwachte erst am Spätnachmittag, als Nina mit dem Kindermädchen nach Hause kam.

*

Christina erwachte gegen zehn Uhr an der Seite Roberts. Sie hatte starke Kopfschmerzen, die sie dem nächtlichen Treiben an der Friedhofsmauer und den Albträumen danach zuschrieb. Wieder machte sich Edgar an ihren Gliedmaßen zu schaffen, während eine Armada von Schlangen ihr die Luft abschnürten. Sie wünschte sich, diese Träume deuten zu können und noch mehr wünschte sie sich, dass sie endlich aufhörten.

Mühsam erhob sie sich und schlagartig drängte Florian sich in ihre Gedanken. Sie konnte sich ihm nur durch absolute Enthaltsamkeit entziehen, aber sie ahnte auch, dass sie das nicht schaffen würde. Christina war nicht so stark, wie sie hoffte und Florian war es auch nicht. Mutlos ließ sie sich wieder auf das Bett sinken und drückte sich eng an Robert, der noch schlief.

Plötzlich wurde ihr schmerzlich bewusst, dass Robert auf eine gewisse Weise impotent war. Sie hatte es immer geahnt, aber verdrängt. Robert hatte noch nie mit ihr geschlafen, wenn sie zusammen in einem Bett lagen. Er brauchte immer ein bizarres Umfeld für die Befriedigung seiner Lust. Sie fragte sich, wie weit er noch gehen würde, oder besser, wie weit seine Phantasie reichte. Und von diesen Gedanken glitt sie weiter zu Florian, der im Vergleich zu Edgar und Robert beruhigend normal war. Oder irrte sie sich? Mit ihm hatte sie am wenigsten Zeit verbracht. Vielleicht hatte er auch eine Besonderheit, die sie nie kennen gelernt hatte. Vielleicht bekam sie ja irgendwann einmal die Gelegenheit, das herauszufinden. Sie stand ein zweites Mal auf.

Unter der Dusche ließ sie kaltes Wasser so lange über ihren Körper rieseln, bis sie es nicht mehr aushielt. Es half nichts, Florian ließ sich nicht aus ihrem Bewusstsein spülen. Sie konnte an nichts anderes mehr denken, als daran, ihn zu sehen, mit ihm zu reden und ihn mit all der Intensität zu fühlen, derer sie fähig war. Beim Frühstück war sie so unruhig, dass sie keinen Bissen hinunterbrachte. Sie schluckte zwei Aspirin. Wenigstens die Kopfschmerzen sollten aufhören.

Robert bemerkte ihre Gereiztheit: „Liebling, was hast du? Wenn es dir nicht gut geht, bleibe ich gerne noch eine Nacht und kehre erst morgen früh nach Berlin zurück."
„Nein, nein, fahr nur. Es geht mir gut. Ich glaube, ich habe gestern einfach nur ein bisschen zu viel Champagner erwischt", säuselte sie hingebungsvoll, nervös geworden durch die Vorstellung, Robert könnte noch einen Tag länger bleiben.
„Hoffentlich hast du dir keine Erkältung bei unserem kleinen Ausflug eingefangen. Kann ich noch etwas für dich tun, bevor ich aufbreche?"
„Nein, ich komme schon zurecht. Du bist ja in einer Woche zurück."
„Du wirst mir fehlen. Wenn ich zurück bin, lassen wir uns etwas einfallen, damit wir häufiger zusammen sein können."
Er stand auf und packte seine Sachen. Als er alles beisammen hatte, umarmte er Christina zum Abschied.
„Mach keine Dummheiten", lächelte er sie nichts ahnend an.
„Du auch nicht, mein Liebling", winkte sie liebenswürdig ab.
Obwohl sie nichts im Magen hatte, spürte sie das widerliche Gefühl, sich übergeben zu müssen. Sie hielt es keinen Moment länger in seiner Gegenwart aus. Als sie ihn endlich wegfahren sah, atmete sie auf. Während sie vom Fenster aus beobachtete, wie Roberts Auto um die Ecke verschwand, spürte sie mit brachialer Gewissheit, dass es kein Entrinnen gab. Die verhängnisvolle Affäre mit Florian würde sie wieder aufnehmen, ohne Rücksicht auf die Folgen, die sich zweifellos daraus ergaben. Das Verlangen nach ihm war unerträglich.
Sie wusste nicht, wie sie es anstellen sollte, Kontakt zu ihm aufzunehmen. Deshalb saß sie einfach nur da und wartete. Sie wartete den ganzen Tag und die ganze Nacht. Robert rief sie während dieser langen Stunden dreimal an. Sie war liebevoll zu ihm und fühlte sich wie eine Verräterin, obwohl sie noch nichts getan hatte, was einem Verrat gleichkam.

Am Montag sah Christina klarer. Nach einer gedankenschweren, ungeschlafenen Nacht hatte sie beschlossen, Florian nicht anzurufen. Als sie mittags in das Schuhgeschäft kam, überreichte ihre Mitarbeiterin ihr eine Liste der Telefonate, die eingegangen waren. Sie überflog sie. Das Übliche, Lieferanten, Kunden, ein Anruf stammte von Robert und einer von einem Herrn Baumann mit dem Zusatz 'eilig'. Als sie die Telefonnummer las, wusste sie, wer dieser ominöse Herr Baumann war. Florian hatte herausgefunden, wo sie arbeitete. Möglicherweise hatte Dr. Grünwald, sein alter Kumpel, ihn darüber aufgeklärt. Mit diesem Anruf hatte Florian sämtliche guten Vorsätze, die sie in der langen Nacht gefasst hatte, mit einem Federstrich weggefegt.

Da er derjenige war, der den Anfang gemacht hatte, konnte Christina sich Zeit lassen, wenngleich es ihr schwer fiel, sich noch länger zu zurückzuhalten. Am Mittwoch rief sie ihn an. Es war ihr etwas unangenehm, ihn in seinem Büro zu kontaktieren. Sie fürchtete, eine ihrer ehemaligen Kolleginnen könnte das Gespräch entgegennehmen. Ihre Sorge diesbezüglich war unbegründet, denn die Telefonistin kannte sie nicht. Dr. Schneider war sofort für sie zu sprechen.
„Hallo", hauchte sie, mehr brachte sie in diesem Augenblick vor Aufregung nicht heraus.
„Guten Morgen Christina, was für eine Freude, deine Stimme zu hören."
Er klang verhalten, fast schüchtern.
„Hast du Zeit heute Abend?" fragte sie ohne zu zögern.

"Ja, ich denke schon. Ich könnte es einrichten. Wollen wir uns um sieben im *Canal Grande* treffen oder soll ich dich abholen?"
Er wirkte irgendwie zögerlich, fast geschäftsmäßig, so als müsste er die Tragweite, die sich aus einem solchen Rendezvous ergeben konnte, erst einmal analysieren.
„Was wirst du deinem Freund erzählen?"
„Warum interessiert dich das? Er ist in Berlin und kehrt erst kommendes Wochenende zurück."
Sie wusste nicht, was sie an seiner Frage irritiert hatte. Das merkwürdige Gefühl, dass er kein allzu großes Interesse mehr daran hatte, sie zu sehen, beschlich sie. Sie bereute ihren Anruf.
„Dann bis heute Abend, ich freue mich darauf", beendete er das Gespräch.
Sie wollte ihn noch bitten, sie abzuholen, aber er hatte schon eingehängt. Unvermittelt verließ sie das Geschäft, damit ihre Mitarbeiterin nicht bemerkte, wie sie schwitzte. Sie gab vor, einige Dinge erledigen zu müssen und fuhr nach Hause. Dort angekommen, begann sie den Küchenboden zu schrubben. Nach einer Weile gab sie dieses Unterfangen auf, weil sie wusste, dass sie es an diesem Nachmittag nicht schaffen würde, die Wohnung so sauber zu bekommen, wie sie sie für ihr Wohlbefinden brauchte. Roberts Duft lag wie schlechtes Gewissen in der Luft. Sie hatte eine feine Nase für Aromen. Wenn es ihr schon nicht gelang, Roberts Geruch zu tilgen, wollte sie selbst blütenrein sein und wenn es nur optisch war.

Florian kam - wie meistens – verspätet an. Christina erwartete ihn an dem von ihm reservierten Tisch im *Canal Grande*.
„Du siehst atemberaubend aus", entschuldigte er sich für sein Zuspätkommen.
Sie hatte sich mehrmals umgezogen, bevor sie mit ihrer Wahl zufrieden gewesen war. Ihr Schmuck bestand lediglich aus

Ohrringen mit Saphiren, die Robert ihr zum Geburtstag geschenkt hatte. Allein dies kam einem Verrat gleich. Florian war in edles graues Tuch gewandet. In seinem Anzug wirkte er distinguiert und auf eine gewisse Art auch distanziert. Er sah älter aus, nicht mehr wie der jugendliche Draufgänger, in den sie sich vor fast drei Jahren unsterblich verliebt hatte. Jetzt wirkte er angeschlagen, verwundet, gezeichnet. Und trotzdem gefiel er ihr. Eigentlich sogar noch besser als damals. Sie empfand tiefes Mitgefühl für ihn.

„Meine Ehe ist ein einziges Schlamassel", begann er die Unterhaltung ohne Umschweife und blickte dabei bedrückt auf den Sherry, den er sich vorsorglich bestellt hatte, bevor er sich zu ihr gesetzt hatte.

„Aber das war sie doch schon damals, als du dich von mir getrennt hast", stellte Christina wenig verständnisvoll fest.

Er sah sie überrascht an.

„Wie kommst du darauf? Damals hatten wir Probleme, wie sie in jeder Beziehung vorkommen. Jetzt ist Nadja krank und ich kann ihr nicht helfen, denn ich kenne die Ursache ihres Leidens nicht. Vielleicht habe ja auch nie versucht, sie zu verstehen. Ich mache mir jedenfalls bittere Vorwürfe."

Christina war gekränkt. „Also wolltest du dich damals gar nicht von ihr scheiden lassen."

„Doch eigentlich schon", murmelte er nachdenklich, „ich hätte es durchziehen sollen, dann wäre uns vermutlich vieles erspart geblieben, vor allem meiner Tochter."

„Was ist mit ihr?"

Er wirkte noch bedrückter, als er ihr antwortete.

„Nadja kümmert sich kaum um sie. Nina ist in allem ein Nachzügler. Meist ist sie mit unserer Zugehfrau oder irgendeinem Mädchen vom Studentendienst zusammen. Nadja denkt, ich bemerke ihre Erziehungsdefizite nicht, aber ich beobachte seit langem, was vorgeht."

„Hast du nie mit ihr darüber gesprochen?"

Er lachte freudlos: „Ha, du glaubst, dass wir uns unterhalten können. Meine Frau trinkt. Ich weiß nicht, ob du eine Vorstellung davon hast, was das bedeutet. Manchmal ekle ich mich vor ihr und manchmal hasse ich sie sogar abgrundtief."
„Hat sie denn immer schon getrunken?"
„Nein, jedenfalls ist mir am Anfang unserer Beziehung nichts Derartiges aufgefallen. Bemerkt habe ich diese unschöne Angewohnheit an ihr nach dem Seminar, das sie damals in Ludwigsburg besucht hat. Möglicherweise ist dort etwas vorgefallen, das sie aus der Bahn geworfen hat."
„Mein Mann war seinerzeit auch dort. Ich könnte ihn fragen, wenn du möchtest."
„Um Gotteswillen, nein!"
Er schüttelte energisch den Kopf.
„Warum unterzieht sie sich keiner Therapie?"
„Das hat sie bereits – mit zweifelhaftem Erfolg", bemerkte er resigniert.
„Liebst du sie noch? Bitte gib mir eine ehrliche Antwort. Denn wenn es so ist, dann ist es besser, wir sehen uns nicht mehr. Ich möchte nicht auf eine Briefkastentante reduziert werden, bei der du alles ablädst, was dich bedrückt."
Christina sah ihn flehentlich an. Sie hatte Angst vor seiner Antwort.
Florian sah sie traurig an. Er wirkte ratlos und verzweifelt. Zart legte sie ihre Hand auf seine. Nie zuvor hatte sie eine größere Zuneigung für ihn empfunden.
„Es macht nichts, wenn du mir jetzt nicht antworten willst. Ich jedenfalls weiß genau, dass ich dich liebe und immer lieben werde, ganz gleich was du mir antun wirst."
Zum ersten Mal an diesem Abend lächelte er.
„Ich werde dir nichts antun."
Sie sahen einander voller Zärtlichkeit an, waren völlig mit sich beschäftigt.

Florian hatte sich vorgenommen, die Verabredung mit Christina kurz zu gestalten, denn er wollte sich um Nadja kümmern, die seine Hilfe dringend benötigte. Aber der Abend verlief völlig anders, als er ihn sich vorgestellt hatte. Rückhaltlos schüttete er seine Seelenqualen bei Christina aus, das ganze Ausmaß seiner verkorksten Ehe. Seinen Ausrutscher, die Ohrfeige, die er seiner Frau verpasst hatte, verschwieg er allerdings. Allein die Erinnerung daran war ihm unsagbar peinlich.

Danach fühlte er sich wie von einer Last befreit, die ihn zu erdrücken drohte.

„Bist du glücklich?" fragte er.

Sie war an der Reihe.

„Ja", und nach kurzem Nachdenken betonte sie dieses Ja noch einmal

„Ja, ich bin sogar sehr glücklich. Ich weiß, das sollte ich jetzt vielleicht nicht sagen, aber es stimmt einfach."

„Das ist in Ordnung, ich gönne dir dein Glück von ganzem Herzen", beschwichtigte er.

„Du hast ja auch eine bemerkenswerte Karriere hingelegt. Der Schuhladen gehört dir, wie ich über Google herausgefunden habe. Kann es sein, dass sich dein ungeliebter Gatte am Ende doch noch zu einer großzügigen Geste hat hinreißen lassen?"

Sie lachte.

„Nein, das Geld stammt von Robert. Wir haben einen Deal miteinander. Der Laden gehört eigentlich ihm, aber aus verschiedenen Gründen wurde er mir überschrieben. Er überweist mir ein großzügiges Salär und Edgar zahlt für das Grundstück, das ich zu unserem Eigenheim beigesteuert habe."

„Finanziell geht es dir also richtig gut. Hat Grünwald diese großzügige Regelung für dich ausgehandelt?"

„Ha, dass ich nicht lache! Ich bin noch nicht geschieden. Edgar kommt mit immer neuen Details, Wünschen und

Forderungen. Die Scheidung zieht sich in die Länge, wie Gummi, der nicht reißen will. Schwer zu verstehen, wenn man bedenkt, dass er mich unbedingt loshaben will."
„Das tut mir leid. Und was ist mit deinem neuen Freund?"
„Was meinst du damit?"
„Die Tatsache, dass wir hier zusammen sitzen, lässt darauf schließen, dass eventuell nicht alles ´Friede, Freude, Eierkuchen ist´."
„Wärst du froh darüber?"
Er sah sie nachdenklich an.
„Vielleicht."
Florian nahm weder seine Umgebung wahr, noch verschwendete er einen Gedanken an Nadja, der er etwas von einer geschäftlichen Besprechung vorgelogen und ihr versprochen hatte, sobald als möglich zu Hause zu sein.
Christina entdeckte neue Facetten an Florian, die sie auch mochte. Der Mann, der ihr gegenübersaß, war nicht mehr der eloquente, charismatische Anwalt, den er nach außen hin verkörperte.
Sie waren die letzten Gäste, als Florian um die Rechnung bat. Er begleitete sie zum Taxistand.
„Danke für den wunderbaren Abend."
Mit einem freundschaftlichen Kuss auf ihre Wange verabschiedete er sich von ihr und öffnete die rückwärtige Tür des Taxis.
Christina umschlang ihn heftig. `Er darf mich jetzt nicht allein lassen. Wenn er jetzt geht, habe ich ihn verloren´ dachte sie verzweifelt. Er versuchte sanft, sich von ihr zu lösen.
„Bitte lass mich jetzt nicht im Regen stehen", bat sie ihn flehentlich.
Florian zögerte. Er schien hin- und her gerissen zwischen Vernunft und Verlangen.
„Komm!"

Er entschuldigte sich bei dem verdutzten Taxifahrer und zog sie mit sich zu seinem Auto.
Kaum saßen sie im Wagen, fielen sie einander leidenschaftlich in die Arme. Sanft befreite er sich von ihr und startete den Motor.
„Wohin?" fragte er mit belegter Stimme.
"Du kennst die Adresse, es hat sich nichts geändert, nur dass jetzt ab und zu mein Freund da ist."
Später lag er neben ihr im Bett und schlief. Er war so erschöpft gewesen, dass sein Schlaf einer Ohnmacht gleichkam. Sein gleichmäßiger Atem hatte etwas wunderbar Vertrautes. Sie konnte immer noch nicht glauben, dass er es war, der neben ihr träumte. Sie sah ihm dabei zu und war glücklich und sie schämte sich nicht dafür. Spätnachts erwachte er. Erst schien er etwas verwirrt.
Als er sie erkannte, lächelte er.
„Wir liegen hier im Bett wie ein altes Ehepaar."
„Ich wünschte, es wäre so", schnurrte sie und streichelte liebevoll über sein ergrautes Haar.
„Ich werde mit ihr reden und zwar noch heute Nacht", versprach er und stand auf.
Sie wollte es ihm so gerne glauben.

*

Sie hatte es geschafft, den ganzen Dienstag ohne einen Tropfen Alkohol auszukommen. Darauf war Nadja stolz und sie freute sich auf den Abend. Die Voraussetzungen für einen gemeinsamen Neuanfang waren günstig, denn sie hatte am Nachmittag einen Gesprächstermin bei den *'Anonymen Alkoholikern'* vereinbart, der in zwei Tagen stattfinden sollte. Endlich konnte sie sich mit dem Gedanken anfreunden, ihr weiteres Leben als liebende Hausfrau und fürsorgliche Mutter zu verbringen. Aus diesen wunderbaren Phantasien wurde sie jäh durch das Läuten des Telefons gerissen. Sie stürzte an den Apparat.

„Hallo Brezelchen, wie geht es dir?"

Leo war in der Leitung.

Nadja schauderte. „Bist du wahnsinnig geworden, mich zu Hause anzurufen!"

„Deine Handy-Nummer stimmt nicht und im Büro konnte ich dich nicht erreichen, da du vor einiger Zeit gekündigt hast."

„Das hast du doch gewusst."

Sie hatte ein ungutes Gefühl angesichts der Tatsache, dass er sich nach mehr als einem Jahr plötzlich meldete.

„Im Übrigen wusste ich, dass du allein bist, denn habe deinen Mann vorhin im *Canal Grande* gesehen", fuhr Leopold unbeirrt fort.

Nadja fühlte kalten Schweiß ihren Rücken hinunter rinnen. Sie glaubte zu zerspringen.

Schwerfällig nach Atem ringend hielt sie sich an der Sofalehne fest und zischte: „Du lügst, er ist unterwegs zu einen Auswärtstermin!"

Leo lachte böse: „Wenn du meinst, aber das tut nichts zur Sache. Er schien sich mit seiner attraktiven Begleiterin jedenfalls sehr zu amüsieren. Sie kam mir irgendwie bekannt vor. Aber das ist nicht der Grund meines Anrufs. Ich möchte dich sehen, am liebsten noch heute Abend."

Nadja zitterte am ganzen Leib: „Ich kann dich nicht treffen, denn ich liege mit einer Erkältung im Bett."

Auf ihre halbherzigen Einwände ging er nicht ein. „Du erreichst mich im *'Hilton am Tucherpark'*. Erhole dich und dann treffen wir uns morgen. Ach ja, ich würde mich freuen, wenn du deine Tochter mitbringst. Ich wollte sie schon immer einmal kennen lernen. Rufe mich bitte vor halb acht morgen früh dort an. Später habe ich einen wichtigen Termin, einen echten, keinen vorgeschobenen."

Er bat sie nicht, er befahl es ihr mit dem bekannten Unterton in der Stimme, der keinen Widerspruch duldete.

Nadja seufzte. Sie versprach, ihn anzurufen, damit er nicht weiter in sie drang. Befriedigt hängte er ein. Nadjas Empfindungen für ihn hatten sich geändert. Sie wollte ihn nicht wiedersehen. Und sie war froh gewesen, dass er sie in der Vergangenheit in Ruhe gelassen hatte.

Seine letzten Sätze hatten sie nachdenklich gemacht. Sie glaubte zu wissen, von wem er sein Wissen bezogen hatte. Bei der Informantin konnte sich nur um Hedda Rotmann handeln, mit der er vermutlich seit Jahren ein Verhältnis parallel zu ihr unterhielt und das er trotz der räumlichen Trennung scheinbar nie aufgegeben hatte. Hedda Rotmann hatte ihre Position bei der **Mastorn** übernommen, ebenso wie ihre Sekretärin. Die Geliebte und Carmen, ihre Zuträgerin, waren die ideale Auskunftei für Leo. Von den Beiden erfuhr er sicher auch andere Interna, die für ihn vermutlich noch attraktiver waren. Hedda Rotmann hatte Nadja einiges voraus, sie war erst Ende zwanzig, sah noch recht unverbraucht aus und war erstaunlich neugierig. Diskret allerdings war sie nicht. Vielleicht war sie ja so etwas wie eine Doppelagentin und versorgte auch Ohlert mit den gewünschten Informationen. Und dann gab es ja auch noch das *Genie*, Vincent Regnier, The Nerd. Der hackte für Leo die fehlenden Teile der Puzzles und setzte sie zu stimmigen Bildern zusammen. Nadjas Gedanken rasten. Was wusste Kersch? Und vor allem, wie würde er dieses Wissen nutzen?

Im nächsten Moment fielen ihr die anderen Dinge ein, die Leo ihr ganz nebenbei aufgetischt hatte. Florian wollte nach seinem angeblichen Auswärtstermin sofort nach Hause zurückkehren und nun amüsierte er sich mit einer attraktiven Frau in einem Luxusrestaurant in der Nähe. Nadja fiel es schwer, den Behauptungen Leopolds Glauben zu schenken. Ein derart niederträchtiges Verhalten traute sie ihrem Mann nicht zu. Sie waren einander vor zwei Tagen so nah gewesen, dass Nadja es für ausgeschlossen hielt, dass er sie betrog. Er mochte zuweilen jähzornig und aufbrausend sein, aber dass er sie belog, konnte sie sich einfach nicht vorstellen. Sie hielt Leos Schilderung für einen infamen Trick, sie wieder gefügig zu machen. Leo hatte einfach in seine prall gefüllte Intrigenkiste gegriffen und etwas aus dem Hut gezaubert, von dem er glaubte, dass es ihn ohne Umwege ans Ziel führen würde. Und doch konnte sie sich nicht ganz von dem Gedanken lösen, dass Florian eventuell doch nicht die Wahrheit gesagt hatte.

Sie ging an ihren Schreibtisch, um eine neue Flasche Gin aus der untersten Schublade zu ziehen, die sie dort unter Papieren versteckt hatte. Ihre guten Vorsätze waren zwischenzeitlich rasender Wut gewichen. Sie zuckte zusammen, als sie keine einzige Flasche mehr in ihrem immer sorgfältig verriegelten Sekretär fand. Beharrlich suchte sie jeden Winkel ihres Zimmers ab, in der Hoffnung doch noch etwas Trinkbares zu finden. Sie lief aus dem Haus, um sich Nachschub an der Tankstelle zu besorgen.

Auf dem Weg dorthin beschloss sie, das *Canal Grande* aufzusuchen. Sie bezahlte ihre Einkäufe und bat den Angestellten der Tankstelle, ihr ein Taxi zu rufen. Als sie vor dem Restaurant aus dem Auto stieg, sah sie gerade noch Florians Wagen davonbrausen. In der Dunkelheit hatte sie nicht erkennen können, ob er allein gewesen war. Erschüttert stellte sie fest, dass Leo im Gegensatz zu Florian die Wahrheit gesagt hatte.

Da das Taxi bereits abgefahren war, betrat sie das Restaurant, um sich einen Drink zu genehmigen. Nach zwei Gläsern Rotwein ließ sie sich wieder ein Taxi rufen und kehrte mit ihrer gut gefüllten Plastiktüte nach Hause zurück. Kaum hatte sie die Türe hinter sich geschlossen, eilte sie in ihr Zimmer, um die rettende Flüssigkeit auszupacken. Nach einer halb geleerten Flasche konnte sie endlich klar denken.

Das neue Kleid, das sie aus einer sentimentalen Laune heraus am Vormittag erworben hatte, riss sie sich vom Leib wie etwas absolut Widerwärtiges und schlüpfte in ihren labbrigen, verfärbten Jogginganzug. Das unter großen Anstrengungen aufgetragene Make-up war längst zerstört, sah auf ihrem Gesicht aus wie ein wüstes Gemälde. Sie machte sich nicht die Mühe, das traurige Kunstwerk zu entfernen.
Um vier Uhr morgens hörte sie das Drehen eines Schlüssels im Schloss der Wohnungstür. Florian kam in ihr Schlafzimmer. Gnädigerweise knipste er das Licht nicht an.
„Ich vermutete, dass du noch nicht schläfst", begann er kühl, „morgen früh möchte ich einige Dinge mit dir klären. Wir müssen unsere Angelegenheiten in Ordnung bringen. Du erlaubst, dass ich lüfte. Es riecht hier wie in einem Stehausschank", schloss er seine Ausführungen.
Er verlor kein Wort über seinen angeblichen Auswärtstermin, machte sich nicht einmal mehr die Mühe, ihr etwas vorzuschwindeln. Jetzt war er wirklich fertig mit ihr.
Sie sagte nichts, lag nur wie gelähmt in ihrem Bett und starrte auf die dunkle Silhouette ihres Mannes, wie sie das Fenster öffnete und den Raum verließ.
Nach einer Weile fiel sie in den ersehnten Dämmerzustand. Sie wachte erst wieder auf, als Florian bereits angezogen im Zimmer stand, um die Vorhänge aufzuziehen. Die helle Morgensonne brannte ihr ins Gesicht und blendete sie. Ihr Kopf dröhnte wie ein überkochender Wasserkessel. Mit spitzen Fingern hob Florian die leere Flasche vom Boden auf.
„Fühlst du dich imstande, mit mir zu frühstücken?" fragte er geschäftsmäßig.

Ganz der Anwalt, der Interessen vertritt. Und dieses Mal seine eigenen.

„Nein, ich bin hundemüde, lass uns später über das reden, was du mir zu sagen hast. Du wolltest mir doch etwas Wichtiges mitteilen, wenn ich mich recht entsinne", gähnte sie, drehte sich von ihm weg und zog sich demonstrativ die Decke über den Kopf.

Sie merkte, dass er keine Anstalten machte, das Zimmer zu verlassen. Offenbar wollte er das, was er ihr zu sagen hatte, rasch loswerden. Aber so leicht würde sie ihn nicht davon kommen lassen. Jetzt erst recht nicht.

Nach einer Weile, die ihr unendlich vorkam, stapfte Florian resigniert aus dem Raum. Sie hatte einen kleinen Punktsieg errungen, wenngleich der auch nur einen Aufschub bedeutete.

Kaum war Florian aus dem Haus, sprang sie aus dem Bett, denn es war höchste Zeit, Leo im *Hilton* anzurufen.

*

Christina wartete am frühen Nachmittag auf Florian. Er hatte ihr versprochen, sich pünktlich um zwei Uhr mit ihr zu einem verspäteten Mittagessen im *Palais-Keller* zu treffen. Sie hatte es kaum erwarten können, ihn zu sehen. Jetzt war er seit einer halben Stunde überfällig und das machte sie nervös. Sie fühlte sich an ihr dunkles Erlebnis erinnert, als er grußlos abgehauen war, nachdem er ihr die niederschmetternde Nachricht über die ersehnte Schwangerschaft seiner Frau serviert hatte.

Christina war auch aus einem anderen Grund nervös. Sie wusste nicht, wie sie Robert die neue Situation beibringen sollte. Sie hatte sich so viele Erklärungen einfallen lassen, ihn schonend davon in Kenntnis zu setzen, dass sie ihn verlassen würde. Aber schonend war keine davon.

Eine Lösung für das Schuhgeschäft musste ebenfalls gefunden werden. Christina fühlte sich wie eine elende Verräterin und dachte daran, dass Florian ähnlich zermürbende Diskussionen bevorstanden. Vorausgesetzt natürlich, er traute sich. Langsam schlichen sich Zweifel ein.

Gestern nach dem Dinner war Christina alles so leicht erschienen. Nach der leidenschaftlichen Umarmung hatten sie voller Euphorie Pläne geschmiedet. Ihre gemeinsame Zukunft hatten sie sich einmal mehr in den rosigsten Farben ausgemalt. Übermütig und aufgekratzt hatte er Christina spätnachts verlassen, um das Nötigste einzupacken und vorerst bei ihr einzuziehen. Natürlich hatten sie auch über Nina gesprochen. Florian war sich völlig sicher, das Sorgerecht für Nina zugesprochen zu bekommen. Der Nachweis, dass Nadja krank sei, war leicht zu erbringen. Seine Coolness in Bezug auf die Trunksucht seiner Frau aber hatte Christina ein wenig schockiert.

Jetzt, während sie auf ihn wartete, kamen ihr Zweifel angesichts der Naivität, mit welcher sie gestern - ohne weiter nachzudenken - über ein gemeinsames weiteres Leben gesprochen hatten.

Bereits seit zwei Stunden harrte sie im *Palaiskeller* aus. Und plötzlich wusste sie, dass er nicht kommen würde. Im Büro hatte er sich nur kurz aufgehalten, wie seine Telefonistin ihr versichert hatte. Sie hatte bereits mehrere Nachrichten auf seinem ausgeschalteten Handy hinterlassen. Niedergeschlagen kehrte sie in ihren Schuhsalon zurück und fragte Frau Grobschneider nach Anrufen, die während ihrer Abwesenheit eingegangen waren.

„Herr Kleeberg hat schon zweimal angerufen. Er war ziemlich wütend darüber, dass er Sie nicht im Laden antraf und Sie auch auf Ihrem Handy nicht erreichbar waren. Seinen Ärger hat er unfairerweise an mir ausgelassen. Und dann hat wieder dieser Herr Baumann angerufen. Sonst war es ruhig."

„Hat er etwas hinterlassen?"

„Herr Baumann? Er sagte nur, dass Sie ihn in den nächsten Stunden nicht erreichen könnten, er sich aber später noch einmal melden würde. Irgendwie klang er verstört."

„Was meinen Sie mit verstört?" fragte Christina alarmiert.

"Das kann ich nicht so genau sagen, es war mehr so ein Gefühl, das ich hatte", antwortete Frau Grobschneider und wandte sich wieder den Kartons zu, die sie einsortieren wollte.

Natürlich hatte Robert auf ihrem Handy Nachrichten hinterlassen, die sie sich jetzt aber nicht anhören wollte. Und Florian hatte sich wohlweislich nicht auf ihrem Handy gemeldet, sondern lieber in ihrem Laden angerufen, damit er sich nichts von Christina anhören musste, wenn er sich wieder feige davonstahl.

Sie wünschte, der gestrige Abend hätte nie stattgefunden.

*

Nadja griff nach dem Telefon, das neben dem Bett stand und wählte die Nummer, die Leo ihr gestern gegeben hatte. Während sie auf eine Antwort am anderen Ende der Leitung wartete, lauschte sie dem Klappern des Geschirrs in der Küche. Die Zugehfrau frühstückte mit Nina.

„Guten Morgen Leo, hier spricht eines deiner Brezelchen", krächzte Nadja stimmlos, als er endlich abhob.

Bevor sie Kaffee getrunken hatte, konnte sie morgens kaum sprechen.
„Nadja? Wie schön. Du bist nicht eines meiner Brezelchen, du bist mein einziges Brezelchen. Wollen wir uns in der Stadt treffen? Leider habe ich nicht viel Zeit, denn ich habe heute noch einiges zu erledigen und am Abend fliege ich zurück. Kannst Du in zwei Stunden im *Café am Dom* sein?"
„Ja, das könnte ich schaffen. Bis später dann."
Erleichtert legte Nadja auf. Leo hatte nicht nach ihrem Kind gefragt. Nach den Demütigungen der letzten Nacht lechzte sie danach, Leo zu sehen. Sie brannte darauf, Florian mit gleicher Münze heimzuzahlen, was er ihr angetan hatte. Er hatte ihr den Krieg erklärt und er würde ihn bekommen. Ihre Rachsucht kannte keine Grenzen.
Mit Eifer machte sie sich an die Renovierung Ihrer Fassade. So wie sie jetzt aussah, dauerte es ziemlich lange, sich auch nur annähernd in den schönen Schwan zu verwandeln, der sie einmal gewesen war. Sie schminkte sich dezent, denn sie war überzeugt davon, dass wenig Make-up sie frischer wirken ließ. Das Kleid, das sie gestern zerknüllt in die Ecke geworfen hatte, fand eine neue Gelegenheit, getragen zu werden. Sie bat Frau Weber, es aufzubügeln. Mit dem Ergebnis ihrer Anstrengungen war Nadja leidlich zufrieden. Als sie sich hastig von ihrer Haushaltshilfe und Nina verabschiedete, merkte sie, dass sie spät dran war. Leo hasste Unpünktlichkeit.

*

Am späten Abend dieses enttäuschenden Tages, der Christinas Nerven aufs äußerste strapaziert hatte, rief Florian endlich an.
Christina war so zornig, dass sie schrie: „Was ist los, wo warst du, warum hast du dich den ganzen Tag nicht gemeldet?"

„Sie hatte einen Autounfall...," entgegnete er so leise, das sie ihn kaum verstehen konnte, als versagte ihm die Stimme.
Christina spürte, wie ihr das Blut in den Adern gefror.
„...aber sie lebt", fuhr er fort.
Sie konnte dem Ton, in dem er das feststellte, nicht entnehmen, ob er darüber glücklich war. Er klang sehr eigenartig, fast fremd.
„Was wirst du jetzt tun?"
Diese Frage hätte sie sich sparen können. Sie kannte die Antwort.
„Ich habe keine Wahl. Bis sie wieder ganz hergestellt ist, bleibe ich bei ihr. Ich hoffe, du verstehst das. Es tut mir so leid für uns beide."
Sie merkte, dass er das Gespräch schnell beenden wollte, damit sie keine Gelegenheit fand, etwas zu erwidern. Seine Frau hatte ihnen wieder einen Strich durch die Rechnung gemacht.
„Mir tut es auch leid", stöhnte sie und knallte den Hörer vor Wut schäumend auf die Gabel.
Sie wusste nicht mehr, wie lange sie auf ihrem schneefarbenen Sessel geklebt hatte. Irgendwann bekam sie einen völlig unsinnigen, aber befreienden Lachanfall, weil ihr klar wurde, dass ihr durch diesen Schicksalsschlag die Aussprache mit Robert erspart blieb. Sie wollte aufstehen, um ihrer zweitliebsten Beschäftigung nachzugehen, besann sich aber anders. In dieser Nacht hörte Christina auf, ordentlich zu sein.

*

Nadja wachte auf. Sie lag in einem tristen, schmutziggrün getünchten Krankenzimmer und hing an Schläuchen. Von der Decke fiel fahles Licht. Wie im Film, war ihr erster Gedanke. Es dauerte eine Weile, bis sie sich erinnerte. Als sie in die Richtung der Türe starrte, sah sie Florian auf einem Stuhl sitzen. Den Kopf hatte er in seine Hände gestützt. Er sah aus, als ob er schliefe.

„Florian", hauchte sie.

„Ja? Ah, endlich bist du aufgewacht", stotterte er.

Sein Gesicht hatte in dieser Beleuchtung die Farbe von Asche. Er sah fertig aus. Sein Haar war völlig grau geworden, hatte das satte glänzende Schwarz endgültig verloren.

„Hast du Schmerzen?" fragte er einfühlsam.

„Das linke Bein tut höllisch weh, sonst spüre ich nichts", lächelte sie verkrampft, weil ihr der Kiefer beim Sprechen wehtat.

„Wer weiß, was ich mir alles gebrochen habe. Die Tatsache, dass ich mein linkes Bein noch spüre, bedeutet wohl, dass ich nicht gelähmt bin."

„Nein, gelähmt bist du nicht. Da kann ich dich beruhigen."

„Bring doch morgen bitte Nina mit, wenn du mich besuchst."

„Natürlich", erwiderte er matt.

Er nahm ihre Hände und hielt sie, bis sie wieder eingeschlafen war.

Nadja lag drei Monate im Krankenhaus. Täglich kam Florian vorbei und regelmäßig im Abstand von zwei Tagen besuchten sie Susanne Weber und Nina. Das Kind legte sich dann immer zu seiner Mutter aufs Bett und sah sie mit traurigen Augen an. Sonst kam Niemand. Leo hatte sich nach seiner Absage nicht mehr bei ihr gemeldet. Lediglich eine kryptische SMS hatte sie auf ihrem Handy gefunden, aber die stammte vom Tag ihres Unfalls.

Als sie die Klinik verlassen durfte, zog sie das linke Bein nach. Das Hinken würde nie wieder aufhören, hatten die Ärzte ihr schonungslos erklärt. Sie bekam spezielle Schuhe und musste täglich zur Gymnastik. Außerdem entstellte eine lange, hässliche Narbe ihr Gesicht, das nach dem langen Alkoholentzug weniger aufgedunsen aussah. Sie hoffte, dass diese Narbe mit der Zeit abheilen würde, notfalls wollte sie sie durch eine kosmetische Operation mildern lassen. Sie brauchte kaum noch etwas zu Trinken. Das war, wie sie fand, der beste Nebeneffekt ihres langen Krankenhausaufenthalts, neben der Tatsache, dass sie an Gewicht verloren hatte und nun noch dünner war. Das Hinken störte sie sehr. Mit den Spezialschuhen fühlte sie sich unansehnlich. Wehmütig dachte sie an die Zeiten zurück, als sich die Männer für sie interessierten, sie aufregender Mittelpunkt jeder Gesellschaft war. Aber diese Zeiten hatten aufgehört, als sie sich einem neuen, weit gefährlicheren Freund hingegeben hatte.

Dieser Freund, der ihr Leben so nachhaltig zu zerstören drohte, hatte Einzug gehalten an dem Abend, an dem sie sich mit Leopold in Ludwigsburg getroffen hatte. Sie nannte ihn einen Freund, weil er ihr Trost spendete, wann immer sie ihn brauchte, aber eigentlich war es umgekehrt. Sie brauchte Trost, weil sie nicht von ihm loskam. Der Alkohol war längst kein Freund mehr, er war ihr schlimmster Feind. Sie konnte sich nur mit Mühe vorstellen, dass sie einmal eine Frau gewesen war, die nicht nur verführerisch gut aussah, sondern auch durch Schlagfertigkeit, Intelligenz und Bildung glänzte. Könnte Leo sie jetzt sehen, würde er sie vermutlich keines Blickes würdigen. Aber was spielte das für eine Rolle? Es konnte ihr egal sein.

Am Tag ihres Unfalls hatte sie vergeblich auf ihn im *Café am Dom* gewartet. Eine Bedienung hatte ihr ausgerichtet, dass Herr Kersch verhindert sei. Nadja hatte wieder einmal ihr Handy vergessen, so wie sie auch stets vergaß, es aufzuladen. Vermutlich war Leo davon ausgegangen, sie telefonisch nicht erreichen zu können und hatte deshalb die Bedienung des Cafés gebeten, sie zu informieren. Sie war bitter enttäuscht gewesen, weil sie davon ausging, dass er sich lieber mit einem anderen Brezelchen, als mit ihr getroffen hatte. Das Ärgerlichste war, dass sie ihn nicht einmal zurückrufen konnte, um den tatsächlichen Grund seiner Absage zu erfahren.

Zum Trost hatte sie sich einen Cognac genehmigt und war eine Weile ganz entspannt sitzen geblieben. Nachdem sie zwei weitere getrunken hatte, hatte sie sich stark und mutig gefühlt. Sie würde sich von Niemandem mehr rumschubsen lassen, nicht von Florian und schon gar nicht von Leopold. Dann hatte sie das Café verlassen und war leichtfüßig zur Tiefgarage gewankt. Weil sie auch Ihren Regenschirm vergessen hatte, war sie vollkommen durchnässt gewesen, als sie endlich in ihr Auto plumpste. Erst hatte sie die Richtung zu Florians Kanzlei eingeschlagen, es sich dann während der Fahrt anders überlegt. Was dann passierte, bereute sie im Nachhinein bitter. Aber letztendlich gab es so viele Dinge in ihrem Leben, die sie falsch angepackt hatte.

Als Florian seine Frau aus der Klinik abholte, fragte er sie zum ersten Mal nach dem Hergang des Unfalls. „Warum hast du eigentlich nicht versucht, zu bremsen, als du auf den Baum zugerast bist?"

Sie saßen allein beim Abendessen, weil Nina bereits schlief.

„Die Straße war nicht mehr nass, du hättest es schaffen können, aber man hat keinerlei Bremsspuren gefunden. Was also ist passiert?", bohrte er weiter.
Seine Fragerei ging ihr auf die Nerven.
„Die Straße war nicht trocken. Offenbar hast du vergessen, dass es an jenem Tag ziemlich stark geregnet hatte."
„Und danach hatte die Sonne geschienen und zwar ziemlich intensiv. Übrigens gehe ich in diesem Punkte konform mit der Polizei, die den Hergang untersucht hat."
„Tu mir bitte einen Gefallen. Frag mich nie wieder nach der Ursache dieses schrecklichen Erlebnisses! Ich habe das alles verdrängt und nun quälst du mich mit sinnlosen Fragen und Mutmaßungen. Ich kann mich einfach nicht erinnern und ich will es auch nicht."
Auf ihr Bitten nicht eingehend, sinnierte er, „ich überlege schon die ganze Zeit, ob Du nicht absichtlich gegen den Baum gefahren bist. War es ein Selbstmordversuch? Die Beamten haben übrigens die gleichen Überlegungen angestellt. Es war nicht einfach, sie von dieser Theorie abzubringen. Einer der Ärzte in der Klinik meinte, du solltest dich einer Therapie unterziehen, nicht nur in Bezug auf deine Trunksucht. Deinen Führerschein konnte ich leider nicht retten. Den bist du - fürs erste jedenfalls - los. Wenn du ihn wiederhaben willst, musst du mir sagen, was wirklich vorgefallen ist."
„Soll das eine Erpressung sein? Lass mich endlich in Ruhe damit. Deine lächerlichen Thesen und Mutmaßungen sind unerträglich", schrie sie aufgebracht und hinkte wütend aus dem Zimmer.
Er eilte ihr nach. „Warum reagierst du so gereizt auf meine ganz logischen Überlegungen. Damit bestätigst du nur meine Suizidtheorie. Du brauchst keine Angst zu haben, denn jetzt da ich es weiß, stelle ich keine weiteren Nachforschungen an. Ich werde versuchen, die Polizei davon zu überzeugen, dass du nicht freiwillig gegen den Baum gefahren bist. Schließlich

hattest du jede Menge Alkohol im Blut. Wo wolltest du an diesem verhängnisvollen Nachmittag eigentlich hin?"

Sie antwortete nicht. Ihr rannen Tränen über das Gesicht, die salzige Flüssigkeit brannte auf der wieder entzündeten Narbe. Sie konnte es kaum erwarten, dass er sie allein ließ, damit sie sich einen Gin eingießen konnte. Er hatte sie wieder so weit gebracht, dass sie einen brauchte.

Als sie endlich ihr rettendes Zimmer erreicht hatte, rief Florian: „Lass uns verreisen, damit wir mehr Zeit füreinander haben. Vielleicht kommt alles wieder ins Lot. Ich brauche dringend Urlaub und du brauchst Erholung. Nina wird es gut tun, ihre Eltern einmal näher kennen zu lernen."

Er meinte diesen Satz scherzhaft, war jedoch überrascht über Nadjas hysterische Reaktion, als sie rau auflachte. Es war ein grausiges Lachen, das sich ihrer Kehle heiser entlockt hatte.

„Was ist daran so komisch?", fragte Florian irritiert.

„Nichts, gar nichts." Und sie lachte weiter ohne erkennbaren Grund.

Dann stolperte sie, konnte sich aber rechtzeitig an der Türklinke festhalten.

„Das Beste ist, du lässt mich jetzt allein, damit ich über ein passendes Reiseziel für uns drei nachdenken kann", sagte sie, als sie sich endlich beruhigt hatte.

*

Kurz nach Ninas Geburtstag brachen sie nach Italien auf. Sie hatten kein festes Ziel, wollten jeweils nach einigen Tagen weiterfahren mit dem Ziel Palermo. Florian hatte sich zwei Wochen Zeit genommen. Seine laufenden Mandate übertrug er an Albert. Die Vorbereitungen für eine vierzehntägige Abwesenheit waren sehr aufwändig gewesen. Er wusste, dass er sich auf Albert verlassen konnte, denn er war ein integerer Jurist und ein Freund, der diese Bezeichnung verdiente.

Albert wirkte seit seiner Hochzeit ausgeglichener und selbstsicherer. Violetta hatte Wunder vollbracht.
„Wie geht es Nadja?" hatte Albert besorgt gefragt, als er ihm von seinen Plänen erzählte.
Florian wusste im ersten Moment nicht, wie er diese Frage verstehen sollte. Sein Privatleben hatte er immer ängstlich gehütet, hatte aber trotzdem nicht vermeiden können, dass sein Partner mehrfach Zeuge eines von Nadja verursachten ehelichen Debakels wurde.
„Es geht ihr den Umständen entsprechend gut. Von den Folgen des Unfalls wird sie sich vermutlich nie mehr erholen."
„Vielleicht solltet ihr euch noch ein Kind zulegen, dann hätte Nina einen Spielgefährten", bemerkte Albert nachdenklich und sah Florian mitfühlend an.
„Violetta ist schwanger. Als wir noch verlobt waren, hat sie es brüsk abgelehnt, von mir zur Mutter gemacht zu werden und nun ist sie die glücklichste Frau der Welt. Ich verstehe sie so gut, ich selbst finde es ja unerhört aufregend, eine Familie zu gründen", gestand er Florian in seinem pragmatischen Tonfall, bevor er die Unterhaltung wieder auf das Geschäftliche lenkte.
Florian gefiel der Vorschlag seines Freundes. Wenn es zur Rettung seiner Ehe beitrug, war er gerne bereit, für ein weiteres Kind zu sorgen. Er dachte immer weniger an Christina, dann aber umso schmerzlicher. Sie kam nur noch selten in ihr Schuhgeschäft, denn sie lebte zwischenzeitlich vorwiegend in Berlin. All das hatte ihm ihre Verkäuferin erzählt, die zur Geschäftsführerin aufgestiegen war. Manchmal fuhr er an Christinas Haus vorbei und manchmal sah er ein Auto mit Berliner Kennzeichen davor stehen, das Vehikel ihres Freundes. Er kannte es, weil er es schon einmal auf dem Hotelparkplatz anlässlich der Hochzeitsfeier Alberts gesehen hatte. Wenn er wusste, dass sie in München war, verspürte er den Wunsch, sie anzurufen, verkniff es sich

aber. Noch einmal wollte er sich nicht in eine solche Lage bringen und Wunden aufreißen, die vielleicht noch nicht verheilt waren. Das galt für Christina und eigentlich noch mehr für Nadja.

Ihre erste Nacht der Reise verbrachten sie in einem malerischen Weingut in einem winzigen Ort zwischen Verona und dem Gardasee.

Am nächsten Morgen reisten sie weiter Richtung Florenz. Am frühen Nachmittag erreichten sie ihr Ziel im Süden der Stadt. Sie bezogen ihre Räume in einer eleganten Villa, die jetzt ein teures Hotel war, um sich vor dem Dinner ein wenig auszuruhen.
Nina schlief ruhig im Nebenzimmer der Suite, als sie sich umarmten. Wenn Nadja zu leidenschaftlich wurde, spürte sie ziehende Schmerzen in ihrem linken Bein. Sie ließ sich nichts anmerken, um ihren Mann nicht zu verunsichern. Florian war so vorsichtig wie möglich. Die verhaltene Sonne, die um diese Jahreszeit Mittelitalien in milchiges Licht tauchte, drang in das helle Zimmer mit der angestaubten Rosentapete. Die Barockmöbel gaben dem großen Raum mit den hohen Decken, von denen der Stuck, Relikt vergangener Pracht bröckelte, etwas kaltes, fast abweisendes.
"Ich möchte noch ein Baby", stöhnte er, während er sich auf den Orgasmus zu bewegte. Nadja reagierte nicht, gab sich nur ihrer eigenen Lust hin.

Am nächsten Morgen unternahmen sie einen Ausflug nach Siena. Dort bedrängte er sie erneut mit seinem Kinderwunsch.
Er beugte sich hinunter zu seiner Tochter und fragte sie: "Möchtest du ein kleines Brüderchen? Dann hättest du jemanden zum Spielen."

In ihrer zurückhaltenden Art nickte Nina. Sie schien nicht zu realisieren, was ihr Vater ihr einzureden versuchte. Im Verlauf dieser Reise taute sie zunehmend auf, manchmal wirkte sie fast lebhaft.
"Lass doch das Kind damit in Ruhe", herrschte Nadja ihn unwirsch an.
Sie hatte sich einem Schaufenster mit Damenschuhen zugewandt.
"Sieh mal, so ähnliche Schuhe wollte ich mir in München kaufen. Ich hatte sie in einem protzigen Laden in der Westenrieder Straße entdeckt, allerdings waren sie unverschämt teuer. Hier sind sie billiger. Kaufst du sie mir?"
Sie sah ihn unvermittelt an, mit einem perfiden Glitzern in ihren grünen Augen.
"Was willst du denn damit? Du kannst sie ja sowieso nicht tragen mit deinem ...Klumpfuß", antwortete er gehässig, nachdem er einen Blick erst auf ihre Beine und dann auf die pinkfarbenen Wildlederpumps mit den schmalen, schwindelerregend hohen Absätzen geworfen hatte.
Seine Äußerung bereute er augenblicklich.
"Immerhin kann ich ja einen davon tragen und den anderen schlage ich dir um die Ohren!" kreischte sie schrill und das gefährliche Glitzern in ihren Augen wurde stärker.
Dieser Tag hatte keinen glücklichen Anfang genommen. Er glaubte zu wissen, dass es sein Wunsch nach einem weiteren Kind war, der diesen Ausbruch bei ihr ausgelöst hatte. Das stimmte so nicht ganz. Dem Ausbruch war eine Provokation vorausgegangen, oder bildete er sich das nur ein?

Woher wusste sie von Christinas Laden oder war es nur ein dummer Zufall? Nein, ein dummer Zufall konnte es nicht gewesen sein, denn mit Schuhen hatte Nadja seit ihrem Unfall nichts mehr im Sinn gehabt. Wehmütig dachte er an ihre ehemals schmalen Fesseln und ihre kleinen Füße, die sie bevorzugt in zierliches Schuhwerk mit atemberaubenden

Absätzen gezwängt hatte, um ihn um den Verstand zu bringen.

Die angenehme Erinnerung wich einer schmerzlichen Scham. Er hasste sich dafür, dass er sich hatte hinreißen lassen, ihr kaputtes Bein als 'Klumpfuß' zu bezeichnen, und das ausgerechnet in Zusammenhang mit Christinas Schuhsalon. Es erschien ihm als zynische Ironie des Schicksals, dass seine Geliebte ihr Geld ausgerechnet mit den Luxusartikeln verdiente, die seiner Frau für immer vorenthalten bleiben würden.

Das Kinderthema schnitt Florian während des Urlaubs nicht mehr an. Er war übervorsichtig mit seinen Äußerungen, um die angestrengt aufgebaute Harmonie nicht über Gebühr zu strapazieren. Stillschweigend tolerierte er sogar Nadjas mittägliche und abendliche Rotweinorgien, obwohl er darunter litt. Dabei hätte ihr so gerne aus ihrem Sumpf herausgeholfen, denn eigentlich mochte er sie noch immer. Leider wusste er nicht, wie er das anstellen sollte. Oft provozierte Nadja ihn grundlos und dann fiel es ihm schwer, sich zurückzuhalten. Er wollte sich unter keinen Umständen noch einmal die Blöße geben, sie zu beleidigen. Manchmal aber reizte sie ihn so sehr, dass er sogar den Wunsch verspürte, wieder zuzuschlagen.

Nadja wusste, dass Florian mit immer weniger Begeisterung mit ihr verkehrte. Sie hatte zwar auch nur wenig Interesse an sexuellen Ekstasen. Was sie aber kränkte, war die schonungslose Erkenntnis, nicht begehrenswert zu sein. Um nicht fortwährend mit ihrer zerstörten Attraktivität konfrontiert zu werden, suchte sie wieder Trost und Vergessen im Rotwein. Florian war freundlich und aufmerksam zu ihr, aber nicht wirklich interessiert. Dieses

Desinteresse reizte sie außerordentlich. Sie konnte nicht anders, als ihn fortwährend herauszufordern. Dann spürte sie, wie er sich zusammenriss, obgleich er zu zerplatzen drohte.

Wenn sie einmal von dem Problem absah, dass Florian kein besonderes Verlangen nach ihrem Körper verspürte, war sie glücklich wie seit langer Zeit nicht mehr. Der Unfall hatte einen erstaunlichen Lebenswillen in ihr geweckt. Die Narbe, die ihr Gesicht entstellt hatte, war so gut verheilt, dass sie sie mit Spezialpuder fast vollständig abdecken konnte. Das Hinken ließ sich nicht wegretuschieren. Daher achtete Nadja darauf, dass sie möglichst wenig zu Fuß unterwegs waren, um Florian ihr Handikap nicht ständig vor Augen zu führen. Und trotzdem, für den `Klumpfuß´ würde er bezahlen.

Zu ihrer eigenen Überraschung entwickelte Nadja in Italien tiefere Empfindungen für ihr Kind. Plötzlich war sie gerne mit Nina zusammen, die inzwischen mehr als nur undefinierbare Laute von sich gab. Sie freute sich an den Fortschritten, die das Kind machte. Diese Fortschritte schweißten sie und ihren Mann zusammen. Jedenfalls empfand es Nadja so.

Kaum aber waren sie zurück, fing Florian wieder an, sie mit dem leidigen Thema zu konfrontieren.
"Bitte unternimm etwas gegen deine Sucht. Wenn du es schon nicht für mich tust, dann wenigstens für Nina. Und wenn du es nicht allein schaffst, helfe ich dir dabei so gut ich kann. Das Beste wäre, du würdest dich noch einmal zu einer Entziehungskur durchringen."
Florian hatte etwas Drohendes in seiner Stimme, obwohl er versuchte, verständnisvoll zu wirken. Sie dachte an ihren verpassten Termin bei den *Anonymen Alkoholikern.* Es war seine Schuld gewesen, dass sie nicht hingegangen war.

Seit sie aus Italien zurückgekehrt waren, schüttete Nadja wieder härtere Sachen in sich hinein und gab sich wenig Mühe, das zu verbergen. Gut, es gab Tage, da brauchte sie gar nichts - aber die waren seltener als die anderen, an denen sie unmäßig trank.

Sie reagierte nicht auf seine Bitte, denn sie konnte seine ständigen Vorhaltungen nicht mehr ertragen. Sie ödeten sie an. Er benutzte das Kind als Argument, damit sie sich noch schäbiger fühlte, als sie es ohnehin bereits tat.

"Wenn dir unser Familienleben auch nur einen Funken bedeutet, dann musst du endlich etwas unternehmen. Als ewig vom Suff benebelte Mutter bist du für Nina leider kein Vorbild. Es ist wirklich das letzte Mal, dass ich dich darum bitte."

"Und was wirst du tun, wenn ich deiner Bitte nicht nachkomme?"

"Dann lasse ich mich von dir scheiden."

Nadja war über diese Äußerung so tief betroffen, dass sie sich am nächsten Tag erneut bei der Organisation der *Anonymen Alkoholiker* anmeldete.

Ein Jahr später

Der erste Samstag im März war so mild und sonnig, dass er zum draußen Sitzen einlud. Nadja und Florian schlenderten mit Nina, die missvergnügt im Kinderwagen kauerte, über den Viktualienmarkt. Sie genehmigten sich einen kleinen Abstecher ins *Café Nymphenburg*. Kaum hatten sie sich an einem kleinen Tischchen niedergelassen, entdeckte Nadja ein gut gekleidetes Paar, das überheblich an der Sektbar lehnte.

„Waren die Beiden nicht auf der Hochzeit von Albert mit seiner drallen Sexbombe? Komisch, die Frau erinnert mich an Jemanden, den ich schon einmal woanders gesehen habe. Ich komme im Moment nicht drauf", rief sie überrascht.

Florian überhörte die Beleidigung Violettas und blickte in die Richtung, in die seine Frau deutete und erkannte zu seinem Entsetzen, dass sie Recht hatte. Christina sah fantastisch aus in ihrem sandfarbenen Chanelkostüm und den dazu passenden zweifarbigen Stöckelschuhen, die ihre aufsehenerregenden Beine auf das sinnlichste zur Geltung brachten. Die Höhe der Absätze zwang sie zu einer geraden Haltung, der tatsächlich etwas Arrogantes anhaftete. Nichts erinnerte mehr an die naive Gefallsucht früherer Tage. Christinas Blasiertheit gefiel Florian. Ihr Haar trug sie dunkler und kürzer. Die neue Frisur ließ sie jünger wirken. Sie erschien ihm auch schlanker. Aber vielleicht lag das an den Schuhen. Christinas Freund war ebenfalls außergewöhnlich geschmackvoll gekleidet in seinem dunklen Anzug. Florian stellte indigniert fest, dass sein Konkurrent nicht nur jünger war als er, sondern auch gesünder aussah. Er hoffte inständig, Christina und ihr kraftstrotzender Galan würden ihn und seine ungepflegte Frau nicht bemerken.

*

Christina verstand sich gut mit Robert, aber eine leidenschaftliche Beziehung unterhielt sie nicht mit ihm. Das gemeinsame Geschäft verband sie. Christina hatte sich inzwischen zur Prokuristin seiner Franchise-Kette hochgearbeitet und betreute den Einkauf in Italien. Außerdem kümmerte sie sich weiterhin um das Geschäft in München, soweit es ihre Zeit erlaubte. Den Hauptteil ihrer Zeit verbrachte sie allerdings in Berlin. Robert orientierte sich mehr und mehr Richtung Osten, reiste aber selten dorthin. Das lag daran, dass er nicht gerne flog. Er hatte eine regelrechte Flugphobie. Wenn sie gemeinsam unterwegs waren, fuhren sie – soweit möglich – mit dem Auto. Christina empfand das als anstrengend, hatte sich aber zwischenzeitlich an diese Eigenheit Roberts gewöhnt, wie an manch andere auch. Robert hatte ihr den Aufstieg nicht leicht gemacht, und manche ihrer Arbeitstage währten so endlos, dass sie vor Erschöpfung am Schreibtisch einschlief. Die Betreuung des Ladens in München war im Vergleich zu Berlin ein Spaziergang gewesen. Berlin war Marathon. Die ganz harte Tour. Manchmal hatte sie hinschmeißen wollen, aber der Gedanke an ihre Zukunft und die Möglichkeiten, die sich ihr boten, ließen sie durchhalten. Ursprünglich war sie nichts weiter als die Freundin des Chefs gewesen. Jetzt war sie seine akzeptierte Vertreterin. Die Tatsache, dass sie als Mitarbeiterin in allen Abteilungen geschuftet hatte, verschaffte ihr Achtung und Renommee. Sie arbeitete an sieben Tagen pro Woche und spürte, dass sie ihr physisches Limit erreichte.

Robert wollte ihre Beziehung legitimieren – sicher auch aus finanziellen Gründen, wie sie annahm - aber Edgar zögerte die Scheidung weiterhin hinaus. Er stritt sich mit ihr um Unterhaltszahlungen und die Verteilung gemeinsamer Anschaffungen. Eigentlich war Christina nicht wirklich unglücklich darüber, dass die endgültige Trennung von Edgar sich hinzog, denn das ersparte ihr vorerst die Entscheidung, Robert zu heiraten.

Wenn es sich irgendwie einrichten ließ, flog sie für wenige Tage alleine nach München, um der Schinderei in Berlin zu entkommen und auch ihrem Freund, mit dem sie sich sogar in ihrer Freizeit über Schuhe und deren einträglichsten Vertrieb unterhielt. Leider hatte Robert meistens das

Bedürfnis, sie zu begleiten, denn er verband diese Tour gerne mit einem Abstecher nach Italien. Italien bedeutete ebenfalls Arbeit. Diese Reisen hatten nichts mehr mit ihrem ersten Ausflug nach Mailand zu tun, bei dem er sie in seine Vorstellungen von Liebe eingeführt hatte.

In letzter Zeit gelang es ihr häufiger, Robert davon zu überzeugen, dass er in Berlin mehr gebraucht wurde, als in München oder Mailand.

Wenn sie alleine nach München kam, traf sie sich in der Regel mit Violetta, die ausgiebig über ihre phantastische Ehe mit Albert dozierte und natürlich über das Baby, das sie in Kürze von ihm erwartete. Sie ging Christina damit ziemlich auf die Nerven, aber sie hütete sich, ihr das zu sagen. Violettas rosarote Poesiealben-Ergüsse aus der heilen 'Brigitte'-Welt lenkten sie von ihren Gedanken an Florian ab. Christina war immer versucht, ihn anzurufen, wenn sie alleine in München weilte.

An diesem ersten März-Wochenende, an dem sie ihm samt seiner Familie über den Weg laufen sollte, hatte Robert sie nach München begleitet. Das bedeutete, dass sie die lange Anreise mit dem Auto zurücklegen mussten anstatt zu fliegen, wie Christina es vorzog.
Während der Fahrt hatten sie heftig über die Geschäftsführung gestritten. Als sie am Freitagabend in München eintrafen, wollte Robert unbedingt noch ihren Laden in der Westenrieder Straße besuchen. Christina begleitete ihn. Seine durch den Streit verursachte Gereiztheit ließ er an Frau Haberstroh und einer anwesenden Verkäuferin aus. Ihm missfiel das Sortiment der Schuhe, die Dekoration der Schaufenster und die Platzierung der

Accessoires. Die Umsätze die das Geschäft erzielte, erschienen ihm zu gering, angesichts des Aufwands und der geographischen Lage in der Innenstadt. Robert hatte sich so in Rage gebracht, dass er unfair und ausfallend wurde. Christina versuchte schlichtend einzugreifen.
Plötzlich schüttelte er resigniert den Kopf und stürmte wütend aus dem Laden. Christina sah die beiden Frauen Verständnis heischend an und folgte ihm. Er lief so schnell, dass sie Schwierigkeiten hatte, ihn einzuholen.
"Was ist denn in dich gefahren, dass du dich so aufführen musstest?" rief sie ihm von weitem zu.
Sie musste schreien, um gegen den Verkehrslärm anzukommen. Er sah sie an wie Jemanden, den er nicht kannte.
Dann brüllte er. "Du hast nur eines im Kopf und das ist deine gnadenlose Putzwut. Ist dir eigentlich schon einmal aufgefallen, wie viel Geld du allein für Haushaltsreiniger ausgibst? Als ich letztes Mal in München war, habe ich gründlich ausgemistet. Offenbar hast du noch nicht bemerkt, dass sich deine Auswahl an Desinfektionsmitteln, Scheuerpulver, Schmierseife und ähnlichem Mist erheblich reduziert hat! Ich wünschte, in unserem Flagship-Store sähe es halb so aseptisch aus, wie bei dir zu Hause. Von unserer Wohnung in Berlin möchte ich gar nicht sprechen. Das zeigt mir einmal mehr, dass dich all die Dinge, die mit mir zu tun haben, nicht interessieren."

Er war rüde und er hatte Recht. Seit einiger Zeit verspürte sie wieder dieses starke Verlangen, den Schmutz, der sie umgab, zu eliminieren. Und er hatte auch recht mit seiner Behauptung, dass dieser Putzzwang ihr Zuhause in Berlin ausschloss, wenngleich das nicht alle Bereiche betraf. Wo sie sich aufhielt, reinigte sie gründlich. Dort allerdings, wo er es sich gemütlich machte, musste die Putzfrau für Ordnung sorgen. Sie war einigermaßen überrascht darüber, dass ihm das aufgefallen war. Offenbar war nicht nur Florians Frau Nadja Opfer einer gnadenlosen Obsession. Und beider Suchtverhalten hatte mit Alkohol zu tun. Diese Erkenntnis bestürzte sie.

Robert gehörte zu den Männern, die sich selten, dann aber umso heftiger aufregten. Gleichwohl verfügte er über die positive Eigenschaft, sich schnell wieder zu beruhigen.

So war es auch jetzt. Kaum hatte er sich ausgelassen, war er wieder der Alte. Er entschuldigte sich und lud Christina zum Essen ein. Sie sah keinen Grund, weiter zu schmollen und verzieh ihm. Am nächsten Morgen gingen sie zusammen auf den Viktualienmarkt, um frisches Obst und Gemüse zu kaufen und anschließend ein zweites Frühstück im *Café Nymphenburg* einzunehmen. Christina liebte die Atmosphäre aus wuseligem Treiben, beherzter Geschäftigkeit und bodenständiger Gemütlichkeit, die sie in Berlin vermisste. Aber das lag auch daran, dass sie von der Hauptstadt noch nicht viel gesehen hatte.

Und jetzt sah sie ihn.

Florian sah so aus wie sie ihn am meisten geliebt hatte, lässig - fast nachlässig, in seinem vergammelten Tweedsakko mit den Lederflicken an den Ärmeln, einem offenen weißen Leinenhemd und ausgeblichenen Jeans. Dann erkannte sie die Frau an seiner Seite, deren Füße in schweren Tretern steckten. Christina erschrak bei ihrem Anblick. War das dieselbe Frau, die sich vor wenigen Jahren strahlend schön auf der Sommerparty präsentiert hatte, die Christinas Leben so nachhaltig geändert hatte?

Sie spürte, wie ihr Tränen aufstiegen beim Anblick dieser eigenartigen Familie mit dem traurigen Kind im Wagen. Sie versuchte krampfhaft, in die entgegengesetzte Richtung zu starren, so zu tun, als ob sie diese Leute nicht bemerkt hätte. Dann aber verspürte sie den starken Drang, sie doch zu begrüßen. Freundlich lächelte sie hinüber und winkte ihnen zu. Sie fühlte sich nicht wohl in ihrem viel zu eleganten Kostüm, das nicht in diese Umgebung passte und darüber hinaus eine imaginäre Grenze zu Florian zog.
"Sieh mal, wer da drüben sitzt", sagte sie zu Robert.
"Wer sind die drei? Sollte ich sie kennen?", fragte er ratlos.
"Sie waren auf dem Hochzeitsfest meiner Freundin. Er ist mein ehemaliger Chef und sie die ehemalige Kollegin meines Mannes."
"Ach ja, nun fällt es mir wieder ein. Über diese komplizierten Verhältnisse hattest du mich ja schon damals aufgeklärt", witzelte Robert und winkte ebenfalls in die Richtung. Dr. Schneider und seine Frau wirkten etwas betreten, als sie zögernd ihre Hände schwenkten. Dann wandten sie sich eilig ab, um sich ihrem Kind zu widmen.
Christina spürte einen stechenden Schmerz angesichts der Fremdheit, die Florian ihr mit dieser Geste demonstriert hatte. Sie hätte am liebsten laut geschrien vor Neid auf diese Frau, der er gehörte und der er ein Kind geschenkt hatte. Ihr brach das Herz trotz, oder gerade wegen des erschütternden Anblicks, den ihre Widersacherin bot. Auf der Hochzeit Violettas war ihr schon aufgefallen, dass Nadja Schneider mitgenommen aussah. Jetzt aber wirkte das Schneewittchen hässlich in seiner Ungepflegtheit. Die Narbe in Nadjas Gesicht erschien Christina wie ein Mahnmal für den Verrat, den sie und Florian an ihr begangen hatten.
Auch Florian hatte sich verändert. Seine ehemals lebhaften Augen blickten verhärmt aus dem mager gewordenen Gesicht, wie aus tiefen Höhlen. Er sah aus wie jemand, der seit Tagen nicht geschlafen hatte. Christina packte in diesem

Moment, da sie ihn so verletzlich sah, wieder eine solche Sehnsucht nach ihm, dass sie glaubte, den Verstand zu verlieren.
"Bitte lass uns gehen", bat sie Robert.
"Ich wollte soeben das Gleiche vorschlagen. Wir müssen noch einmal ins Geschäft. Frau Haberstroh erwartet uns. Sie hat ein paar Probleme, die wir dringend klären sollten. Gestern Abend war ich zu erregt, um objektive Entscheidungen zu treffen."
Er winkte der Kellnerin zu.
Verstohlen schielte Christina noch einmal in die Richtung, in der Florian mit Frau und Kind saß. Sie bemerkte, dass er ebenfalls zahlte und sich zusammen mit seiner Frau erhob. Das Paar bewegte sich in ihre Richtung. Christina wurde rot, als sie Florian zaghaft ihre manikürte Hand reichte, deren Perfektion erneut durch blutige Ekzeme getrübt war. Sie wusste nichts zu sagen, jetzt da er ihr gegenüberstand. Robert und Nadja schienen die Nervosität, die ihre Partner erfasst hatte, nicht zu bemerken. Sie waren höflich und zurückhaltend zueinander und tauschten Belanglosigkeiten aus.
Endlich erlöste Nadja das verkrampfte Quartett, indem sie sich hastig verabschiedete, den Kinderwagen mit dem stillen Mädchen wendete und Florian hinterher zog.

Wehmütig schlenderte Christina mit Robert in die Westenrieder Straße. Dieses Wiedersehen hatte sie erschüttert. Warum musste er ihr ausgerechnet heute über den Weg laufen? Warum konnte diese Geschichte nie ein Ende finden? Immer wenn sie glaubte, darüber hinweg zu sein, tauchte er wieder auf. Und dennoch. Dieses Treffen hatte ihr vor Augen geführt, dass sie ihn niemals bekommen würde, jedenfalls nicht so lange seine Frau krank war. Und so wie sie auf Christina gewirkt hatte, war eine Genesung ausgeschlossen.

Als sie sich ihrem Geschäft näherten, bemerkte Robert: "Diese Familie strahlt etwas Deprimierendes aus, findest du nicht? Übrigens, ich muss heute Abend noch nach Berlin, weil ich morgen sehr früh eine Besprechung habe."
"Am Sonntag?"
"Momentan läuft nichts so, wie es sollte, das ist dir sicher nicht entgangen. Daher rührt auch meine Gereiztheit, für die ich mich nochmals entschuldigen möchte. Es bleibt uns wahrscheinlich nichts anderes übrig, als eine weitere Kette mit Billigschuhen im untersten Segment zu realisieren. Das bedeutet wieder einen Riesenaufwand an Zeit und Geld. Uns fehlt im einfach die Möglichkeit, via Internet zu verkaufen. Wie du weißt, kommen wir aus der Vereinbarung erst nach einer Karenzzeit von drei Jahren raus. Bis dahin ist der Zug abgefahren. Eine Billigkette mit Onlinepräsenz kann ich unter einem anderen Namen ohne Einschränkung deutschlandweit aufbauen und später auch auf unsere östlichen Nachbarn ausdehnen. Der Typ, den ich morgen früh treffe, hat hervorragende Verbindungen nach Südostasien."
"Davon hast du mir nichts erzählt. Wäre es nicht sinnvoller, solche Geschäfte vor Ort anzuleiern, als über Dritte, die kräftig Provisionen kassieren und von denen man nicht weiß, ob sie die wert sind?"
"Natürlich, aber erst einmal möchte ich das Ganze sondieren, bevor ich mich wieder stundenlang in einen Flieger setze."

Sie verbrachten den Nachmittag in ihrem Geschäft und diskutierten über die Pläne, die Robert hegte. Am frühen Abend setzte er sich in sein Auto und kehrte nach Berlin zurück. Sie wollte am Montag folgen. Das Gute daran war, dass sie fliegen konnte und zwei herrliche freie Tage vor sich hatte.

Das Telefon starrte sie an als ob es danach lechzte, benutzt zu werden. Sie brauchte einen Vorwand, ihn anzurufen. Das Problem bestand darin, ihn an einem Samstagabend von zu Hause wegzulocken. Sie zermarterte sich den Kopf und hörte erst nach einer Weile, dass die Türglocke schellte. Wer immer es war, er war willkommen. Hastig öffnete sie. Florian stand draußen. Sie starrte ihn verwirrt an, denn er war der letzte Gast, den sie erwartet hätte. Dann fiel sie ihm in die Arme und bettete ihren Kopf an seine Schulter.
Er strich ihr übers Haar: "Ist ja gut, mein Kleines, darf ich reinkommen oder bist du nicht allein?"
"Ah doch, natürlich bin ich allein", stammelte sie selig.
"Ich habe es nicht mehr ausgehalten. Die letzten Stunden waren die Hölle. Ich konnte nicht länger Rücksicht auf deinen wohlgenährten Lover nehmen. Wäre er da gewesen, hätte ich ihm reinen Wein eingeschenkt über unsere Beziehung", erklärte er und küsste ihre Stirn.
"Er ist nicht dick. Eine solche Bezeichnung lässt darauf schließen, dass du eifersüchtig bist. Zum Glück ist er nach Berlin abgereist, denn ich wage nicht, mir vorzustellen, was passiert wäre, wenn du ihm die Wahrheit über uns erzählt hättest."
"Was immer er mit mir angestellt hätte, es wäre mir egal gewesen. Am Ende hätte ich dich an der Hand genommen und entführt."
Liebevoll blickte er auf ihre ramponierten Hände, die er jetzt hielt und sanft streichelte
Sie lachte. "Du bist ein Verrückter, aber dafür liebe ich dich. Wie geht es deiner Frau? Wird sie gesund?"
"Du meinst, ob ich sie verlassen kann? Täte ich es, wärst du dann auch bereit, deinem nichtdicklichen Boyfriend den Laufpass zu geben?"
"Ich bin mir nicht sicher. Irgendetwas würde wieder passieren und du würdest erneut zu ihr zurückgehen. Und ein weiteres Mal könnte ich es nicht ertragen, dass du mich vor

den Kopf stößt und ihr den Vorzug gibst. Es hat mir heute schrecklich wehgetan, euch Beide mit dem Kind zu sehen, das du ihr gemacht hast. Dabei hätte ich so gerne eines mit dir gehabt."

Alles in ihr schrie `Lass dich nicht mehr auf ihn ein! Er tut dir nicht gut! Er hat eine Frau, die ihn mehr braucht als du!´ Aber anstatt auf ihr Bauchgefühl zu hören, lauschte sie berauscht seinen Worten.

"Dafür ist es noch nicht zu spät. Was ist mit ihm?"

"Ich mag Robert, aber ich liebe ihn nicht. Man kann nur einmal lieben. Ein zweites Mal funktioniert es leider nicht, so sehr man es sich auch wünscht."

Sie wollte ihm noch mehr über Robert erzählen, hielt sich aber rechtzeitig zurück.

"Du bist finanziell von ihm abhängig?"

Es war keine Feststellung, sondern eine vorsorgliche Frage. Sie nickte, aber das war nicht der Grund für ihr Zusammensein mit Robert. Aber was war der Grund? Hätte Florian weiter gebohrt, sie hätte ihm keine klaren Antworten liefern können.

"Meine Frau hat dich übrigens nicht erkannt. Sie hatte zwar einen Verdacht, dass sie dich vor Alberts Hochzeit schon einmal irgendwo gesehen hatte, aber wo, das fiel ihr nicht ein. Ihr Verstand arbeitet nicht mehr so klar wie früher. Der Alkohol ruiniert alles, nicht nur Ehen."

"Spätestens, wenn du sie verlässt, wirst du es ihr sagen müssen, aber vielleicht willst du das gar nicht", entgegnete sie und vielleicht wollte Christina es auch nicht mehr.

Später, als er gegangen war, fiel ihr auf, dass sie mit ihm wieder am Ausgangspunkt angelangt war. Sie drehten sich im Kreis endloser Wiederholungen. Nadja würde - das hatte Christina endlich begriffen - niemals zulassen, dass Florian sich von ihr trennte. Sie war viel zu klug und raffiniert, das Feld zugunsten einer Anderen zu räumen. Ihr Talent diesbezüglich hatte sie in der Vergangenheit mehrmals unter

Beweis gestellt. Christina war das Hoffen und Sehnen leid, sie hatte genug von unerfüllten Träumen und zerstörten Illusionen. Es wurde Zeit, dass sie nach vorne blickte.

Dazu gehörte ein Anruf, den sie am darauffolgenden Morgen tätigte. Sie erreichte Robert während seiner Besprechung. Er versprach ihr, sie später zurückzurufen.
"Was gibt es Schatz, dass du mich schon morgens unbedingt sprechen willst?" fragte er arglos, als er sie zurückrief.
"Ich kann nicht länger mit dir zusammen sein", platzte es aus ihr heraus.
Ihr war eigentümlich zumute, als sie diesen niederschmetternden Satz ausgestoßen hatte.
"Was soll das heißen, du kannst nicht länger mit mir zusammen sein?", bellte er wütend.
Nein, er war nicht wütend, er war perplex.
"Unsere Beziehung hat keine Zukunft", stellte sie lapidar fest.
Sie musste das durchziehen, bevor der Mut sie verließ.
"Was ist eigentlich in dich gefahren? Nur weil wir diesen kleinen Streit hatten, willst du gleich die Trennung. Ich habe bereits genug Sorgen am Hals, und jetzt wo es nicht so gut läuft, lässt du mich einfach sitzen. Und dir habe ich vertraut. Nicht einmal persönlich konntest du es mir sagen. Für so feige hatte ich dich nicht gehalten. Warum nicht gleich eine SMS?"
Am anderen Ende der Leitung vernahm sie ein schmerzliches Stöhnen, das dem Aufbäumen eines Stieres gleichkam, dem man den Todesstoß versetzt hatte.
Dann sagte Robert beängstigend leise, "ich muss zurück zu meinen Termin. Ich melde mich später, um mit dir darüber zu reden. Ciao."
Ihr Magen krampfte sich zusammen.
Sie fühlte sich schäbig und gemein. All das, was sie Edgar vorgeworfen hatte, traf nun auf sie zu. Dumpf ahnte sie, was

auf sie zukam. Ein Mann wie Robert würde sich nicht kampflos ergeben. Plötzlich musste sie an Florians Geständnis letzte Nacht denken, als er ihr anvertraut hatte, dass er seine Frau geschlagen hatte. Sie wurde das Gefühl nicht los, dass sie einen unverzeihlichen Fehler begangen hatte.

*

Nadja spürte, dass es etwas gab zwischen ihrem Mann und Christina Kleeberg. Die Art, wie sie einander am Samstag angesehen hatten, als sie sich zufällig trafen, missfiel ihr. Möglicherweise handelte es sich bei der Frau, die Leo im *Canal Grande* mit Florian gesehen hatte, um sie. Und plötzlich fiel ihr die Erkenntnis wie Schuppen von den Augen. Christina Kleeberg war Ohlerts Frau, oder seine Exfrau. Was auch immer, das spielte keine Rolle.

Jetzt fiel ihr auch wieder ihre Irritation ein, die sie während Alberts Verlobungsparty gespürt hatte, angesichts der Anwesenheit von Frau Ohlert. In ihrem stark alkoholisierten Zustand damals war ihr die Zuordnung schwer gefallen, obgleich ihr bewusst war, dass sie sich schon einmal in einem anderen Zusammenhang begegnet waren. Hatte nicht Florian mit ihr getanzt - oder war es zu einem anderen Zeitpunkt woanders gewesen? Jedenfalls wurde ihr schlagartig klar, dass er schon öfter mit dieser Frau getanzt hatte. Ihre Gedanken überschlugen sich, aber ihre Vergesslichkeit spielte wilde Streiche mit ihr. Sie bekam die einzelnen Teile einfach nicht zusammen. Was hatte Christina Ohlert mit Albert und Florian zu tun? War bereits auf der Sommerparty der *Mastorn* etwas zwischen ihr und Florian vorgefallen? Oder vielleicht sogar schon vorher? Je mehr sie darüber nachdachte, umso logischer erschien es ihr, dass Florian und dieses blonde Flittchen schon sehr lange eine Affäre miteinander haben mussten. Wie aber passte Edgar Ohlert in´s Bild? So wie sie ihn einschätzte, hätte er seine Frau eher umgebracht, als sich von ihr Hörner aufsetzen zu lassen. Mal sehen, was Leopold ihr dazu erzählen konnte. Sie war sich sicher, dass er in der Lage war, Ihre Erinnerungsfetzen und –lücken um die entscheidenden Details zu ergänzen. Aber dazu musste sie erst einmal in Kontakt zu ihm treten.

Nachdem er wie ein eingesperrter Vogel ziellos durch die Wohnung geschwirrt war, hatte Florian am Abend das Haus verlassen. Nadja wusste nun, wo es ihn mit aller Macht hinzog. Zielstrebig holte sie eine Flasche Cognac aus dem Keller, die sie dort neben anderen Spirituosen versteckt hatte. Den Keller hatte er bis jetzt noch nicht inspiziert, was sie seltsam fand. Aber warum auch, er hatte ja Besseres zu tun.
Sie griff sich das gut gefüllte Glas und das Telefonbuch mit der Buchstabenreihe L - Z und setzte sich mit überkreuzten Beinen bequem auf das dunkelblaue Samtmöbel in ihrem Zimmer. Als sie die gesuchte Nummer gefunden hatte, rief sie an. Edgar Ohlert war sofort am Apparat. Das überraschte sie. An einem Samstagabend hatte sie eigentlich nicht erwartet, ihn zu Hause anzutreffen.
"Guten Abend Herr Ohlert. Sie werden sich zweifellos an mich erinnern. Schließlich haben wir einige spannende Duelle ausgefochten."
Sie lauschte dem Räuspern am anderen Ende der Leitung.
"Guten Abend Frau Schneider, wie geht es Ihnen? Jetzt da Sie sich ausschließlich um Ihre Familie kümmern dürfen, doch wohl hervorragend, hoffe ich. Was ist der Grund Ihres Anrufes? Sie wollen mit mir sicher nicht über alte Zeiten

plaudern. Und was Firmeninterna anbelangt, gehe ich davon aus, dass Sie aus weitaus besseren Quellen schöpfen können."
Ohlert in Hochform.
Nadja freute sich auf das, was sie ihm jetzt hinreiben würde.
"Mich interessieren Firmeninterna schon lange nicht mehr. Aber ich weiß etwas, das möglicherweise Sie interessieren dürfte. Ich gestehe, dass ich einigermaßen perplex war, als ich davon erfuhr", entgegnete sie zuckersüß, bevor sie mit charmantem Unterton in der Stimme fortfuhr, "wussten Sie eigentlich, dass Ihre Exfrau seit Jahren ein Verhältnis zu meinem Mann unterhält? Während wir beide arglos an Schulungen und Seminaren teilnahmen, vergnügten die beiden sich ungeniert und völlig ungestört."
Das Räuspern wurde stärker. Einen langen Moment hörte Nadja nur dieses Geräusch, bis Ohlert ungehalten zischte: "Sie sprechen von Arglosigkeit, das ich nicht lache! Ihr dummes Geschwätz interessiert mich nicht. Lassen Sie sich nicht jeden Bären von Ihrem Einflüsterer aufbinden und belästigen Sie mich nie wieder! Auf Wiederhören".
Der Knall, den das Auflegen seines Hörers verursacht hatte, dröhnte in Nadjas Ohren, ebenso wie seine heftige Reaktion. Stillvergnügt kicherte sie in sich hinein. Sie wusste, dass ein Mann wie Edgar Ohlert eine solche Schmach nicht ungesühnt hinnahm. Sie konnte darauf vertrauen, dass er die Drecksarbeit für sie erledigte. An diesem Abend brauchte sie nur einen doppelten Cognac, um ihr Quantum zu erreichen.

Florian kehrte am frühen Morgen nach Hause zurück. Nadja stellte sich schlafend. Angestrengt lauschte sie, wie er sich schnell und sehr leise im Bad zu schaffen machte, um sie nicht zu wecken. Dann hörte sie, wie er die Türe seines Zimmers schloss.
Stunden später saß er ausgeglichen und zufrieden am Frühstückstisch und verzehrte mit unübersehbarem Appetit

ein Sandwich, das dick mit Käse und Schinken belegt war. Nadja hatte keinen Hunger. Ihr Magen war wie zugeschnürt angesichts dessen, was ihr jetzt bevorstand und was sie bisher so erfolgreich verhindert hatte.
Florian hüstelte, als habe er sich verschluckt, bevor er ihr die Wahrheit mit der ihm eigenen Brutalität - die sie so fürchtete - ins Gesicht schleuderte.
"Meine Liebe, wie du mit deiner außergewöhnlichen Intelligenz vermutlich schon bemerkt hast, habe ich eine Freundin. Aus diesem Grunde werde ich dich nun endgültig verlassen. Dieses Mal gibt es keinen Aufschub, versuch es lieber erst gar nicht. Natürlich kannst du vorerst weiter in dieser Wohnung bleiben. Das Kind nehme ich mit."
Nina schlief noch.
"Ich lach mich zu Tode, das Kind nimmst du also mit", kläffte sie und brach in hysterisches Lachen aus.
Sie wusste nicht, warum sie so laut lachte. Sie kam sich unsagbar töricht dabei vor, konnte sich aber nicht bremsen, sie hatte ein Lachkrampf.

Unangenehm berührt über diese Szene, die er ausgelöst hatte, stand er auf und ließ sie allein am Tisch sitzen. Kurz darauf hörte sie die Haustüre zuschlagen. Sie war nicht überrascht über seine Reaktion. Er stahl sich immer auf die feige Tour davon, wenn er nicht weiter wusste. Mal sehen, ob sein Familiensinn wenigstens soweit reichte, mit Nina ihren Geburtstag zu feiern. Geschenke hatte er jedenfalls besorgt.
Mit Schaudern erinnerte sie sich plötzlich daran, wie er sie in Siena beleidigt hatte, als sie auf die hochhackigen Schuhe in der Auslage mit dem Hinweis auf den Münchner Schuhsalon gedeutet hatte. Was für eine Bösartigkeit im Nachhinein, jetzt da sie alles glasklar erkannte. Der Bezug zu dieser entsetzlichen Christina Kleeberg alias Ohlert, die ihr den Mann gestohlen hatte, war unübersehbar. Nadja entsann sich,

dass der Name des Ladens ***Chriro*** lautete. **Chri**stina und **Ro**bert, was für ein Hohn!

Sie hätte Ohlert gerne noch ein paar weitere Details über seine reizende Gattin aufgetischt und fand es schade, dass er ihr die Gelegenheit dazu verwehrt hatte.
Ihre Verzweiflung über den endgültigen Verlust ihres Mannes schlug in blanken Hass um. Wutentbrannt schmetterte Nadja die volle Kaffeetasse an die Wand. Das dunkle Rinnsal, das an der weißen Wand wie Blut hinunterlief, brachte sie zur Besinnung. Nina kam in die Küche.
Erschrocken rieb sie sich die Augen: "Mami?"
Sie sprach dieses Wort zum ersten Mal aus.
"Dein Papi ist sehr, sehr böse zu mir, mein Liebes. Komm her."
Zärtlich streckte Nadja die Hand nach ihrer Tochter aus, die sich schützend in die Arme ihrer Mutter flüchtete. Dicht aneinandergeschmiegt trösteten sie einander, bis das Telefon schnarrte. Nadja verspürte keine Lust aufzustehen, doch dann siegte ihre Neugier.
"Dreimal darfst du raten, wer dran ist", scherzte Leo.
"Wer, außer meinem allerliebsten Brezl-Leo könnte das schon sein?" murmelte sie erfreut und dankbar, denn wieder einmal hatte er instinktiv den idealen Moment erwischt.
Zu jedem anderen Zeitpunkt hätte sie aufgelegt. Warum aber rief er gerade jetzt an, nachdem er seit dem Tag ihres Unfalls nichts von sich hatte hören lassen?
"Erst einmal möchte ich mich dafür entschuldigen, dass ich dich damals versetzt habe. Meine Mutter ist an diesem Tag gestorben. Wegen ihr war ich in München. Allerdings hatte ich nicht damit gerechnet, dass es so schnell mit ihr zu Ende gehen würde. Aber ich will dich nicht damit belasten. Ich erkläre dir alles, wenn wir uns sehen. Heute habe ich Zeit für

dich. Alle Zeit der Welt, wenn du willst. Kannst du in zwei Stunden im Olympiapark am See sein?"
Sie bejahte. Er schien sich seiner Sache sicher zu sein, sonst hätte er nicht an einem Sonntagmorgen bei ihr zu Hause angerufen.
"Bitte bringe deine Tochter mit", bat er sie eindringlich.
Sie versprach auch das.
"Ich hol dich ab."
"Nein, das ist nicht nötig. Bitte kein Aufsehen."
Mit ihm in seinem smaragdgrünen S-Klasse-Mercedes mit der auffälligen Frankfurter Nummer gesehen zu werden, war das Letzte, was Nadja sich in diesem Moment wünschte.
Es hatte zu nieseln begonnen, als sich Nadja und Nina dick eingemummt auf den Weg zum Olympiapark machten. Kein Vergleich zum Vortag, als sie am Viktualienmarkt draußen gesessen hatten.
Nadja nahm ein Taxi und ließ sich vor dem Eingang des Park absetzen.
Das Kind quengelte, weil es fror, wobei quengeln bei Nina nicht der richtige Ausdruck war. Es weinte und das relativ still. Ungeduldig zog Nadja es hinter sich her. Sie war nervös ob des bevorstehenden Wiedersehens. Die wattierten Schnürstiefel erlaubten ihr ein relativ bequemes Gehen, so dass man ihre Behinderung nur bemerkte, wenn man genau hinsah. Von weitem bereits sah sie ihn. Seine mittelgroße, etwas korpulente Gestalt steckte in einem dunklen Lodenmantel. Obwohl er aussah wie alle anderen Spaziergänger, erkannte sie ihn sofort. Er hatte etwas an sich, das ihn immer aus der Menge hob. Es genügte, dass er einfach nur dastand. Strahlend lief sie auf ihn zu. Nina stapfte missmutig hinter ihrer Mutter her, die längst ihre Hand losgelassen hatte. Leo nahm seine Geliebte in seine wuchtigen Arme und küsste sie zart auf den Mund.
"Wegen des Kindes", entschuldigte er sich für seine Zurückhaltung.

Interessiert beugte er sich zu dem kleinen Mädchen hinunter und fragte es nach seinem Namen. Dabei tätschelte er liebevoll Ninas Kinn. Nina zeigte sich von der Anbiederung des Fremden angewidert. Sie zeigte es ganz offen, indem sie verstockt auf den Boden blickte.
Lächelnd bückte sich Leo zu ihr hinunter. "Also sag schon, wie heißt du? Mein Name ist Leo. Ich bin ein lieber Freund deiner Mama".
Als Nina immer noch nicht reagierte, griff Leo in seine Manteltasche und holte einen kleinen Teddybären heraus. Dann öffnete er seinen Mantel und fischte aus der Sakkotasche ein großes Schokoladen-Ei.
"Also wenn du mir deinen Namen verrätst, schenke ich dir den Bären UND das Ei."
Leo sah sehr glücklich aus, als ihn das Kind dankbar anlächelte. Vertrauensvoll ließ sich Nina jetzt von dem Mann führen, an dem sie unübersehbar Gefallen gefunden hatte. Wie eine kleine Familie spazierten die drei händchenhaltend durch den düsteren Park. Es war so ganz anders, als wenn sie mit Florian einen Familienspaziergang unternahmen. Mit ihm war das immer eine verkrampfte, lästige und gereizte Angelegenheit, die alle Beteiligten schnellstmöglich hinter sich bringen wollten.
Der Regen wich ganz allmählich einer zögerlichen Sonne, die sich ihren Weg durch die schweren Wolken bahnte. Am Nachmittag kehrten sie in ein Café ein, um sich aufzuwärmen. Mit seligem Gesichtsausdruck schlürfte Nina die heiße Schokolade, die Leo für sie bestellt hatte. Fasziniert beobachtete er sie, wie sie mit ihren winzigen Händen die große Tasse zu halten versuchte.
Dann wandte er sich an Nadja: "Jetzt, wo er dich verlässt, könntest du doch eigentlich nach Frankfurt ziehen. Ich besorge dir einen Halbtagsjob, damit du am Nachmittag Zeit für das Kind hast und den Rest des Geldes lässt du dir von deinem ehebrecherischen Gatten überweisen."

"Woher weißt du, dass er mich verlässt?" fragte Nadja erschrocken.

"Ich habe eins und eins zusammengezählt. Du hast dich über meinen Anruf gefreut, obwohl ich dich damals versetzt und mich seither nie gemeldet hatte. Du hattest sofort Zeit für mich und du hast mir dein Kind vorgestellt."

"Du musst eine erstaunliche Phantasie haben, wenn du aus diesen wenigen Anhaltspunkten schließt, dass er sich von mir trennt. Und das mit dem Ehebruch trifft ja in erster Linie auf mich zu."

Sie verschwieg ihm die Details ihrer Erkenntnisse. Mal sehen, was sie ihm dazu entlocken konnte und er enttäuschte sie nicht.

"Wie ich dir bereits sagte, habe ich ihn gesehen. Mir fiel übrigens später ein, wer sie war. Du wirst es kaum glauben, es war die aparte Gattin oder Ex von Ohlert. Der hätte ich es am wenigsten zugetraut. Mir war sie immer wie so ein Blümchen `Rühr mich nicht an' erschienen oder besser, ein Praliné ohne Füllung. Clean, hübsch und unsäglich fade. Da konnten auch die dünnen Fetzen nichts ausrichten, mit denen sie sich gelegentlich aufrüschte."

Der Kühlschrank mit Brüsten. So fade konnte der nicht gewesen sein.

"Auch wenn ich dich damit verletze, mir hat es gefallen, dass ausgerechnet diesem Dreckskerl Ohlert eine derartige Schmach zugefügt wurde und das zu allem Überfluss auch noch von deinem schmierigen Winkeladvokaten. Was für eine Ironie!"

Er lachte schallend, als sei ihm ein besonders guter Witz gelungen. Er hatte tatsächlich allen Grund, sich zu freuen. Schließlich waren die beiden bestraft worden, die ihn am meisten geärgert hatten. Zu ihrer Überraschung fragte Leo nicht nach der Herkunft von Nadjas Narbe und ihrer Gehbehinderung. Sie nahm an, dass er auch darüber Bescheid wusste.

"Warum hat Nina eigentlich so stoppelige Haare?"
Auf diese Frage war sie nicht gefasst gewesen.
"Könnt ihr euch keinen Friseur leisten?"
Er streichelte über den Kopf des Mädchens, das ihn mit großen Augen ansah. Offensichtlich hatte es die Frage verstanden, denn es griff jetzt mit beiden Händen in seine stoppeligen Haare.
"Unsere Haushälterin hat ihr die Haare geschnitten. Warum, weiß der Teufel! Das ist schon fast drei Wochen her, sieht aber immer noch scheußlich aus."
"Bei einem Kind sieht nie etwas scheußlich aus", bemerkte er.
Der Nachmittag verstrich in wunderbar gelöster Atmosphäre. Sie verließen das Café erst, als die Dämmerung sich über die nass glänzende Stadt senkte.
"Darf ich dich nach Hause bringen?"
Leos Stimme hatte einen völlig neuen Klang, weich und anheimelnd. Im Dunklen fiel der Wagen nicht so auf. Sie würde ihn bitten, sie eine Ecke früher abzusetzen. Eine tröstende Wärme hatte Nadja erfasst, als sie an ihn gekuschelt im Auto kauerte, das dank der Standheizung sofort angenehm warm war. Nina schlief auf der Rückbank. Die vielen neuen Eindrücke dieses langen Nachmittags hatten sie ermüdet. Schweigend fuhren sie durch die leeren Straßen.
"Bitte bleib heute Nacht bei mir", bat er sie, als er in einer Seitenstraße anhielt.
"Natürlich kannst du Nina mitbringen. Ich habe eine Suite reserviert und ein Kinderbett reinstellen lassen."
"Du warst deiner Sache wohl sehr sicher."
Nina schlief tief und fest.
"Warte bitte einen Moment. Ich hole nur schnell ein paar Sachen", bat sie und sprang aus dem Wagen. Florian war nicht zurückgekehrt. Sie packte das Nötigste für sich und Nina ein und verließ hastig die Wohnung.

Am Morgen frühstückten sie gemeinsam in seiner Suite. Nina schlief noch im anderen Zimmer.
Als Leopold sein weich gekochtes Ei bearbeitete, fragte er beiläufig. "Wie alt ist Nina eigentlich?"
"Zwei Jahre."
Und das stimmte seit gestern sogar, aber das konnte Leo nicht wissen. Sie biss sich auf die Zunge, weil sie merkte, dass sie einen Fehler gemacht hatte.
„Hattest du eine Frühgeburt?"
Nadja verschluckte sich an ihrem Kaffee. "Wie meinst du das?"
"Wenn sie im April zur Welt kam, dann kann sie eigentlich noch keine zwei Jahre alt sein."
Er erwartete keine Antwort von ihr, denn er schien sie bereits zu wissen.
Sie dachte an ihren Satz ´im April, wenn alles gut läuft. Nicht gerade der Wonnemonat, aber man kann es sich ja nicht aussuchen´, den sie bewusst gebraucht hatte, als sie ihre Sekretärin über den Geburtstermin informierte.

Plötzlich zog er aus einer glänzenden Papiertüte eine rosa Schachtel mit einer großen Schleife.
„Da ich annehme, dass ich Ninas Geburtstag ziemlich genau getroffen habe, sollten wir ihn auch gebührend feiern. Pack´s aus!"
„Ich? Sollte das nicht meine Kleine machen?"
„Deine? Nein, es ist etwas Zerbrechliches und außerdem kann Nina es gleich zum Frühstück ausprobieren."
Nadja öffnete die Schachtel und fand darin kostbares Porzellangeschirr für Kinder, sowie kleine Löffel. Tassen, Schüsseln und Teller waren mit Teddybären verziert. Das Geschirr sah fast genauso aus wie das, welches Susanne vor etwa drei Wochen entsorgt hatte. Allerdings gab es damals nur ein Set und das hatte Nina – laut Aussage von Susanne – zerbrochen. Warum sie dann auch den Löffel wegwerfen

musste, entzog sich Nadjas Verständnis. Das Kind weinte bitterlich, als Susanne ihm eine neue Tasse ohne sein geliebtes Bärenmuster hinstellte. Nadja wollte die Tasse aus dem Mülleimer fischen und zusammenkleben, fand sie aber nicht, ebenso wenig den Löffel.

Als Nina ihre Geburtstagsüberraschung sah, hüpfte sie vor Freude durch das Zimmer. Leo hätte es nicht besser treffen können. Jetzt wirkte er genauso glücklich wie das Kind.

„Du bist ein Hellseher", stellte Nadja fest.

Leo lächelte sphinxhaft.

„Mhm.., vielleicht."

Mit Inbrunst schlürften Leo das fast flüssige Ei und Nina die heiße Schokolade aus ihrer neuen Bärentasse. Nadja genoss diesen Anblick. Endlich eine Familie, dachte sie wehmütig.

Als Leo fertig war, tupfte er sich umständlich den Mund mit einer Stoffserviette ab, als wollte er Zeit gewinnen. Dann sah er Nadja forschend an.

„Du bist mir noch eine Antwort schuldig."

„Worauf? Warum eigentlich hast du dich, nachdem du mich im *Café am Dom* versetzt hattest, nie wieder bei mir gemeldet?"

Leo räusperte sich. „Ich habe mich sehr wohl bei dir gemeldet. Gleich nach deinem Unfall bin ich ins Krankenhaus gefahren, um dich zu sehen. Du warst nicht ansprechbar, denn man hatte dich in eine Art Koma versetzt. Mir brach es das Herz, dich in so einem Zustand zu sehen,

vergipst an Schläuchen und Kathedern hängend und schweratmend zwischen Leben und Tod pendelnd. Bevor ich deinem nichtsnutzigen Gatten über den Weg laufen konnte, hatte ich die Klinik bereits verlassen. Allerdings war ich stets über deinen Zustand informiert."
„Wer hat dich auf dem Laufenden gehalten? Die Doktoren sicher nicht, denn nicht einmal du kannst dich über die ärztliche Schweigepflicht hinwegsetzen."
„Ach Brezelchen", lächelte Leo milde und fuhr fort, „als klar war, dass du über den Berg warst, habe ich entschieden, unsere Geschichte zu beenden. Ich wollte dich zur Ruhe kommen lassen, denn ich fühlte mich schuldig. Schuldig an allem, was dir in den letzten Jahren widerfahren ist. Erst als ich herausfand, dass dein reizender Herr Schneider sich anderweitig amüsierte, fand ich, dass es an der Zeit war, einige Dinge in Ordnung zu bringen. Und nun möchte ich eine Antwort auf meine Frage hören."
„Oje, jetzt habe ich glatt vergessen, was du mich gefragt hattest", stotterte Nadja, die das eben Gesagte erst einmal verdauen musste.
„Ich hatte dich gefragt, ob du mit Nina zu mir nach Frankfurt ziehen willst."

Ein bestechender Gedanke. Leo würde sich um sie und das Kind kümmern. Allerdings gab es ein anderes Problem.
„Florian wird mich nie mit dem Kind ziehen lassen. Ich bin eine versoffene Rabenmutter und das Gegenteil werde ich schlecht beweisen können. Er wird alle Register ziehen, die ihm juristisch zur Verfügung stehen, um das Sorgerecht zu erstreiten. Darauf kannst du Gift nehmen!"
„Dann sag ihm doch einfach, dass er nicht der Vater ist."
Nadja schluckte. Er wusste es und das nicht erst, seit sie sich versprochen hatte. Und trotzdem - was genau machte ihn so sicher? Immerhin hatte sie an jenem heißen Sommertag mit beiden Männern geschlafen.

Nadja hatte es plötzlich eilig, wegzukommen und Leo versuchte nicht, sie aufzuhalten. Vermutlich hatte er Termine in Sachen ´Ohlert´ und die duldeten keinen Aufschub.
Er wollte sie nach Hause bringen.
„Nein, das ist nicht nötig. Es genügt, wenn du uns in ein Taxi verfrachtest."
Zum Abschied drückte er sie innig an sich. Dann nahm er lächelnd das Kind auf den Arm und hauchte ihm einen Kuss auf die Wange. Eine gewisse Ähnlichkeit war nicht zu übersehen. Nina war so entzückt, dass sie ihrem neuen Freund aus Dankbarkeit eine kleine Stoffpuppe schenkte, an der sie sehr hing. Leo war zutiefst gerührt über diesen Vertrauensbeweis. Nie zuvor hatte Nadja eine solche Gefühlswallung bei ihm wahrgenommen.
„Gestern war ihr Geburtstag, nicht wahr?"
Nadja nickte unmerklich und stieg in den Wagen, in dem Nina schon saß. Sie drehte sich um und sah, wie er ihnen hinterher winkte und allmählich kleiner wurde. Nina winkte begeistert zurück.

Als sie mit Nina die Wohnung betrat, kam ihr Susanne Weber entgegen.
„Guten Morgen, Frau Schneider. Wo waren Sie denn, ich habe mir Sorgen gemacht? Ihr Mann übrigens auch."
„Wieso mein Mann?"
„Nun ja, er wollte mit Nina ihren Ehrentag feiern, mit ihr etwas unternehmen. Jedenfalls hat er es so ausgedrückt. Er kam am Spätnachmittag und schien ziemlich aufgebracht, weil Sie nicht da waren und ich ihm nicht sagen konnte, wo Sie stecken."
„Wieso waren Sie eigentlich gestern hier? Sie hatten doch frei."
Susanne druckste herum.

„Dr. Schneider hatte mich darum gebeten. Er wollte, dass ich für das Kind etwas vorbereite."
„Es wäre schön gewesen, wenn auch ich darüber Bescheid gewusst hätte."
„Natürlich, da haben Sie vollkommen recht. Aber Sie waren ja schon aus dem Haus, als ich eintraf."
Nadja sah sie nachdenklich an.
„Bei wem haben Sie eigentlich vorher gearbeitet?"
Susanne stockte einen Moment. Die Frage brachte sie aus dem Konzept.
„Bei einem Unternehmer. Er hatte vier Kinder, die ich ebenfalls beaufsichtigte. Wenn Sie möchten, bringe ich Ihnen Referenzen."
Stimmte diese Aussage mit ihrer ursprünglichen überein?
Nadja wusste es nicht mehr. „Das wäre schön."
Sie ging an ihr vorbei, das Kind an der einen Hand, in der anderen diverse Taschen und Tüten. Den Kinderwagen hatte sie im Hausflur stehen lassen. Als sie die Kinderzimmertür erreicht hatte, drehte sie sich um.
„Ach ja, wenn Sie das nächste Mal das Bedürfnis verspüren, meiner Tochter die Haare abzusäbeln, würde ich das gerne vorher wissen. Und werfen Sie bitte nie wieder etwas weg, das ihr gehört. Sie können jetzt nach Hause gehen. Nehmen Sie sich frei für den gestrigen Tag. Auf Wiedersehen."

Am nächsten Tag meldete Leo sich aus Frankfurt.
„Brezelchen, du fehlst mir. Auch wenn du nicht mehr so betäubend schön bist wie früher, gefällst du mir. Ich glaube, es sind andere Reize, die mich jetzt an dir anmachen. Ich habe mich inzwischen erkundigt. Du könntest in sechs Wochen bei einer Softwarefirma als Sachbearbeiterin anfangen. Ich kenne den Inhaber dieses Unternehmens recht gut. Er ist bereit, dich auf meine Empfehlung hin einzustellen. Eine Wohnung habe ich auch für dich. Sie ist zwar klein, aber für den Anfang wird sie reichen. Später

finden wir etwas Geeigneteres. Ich kann es kaum erwarten, euch beide wieder zu sehen. Soll ich mich um die Reservierung für eure Flüge kümmern oder willst du mit dem Auto kommen?"

Leo war so voller Tatendrang, dass es Nadja die Sprache verschlug. Sie hörte einfach nur zu.
Endlich reagierte sie: „Danke Leo. Du hast mir aus der größten Misere meines Lebens geholfen. Ich möchte so gerne in deiner Nähe sein, habe aber Angst, dass du mir nicht allein gehören wirst. Ich meine damit nicht deine Frau."
„Ich weiß, wen du meinst. Fällt dir die Entscheidung leichter, wenn ich dir verspreche, dass es außer dir keine andere mehr geben wird - von Diane einmal abgesehen, die ich nicht verlassen kann. Sie ist ohnehin meistens in München. Ich werde für euch beide da sein, wann immer es meine Zeit erlaubt."
„Gut Leo, einverstanden, ich ziehe es vor, zu fliegen, aber …"
Sie hatte immer noch keine Fahrerlaubnis – seltsam, dass dem Alleswisser dieser Umstand entgangen sein sollte - und es sah nicht danach aus, dass sie diese in naher Zukunft wiederbekommen würde. Vielleicht konnte Leo seine Beziehungen spielen lassen und dafür sorgen, dass sie nicht so ewig lang darauf warten musste.
Sein Tempo beunruhigte sie ein wenig. Sie durfte nichts überstürzen, nicht solange sie keinen Plan hatte, Florian gebührend zu bestrafen.
„Bitte überstürze nichts. Ich brauche noch etwas Zeit."
„Natürlich. Ich lasse dir so viel Zeit, wie du brauchst. Vielleicht ist es gar nicht notwendig, dass du nach Frankfurt ziehst. Ich spiele mit dem Gedanken, nach München zurückzukehren. Aber behalte das bitte für dich."
„Dann hast du endlich etwas herausgefunden, womit du Ohlert belasten kannst?"

„So einfach ist das leider nicht. Ohne stichhaltige Beweise kann ich ihn nicht ans Messer liefern. Das würde in Ludwigsburg als Verrat gewertet und mir am Ende mehr schaden, als nützen. Ich vertraue darauf, dass er Fehler begeht. Sei unbesorgt, ich bin ihm bereits dicht auf den Fersen. Es ist nur noch eine Frage der Zeit."

Das glaubte sie ihm gerne. Vermutlich wusste er mehr, als er ihr gegenüber zugeben wollte.

„Liebstes Brezelchen, falls dein Schmierenadvokat dir Schwierigkeiten wegen des Kindes macht, lass es mich bitte wissen."

Nadja wusste, wie sie diesen Satz zu verstehen hatte. Sie hegte Bedenken, Nina zu ihrem ersten Frankfurt-Besuch mitzunehmen, denn sie wollte Florian nicht unnötig provozieren. Jedenfalls nicht zu diesem Zeitpunkt.

Seit dem Vorabend tüftelte sie an einem Plan, ihn finanziell zugrunde zu richten, falls er es tatsächlich wagen würde, die Scheidung einzureichen. Den Rest, hoffte sie, würde Ohlert für sie erledigen, der in der Wahl seiner Mittel noch nie zimperlich gewesen war. Und dann gab es ja auch Leopold, von dem man getrost das Gleiche behaupten konnte. Leo hatte seine Bereitschaft ja bereits signalisiert. Auf seine Brachialmethoden konnte sie zurückgreifen, wenn Ohlert nichts unternahm. Je weiter ihr Racheszenario gedieh, desto zuversichtlicher wurde sie.

Florian kehrte erst am nächsten Abend zurück. Nadja hörte, wie er die Tür aufschloss und in seinem Zimmer verschwand. Nach kurzer Zeit kam er mit einer offenbar neu gepackten Reisetasche wieder heraus und zu ihr ins Wohnzimmer. Nadja lümmelte mit Nina vor dem Fernsehgerät und sah sich eine Kindersendung an. Seit neuestem liebte sie es sehr, mit ihrer Tochter zusammen zu sein.

„Kann ich dich allein sprechen?", bat er. Er wirkte gehetzt.

„Warum, das Kind versteht doch sowieso nichts? Es hat ja nicht einmal gemerkt, dass du seinen Geburtstag vergessen hast", antwortete sie so gleichgültig wie möglich und wandte dabei den Blick nicht vom Bildschirm. Das mit dem vergessenen Geburtstag stimmte zwar nicht, spielte aber keine Rolle.
„Gut, wie du willst. Ich habe eine hübsche, kleine Wohnung für dich. Die Miete und deine Kosten übernehme ich, bis die Scheidung durch ist. Nina nehme ich zu mir."
Nina blickte zu Florian. Ihr Name war gefallen und das weckte ihr Interesse.
„Untersteh dich, wenn du das tust, mach ich dich fertig!"
Ihre Drohung hatte sie ganz leise ausgestoßen. Sie saß jetzt am längeren Hebel und musste ihren Worten nicht mehr schreiend Bedeutung verschaffen.
„Womit willst du mich denn fertig machen?" blaffte er sie hasserfüllt an.
Nie hatte sie mehr Abscheu in seinen grauen Augen gesehen, als in diesem Moment.
„Lass es lieber nicht darauf ankommen. Du würdest dich davon nie mehr erholen!"
Sie gefiel sich in dieser Rolle außerordentlich.
Er flüchtete aus dem Zimmer, ohne sich noch einmal umzudrehen, als hätte er den Leibhaftigen persönlich gesehen.
Als sie hörte, wie er die Haustüre öffnete, schrie sie ihm boshaft hinterher: „Weiß ihr Mann von eurem Ehebruch?"
Diese letzte Frage war ihm entgangen.

*

Sie hatte Florian – entgegen ihrer guten Vorsätze - wieder an sich herangelassen und nun suchten sie eine gemeinsame Wohnung. Eine, in der Christina und Nina zusammen mit ihm leben konnten. Florian hatte seine Trennungsabsichten bei einem neutralen Anwalt bereits kundgetan. Seine eheliche Schmutzwäsche wollte er nicht vor seinen Partnern oder Studienfreunden ausbreiten. Christina staunte über die Emsigkeit, die ihr Geliebter plötzlich an den Tag legte, um seine Angelegenheiten zu ordnen.

Mit Susanne Weber hatte er einen befristeten Vollzeitvertrag ausgehandelt, der vorsah, dass sie bei Nadja einzog und sowohl nach ihr als auch nach dem Kind sah. Eine weitere Bedingung war, dass Susanne ihn über alle Vorkommnisse auf dem Laufenden hielt, vor allem im Hinblick auf Nadjas erzieherische Aktivitäten. Um das Sorgerecht für Nina zu bekommen, schreckte er offenbar vor nichts zurück.

Christina freute sich darauf, Florians Tochter zu erziehen. Sie war ein Teil von ihm und Christina stellte es sich wunderbar vor, ein weiteres Kind mit ihm aufzuziehen. Ihr Traum von einer richtigen Familie nahm Gestalt an.

Das Geschäft in der Westenrieder Straße hatte sie seit ihrer Trennung von Robert nicht mehr betreten. Nach ihrem brüsken Anruf herrschte Funkstille zwischen ihnen. Ihre Gehaltszahlungen hatte er storniert. Sie bekam jetzt weder Geld von ihm, noch von Edgar, der plötzlich keine Scheidung mehr wollte. Sein Anwalt hatte ihr diese Entscheidung per Einschreiben übermittelt.
Vielleicht wusste Grünwald Rat. Sie wählte seine Nummer.
„Hallo Frau Ohlert, wie geht es Ihnen?"
Christina hielt sich nicht lange mit Begrüßungsfloskeln auf.
„Leider nicht wirklich gut. Sicher haben Sie eine Kopie des Scheidungsrückziehers meines Mannes bekommen."
„Ja, die habe ich vor mir liegen. Was gedenken Sie zu tun?"

„Diese Frage wollte ich eigentlich von Ihnen beantwortet haben."

Grünwald räusperte sich hörbar.

„Erst einmal müssen wir herausfinden, was ihn dazu getrieben hat. Kann es sein, dass er Sie zurückhaben möchte, um Kosten zu sparen im Hinblick auf Ihren Anteil am gemeinsamen Haus?"

„Das wäre durchaus möglich. Er hat seine Zahlungen eingestellt. Aber offen gestanden, weiß ich nicht, was ihn treibt."

„Dann sollten Sie das als Erstes herausfinden. Darauf werden wir unsere Strategie ausrichten, sofern Sie eine Scheidung überhaupt noch in Erwägung ziehen. Bis dato erschien es mir, als ob Sie es damit nicht allzu eilig haben. Wie geht es Herrn Kleeberg? Ich habe lange nichts von ihm gehört."

'Ich leider auch nicht', wollte sie sagen, aber das ging ihn nichts an.

Ohne weiter darauf einzugehen, versprach sie, „ich werde herausfinden, was meinen Mann zu diesem Rückzieher bewogen hat und sobald ich genaueres weiß, lassen Sie uns durchstarten."

„Könnte es sein, dass Ihr Mann eifersüchtig ist? Sie haben mir einmal erzählt, dass er extrem ichbezogen sei und nie etwas mit Jemandem teilen möchte."

Sie konnte sich nicht erinnern, Grünwald davon erzählt zu haben. Mit seiner Vermutung lag er nicht verkehrt. Edgar war krankhaft eifersüchtig. Sie hatte bis zu diesem Zeitpunkt nie darüber nachgedacht, dass er vielleicht über ihre Beziehungen Bescheid wusste.

Sie rief ihn an. Es kostete sie Mühe, nach so langer Zeit, mit Edgar zu reden. Die Sekretärin stellte sie durch.

Als er ihre Stimme erkannte, schnurrte er: „Oh, was für eine Überraschung. Meine eigene Frau findet die Zeit, mich anzurufen. Ausnahmsweise nehme ich es dir nicht übel, dass du mich während der Bürostunden belästigst. Und weißt du warum? Weil ich mich über diese kleine Störung freue. Ich habe dich vermisst."

Hatte er Kreide gefressen?

Eine Fleischfliege hatte sich auf dem weißen Sideboard niedergelassen. Fett und schwarz!

„Warum hast du die Scheidung zurückgezogen?", fiel sie ihm ins Wort und starrte auf das Tier, das sich nicht bewegte.

„Weil ich dich zurückhaben möchte, weil du zu mir gehörst, weil ich dich brauche, weil … ach es gibt tausend Gründe. Lass uns später darüber reden. Heute Abend? Bei uns zu Hause? Ich werde uns etwas Schönes vorbereiten. Sag jetzt bitte nicht nein. Ich habe dich so lange nicht gesehen, weiß schon gar nicht mehr, wie du aussiehst."

Christina war perplex. Mit allem hatte sie gerechnet, nicht aber mit diesem Gesülze, das zu Edgar passte, wie Papst zu Porno. Sie schlug mit der flachen Hand auf das Insekt.

„Was ist mit deiner Freundin?"

Die tote Fliege klebte in ihrer Handinnenseite.

„Ich hatte nie eine Freundin. Eine Affäre – ja, die hatte ich. Das gebe ich gerne zu. Da ich aber mit einer wunderbaren Frau verheiratet bin, brauche ich keine Freundin. Ehebruch ist ein Vergehen."

In ihrem Kopf schrillten Alarmglocken. Was führte er im Schilde?

„Ich schick dir gegen sieben meinen Fahrer vorbei. Nimm dir etwas für die Nacht mit."

Sie hatte nicht mehr hingehört, weil sie mit dem Abschütteln schwarzer Disharmonie beschäftigt gewesen war. Nachdem sie diese im Papierkorb entsorgt hatte, rief sie

Isabell an. Sie freute sich sehr, als sie Christinas Stimme hörte. Auch jetzt hielt sich Christina nicht mit langem Vorgeplänkel auf.

„Hast du in letzter Zeit deinen Nachbarn gesehen?"

„Du meinst Edgar? Ja, der besucht uns in regelmäßigen Abständen, nun ja genau genommen, erst seit kurzem."

„Wieso das denn?"
„Er will seinen Hund sehen. Ich habe mich ja ohnehin gewundert, dass er Karl nicht zurückhaben wollte. Seinerzeit war ich darauf vorbereitet, meinen Kindern einen neuen Hund zu besorgen, aber das war nicht notwendig. Edgar ist übrigens sehr nett, gar nicht so grob, wie ich ihn immer eingeschätzt hatte."
Edgar nett?
Christina fröstelte bei der Vorstellung. „Aber er hat euch doch immer beschimpft und bedroht, wenn ihr seines Erachtens zu laut wart."
„Ach, Schwamm drüber! Meine Kinder mögen ihn neuerdings. Er bringt ihnen immer etwas mit und hilft ihnen am Computer. Nur Arthur teilt unsere Begeisterung noch nicht so recht. Aber Arthur ist ja immer sehr misstrauisch. Aber warum fragst du überhaupt nach Edgar? Ich dachte, ihr habt euch versöhnt?"
Was sagte Isabell da? ´Versöhnt?´ Irgendetwas lief völlig aus dem Ruder.
Isabell ließ sich nicht beirren. „Er sagte, dass ihr euch ausgesprochen hättet und du innerhalb der nächsten Tage wieder bei ihm einziehst. Er ist deswegen völlig aus dem Häuschen. Was mich allerdings am meisten verblüfft hat, war seine Aussage, dass er mindestens vier eigene Kinder großziehen möchte. Am liebsten Jungs. Ja, das sagte er, Jungs sollten es sein. Die seien unkomplizierter."
„Und diese vier Boys soll ich ihm schenken?"
„Das nehme ich doch an", schloss Isabell ihre Ausführungen.
´Da kann er lange warten´. Christina war verwirrt und sie hatte Angst. Angst, wie sie sie früher in seiner Nähe empfunden hatte. Allerdings gab es jetzt einen Unterschied. Solange Edgar unfair, rücksichtslos und gemein war, wusste sie, woran sie war. Seine Äußerungen zu Ehebruch und Kinderkriegen waren beunruhigend.

„Isabell, darf ich dich diese Woche besuchen? Ich würde gerne mehr darüber erfahren."
„Aber gerne. Ich werde dir alles erzählen, was ich weiß. Ich bin so froh, dass wir uns jetzt wieder öfter sehen werden."
Pünktlich um 19 Uhr läutete Edgars Fahrer an ihrer Tür.
Sie öffnete und sagte den Text auf, den sie sich am Nachmittag zurechtgelegt hatte. „Richten Sie Ihrem Chef bitte aus, dass es mir heute nicht gut geht und es mir aufrichtig leid tut, den Abend nicht bei ihm verbringen zu können. An einem anderen Tag gerne, nicht aber heute."
Sie schloss die Tür, bevor der Angesprochene etwas erwidern konnte. Durch das Fenster sah sie, dass er davonfuhr. Wie Edgar wohl auf die Abfuhr reagierte?

Dieser Abend war für Florian reserviert und um nichts auf der Welt hätte sie darauf verzichten wollen. Als er kam, verschwieg sie ihm das Gespräch mit Edgar. Sie wollte ihn nicht beunruhigen. Es genügte, dass sie sich Gedanken über die Form der Strafe machte, die Edgar unweigerlich für sie vorgesehen hatte.
„Wie fühlt sich Albert in seiner Rolle als später Vater?" fragte sie ihn, um ihn auf ihr Lieblingsthema zu lenken. Er saß auf dem Sofa und sie hatte ihren Kopf auf seine Oberschenkel gebettet.
„Er ist ganz aus dem Häuschen, scheint aber auch ein bisschen Angst vor väterlicher Verantwortung in seinem Alter zu haben."
„Hättest du auch Angst davor?", flüsterte sie zärtlich.
„Du meinst, Nina sollte ein Geschwisterchen haben. Daran habe ich schon oft gedacht", lächelte er und strich ihr eine übermütige blonde Locke aus dem Gesicht. Dabei ließ er sie nicht aus den Augen. Christina genoss das wohlige Kitzeln seiner Hand. Sie glühte in Erwartung der Wonnen, die er ihr bereiten würde.

Sein liebevolles Spiel unterbrechend, schlug er vor, „dann lass' uns doch gleich damit anfangen. Die Zeit drängt in unserem Alter".

Während er sich ungeduldig die Krawatte vom Hals zerrte, fragte er, „wolltest du von Robert kein Baby?"

„Robert war der Meinung, dass wir für Familienplanung vorerst keine Zeit hätten."

Das stimmte nicht. Sie hatte Robert nicht als Vater ihrer Kinder auserkoren.

„Und das hast du akzeptiert?"

„Ja, irgendwie fand ich das in Ordnung, so wie damals auch bei Edgar, der ähnliche Argumente drauf hatte. Immer habe ich gespurt und das getan, was meine Männer von mir verlangten. Ich verstehe ja selbst nicht, warum ich nie aufmuckte. Dabei habe ich mir immer ein Kind gewünscht und du kannst dir sicher denken, wie weh es mir getan hat, als du mich mit Nadjas Schwangerschaft konfrontiert hast."

„Versprich mir, dass du nie wieder mit Robert schläfst!" bat er und es klang mehr wie ein Befehl, denn wie ein Wunsch. Und wieder schrieb ein Mann ihr vor, was sie zu tun oder besser, zu lassen hatte. Trotzdem nickte sie.

Gierig begann er sie zu küssen. Erst berührte er ihre Lippen, dann wanderte seine Zunge zu ihren Ohrläppchen und danach über den Hals auf ihre Schultern, die er ungeduldig entblößte. Sie stöhnte laut auf vor Entzücken, denn sie liebte seine phantasievollen Vorspiele sehr. Er war der einzige Mann in ihrem Leben, der sich dafür Zeit nahm. Mit seinen weichen großen Händen, die ungewöhnlich riesig für seine schmale Figur waren, glitt er an ihren runden Brüsten hinunter bis auf ihren bebenden Schamhügel, den er ausgiebig massierte, so lange, dass sie vor verzehrender Ungeduld wimmerte. Sie genoss den sanften Druck durch ihre Kleider. Er ließ sich auf die Knie fallen und küsste ihren Schoß. Dann schob er ihren Rock nach oben und bahnte sich den Weg zu ihrem Hort wollüstiger Wonnen, indem er sie

von den störenden Kleidungsstücken befreite. Christina spreizte ihre nackten Beine, so weit sie konnte, damit seine Zunge ungehinderten Zugang fand. Er verschaffte ihr auf diese Weise unerhörte Glücksgefühle.
„Davon kriege ich kein Baby", mahnte sie ihn liebevoll.
„Dann müssen wir es anders versuchen".
Er nahm sie an der Hand und führte sie in ihr Schlafzimmer. Es wurde eine lange leidenschaftliche Nacht. Am Morgen konnte Christina sich kaum erinnern, wie oft er sein Glied in ihre Vagina getaucht hatte. Sie war zwar völlig erschöpft, aber zugleich voller Tatendrang.

Florian war schon gegangen, als sie aus dem noch liebeswarmen Bett kroch. Er verließ die Wohnung immer sehr früh, um abends eher bei ihr zu sein. Außerdem musste er jetzt mehr arbeiten, um die enormen Kosten zu erwirtschaften, die der geplante Doppelhaushalt inklusive Vollzeitkraft verursachen würde. Nadja war – wie befürchtet - nicht bereit, in ein kleineres Domizil umzuziehen.

Christina rief Florian in seinem Büro an, um sich mit ihm zum Lunch zu verabreden.

Sie schminkte sich nur wenig und zog entgegen ihren sonstigen Gepflogenheiten Jeans und eine weiße Bluse an, die an ein Herrenhemd erinnerte. Darüber trug sie eine hellbraune Wildlederjacke mit langen Fransen, die sie mit Robert ausgesucht hatte. Ihm gefielen lässige Outfits.

Florian offenbar auch, wie sie seiner diesbezüglichen Bemerkung zur Begrüßung entnahm. Für ihr Mittagessen hatten sie ein chinesisches Restaurant ausgewählt. Als er seinen Platz ihr gegenüber eingenommen hatte, zog er ein winziges hellblaues Päckchen mit einer weißen Schleife aus seiner Sakkotasche. Christina ahnte, was in dem Päckchen

war. Ungeduldig zerrte sie die feine Schleife auf und öffnete es. Voller Entzücken zog sie einen schlichten, schmalen Platinring mit einem in die Fassung eingetriebenen Brillanten aus dem kleinen Karton.
„Ein Verlobungsring", erklärte er ernst.
„Danke. Ich weiß gar nicht, was ich sagen soll."
Sie war so hingerissen, dass sie kaum sprechen konnte. Dafür sprang sie auf und küsste ihn auf den Mund.
„Du weinst ja, so traurig finde ich das Ganze eigentlich nicht", scherzte er, selbst ein wenig aus der Fassung gebracht. Sie setzte sich wieder und fächelte sich Luft zu.
Sorgsam löste er den Ring aus der Halterung und steckte ihn ihr behutsam an den linken Mittelfinger. Dabei blickte er sie voller Zuneigung an.
„Außer einer Verlobung werden wir in naher Zukunft nicht viel zu feiern haben, bei den Partnern, mit denen wir gestraft sind."
„Sag das bitte nicht, ich habe meine Frau einmal sehr geliebt und sie hat mich über einen langen Zeitraum mehr als glücklich gemacht", murmelte er und starrte an ihr vorbei ins Leere.
„Entschuldige bitte", flüsterte sie.
Der Zauber war verflogen.
Kaum war sie in ihre Wohnung zurückgekehrt, schellte die Türglocke.
Ein Bote drückte ihr einen großen Strauß roter Rosen in die Hand. Sie unterschrieb und schloss die Tür. Bevor sie die dazugehörige Karte lesen konnte, läutete das Telefon.
Die ungewohnte Freundlichkeit in seiner Stimme störte sie.
„Na meine Liebste, geht es dir heute wieder besser? Du hast mich gestern ganz schön in Panik versetzt. Ein weiteres Mal lasse ich mich aber nicht abwimmeln. Heute Abend um sieben?"
„Edgar, bitte hör mir jetzt mal gut zu…"

„…gerne höre ich dir zu. Aber dazu brauche ich eine angenehme Umgebung. Lass uns bei einem gepflegten Dinner in deinem Lieblingsrestaurant über alles reden", unterbrach er sie freundlich.

Sie gab sich geschlagen. Irgendwann einmal musste es ja sein, warum dann nicht gleich? Außerdem musste Florian den Abend mit Frau und Kind verbringen. Ein Zugeständnis, das so lange galt, bis sie eine gemeinsame Wohnung gefunden hatten.

Wieder pünktlich um 19 Uhr stand sein Chauffeur vor der Tür. Höflich zog er seine Mütze und verbeugte sich dezent.

„Herr Ohlert wartet im Wagen auf Sie. Ich darf Sie begleiten?"

Sie folgte ihm und sah von weitem Edgar auf sie zueilen. Er umarmte sie und küsste sie auf die Wange. Sie entzog sich seiner überschwänglichen Begrüßung, in dem sie ihn von sich drückte. Ihr kühles Verhalten quittierte er mit einem Lächeln, das andere als charmant bezeichnet hätten. Edgar half ihr in den Wagen und ließ sich dann neben sie nieder.

„Setzen Sie uns bitte am *Bayerischen Hof* ab."

Im Bayerischen Hof war das *'Trader Vic's'*, Christinas Lieblingslokal. Was hatte er noch auf Lager?

„Danke für die Rosen. Sie waren nicht mehr ganz taufrisch, die Köpfe hingen schon etwas herunter."

Sie sah ihn von der Seite an. Edgar kochte, auch wenn er es sich nicht anmerken ließ.

„Was du mit denen bezweckt hast, entzieht sich meiner Kenntnis. Vielleicht erfahre ich das ja heute Abend von dir?"

„Aber ja, meine Liebste. Und morgen bekommst du neue Rosen - pflückfrisch."

Sie nahmen an einem Tisch in der hintersten Ecke Platz. Sofort eilte ein Ober herbei und entkorkte eine Flasche Champagner. Christina nahm sich die Zeit, ihren Mann genauer anzusehen. Er war – aber das überraschte sie nicht – ausnehmend elegant gekleidet und er sah gut aus. Besser, als

sie ihn in Erinnerung hatte. Seine Haare trug er raspelkurz und leicht ergraut. Die peinlichen blonden Strähnchen waren verschwunden. Und er trug eine randlose Brille, die ihm einen seriösen Anstrich verlieh.
Edgar studierte sie ebenfalls sehr genau.
„Du siehst irgendwie anders aus. Ungeschminkt. Nackt. Fast unscheinbar."
Es stimmte. Seit sie mit Florian zusammen war, verzichtete sie auf allzu viel Farbe. Ungeschminkt war sie deshalb nicht.
„Du meinst, das sollte ich ändern, wenn ich wieder mit dir zusammen bin?"
Er antwortete nicht, denn jetzt richtete sich seine Aufmerksamkeit auf ihre linke Hand. Sie wusste, was in ihm vorging.
Dann sprach er es aus. „Wo ist dein Ehering? Und was ist das für ein Ring, den du anstatt dessen trägst?"
„Der Ehering ist mir zu eng geworden."
Sie blickte auf ihre Hand und dann auf den Ring, den Florian ihr geschenkt hatte.
„Dann werden wir ihn weiten lassen. Der andere Ring steht dir nicht."
Die Kreide bröckelte. Wie lang würde er dieses Spielchen noch durchhalten? Wann kam der wahre Edgar wieder zum Vorschein? Sie ließ es darauf ankommen.
„Mir hat dein Ring nie gefallen. Und als du mir die Scheidungspapiere übermittelt hast, habe ich ihn sofort abgestreift. Er hatte so fest gesteckt, dass ich ihn nur mit Seifenwasser lösen konnte. Und dann fiel er runter und verschwand im Ausguss",
´so wie deine ekeligen Haare´."
Das mit den ekligen Haaren hob sie sich für später auf.
Edgar war bleich geworden. Aber er hatte sich erstaunlich gut im Griff.
„Wir werden unsere Ehe neu besiegeln - mit Ringen, die dir gefallen."

Christina spürte, dass sie sich auf gefährlichem Terrain bewegte.
Erleichtert atmete sie auf, als der Abend vorüber war und Edgars Chauffeur sie unbeschadet vor ihrem Zuhause abgesetzt hatte. Sie eilte in ihr kleines Wohnzimmer, nahm die Blumen aus der Vase und warf sie in den Abfalleimer. Dabei hatten sie so frisch ausgesehen.
Wie versprochen, trafen am nächsten Morgen neue Rosen ein. Sie endeten ebenfalls ohne Umweg im Abfalleimer.
Edgar rief nicht wieder an und Christina vergaß die Verabredung mir Isabell.

Nach drei Wochen intensiver Suche fanden sie die ideale Wohnung. Sie lag im Erdgeschoß, bestand aus vier Zimmern und hatte einen kleinen Garten. Bei ihrer Suche hatten sie ihr Hauptaugenmerk darauf gerichtet, dass sie kinderfreundlich war. Diesem Anspruch trug auch die Lage des Appartements in der Nähe des *Englischen Gartens*, Rechnung. Ein befreundeter Makler hatte es Florian vermittelt. Die Miete war exorbitant. Ein weiterer Kostenfaktor, der ihn zwang, seine Scheidung mit Hochdruck zu betreiben, damit Nadja endlich aus der zweiten teuren Wohnung auszog. In der Wahl seiner Mittel legte er sich keine Zurückhaltung mehr auf. Er ging sogar soweit, Susanne Weber anzustiften, Nadja stets ausreichend mit Alkohol zu versorgen, damit diese ihre mütterlichen Pflichten vernachlässigte.

Bei jeder sich bietenden Gelegenheit holte er das Kind ab und verwöhnte es mit allem, was ihm spontan einfiel. Dazu gehörten Besuche im Zoo, in Eisdielen, im Zirkus und auf Spielplätzen. Dafür nahm er sich so viel Zeit, wie er nur konnte. Während dieser aufwändigen Aktionen versuchte er, Nina ihrer Mutter nachhaltig zu entfremden. Er nahm sie sogar in seine Kanzlei mit, wo er ihr längst eine eigene

Spielecke eingerichtet hatte. Von seiner Verbündeten, die ihn regelmäßig zu festgelegten Zeiten anrief, ließ er sich Bericht über die ´Rabenmutter´ erstatten. Mit dem, was er bei diesen Gelegenheiten erfuhr, war er allerdings selten zufrieden. Trotzdem notierte er alles in eine Kladde, die er eigens zu diesem Zweck angelegt hatte. Christina war ein wenig schockiert über diese neue Seite Florians, die eine fatale Ähnlichkeit mit Edgar offenbarte.

Ihre finanzielle Situation spitzte sich ebenfalls dramatisch zu, aber sie wagte nicht, Florian auch noch damit zu behelligen. Er war zu beschäftigt mit seinen eigenen Problemen.

In ihrer Not rief sie Dr. Grünwald an. Selbst wenn er sie nur halbtags beschäftigte, war das besser, als sinnlos herumzusitzen und zu grübeln. Fast täglich rechnete sie damit, dass Edgar zuschlug, um sie für ihren Betrug abzustrafen. Er würde es nicht dabei bewenden lassen, ihr den Geldhahn zuzudrehen. Von ihm durfte sie getrost mehr erwarten – und je länger er darauf warten ließ, desto angespannter wurde sie.

„Sobald wir eingerichtet sind, hole ich Nina zu uns. Bei Nadja geht sie vor die Hunde. Ich mache mir große Sorgen."
Florians Saat ging offenbar auf. Christina allerdings hatte andere Sorgen.
„Robert hat mich heute angerufen. Er möchte sich in Berlin mit mir aussprechen."
„Du wirst doch nicht etwa hinfahren. Warum kommt er nicht her?"
„Robert hat im Osten sehr viel zu tun und daher erschien es ihm naheliegend, mich in Berlin zu treffen. Wenn du es nicht möchtest, werde ich nicht hinfliegen, dann muss er eben nach München kommen. Es geht übrigens nicht um Privates. Wir

müssen unsere geschäftliche Verbindung auseinander dividieren."

Sie fand Florians Reaktion unangemessen und sie störte sich daran, sich rechtfertigen zu müssen. Er setzte noch eins drauf.

„Früher war er doch auch ständig in München. Er möchte dich nach Berlin locken, um dich fern von mir unter Druck zu setzen. Meines Wissens ist er ein Mandant von Grünwald. Der soll das regeln."

„Grünwald ist nicht mehr sein Anwalt, seit Robert sich von seinem Partner getrennt hat."

Sie wusste, dass sie nach Berlin fahren musste, wenn sie ihre Angelegenheiten ordnen wollte. Ganz wohl fühlte sie sich allerdings nicht bei dem Gedanken. Florian bot ihr an, sie zu begleiten. Diesen Vorschlag lehnte sie ab.

Vor ihrer Abreise suchte Christina ihren Frauenarzt auf.
Nach der Untersuchung führte sie ein abschließendes Gespräch mit ihm.

„Was ist los mit mir, bin ich zu alt für ein Kind? Warum werde ich nicht schwanger?"

„Es ist alles in Ordnung mit ihnen und Sie sind keineswegs zu alt", beruhigte Dr. Seiffert sie, „vielleicht verfehlten Sie bis jetzt einfach den richtigen Zeitpunkt, wenn Sie mit Ihrem Mann schliefen."

„Wir schlafen täglich zusammen, daran kann es nicht liegen. Wäre es möglich, dass ich aufgrund einer früheren Abtreibung nicht mehr gebären kann?"

Christina war verzweifelt, denn sie wünschte sich nichts sehnlicher als ein Kind mit dem Mann, den sie so sehr liebte.

„Ein ordnungsgemäß durchgeführter Schwangerschaftsabbruch - und das war bei Ihnen offensichtlich der Fall - kann nicht die Ursache Ihres Problems sein. Eher ist das Gegenteil der Fall. Beweist er doch, dass Sie empfängnisfähig sind. Es könnte an Ihrem

Partner liegen", dozierte Dr. Seiffert, um seine Patientin auch mit dieser Möglichkeit vertraut zu machen.
„Sagen Sie ihrem Mann, dass er sich gelegentlich untersuchen lassen soll."
´Aber mein Mann hat bereits ein Kind´, wollte sie sagen, behielt es aber für sich.
Sie war verwirrt, erhob sich und bedankte sich bei dem Gynäkologen.
Wie in Trance fuhr sie nach Hause. Sie hatte nicht den Mut, Florian mit dieser niederschmetternden Nachricht zu konfrontieren. Er war am frühen Abend bei seiner Frau gewesen, um seine Tochter bei ihr abzuliefern.
Wie immer, wenn er Nadja gesehen hatte, war er in schwermütiger Stimmung.
„Sie versteht sich nicht mit der Kinderfrau und zu allem Unglück hetzt sie das Kind gegen mich auf. Es wird Zeit, dass ich dieses Ärgernis endlich in den Griff bekomme."

Wieder einmal.

Er redete kaum von etwas anderem. Florian befand sich in einem regelrechten Krieg um das Kind. Christina dachte an die Worte des Mediziners. Konnte es sein, dass Florian nicht der Erzeuger Ninas war? Diese Vorstellung war ungeheuerlich, jedoch durchaus nicht abwegig.

Als sie ihre neue Wohnung leidlich eingerichtet hatten, holten sie das kleine Mädchen erstmals für ein ganzes Wochenende zu sich. Nadja sträubte sich weiterhin vehement, Florian das Kind anzuvertrauen und die Vorstellung, es ihm jetzt für zwei ganze Tage zu überlassen, löste bei ihr eine regelrechte Hysterie aus. Florian berichtete Christina von dem unsäglichen Streit, den Nadja vom Zaun gebrochen hatte, als er Nina abholte.

Susanne hatte ihm vor wenigen Tagen am Telefon anvertraut, dass seine Frau ein Verhältnis angefangen hatte. Mit wem, hatte sie noch nicht herausfinden können. Florian mochte dies nur schwerlich glauben, hoffte aber, dass es stimmte. Aus verschiedenen Gründen, wie er gestand. Trotzdem wirkte er auf Christina nicht wie jemand, der sich freute.

Zum ersten Mal übernahm Christina mütterliche Pflichten und sie gefielen ihr. Nina hatte keine Ähnlichkeit mit den Kindern von Isabell. Die waren freundlich, verspielt, charmant, lustig und hilfsbereit – Traumkinder wie aus einem Werbefilm. Nina hingegen war still und schüchtern. Und trotzdem hatte sie etwas an sich, das einen sofort für sie einnahm. Während Christina mit ihr spielte, musste sie immer wieder daran denken, dass Florian möglicherweise nicht der Vater war. Aber war das nicht eigentlich egal? Sie hatte die Familie, die sie sich so sehnlich gewünscht hatte und nur darauf kam es an. Wollte sie aber ein eigenes Kind mit Florian haben, musste sie ihn mit der Wahrheit konfrontieren. ′Nicht jetzt′, dachte sie wehmütig. Ihr Glück fußte auf so zarten Beinchen, dass es ihr unmöglich erschien, die jetzt zu brechen.
Plötzlich sagte Nina „Pap..Onk..Le..".
Christina versuchte genauer hinzuhören, aber den Rest des Wortes hatte sie nicht verstehen können. Sie rief nach Florian, der sofort herbeistürzte.
„Sie hat etwas geplappert, ich glaube sie sagte so etwas wie *Papa*."
Florian war verzückt.
„Was immer es war, es ist ein Anfang. Laut Nadja soll sie ja schon einmal *Mama* gesagt haben."
Er küsste erst das Kind und dann Christina.
„Ich hatte die Hoffnung aufgegeben, dass sie noch einmal sprechen würde, obgleich der Kinderarzt mir immer

versichert hat, dass es sich um keine körperliche Störung handelte."

So aufgekratzt hatte sie ihn noch nie gesehen.

„Dir verdanke ich das alles. Ich liebe dich."

Er umarmte Christina und drückte sie fest an sich.

„Nun ja, es war ja nur ein Wortfetzen", versuchte sie, seine Euphorie zu bremsen.

Christina erlebte ein Wochenende, das alle ihre Erwartungen übertraf. Am Montag brachte Florian Nina zu ihrer Mutter, bevor er ins Büro fuhr. Von dort rief er Christina an.

„Danke noch einmal für zwei wunderbare Tage."

„Ich habe dir zu danken. Ihr beide macht mich zur glücklichsten Frau dieser Welt. Weiß Nadja eigentlich, mit wem du deine Nächte verbringst?"

„Sie hat mich nie danach gefragt."

„Findest du das nicht etwas seltsam?"

„Offen gestanden, nein. Nadja ist so sehr mit ihrem eigenen Leben beschäftigt, dass es sie nicht interessiert, weswegen ich sie verlassen habe. Genau genommen, will sie nur wissen, ob ich rechtzeitig die notwendigen Mittel überweise, die sie für ihr alkoholgeschwängertes Dasein braucht. Unsere Zugehfrau behauptet, Nadja habe einen Liebhaber. Das kann ich mir nun gar nicht vorstellen."

Christina konnte sich das durchaus vorstellen.

Nach diesem Gespräch räumte sie die Wohnung auf. Vor allem das Kinderzimmer bedurfte einer gründlichen Reinigung. Als nächstes wollte sie Dr. Grünwald anrufen. Bevor sie den Hörer abnahm, läutete ihr Handy. Die Stimme am anderen Ende versetzte ihr einen Schock. Edgar hatte wieder Kreide gefressen und dieser Umstand wirkte beunruhigender als beim letzten Mal.

Sie versuchte es erneut auf die grobe Tour.

„Was willst du?"

„Nicht ich will etwas, sondern du."

Das leidige Thema. Sie war gespannt, was er jetzt dazu vorbringen würde.
Sie fragte, „willigst du endlich ein in die Scheidung?"
„Nachdem sie dir so wichtig ist, werde ich mich nicht mehr dagegen stemmen. Allerdings gibt es da noch einige Details zu klären. Und die möchte ich nicht am Telefon erörtern. Hast du heute Abend Zeit?"
Es blieb ihr nichts anderes übrig, als zuzusagen. Florian reiste am späten Nachmittag zu einem Mandanten nach Oberstaufen und plante über Nacht dort zu bleiben.
Sie erklärte Edgar, dass sie mit ihrem eigenen Auto nach Solln käme. Ihr war mulmig bei dem Gedanken, mit Edgar allein zu sein. Sie hätte sich mit ihm lieber an einem neutralen Ort getroffen.
Um halb acht klingelte sie an der Tür ihres ehemaligen Hauses. Sie bemerkte, dass in der Doppelhaushälfte nebenan kein Licht brannte. Das fand sie merkwürdig. Dann fiel ihr ein, dass Ferien waren und Isabell mit ihrer Familie möglicherweise verreist war.
´Sehr ärgerlich´, stellte sie fest, denn sie hatte Florian erzählt, dass sie den Abend bei Isabell verbringen wolle. Sie hatte ihn angelogen, denn zwei Exmänner an zwei Tagen wollte sie ihm nicht zumuten. Schließlich flog sie am kommenden Morgen nach Berlin.
Die Tür öffnete sich. Edgar sah seltsam aus. So hatte sie ihn noch nie gesehen. Er war schlecht rasiert und trug einen fleckigen, schlabberigen Pullover zu schmuddligen Jeans. Seine nackten Füße steckten in ausgetretenen Latschen. Er war noch dünner als sonst und in seinem eingefallenen Gesicht lag ein gehetzter Ausdruck. Der Anblick erschreckte sie. War er etwa krank?
Er umarmte sie zur Begrüßung und führte sie dann ins Wohnzimmer. Christina sah sich um. Alles sah aus wie früher. Edgar hatte keinerlei Veränderungen vorgenommen.
„Setz dich. Was möchtest du trinken?"

„Nichts Alkoholisches. Ich habe leider keinen Chauffeur, der mich später nach Hause bringt."
„Du kannst doch hier bleiben und morgen nach Hause fahren."
Sie antwortete nicht, aber eine Antwort hatte Edgar ohnehin nicht erwartet. Er schlurfte in die Küche, um etwas Trinkbares zu holen. Sie setzte sich. Nach einer Weile kehrte Edgar mit einer Flasche Whisky und einer Flasche Wasser zurück. Er stellte Gläser auf den Tisch und schenkte den Whisky in zwei davon.
„Nein danke", wehrte Christina ab.
Edgar ließ sich davon nicht beirren.
„Stell dich nicht so an."
Er hob sein Glas und prostete Christina zu. Seufzend hob sie ihr Glas und trank einen kleinen Schluck. Seit wann trank Edgar harte Sachen? War die *Mastorn* dafür verantwortlich. War das Klima dort so unerträglich, dass die Mitarbeiter in den Alkohol flüchten mussten? Sie dachte an Florians Frau.
Edgar riss sie aus ihren Überlegungen.
„Wie geht es deinem Liebhaber?"
Die Show begann.
„Ich glaube kaum, dass dich das interessiert."
„Wie lange geht das eigentlich schon?"
„Nicht so lange, wie deine Affäre mit deiner slawischen Schönheit."
Edgar fixierte sie mit seinen kalten Augen. Sie hielt dem Blick stand.
„Als du mir seinerzeit erzählt hast, dass du in einer Anwaltskanzlei arbeiten würdest, hast du vergessen zu erwähnen, dass die zufällig vom Gatten meiner Untergebenen geleitet wird."
`Untergebene´, was für ein Wort! Christina schauderte. Was kam als nächstes?

Als nächstes läutete sein Handy. Er sprang auf, entschuldigte sich und verschwand aus dem Zimmer, um das Gespräch anzunehmen.

Christina ging ins Bad. Dort hatte sich einiges verändert. Lippenstifte und Flakons mit Damenparfum bedeckten die Ablage über dem Waschbecken. Ein seidenes Negligé hing an einem Haken neben der Tür und auf dem Fensterbrett fristete ein vertrockneter Farn ein vergessenes Dasein. Anscheinend hatte er seiner Geliebten nicht genügend Zeit gelassen, alles mitzunehmen, oder sie war gar nicht ausgezogen.

Edgar telefonierte noch immer, als sie ins Wohnzimmer zurückkehrte. Sie hätte jetzt gehen können. Dann aber hätte sie gar nichts erreicht und dieser Abend wäre für die Katz´ gewesen. So blieb sie und wartete.

Sie wartete fast zwanzig Minuten, bis er ihr wieder Gesellschaft leistete. Als er sich neben sie auf das Sofa niederließ, bemerkte sie rote Flecken in seinem Gesicht, das aschfahl war. Hektisch schüttete er ein weiteres Glas Whisky in sich hinein und stierte missmutig ins Leere. Dann schien er sich plötzlich ihrer Anwesenheit zu erinnern.

„Du glaubst doch nicht im Ernst, dass ich jetzt den Weg frei mache für dich und deinen Schmierenadvokaten, der seine Frau in den Untergang getrieben hat."

Das war es also. Er hatte gar nicht vorgehabt, sie gehen zu lassen. Sie stand auf.

„Nicht so hastig meine Liebe. Wir sind noch nicht fertig."

Edgar sah mitleiderregend aus. Sie hatte keine Angst mehr vor ihm.

„Ich denke schon. Wenn du nicht freiwillig einlenkst, dann müssen wir eben unsere Anwälte bemühen. Das wird dann leider etwas teurer und ziemlich schmutzig. Aber du willst es ja nicht anders."

Sein Blick durchbohrte sie. Er stand ebenfalls auf.

Am nächsten Morgen flog sie nach Berlin, um den juristischen Part ihrer Trennung von Robert in die Wege zu leiten. Robert hatte noch in Dresden zu tun, als sie eintraf. So war sie gezwungen, zu warten. Sie mietete sich in einem kleinen Hotel am Ku´damm ein und rief Florian an. Er war erkennbar verärgert, dass sie ihre Rückkehr verschob. Er konnte natürlich nicht ahnen, dass sie das Rückflugticket vorsorglich für den nächsten Tag gekauft hatte. Später rief sie ihn noch einmal an, um ihm eine gute Nacht zu wünschen. Er war nicht zu Hause. Sie hinterließ eine Nachricht auf seinem Anrufbeantworter und auf seinem Handy, das er ausgeschaltet hatte. Er rief sie nicht zurück.

Robert kehrte erst am nächsten Morgen von seiner Geschäftsreise zurück. Sie verabredete sich mit ihm im fünften Stock des *KaDeWe* zu einem verspäteten Frühstück.

Robert sah gut aus, wenngleich ziemlich erschöpft. Erste graue Strähnen durchzogen sein dunkles Haar. Ihr fiel auf, dass er die Aufmerksamkeit der anwesenden Frauen erregte. Das Restaurant war gut gefüllt mit der Art von Frauen, ´die die Welt nicht brauchte´ - wie Edgar sie gerne abschätzig bezeichnete. Edgar hatte vermutlich auch in Christina so ein Wesen gesehen, das ausschließlich mit sich selbst beschäftigt war und sonst nicht sehr viel Nützliches zum Lauf der Erde beitrug. Die letzte Nacht hatte er ihr das auf seine Weise beigebracht.

Robert bemerkte die Blicke nicht. Sein Interesse galt ausschließlich Christina, der er freundlich zulächelte, als er sie sah. Nach einer etwas kühl ausgefallenen Begrüßung setzte er sich zu ihr.

„Wovon lebst du jetzt eigentlich?" begann er das Gespräch angriffslustig und fuhr fort, „ich kann nicht verstehen, warum du in einem teuren Hotel übernachtest. Warum schläfst du nicht zu Hause? Du hast doch immer noch verschiedene Dinge bei mir und bist offiziell nie ausgezogen."
„Diese persönlichen Dinge hole ich gerne ab."
„Wenn sie dir wichtig sind, lasse ich sie dir zuschicken. Ich ahne natürlich, warum du zögerst, bei mir zu schlafen. Aber du brauchst nichts zu befürchten. Ich respektiere deine Neuorientierung. Glücklich bin ich darüber allerdings nicht, das darfst du mir gerne glauben."
Er sah sie eindringlich an. Sie wich seinem Blick aus. Beschämt schaute sie durch das große Panoramafenster auf die Dächer der Hauptstadt.
„Hast du die Papiere dabei, die ich unterschreiben soll?" lenkte sie vom Thema ab.
„Nein, die liegen beim Notar. Wir haben einen Termin bei ihm um drei. Möchtest du mit mir fahren oder soll ich dir ein Taxi rufen lassen?"
„Sei nicht albern."
Sie fuhr mit Robert nach Berlin Mitte. Der Papierkram war schnell erledigt. Christina hörte sich an, was der Notar ihr vorlas und unterschrieb. Sie wünschte sich, dass ihre Scheidung genauso einfach abliefe und wieder fiel ihr die letzte Nacht ein, über die sie mit niemandem sprechen konnte.
Als sie wieder auf der Straße standen, sagte Robert: „Ich hätte niemals gedacht, dass mir das alles so nahe gehen würde. Wann geht dein Flug?"
„Kurz nach sechs. Macht es dir etwas aus, mich nach Tegel zu fahren?"
„Ja, denn ich würde dich lieber erst morgen dorthin bringen."
„Robert, bitte. Wir waren uns doch einig. Mach es uns nicht schwerer, als es ohnehin schon ist."
Es tat ihr weh, ihn so leiden zu sehen.

„Gut, ich habe schon verstanden. Dann fahren wir am besten gleich, denn ich weiß nicht, wie lange ich es ertragen kann, dich zu sehen und dich nicht anfassen zu dürfen."
Während der langen Fahrt zum Flughafen schilderte Robert ihr detailliert, warum er sie hatte warten lassen. Er klang bitter.
„Ich habe enorme Schwierigkeiten in Dresden. Du hast leider keine Vorstellung mehr davon, wie knochenhart es ist, dort auch nur den kleinen Zeh zwischen die Tür zu bekommen, geschweige denn, ein erfolgreiches Geschäft aufzubauen. In letzter Zeit habe ich sechzehn Stunden täglich gearbeitet und kaum geschlafen, während du dich in München um dein neues Leben gekümmert hast."
Christina schwieg. Sie konnte seinen Worten nichts entgegensetzen.
Als sie ihr Ziel erreicht hatten, sagte er. „Du kannst jederzeit zu mir zurückkehren. Ich werde dich immer mit offenen Armen empfangen. Das ist ein Versprechen."
Dann stieg er aus, holte ihre Reisetasche aus dem Kofferraum und half ihr aus dem Wagen. Zum Abschied drückte er ihr einen flüchtigen Kuss auf die Wange, sprang wieder in sein Auto und fuhr mit quietschenden Reifen davon. Sie sah ihm nach und trocknete ein paar Tränen, die sie nicht zurückhalten konnte.

Sie hatte angenommen, dass er mit den widerwärtigen Schmähbriefen, die sie bis vor einigen Tagen erhielt, etwas zu tun hatte. Jetzt aber wusste sie, dass sie sich irrte. Robert war kein Intrigant. Wenn ihn etwas störte, zeigte er sein Missfallen offen und impulsiv.

Sie versuchte erneut, Florian telefonisch zu erreichen.

Die Nummer des Büros war fortwährend belegt, das Handy ausgeschaltet und der Anrufbeantworter leierte ständig die gleiche Nachricht herunter.

*

Er suchte den Briefkastenschlüssel. Leider hatte er vergessen, Christina bei ihrem Anruf danach zu fragen. Normalerweise sah sie nach der Post. Ohne Schlüssel war er gezwungen, die Sendungen mit einem Kugelschreiber aus der engen Box zu fischen. Er hob den Deckel an und erhaschte mit dem Mittelfinger wenigstens ein Kuvert. Nachdem er die Hand unter Druck noch tiefer in den Schlitz des Briefkastens geschoben hatte, konnte er den Brief greifen, den Rest der Post erwischte er nicht. Das Kuvert war nicht richtig weiß, es war eierschalenfarben. Christina hätte sich bereits an der Farbe gestört. Seine Anschrift war auf einem neutralen Adressaufkleber mit Computer geschrieben, der Absender fehlte. Da Florian in Eile war, steckte er das Schreiben in sein Sakko. 'Bestimmt wieder so ein Werbemist' vermutete er auf dem Weg zu seinem Wagen. Er dachte an Christina. Sie war frühmorgens aufgebrochen und wollte am Abend zurück sein. Er vermisste sie schon, wenn er ohne sie frühstücken musste. Speziell in ihrer gemeinsamen Wohnung verspürte er dieses starke Gefühl des Alleinseins, wenn sie nicht da war. Alles erinnerte ihn an sie. Die karge, sehr lichte Einrichtung zeugte ausschließlich von ihrer Handschrift. Das Minimum, das sie an dekorativen Elementen zugelassen hatte, bestand aus wenigen langweiligen Graphiken, Aquarellen und ein paar dürftigen Blumenarrangements. Es entsprach nicht seinem persönlichen Geschmack. Er fühlte sich nicht sonderlich wohl in diesem durchgestylten, kühlen Ambiente, das in seiner sauberen Helligkeit so abweisend wirkte. Bisher hatte er allerdings nichts unternommen, diesen Zustand zu ändern. Lediglich Geld hatte er beigesteuert, damit sie diese überteuerten Designergegenstände anschaffen konnte. Seine Möbel, Bilder und Teppiche, erlesene alte Stücke, die er in langen Jahren gesammelt hatte, waren in der Wohnung geblieben, die Nadja für sich beanspruchte. Sogar sein geliebter *Eames Lounge Chair*.

Im Büro erwarteten Florian eine Menge unerledigter Akten. Durch den Umzug war vieles liegen geblieben.

Am Nachmittag rief Christina an und teilte ihm mit, dass sie einen Tag länger in Berlin bleiben würde. Eine lange Nacht ohne sie in dieser kühlen Behausung aushalten zu müssen, war keine angenehme Aussicht. Was ihn aber mehr beunruhigte, war die Vorstellung, dass sie - entgegen ihrer Zusage - vielleicht doch bei ihrem Ex nächtigte.
Um nicht daran denken zu müssen, lenkte er sich mit Arbeit ab. Bis gegen sechs Uhr abends gönnte er sich keine Pause. Als er sich über eine Pizza, die ein Lieferservice ins Haus gebracht hatte, hermachen wollte, verständigte ihn Frau Baumann, die wieder stundenweise bei ihm arbeitete, dass seine Frau am Telefon sei. Verärgert über diese Unterbrechung nahm er den Hörer in die Hand, um ihn sich zwischen Schulter und Ohr zu klemmen. So konnte er ungehindert weiter essen, während er sich mit Nadja auseinandersetzte.
„Was gibt es? Brauchst du Geld, hast du etwas angestellt oder ist dir einfach nur langweilig?", bellte er ungehalten.
Sie war das Letzte, was er sich in diesem Moment wünschte.
„Ich muss mit dir reden bezüglich der Scheidungsformalitäten. Hast du heute Abend Zeit?" fragte

sie ihn, ohne den leicht lallenden Unterton, der sonst ihre Stimme begleitete.

Die unerwartete Klarheit in Nadjas Ausdrucksweise machte Florian neugierig. Außerdem war sogar ihre Gesellschaft besser, als das Alleinsein in dem trostlosen Appartement und er konnte Nina sehen.

„Also gut, ich komme zu dir", versprach er und beendete das Gespräch.

Nach diesem Anruf konnte er sich nicht mehr richtig konzentrieren. Er arbeitete nur noch eine Stunde und brach zu seiner ehemaligen Bleibe auf.

Sie war sofort an der Türe.

„Wo ist das Kindermädchen, wo ist Nina?"

Er blickte sich suchend um.

„Susanne ist mit dem Kind unterwegs", erklärte Nadja.

Sie fand es anscheinend völlig normal, dass das Kind abends nicht zu Hause war.

„Du siehst hübsch aus", bemerkte er angenehm überrascht.

„Ich bin auch völlig nüchtern", lächelte sie.

Sie sah gepflegt aus wie lange nicht mehr. Ihr Haar trug sie jetzt kurz mit einem Pony, der ihre dunklen, wieder strahlenden Augen fast bedeckte. Sie wirkte sehr jugendlich damit. Ihr mädchenhaftes Aussehen unterstrich Nadja geschickt mit einer engen gestreiften Hose und einer gelben Seidenbluse, die sie fast bis zum Nabel geöffnet hatte. Darunter trug sie nichts. Ihre Brustwarzen schimmerten verführerisch durch den dünnen Stoff. Verwundert starrte er auf ihre hochhackigen Pumps.

„Eine Spezialanfertigung", erläuterte sie schmunzelnd, als sie seinen Blick auf ihre Füße wahrnahm.

„Wenn ich diese Veränderungen an dir richtig deute, hast du einen Freund, stimmt´s?", vermutete er freundlich gesinnt.

Jetzt war es an der Zeit, dass sie damit herausrückte.

„Vielleicht hast du Recht", resümierte sie.

„Gefalle ich dir?"

„Ganz außerordentlich, aber überlass es lieber deinem Freund, das zu beurteilen. Meinetwegen brauchst du dich nicht so anzustrengen. Du weißt ja, warum ich hier bin. Also lass uns die Formalitäten erledigen und dann kannst du deinen Liebhaber empfangen."
Sofort ärgerte er sich über seine harschen Worte, denn er fand sie an diesem Abend unglaublich betörend. Und jetzt war er wieder auf dem besten Weg, alles kaputtzumachen.
Nadja lächelte nicht mehr freundlich, als sie ausstieß: „Die Scheidung kannst du haben, das Kind nicht!"
Obwohl sie sehr leise gesprochen hatte, wirkte dieser Satz auf ihn wie ein Kinnhaken, denn es lag etwas Endgültiges, Unwiderrufliches darin. Dabei hatte sie diesen Satz schon so oft gebraucht, dass es ihn verwunderte, wie sehr sie ihn damit immer noch verletzen konnte.
Etwas tapsig, aufgrund ihrer ungewohnten Fußbekleidung, stakste sie in die Küche. Er konnte hören, wie sie an den Schränken hantierte. Als sie zurückkehrte, hatte sie eine noch geschlossene Flasche Champagner und zwei Gläser bei sich.
„Findest du wirklich, dass wir einen Grund zum Feiern haben?" insistierte er sarkastisch.
Und wieder war ihm etwas herausgerutscht, das er eigentlich nicht hatte sagen wollen. Mehr und mehr beschlich ihn das dumpfe Gefühl, dass er die Kontrolle über diesen Abend verlor.
Nadjas dunkle Augen verengten sich zu Schlitzen, als sie sagte: „Ich bin auf leichtere Sachen umgestiegen, oder besser gesagt, ausgestiegen und ich finde, dass wenigstens ich allen Grund zum Feiern habe. Seit kurzem gehe ich regelmäßig zu den Treffen der `Anonymen Alkoholiker'. Du kannst dir vermutlich denken, dass ein Absprung nicht von heute auf morgen klappt."
Mit einem lauten Knall entkorkte sie die Flasche und verschüttete dabei einen Teil des kostbaren Inhalts.
„Der erste Drink des heutigen Tages, ist das nicht großartig?"

„Wann kehrt Nina mit dem Kindermädchen zurück?" lenkte er brüsk ab, denn ihre Nähe machte ihn zusehends nervöser.
„Du kannst ja darauf warten. Ein bisschen Zeit hast du hoffentlich mitgebracht, schließlich haben wir eine Menge zu bereden."
Genießerisch nippte sie an der beigegoldenen Flüssigkeit, um sich dann lasziv mit der Zunge über ihre feuchten Lippen zu fahren. Da sie ihm nichts anderes angeboten hatte, trank er nun ebenfalls Champagner. Er nahm sich vor, auf Nina zu warten und danach sofort zu gehen. Mit jedem Tropfen mehr stieg seine Erregung. Ein kaum zu bezähmendes Verlangen, mit seiner Frau zu schlafen, hatte ihn erfasst. Die Situation spitzte sich zu.
„Also ich komme noch einmal auf den entscheidenden Punkt zurück, du kriegst Nina nicht! Und frage lieber nicht, warum", unterbrach sie mit belegter Stimme seine erotischen Phantasien und riss ihn grob zurück in die Realität. Sie hatte sich eine Zigarette angezündet. Anscheinend war sie ebenso nervös, wie er.
„Und ob ich sie bekomme! Du glaubst, wenn du drei Tage lang etwas weniger säufst, bemerkt niemand deine Sucht. Lass dir gesagt sein, du kannst nicht verbergen, dass du ein Alkoholproblem hast und aus diesem Grund bist du als Mutter gänzlich ungeeignet. Im Übrigen bist du absolut unfähig, dich mit Kindern zu beschäftigen, genau genommen kannst du mit ihnen überhaupt nichts anfangen."
„Und was bitteschön macht dich zum Vater geeignet?", schrie sie aufgebracht und leerte das Glas mit einem Schluck, um es sofort neu zu füllen, „etwa, dass du mich seit einer Ewigkeit mit diesem blonden Flittchen betrügst? Ha, dass ich nicht lache?! Ich wage nicht, mir vorzustellen, wie Ohlert darauf reagieren würde, wenn er davon erführe. Immerhin war sie noch mit ihm verheiratet, als sie dich ins Bett gezerrt hat - oder hast du sie verführt?!"

Sie verkniff sich den Hinweis, dass Ohlert bereits Bescheid wusste.
Durch ihr bösartiges Gegeifer vergoss sie die Hälfte ihres Glases und spülte den Rest gierig in sich hinein. Er schenkte ihr nach, weil er glaubte, sie damit zum Schweigen bringen zu können.
„Wo ist das Kind?" fragte er noch einmal, um sie von dem heiklen Thema seines Ehebruchs abzubringen.
„Das Kindermädchen ist heute mit Nina auf's Land gefahren, du weißt schon Urlaub auf dem Bauernhof", stieß sie mühsam um Beherrschung ringend hervor.
„Sie kehrt frühestens in einer Woche zurück."
Jetzt hatte sie wieder dieses perfide Glitzern in ihren Augen, das sie so gefährlich machte.
„Das hast du mit Absicht getan, du hinterhältiges Miststück!" brüllte er zornbebend.
„Oh, die vermeintlichen väterlichen Gefühle erwachen erneut. Lass es dir hiermit ein für allemal gesagt sein, du bekommst Nina nur über meine Leiche!"
Florian sah ein, dass er in diesem Stadium nichts mehr erreichen konnte. Er hatte keine Kraft mehr, weiter mit ihr zu streiten. Erschöpft ließ er sich in einen Sessel fallen und starrte resigniert vor sich hin. Die Flasche war fast leer, als Nadja wieder in die Küche stöckelte, um eine weitere zu holen. Er erhob sich schwerfällig, um ihr zu folgen. Sie rief ihm zu, dass er die Gläser mitbringen solle. Schweigend saßen sie am Küchentisch und belauerten einander wie Tiere, die jeden Moment vorhatten, übereinander herzufallen, um sich gegenseitig zu zerfleischen, während sie hastig die zweite Flasche Champagner leerten. Plötzlich stand Florian auf und nahm seine Frau an der Hand. Er zog sie hoch und begann sie stürmisch zu küssen. Er wusste nicht, was in ihn gefahren war, eine brachiale Lust durchfuhr ihn. Er war sich nicht im Klaren darüber, wer ihn jetzt mehr anmachte, Nadja oder Christina. Es war ihm gleichgültig, er war betrunken.

Hastig riss er die letzten Knöpfe von Nadjas Bluse auf und griff nach ihren kleinen Brüsten. Seine Zunge rutschte lüstern über ihren Hals und dann weiter zu ihren schmuckbewehrten Ohren. Sie stöhnte verheißungsvoll und drückte sich mit aller Kraft gegen seinen Körper. Ihr genießerisches Schnurren jagte Stromstöße durch seine Eingeweide.

Dann flüsterte sie ihm ins Ohr: „Du bekommst das Kind nicht, weil es nicht dein Kind ist."

Seine Lust erlosch jäh.

Ungläubig stieß er sie von sich: „Was sagst du da?"

„Du hast mich schon verstanden, also gib dir keine Mühe, mich auf die sexuelle Tour rumzukriegen. In diesem Spiel bist einmal mehr du der Verlierer."

„Ich glaube, ich verstehe dich immer noch nicht", keuchte er nach Luft ringend.

„Dann will ich es dir erklären. Jahrelang habe ich darauf gewartet, dass du mir ein Kind machst, leider ohne Erfolg..."

Sie kostete ihren Sieg genüsslich aus, jetzt da sie ihn auf dem Boden hatte.

„Aber du hast doch angeblich die Pille genommen."

„Ha, dass ich nicht lache. Sei doch bitte nicht so naiv. Natürlich habe ich die Pille nicht geschluckt. Das habe ich dir nur erzählt, um dich nicht misstrauisch zu machen..."

„...weil das Baby, das du verloren hast, auch nicht von mir war."

„Kluge Folgerung", trumpfte sie auf und setzte zu weiteren Demütigungen an.

„Ich gebe zu, es hat eine Weile gedauert, bis ich gemerkt habe, dass du zeugungsunfähig bist..."

„...wer ist der Vater?" schrie er bebend vor besinnungsloser Wut.

Sie lachte hinterhältig: „Du glaubst doch nicht im Ernst, dass ich dir das verraten werde!"

In diesem Moment war ihm, als hätte er einen Schlag in die Magengrube bekommen, der ihm das Blut aus den Adern trieb. Er sah in ihr triumphierendes Gesicht und schlug zu. Sie wich ihm aus und taumelte - er hätte sie auffangen können, tat es aber nicht. Stattdessen versetzte er ihr einen weiteren Schlag, der sie am Kinn traf. Jetzt stolperte sie und fiel mit dem Kopf gegen die harte Kante des Tisches. Ihre hohen Absätze wurden ihr zum Verhängnis, als sie abrutschte und vollends auf den Fliesenboden knallte. Wie angewurzelt stand er da und starrte zu ihr hinunter, denn er realisierte nicht sofort, was er getan hatte. Eine unheimliche Stille umfing ihn.
Nach und nach kam er zu sich. Vage entsann er sich, dass er das zwingende Bedürfnis verspürt hatte, zuzuschlagen und dass er ihr Fallen nicht verhindert hatte. Er war sich sicher, wäre sie nicht sofort gestürzt, hätte er so lange auf sie eingedroschen, bis sie es getan hätte. Nadja lag bewegungslos auf dem Boden. Er konnte nicht sagen, wie lange er, ohne sich zu rühren, dagestanden hatte. Endlich nahm er die rote Lache wahr, die unter ihrem Kopf hervorquoll. Mit bestürzender Sicherheit kam ihm zu Bewusstsein, dass sie tot war. Sie lag auf dem Rücken mit verkrümmten Beinen, den Kopf nur leicht zur Seite geneigt. Mit erschrocken aufgerissenen Augen starrte sie ihn an. Ihr kirschrot bemalter Mund schien eben noch etwas sagen zu wollen. Der überraschte Ausdruck in ihrem Gesicht und die offene Bluse mit den nackten Brüsten gaben der Leiche ein bizarres, fast obszönes Aussehen. Langsam bewegte er sich zum Telefon und rief die Polizei und einen Arzt.
Den Beamten, die die Untersuchung vornahmen, erklärte er, dass seine Frau aufgrund ihrer Betrunkenheit gestolpert sei, als er gerade auf der Toilette war. Er hatte sich nicht die Mühe gemacht, den halbnackten Oberkörper seiner Frau zu bedecken. Die Beamten transportierten Nadja, nachdem der Arzt ihren Exitus eindeutig festgestellt hatte, in einem

Zinksarg in die gerichtsmedizinische Abteilung der Kripo, um die genaue Todesursache zu klären. Bevor sie aufbrachen, baten sie ihn um persönliche Daten. Er wunderte sich, dass sie ihm nur wenige Fragen stellten. Die Küche allerdings wurde von ihnen zwecks Spurensicherung auf den Kopf gestellt und später versiegelt. Er stand dabei wie ein Zuschauer, den die ganze Angelegenheit nichts anging.

Als Florian allein war, überdachte er seine Situation mit den Kenntnissen und Erfahrungen, die er als Advokat besaß. Er war sich ziemlich sicher, dass man ihm die Unfallgeschichte abgenommen hatte und er mit heiler Haut davonkommen würde. Er hoffte, dass sein Schlag gegen ihr Kinn keine verdächtigen Spuren hinterlassen hatte, aufgrund derer sie ihm Totschlag nachweisen konnten, oder gar vorsätzlichen Mord. Aber daran wollte er keinen Gedanken verschwenden. Er fror, zitterte wie Espenlaub. Damit das aufhörte, genehmigte er sich eine Mischung aus einem Gin, den er an einem von Nadjas Geheimplätzen gefunden hatte und einer *Valium*. Ganz allmählich wurde er ruhiger. In gewisser Weise empfand er sogar Erleichterung über das, was er getan hatte, denn Nadja hatte so viel Unruhe in sein Leben gebracht und, was weit schlimmer wog, sie hatte ihn teuflisch hintergangen. Sie hatte ihm die größte Erniedrigung zugefügt, die einem Mann widerfahren konnte. Eine erlösende Müdigkeit überfiel ihn. Während er sanft vor sich hindöste, kam ihm plötzlich in den Sinn, dass es geradezu auf diese Katastrophe hinauslaufen musste.

Seine Gedanken flossen still dahin. Das Leben mit Nadja zog wie ein Film an ihm vorbei. Er sah nur noch die schönen Szenen, die schlimmen blendete er aus. Und dann wurde ihm schmerzlich bewusst, dass er sie wirklich geliebt hatte – geliebt sogar bis zum bitteren Ende. Und nur weil es so war, hatte er sie so sehr hassen können, dass er sie umbringen wollte. Nein, er hatte sie umgebracht. Oder war es ein Unfall gewesen? Er war sich nicht sicher, nicht in dieser Nacht. Morgen würde er klarer sehen. Sein Kopf dröhnte. Auch Christina tauchte in diesem Film auf und mit ihr die bestürzende Erkenntnis, dass er sie niemals mit der Intensität würde lieben können, mit der er Nadja geliebt hatte. Der Gedanke, Christina wieder zu sehen, erschien ihm plötzlich schier unerträglich. Er würde nicht mit ihr zusammenleben können, so wie er auch in der Vergangenheit nie wirklich mit ihr zusammen gewesen war. Möglicherweise hatte er es nicht nur Nadjas ausgeklügelter, selbstmörderischer Raffinesse zu verdanken, dass er sich Christina immer wieder entzogen hatte. Wenn er es recht bedachte, war es eigentlich Christinas Schuld, dass er in diesen Abgrund gestürzt war. Und – Ironie des Schicksals – ihre Schuhe waren Auslöser des tragischen und gleichzeitig so banalen Finales seiner großen Liebe. Einer Liebe, die er jämmerlich verraten hatte. Er fühlte sich erbärmlich.

Am frühen Morgen kehrte er in die Wohnung zurück, die er mit Christina teilte. Die Kassette des Anrufbeantworters war fast voll. Er war zu müde, sie abzuhören. Als er sich auf das Sofa fallen ließ, um seine Lage erneut zu analysieren, läutete das Telefon. Wer ihn zu sprechen suchte, konnte er sich denken. Aus diesem Grunde ließ er es klingeln, bis die Maschine sich einschaltete. Christinas jammerndes Bitten um Rückruf nervte ihn. Er stellte den Lautsprecher leise, um Ruhe zu haben.

Am Nachmittag suchten ihn die Beamten, die die Untersuchung durchführten, auf, um weitere Fragen zu stellen. Immer wieder schilderte er ihnen seine Version der

Geschichte, sorgfältig darauf bedacht, sich nicht in Widersprüche zu verwickeln.

Er erzählte auch von dem Kindermädchen.

„Meine Frau meinte, dass es unserer Tochter gut täte, eine Woche mit Frau Weber bei ihren Eltern auf dem Land zu verbringen. Urlaub auf dem Bauernhof, wenn Sie verstehen, was ich meine."

Er redete wirres Zeug.

„Ihre Frau hat sich das Genick gebrochen. Die Gerichtsmediziner vermuten, dass es passierte, als sie mit dem Kopf auf dem Steinfußboden aufschlug. Warum trug sie diese Schuhe, wo sie doch hinkte?"

„Warum soll eine Frau, die leicht behindert ist, nicht eitel sein?", entgegnete Florian sarkastisch. Ihn ärgerte diese Frage.

Der Beamte ging auf seinen Einwand nicht ein. Stattdessen erkundigte er sich ungerührt weiter: „Wussten Sie, dass Ihre Frau schwanger war?"

Florian stockte der Atem.

„Nein, wie ich Ihnen bereits erklärt habe, lebten wir getrennt. An dem Abend, als der Unfall passierte, haben wir uns getroffen, um uns auszusöhnen."

„Sie war im dritten Monat. Haben Sie das Kind gezeugt? Oder kommt dafür eventuell jemand anderer in Frage?", bohrte der Inspektor, der sich als Frank Borstel vorgestellt hatte. Ihm war die leichte Unsicherheit des Befragten nicht entgangen. Florian wusste sehr genau, dass ihm mit seiner Reaktion ein gefährlicher Lapsus unterlaufen war.

„Dass sie außer mir einen anderen Mann gehabt haben soll, ist undenkbar. Vielleicht wollte sie mich mit ihrer Schwangerschaft überraschen", gab er zu bedenken.

„Das würde heißen, dass Sie vor etwa drei Monaten Verkehr mit Ihrer Frau hatten, obwohl Sie von ihr getrennt lebten. Eventuell sollten wir einen Test machen lassen. Dann wissen wir genau, ob Sie als Erzeuger in Frage kommen."

"Was wollen Sie mir damit unterstellen? Natürlich haben wir hin und wieder miteinander geschlafen. Schließlich waren wir verheiratet. Ein Kind wäre unserer Versöhnung nicht im Wege gestanden, ganz im Gegenteil", schrie Florian aufgebracht.
Wieder hatte er sich nicht im Griff. Er musste aufpassen.
„Aber Sie wussten nicht, dass sie schwanger war. Ist das richtig? Die Frage ist daher, ob Sie sich wirklich mit ihr versöhnen wollten, wie Sie uns weiszumachen versuchen. Eher könnte ich mir deshalb vorstellen, dass Ihre Frau Sie mit ihrer Schwangerschaft erpressen wollte, zu ihr zurückzukehren. Sie haben daraufhin die Beherrschung verloren und sie gegen die Tischkante geschubst. Vielleicht stand sie Ihrem Glück mit Ihrer Geliebten im Wege, mit der Sie bereits zusammenlebten. Im Übrigen gibt es da noch einen Bluterguss am rechten Unterkiefer Ihrer Frau, der so gar nicht in das von Ihnen so blumenreich geschilderte Bild passt. Wir werden den Sturz noch einmal rekonstruieren. Um uns endgültige Klarheit über Ihre Beziehung zu Ihrer Frau zu verschaffen, werden wir uns mit Ihrer Freundin unterhalten. Vorerst geben wir die Leiche nicht zur Bestattung frei. Zu viele Dinge sind ungeklärt. Halten Sie sich bitte für weitere Fragen bereit. Sie wissen ja, was wir damit meinen. Sie sind schließlich Jurist."
„Welche Fragen sind offen?" fragte Florian alarmiert.
„Nun ja - wie sie starb, ist geklärt, nicht aber wie es dazu kam, dass sie als Schwangere so viel Alkohol im Blut hatte. Diese Schuhe müssen eine Qual für sie gewesen sein. Ich habe mir schon überlegt, ob Sie ihr vielleicht einen kleinen Schlag verabreicht haben. Das würde immerhin das blau unterlaufene Kinn erklären", sinnierte der Beamte nachdenklich.
Florian verspürte das Bedürfnis, noch einmal zuzuschlagen.
„Meine Frau war Trinkerin. Die große Menge Alkohol in ihrem Blut kommt nicht von ungefähr. Sie ist an jenem

denkwürdigen Abend nicht zum ersten Mal gestürzt. Wenn sie sturzhagelvoll war, stolperte sie schon mal gegen unsere Möbel. Nach ihren zahllosen Stürzen hatte sie oft blaue Flecken. Im Übrigen schlage ich keine Frauen und Behinderte schon gar nicht", erklärte Florian mit einer für ihn erstaunlichen Ruhe.
„Ihre Behauptungen werden wir nachprüfen. Für heute habe ich keine weiteren Fragen mehr an Sie", beschied Borstel sein Gegenüber, ohne weiter auf dessen Ausführungen einzugehen.
Florian wunderte sich darüber, dass der Arzt, der die Obduktion durchgeführt hatte, nicht bemerkt haben sollte, dass Nadja Alkoholikerin war. Aber vielleicht war das ja auch eine Falle, in die er hineintappen sollte.

Als er endlich zu Hause war, brauchte er einen Drink. Die Aussage des Polizisten, dass sie ein Kind erwartete, hatte ihn völlig aus dem Gleichgewicht gebracht. Er hörte sein Smart Phone und seinen Anrufbeantworter ab. Albert hatte mehrmals angerufen, ebenso Frau Baumann und sogar Linda Pfahlhausen hatte um Rückruf gebeten. Der Rest der Kassette war mit Christinas Flehen nach Rückruf gefüllt. Sie machte sich Sorgen, nicht unberechtigt, wie er fand.
Als erstes meldete er sich bei Albert: „Es tut mir leid, dass ich mich nicht früher gemeldet habe. Hier ist mir einiges aus dem Ruder gelaufen. Aber das kann ich dir nicht am Telefon erklären. Kannst du bitte gleich vorbeikommen."
„Ich muss zu einem Mandanten. Passt es dir, wenn ich um sechs bei dir bin?"
Alberts Stimme klang besorgt.
„Nein. Versuch es bitte früher. Es ist wirklich wichtig."
Schulz versprach, seinen Mandantentermin zu verschieben und gleich vorbeizukommen. Eine halbe Stunde später stand er in Florians Wohnzimmer.

Erschrocken sah er seinen Partner an. „Du siehst entsetzlich aus. Bist du krank?"
"Glaubst du, wenn ich krank wäre, hätte ich dich gebeten, sofort herzukommen? Es ist leider etwas Schlimmeres passiert. Möchtest du etwas zu trinken? Du wirst es brauchen."
Albert ließ sich einen Cognac einschenken und nahm Platz auf einem der unbequemen Sessel, um den Ausführungen Florians zu lauschen.
Stockend, immer wieder von Schluchzern unterbrochen, erzählte Florian ihm von dem tödlichen Sturz seiner Frau. Er beschränkte sich dabei auf das Wesentliche und sparte die entscheidenden Details aus. Tief betroffen sackte Albert immer tiefer in den Sessel. Er wirkte wie ein Bernhardiner, der zufällig auf einem Stuhl kauerte.
„Was wird aus Christina?"
Alberts seltsame Frage, der etwas Kaltschnäuziges anhaftete, irritierte Florian.
Er starrte seinen Freund entgeistert an, bevor er nach einigem Nachdenken erwiderte: „Warum fragst du mich gerade jetzt danach? Meine Frau ist tot und du hast nichts Besseres zu tun, als mich nach dieser Frau zu fragen. Sie ist die Ursache all des Leidens, das Nadja durchmachen musste. Nicht ohne Grund wurde sie alkoholkrank. Sie hat es nicht verkraftet, dass ich unsere Familie einer verheirateten Frau wegen zerstört habe. Heute mache ich mir die bittersten Vorwürfe. Du verstehst doch sicherlich, dass ich mit Christina nicht länger zusammen sein kann. Und damit komme ich auf den Grund meines Anrufes."
Er bot Albert seinen Anteil an der Kanzlei an. Abschließend bat er ihn noch, Christina vom Flughafen abzuholen und sie bei der Gelegenheit über seine Entscheidung zu informieren.
„Ich ziehe heute noch aus und gehe solange in ein Hotel, bis ich in meine alte Wohnung zurückkehren kann. Die Beamten, die mit der Untersuchung betraut sind, sind

informiert. Christina kann ich im Moment einfach nicht in meiner Nähe haben. Ich hoffe, du verstehst das. Alle Kosten, die mit der Trennung von ihr verbunden sind, vor allem in Hinblick auf unsere gemeinsame Wohnung, übernehme ich selbstverständlich. Sag ihr das."
„Wenngleich ich es nicht fair finde, respektiere ich angesichts deiner persönlichen Tragödie deinen Wunsch, Christina nicht sehen zu wollen. Und trotzdem hätte sie es verdient, dass du es ihr persönlich sagst."
Florian hob abwehrend die Hand.
Albert schien nachzudenken.
Schließlich sagte er, „o.k. ich werde Violetta bitten, dir diese Aufgabe abzunehmen. Sie kann sich in die Seele ihrer Freundin besser einfühlen, als ich. Was wirst du tun ohne die Kanzlei?"
„Ich werde mit meiner Tochter nach Italien ziehen. Vielleicht eröffne ich eine kleine Bar. Am liebsten würde ich Wein anbauen. Beschäftigt habe ich mich schon seit langem mit dem Winzerhandwerk. Mal sehen."
Bei dem Wort 'Tochter' verspürte Florian ein unangenehmes Ziehen in der Magengegend.
„Ist das nicht ein bisschen verrückt?", fragte Albert verständnislos.
„Nein ist es nicht. Ich habe mir das alles sehr genau überlegt."
Albert hatte ihn noch nie verstanden. Er war durch und durch Opportunist und daher war es sinnlos, ihm seine Pläne darzulegen.
Die Nacht hatte er damit zugebracht, darüber nachzugrübeln, wie er mit seiner Schuld und mit einem Kind, das nicht seines war, weiterleben sollte. Am Morgen hatte er entschieden, dass Nina niemals die Wahrheit erfahren durfte. Er würde versuchen, ihr ein vorbildlicher Vater zu sein, denn immerhin war sie das Fleisch und Blut Nadjas. An Nina wollte er gutmachen, was er ihrer Mutter nicht erst am Ende

ihres kurzen Lebens angetan hatte. Eine weitere Frau war in seiner Planung nicht vorgesehen, vorerst jedenfalls nicht. Von dem Geld, das er durch die Verkäufe der Kanzlei und zwei seiner Eigentumswohnungen zu erzielen hoffte, konnte er mit bescheidenen Ansprüchen eine Weile leben.

Er packte seine Sachen und fuhr zum *Hilton am Tucherpark*, wo er eine Suite reserviert hatte. Als nächstes musste er dringend herausfinden, wo Susanne Weber steckte. Sie war mit Nina immer noch auf dem Land und die Wohnung, in der Nadja gestorben war, war zwischenzeitlich komplett versiegelt. Damit war er jeder Möglichkeit beraubt, an Susanne Webers Anschrift zu kommen. Ihr Handy hatte sie ausgeschaltet, was Florian seltsam fand. Er hinterließ Nachrichten, ohne zurückgerufen zu werden. `Wie Christina`, dachte er. Die wurde auch nicht zurückgerufen. Notgedrungen musste er warten, bis Susanne zurückkehrte oder Kommissar Borstel herausfand, wohin sie mit dem Kind abgetaucht war.

Florian hatte das Kindermädchen in seine Überlegungen einbezogen. Bevor er den Hörer des Telefons abhob, um den Beamten anzurufen, läutete es. Er wunderte sich, denn er hatte seine Aufenthaltsadresse bisher nur Borstel und Albert gegeben und der war jetzt am Apparat.

„Ich rufe dich im Auftrag unserer Mitarbeiter an. Sie möchten dir ihr herzliches Beileid aussprechen. Eigentlich wollten sie persönlich mit dir reden. Davon konnte ich sie abbringen. Sie hegen großes Mitgefühl für dich. Du weißt, auch ich fühle mit dir und trotzdem kann ich manches nicht verstehen."

„Was verstehst du nicht?" fragte Florian ungehalten.

"Wenn du deine Frau so abgöttisch geliebt hast, wie du dir jetzt einzureden versuchst, begreife ich nicht, warum du mit einem solchen Pragmatismus, der an Gefühllosigkeit grenzt, deine Zukunft organisierst."

„Das kann ich nur schwerlich erklären, aber der Schock legt über all die Jahre Zugeschüttetes frei. Seit sie unwiderruflich nicht zurückkehren wird, kann ich klarer denken. Plötzlich weiß ich ganz genau, was zu tun ist. Vorher war ich hin und her gerissen, konnte mich nie wirklich für eine Seite entscheiden."
Florian fand, dass das alles seinen Freund nichts anging.
„Warum sagst du jetzt, dass sie nicht zurückkehren wird? In letzter Zeit wolltest du sie doch gar nicht mehr!"
So aufgebracht hatte Florian ihn noch nie erlebt.
„Violetta lässt dir ebenfalls ihr Beileid übermitteln. Um ehrlich zu sein, irritiert es uns Beide sehr, dass du Christina die Schuld für dein Versagen in die Schuhe schiebst. Immer stiehlst du dich aus der Verantwortung. Du bist ein lendengesteuerter Egoist!"
Florian war mehr verblüfft als geschockt über Alberts Anschuldigungen.
„Schön, dass ihr Beide einer Meinung seid. Ich mag ein lendengesteuerter Egoist sein, aber eure wunderbare Christina ist auch nicht viel besser. Vielleicht haben wir uns deswegen so gut verstanden. Während meine Frau gestorben ist, hat sie sich mit ihrem Ex-Liebhaber in Berlin getroffen und bei der Gelegenheit ihren Aufenthalt gleich um eine Nacht verlängert", unterbrach Florian seinen Partner unwirsch.
Er war ungerecht, aber Alberts Vorwürfe ärgerten ihn.
„Entschuldige bitte. Es ist dein Leben. Der Preis für deinen Anteil an der Kanzlei erscheint mir angemessen. Ich bespreche die Angelegenheit morgen mit meiner Bank. Eventuell habe ich sogar einen neuen Partner. Erinnerst du dich an Klaus Nagel? Er war bis dato angestellt, verfügt aber durch seine Familie über genug liquide Mittel, um als Nachfolger für dich in Betracht zu kommen. Wir treffen uns morgen zum Mittagessen. Mit dem Verkauf der Wohnungen beauftragst du am besten einen Makler."

Nachdem sie alle offenen Punkte geklärt hatten, verabschiedete sich Albert. Florian hatte das Gefühl, dass sein Freund es plötzlich sehr eilig hatte. Ihm war es recht, denn er hatte auch keine Lust mehr, sich Alberts Vorhaltungen anzuhören. Als er den Hörer aufgelegt hatte, atmete Florian tief durch. Er fühlte sich regelrecht befreit.
Endlich konnte er den Ballast seiner Vergangenheit über Bord werfen und in die Zukunft steuern. In der hatte auch Schulz keinen Platz. Das einzige, was er aus der Kanzlei mitzunehmen gedachte, war das makabre Acrylbild mit den umgekippten Schachfiguren, das seit Jahren im Flur der Kanzlei ein vergessenes Dasein fristete.
Am späten Abend fuhr er in die Widenmayerstraße, um es abzuholen. Wehmütig betrachtete er das Gemälde. Seine Gedanken schweiften ab zu der Vernissage, auf der er vor Jahren eine ebenso anmutige, wie graziöse junge Frau mit großen Rehaugen kennen gelernt hatte. Die Figuren verschwammen vor seinen Augen. Jetzt sah er Nadja, wie sie das Meisterwerk versonnen betrachtete und sich dann umdrehte und sagte: *„Einer nimmt sich alles, ohne Rücksicht auf Verluste. Dass es sich dabei um einen Bauern handelt, drückt für mich das Niedere seiner Beweggründe aus. Der rote Mund des Überlebenden hat etwas Beängstigendes; er lacht uns aus. Wussten Sie, dass das Bild mit Blut gemalt wurde?"*
Er schreckte auf. Im fiel ein, dass er dieses Bild ihretwegen gekauft hatte. Jetzt symbolisierte es sein persönliches Schachmatt.

*

Christina erreichte ihren Geliebten nur über seine diversen Anrufbeantworter. Immer wieder hinterließ sie Nachrichten mit der inständigen Bitte um Rückruf. Sie ahnte, dass irgendetwas nicht stimmte. Das Warten auf den Abflug nach

München und das Abgeschnittensein von jeglicher Information, trieb sie zur Verzweiflung. Sie versuchte es noch einmal und endlich war die Leitung zu Florians Kanzlei frei. Eine Sekretärin hob ab.

„Kann ich bitte mit Dr. Schneider sprechen."

„Tut mir leid, er ist nicht im Büro. Soll ich ihm etwas ausrichten, wenn er zurückkehrt?"

Christina fühlte sich durch die unverbindlich freundliche Art der Sekretärin provoziert.

„Ist wenigstens Dr. Schulz im Haus?"

Florians Partner war ihre letzte Chance.

„Nein, er ist in einer dringenden Angelegenheit unterwegs", beschied die Mitarbeiterin sie lapidar.

„Ist wenigstens Herr Stöhr erreichbar?"

„Der ist im Urlaub."

Es war zum Haareraufen.

„Können Sie Dr. Schneider bitte etwas ausrichten, wenn er zurückkehrt."

Christina hinterließ ihre Telefonnummer und hoffte auf einen Rückruf.

In München erwartete Violetta sie am Ausgang des Flughafens. Sie wirkte sehr ernst. Ihr Baby hatte sie nicht dabei.

„Violetta, wie schön dich zu sehen, gibt es einen Grund, dass du hier bist? Hat er dich geschickt? Will er mich wieder einmal loswerden? Mit welcher Finte hat sie in dieses Mal ins eheliche Gemach zurückgelockt...?"

„Ich muss mit dir reden", unterbrach Violetta ihren Redeschwall.

Ihre sonst so energische, theatralische Stimme klang seltsam matt. Violetta wirkte wie eine gefühlsneutrale Moderatorin, die schlechte Nachrichten übermittelt.

„Es ist etwas Fürchterliches passiert. Sag's mir am besten gleich, ohne lang drum herum zu lamentieren."

Violetta schluckte. „Das kann man wohl sagen. Wollen wir was trinken gehen?"
„Nun sag schon. Lass dir nicht alles aus der Nase ziehen!"
„Sie ist tot."
Christina wusste sofort, wen ihre Freundin meinte.
„Nein, das kann nicht sein. Bitte nicht", stöhnte sie verzweifelt.
Violetta legte tröstend ihren Arm und die Schultern Christinas, die wild schluchzte.
„Wie ist es passiert?" fragte sie mit tränenerstickter Stimme.
Violetta antwortete nicht sofort. Es schien ihr schwer zu fallen, darüber zu reden.
Endlich sagte sie: „Nadja ist in der Küche ausgerutscht und gegen eine Tischkante geknallt. Beim Fallen hat sie sich offenbar das Genick gebrochen. Wusstest du, dass sie ein kaputtes Bein hatte? Albert hat es mir erzählt. Es ist alles so furchtbar. Die Polizei scheint zu glauben, dass Florian irgendwie in die Sache verwickelt ist. Er war dabei, als es passierte. Jedenfalls gibt es eine Untersuchung. Albert meinte, dass es sich dabei um eine reine Routineangelegenheit handelt. Stell dir mal vor, ein angesehener Anwalt wie Florian soll für den Tod eines Menschen verantwortlich sein. Ist das nicht absurd?"
Christina war fassungslos, begriff aber immer noch nicht, warum Florian ihr das ganze Ausmaß dieses Unglücks nicht selbst erzählen konnte. Und sie verstand nicht, warum er bei seiner Frau war, als sie starb. Was hatte er bei ihr zu suchen gehabt?
Violetta brachte sie nach Hause. Als sie ihre Wohnung betreten hatten, fragte sie erneut nach Florian, den sie anzutreffen gehofft hatte.
„Um ehrlich zu sein, er ist in ein Hotel gezogen."
Violetta blickte schuldbewusst zu Boden. Christina sah ihr an, dass sie litt. Florian hatte ihr die undankbare Aufgabe

übertragen, Christina möglichst schonend beizubringen, dass er sie nicht sehen wollte.

„Du weißt, in welches Hotel er gezogen ist, nicht wahr?"

Violetta nickte. Sie konnte Christina noch immer nicht in die Augen sehen.

„Du brauchst keine Angst zu haben. Ich will es nicht wissen."

Sie wollte wirklich nicht wissen, wo er steckte. Ihr Geliebter hatte sich wieder einmal davongestohlen und seine Frau hatte erneut den Sieg um seine Gunst davongetragen, wenngleich der Preis dieses Mal eindeutig zu hoch war.

"Florian möchte mit seiner Trauer alleine sein. Ich habe ihn bekniet, es dir selbst zu sagen, aber er fühlte sich nicht in der Lage dazu."

„Das passt zu ihm", stellte Christina bitter fest.

„Hast du eine Zigarette für mich?"

„Nein, habe ich nicht. Ich habe damit aufgehört, als ich zu Albert gezogen bin. Seit wann rauchst du?"

„Seit jetzt."

Christina starrte ins Leere. Sie konnte nicht klar denken.

„Männer waren schon immer feiger als wir Frauen", stellte Violetta fest.

„Übrigens, das was ich dir jetzt sage, ist eigentlich ein Geheimnis. Florian hat Albert ausdrücklich gebeten, Stillschweigen darüber zu bewahren, aber wie du weißt, kann ich nichts für mich behalten. Offen gestanden bin ich mir nicht sicher, ob ich dir das überhaupt zumuten kann. Albert hätte es mir gar nicht erzählen dürfen. Anwaltsgeheimnis, du weißt schon. Versprich mir deshalb bitte, dass du es Niemandem erzählen wirst."

„Ich habe Niemanden, dem ich irgendetwas erzählen könnte. Nun rück endlich raus damit!"

„Bei der Obduktion Nadjas wurde festgestellt, dass sie im dritten Monat schwanger war. Ich erzähle dir das, weil ich

denke, dass es dir dadurch vielleicht etwas leichter fällt, Abstand zu diesem Mann zu gewinnen."
Christina entging nicht, dass Violetta sie verschwörerisch anglotzte, während sie sie mit dieser Ungeheuerlichkeit konfrontierte. Christina blickte an ihr vorbei auf die nackte Konsole. Langsam dämmerte ihr, dass etwas passiert sein musste, das in Zusammenhang mit Nadjas Schwangerschaft stand. Sie dachte an die niederschmetternde Auskunft ihres Frauenarztes.
Um Violetta auf eine falsche Fährte zu lenken, seufzte sie bekümmert: „Ich wollte immer ein Kind von Florian, gemacht hat er es ihr. Was für ein Mistkerl!"
Sie entrang sich ein böses Lachen.
„Dein sauberer Freund hat Albert seinen Anteil an der Kanzlei angeboten. Sie haben schon einen Termin beim Notar vereinbart, um den Vertrag verifizieren zu lassen. Scheinbar hat er es verdammt eilig, aus München wegzukommen, um über allem den bequemen, weiten Schleier des Vergessens zu breiten."
„Er möchte weg aus München, wo will er denn hin?" fragte Christina überrascht.
„Er plant, mit seiner Tochter und ihrem Kindermädchen nach Italien auszuwandern. Seine genauen Pläne kenne ich leider nicht. Albert sprach davon, dass Florian außerdem zwei seiner vier Eigentumswohnungen veräußern will, um genügend Bares für einen Neuanfang zu haben."
„In diesem neuen Leben habe ich natürlich keinen Platz. Was wird aus unserer gemeinsamen Wohnung? Hat er auch dieses Problem gelöst?"
„Ja natürlich, auch das ist geklärt. Ich soll dir ausrichten, dass er alle Möbel einlagern wird. Er will nichts davon. Die Miete für eure Wohnung zahlt er noch für drei Monate. Bis dahin hofft er, wirst du etwas Passendes für dich gefunden haben. Außerdem ist er bereit, für alle durch diesen Umzug entstehenden Kosten aufzukommen."

Christina fing wieder zu weinen an.

„Ich bin total pleite. Seit der Trennung von Robert habe ich kein Einkommen mehr. Edgar zahlt ebenfalls keinen Cent, seit er von meiner Beziehung zu Florian erfahren hat. Und um das Fass zum Überlaufen zu bringen, hat er die Scheidung abgeblasen. Ich habe mit Dr. Grünwald gesprochen. Der würde mich wenigstens halbtags beschäftigen. Rosige Aussichten. Und der Verursacher all meiner Probleme macht sich aus dem Staub."

„Von deinen finanziellen Problemen hatte ich keine Ahnung. Es tut mir wirklich leid für dich. Kann ich dir etwas leihen? Soll ich Albert fragen, ob er dir eine Vollzeitstelle gibt?"

„Das ist lieb von dir, aber lass nur. Ich werde schon eine Lösung finden. In Alberts Kanzlei würde mich alles an ihn erinnern. Und das wäre das Letzte, was ich jetzt wollte."

Sie merkte, dass Violetta sich sichtlich unwohl fühlte.

Sie half ihr aus der Klemme: „Ich möchte jetzt gerne alleine sein. Macht es dir etwas aus, zu gehen?"

„Nein, natürlich nicht", rief Violetta erleichtert und beeilte sich, aus Christinas Wohnung zu flüchten. Endlich! Länger hätte Christina den Anblick dieser selbstzufriedenen Frau - die im Gegensatz zu ihr alles richtig gemacht hatte - nicht ertragen. Im Nachhinein bestürzten sie die Aufzählungen ihrer Freundin, die sie so unbeteiligt vorgebracht hatte, als handle es sich nur um die Beseitigung kleiner, lästiger Unwegsamkeiten und nicht um die verletzten Gefühle eines Menschen. Eine jahrelange Freundschaft fand an diesem frühen Abend ein vorläufiges Ende.

Das Telefon läutete. Mit zittrigen Fingern hob sie den Hörer ab. Vergeblich hatte sie gehofft, dass er es war. Immer noch. Der Fremde an der anderen Leitung stellte sich als Kommissar Borstel vor. Er schilderte ihr im Groben, was sich seiner Erkenntnis nach an jenem verhängnisvollen Abend zugetragen hatte. Christina hörte ihm zu, ohne ihn zu unterbrechen. Als er fertig war, verabredeten sie sich für den nächsten Tag in seinem Büro. Dann drückte sie auf die Gabel und wählte die vertraute Nummer in Berlin. Bevor sie die letzte Zahl eingetippt hatte, drückte sie erneut auf die Gabel.

*

Nichts fürchtete Florian mehr als die Beerdigung, die in zwei Tagen stattfinden sollte. Nicht einmal die Aussage seiner Ex-Freundin machte ihm so viel Angst.
Borstel hatte ihn darüber informiert, dass er Christina Ohlert in sein Büro gebeten habe, damit sie ihre Version der Geschichte erzählte. Darüber hinaus sollten Nachbarn befragt werden. Florian dachte daran, sich mit Christina zu treffen, um herauszufinden, was sie dem Beamten zu sagen beabsichtigte, ließ es aber. Er mochte sie einfach nicht sehen. Sollte sie ihm doch die Wahrheit erzählen, oder das was sie für die Wahrheit hielt.

Inzwischen war das Kindermädchen mit Nina zurückgekehrt. Florian traf sich mit Susanne in seiner alten Wohnung, die er bezogen hatte, nachdem die Siegel von der Polizei gelöst worden waren. Susanne hatte sich mit dem Kind für ein paar Tage in einem Dorf in der Nähe von Deggendorf in Niederbayern aufgehalten. Ihre Eltern betrieben dort einen Bauernhof. Florian machte ihr heftigste Vorwürfe, weil sie sich nicht gemeldet hatte. Susanne ließ sich dadurch nicht einschüchtern, denn längst hatten die Kripobeamten sie über die Vorgänge unterrichtet und sie gebeten, bis zur Klärung der Sachlage mit dem Kind in Haardorf zu bleiben.

Warum hatte Borstel ihm nicht davon erzählt und warum hatte Susanne Weber sich nicht bemüßigt gefühlt, ihn zu verständigen?

Lässig lümmelte sie auf Florians Sofa im Arbeitszimmer und musterte ihn geringschätzig, als sie sagte: „Dieser Kommissar, wie hieß er gleich, ach ja Borstel, ich muss dabei immer an Schweine denken, 'Borstenvieh', Sie verstehen."

Sie lachte kurz über ihre originelle Einlage und fuhr ungerührt fort, „also Herr Borstel rief mich an und bat mich, ihm meine Eindrücke über Ihre Beziehung zu Ihrer Frau zu vermitteln. Da ich nicht wusste, was Sie ihm bereits erzählt hatten, erklärte ich ihm, dass mich das Privatleben meiner Arbeitgeber nicht interessiert. Ich versuchte herauszubekommen, was er zu hören wünschte, aber er war leider sehr geschickt. Jedenfalls habe ich ihm nichts über den Liebhaber Ihrer Frau erzählt und auch nichts über ihre diversen Kurzreisen. Nachdem er merkte, dass aus mir nichts rauszuholen ist, gab er es auf, weiter in mich zu dringen. Abschließend bat er mich allerdings, mich sofort bei ihm zu melden, falls mir etwas auf- oder einfiele. Das habe ich ihm versprochen und seitdem lässt er mich in Ruhe. Ich gehe davon aus, in Ihrem Sinn gehandelt zu haben."

Beim letzten Satz bekam ihr farbloses Gesicht einen Ausdruck von Lebendigkeit, der Florian unheimlich war. Er ahnte, dass sie von ihm eine Geste der Dankbarkeit erwartete. Abwartend erkundigte er sich nach einer anderen Ungereimtheit, die Susanne ihm gegenüber erst jetzt ausgeplaudert hatte.

„Welche diversen Kurzreisen hat meine Frau unternommen? Wieso haben Sie mir das nicht schon früher erzählt? Wo ist sie überhaupt hingefahren? Sie hat Nina doch nicht etwa mitgenommen? Und was ist mit dem ominösen Liebhaber, von dem Sie immer faseln? Hat die Polizei diesbezüglich

nachgefragt? Offenbar gibt es noch ein paar Dinge mehr, die Sie mir verschwiegen haben."
„Nein, davon kann keine Rede sein. Ich habe diesen Ausflügen Ihrer Frau einfach keine Bedeutung beigemessen. Was sollte ich daran komisch finden, dass meine Arbeitgeberin mit ihrem Kind ihre Mutter besucht?"
Sie hatte sich zwischenzeitlich eine Zigarette angezündet und sah ihn herausfordernd an. Was verheimlichte sie ihm?
„Wann war das? Ich habe davon nichts mitbekommen. Jetzt verraten Sie mir bitte endlich, wer der angebliche Freund Nadjas war."
Susanne lächelte gelangweilt wie jemand, der es mit einem überaus enervierenden Menschen zu tun hat.
„Insgesamt ist sie dreimal gefahren und zwar jeweils von Montagmorgen bis Mittwochnachmittag. Sie hat immer sehr geheimnisvoll getan, wenn sie diese Reisen unternahm. Offenbar wollte sie nicht, dass Sie etwas davon mitbekamen. Komisch eigentlich, denn was sollten Sie dagegen haben, dass sie ihre Mutter besuchte. Ihr Verhältnis zu dem Kind hatte sich in letzter Zeit außergewöhnlich verbessert. Es war verblüffend, wie sehr Nina plötzlich an ihrer Mutter hing. Was den Freund Ihrer Frau betrifft, bin ich mir eigentlich nicht mehr sicher, ob es ihn wirklich gab. Vielleicht war er auch nur ein Produkt ihrer Phantasie. Nicht selten hatte ich das Gefühl, dass sie mir ein Theater vorspielte, weil sie davon ausging, dass ich Ihnen Bericht erstatte. Sie war ja unerhört raffiniert. Oh, entschuldigen Sie bitte. So sollte man über Verstorbene nicht sprechen."
Florian musste Susanne Recht geben. Allerdings war Nadja noch ausgebuffter, als das Kindermädchen es sich je hätte ausmalen können.
„Warum fragen wir nicht einfach ihre Mutter?", regte Susanne an.

Florian bezweifelte, dass Nadjas Mutter überhaupt mit ihm reden würde, nach allem was er ihrer Tochter angetan hatte. Mit Susanne aber würde sie vielleicht sprechen.
Er fand, dass dies der geeignete Zeitpunkt war, die Gretchenfrage zu stellen:
„Sie verstehen sich doch sehr gut mit Nina. Außerdem sind Sie – soweit ich weiß - ungebunden. Was halten Sie davon, mit mir nach Italien zu gehen?"
„Ich hatte gehofft, dass Sie mir diese Frage stellen. Nina bedeutet mir alles und Italien wäre die Erfüllung meiner Träume. Wann soll es losgehen?"
Das war eine gute Frage, denn er musste warten, bis die Untersuchungen abgeschlossen waren und Borstel ihn gehen ließ.
Florian vertraute der Kinderfrau seine Pläne an. Am Nachmittag, als Susanne und Nina im Park spielten, betrachtete Florian die wenigen Fotos, die er von Nina gemacht hatte und die er immer bei sich trug. Nadja hatte es gehasst, wenn er fotografierte. Nicht ohne Grund, wie er jetzt begriff. Er versuchte herauszufinden, wem das Kind ähnelte. Es gab niemanden in seinem Bekanntenkreis, der über ihre Gesichtszüge auch nur annähernd verfügte. Nina hatte viel von Nadja, wenn man einmal von ihrer breiten Nase und den blauen tiefliegenden Augen absah. Er wunderte sich, dass ihm diese Diskrepanz nicht früher aufgefallen war.
Das Läuten des Telefons riss ihn aus seinen zermürbenden Nachforschungen. Er wusste sofort, wer ihn sprechen wollte:
„Hallo Herr Kommissar, haben Sie Neuigkeiten für mich?"
Borstel war zum ersten Mal freundlich, ohne die provozierend arrogante Färbung in seiner kratzigen Stimme. „Ja, die habe ich!"

*

Christina wanderte durch das erbsengrün getünchte Präsidium, bis sie die Türe mit der Aufschrift von Borstel gefunden hatte. Als sie in das Zimmer trat, das etwas Frischluft nötig hatte, bemerkte sie, dass die beiden Anwesenden telefonierten. Der ältere mit dem schütteren Haar bedeutete ihr mit einer winkenden Geste, sich zu setzen. Sie tat, wie ihr befohlen und wartete.
„Ich nehme an, Sie sind Frau Ohlert", lächelte der Beamte, der ihr den Platz zugewiesen hatte, als er sein Gespräch beendet hatte. Sie bejahte und reichte ihm die Hand.
„Ich bin Kommissar Borstel. Herzlichen Dank, dass Sie gekommen sind. Wie Sie wissen, untersuche ich den Todesfall *Nadja Schneider*. Ich werde Ihre Zeit nicht über Gebühr beanspruchen. Wie war Ihr Verhältnis zu Dr. Schneider in letzter Zeit?"
Christina hatte sich gut vorbereitet. Bevor sie sprach, bat sie um einen Kaffee. Borstel schenkte aus der Karaffe, die auf einer Kaffeemaschine gewärmt wurde, das Gewünschte in einen bereitstehenden Becher.
„Milch und Zucker?"
Sie nickte. Diese kurze Pause brauchte sie, um sich zu konzentrieren.
„Wir haben vor kurzem beschlossen, unsere Beziehung zu beenden. Er hing zu sehr an seiner Frau. Mir erging es ähnlich mit meinem Mann. Florian, also Dr. Schneider und ich…, wir haben uns nicht im Streit getrennt, falls dies für Sie von Belang sein sollte."
„Haben Sie gewusst, dass seine Frau ein Kind erwartete?"
Christina trank einen großen Schluck aus der Tasse.
Sie war sich nicht sicher, ob Borstel ihr mit dieser Frage eine Falle stellte, daher antwortete sie vorsichtig, „gewusst habe ich es nicht. Aber ich dachte mir, dass es etwas gab, das er vor mir verheimlichte. Etwas, das ihn mit Macht zu ihr zurücktrieb. Allerdings haben Sie mir mit dieser Aussage einen ziemlichen Schock versetzt, denn jetzt wird mir

natürlich klar, dass er sich seit längerem wieder mit seiner Frau getroffen hat."

„Könnte es sein, dass das Kind von einem anderen Mann stammt?" fragte Borstel und sah ihr dabei forschend in die Augen. Sie wusste nicht recht, welche Antwort von ihr erwartet wurde und welche Florian zum Verhängnis werden konnte.

„Nein, das kann ich mir nicht vorstellen. Frau Schneider war ihrem Mann hörig. Sie hat alles unternommen, uns zu trennen. Daher erscheint mir Ihre Vermutung völlig abwegig", log sie, während sie sich den Kopf zerbrach, wer der geheimnisvolle andere Mann in Nadjas Leben gewesen sein konnte und was Borstel darüber wusste.

„Wie könnte Ihrer Meinung nach der Hergang des Unfalls gewesen sein?" erkundigte sich Borstel unbeirrt weiter, ohne erkennen zu lassen, was er aus Christinas Worten abgeleitet hatte.

„Sie hinkte und sie trank. Vielleicht war es eine Verkettung unglücklicher Umstände, die diese Tragödie ausgelöst hat. Dr. Schneider hat mir erzählt, dass seine Frau sich manchmal so sehr zuschüttete, dass sie stürzte und er ihr helfen musste, aufzustehen. Er war deswegen oft bedrückt und ich denke, das war letztlich der Grund, warum er zu ihr zurück wollte."
Wieder eine Lüge, wenn auch nur eine halbe.

„Und warum wurde sie zur Alkoholikerin? Hat Dr. Schneider Ihnen das auch erzählt?"

„Er führte es darauf zurück, dass sie in ihrem Job völlig überfordert war und natürlich auch darauf, dass er sie meinetwegen verlassen hatte. Später kam dieser verheerende Autounfall dazu, der sie für immer entstellt hat. Sie sehen, es gibt viele Ursachen, die ihre Trunksucht ausgelöst haben können. Ich kann Ihnen hier nur meine Theorien darlegen. Sie werden längst Ihre eigenen Schlüsse gezogen haben."

„Störte sich Dr. Schneider an der Sucht seiner Frau oder an ihrer Behinderung? Hat er sich Ihnen gegenüber diesbezüglich geäußert?"
„Er fühlte sich schuldig. An seiner Verzweiflung merkte ich, wie sehr er seine Frau - oder besser ausgedrückt - seine Familie brauchte. Ich fühlte mich im Wege. Obwohl ich ihn wirklich liebte, habe ich ihn letztendlich freigegeben."
„Werden Sie zu ihm zurückkehren, jetzt da seine Frau Ihrem Glück nicht mehr im Wege steht?"
„Nein, ganz bestimmt nicht. Dieses Kapitel ist abgeschlossen. Ich bin verheiratet und plane, mich mit meinem Mann auszusöhnen."
Die dickste Lüge.
„Ich danke Ihnen Frau Ohlert. Sie haben mir sehr geholfen."
„Das freut mich. Wenn Sie noch Fragen haben, rufen Sie mich bitte an. Auf Wiedersehen."
Sie erhob sich gleichzeitig mit um und reichte ihm die Hand. Manikürt und makelfrei. Erstmals. Dann verabschiedete sie sich von dem anderen Beamten, der sich offenbar Notizen gemacht hatte und verließ das triste Gebäude in der Ettstraße. Ziellos lief sie durch die Fußgängerzone und fand sich unversehens in der Westenrieder Straße wieder. Sie betrachtete die Auslage ihres ehemaligen Schuhsalons, verspürte aber nicht den Wunsch einzutreten. Nach einer Weile wandte sie sich traurig ab und setzte ihren Weg fort. In dieser Stadt gab es niemanden mehr, den sie hätte treffen wollen. Was eigentlich sprach dagegen, weg zu ziehen?

*

Der Tag, an dem Nadjas Beisetzung stattfand, war symbolträchtig der erste, an dem seit langem die Sonne schien. Um neun Uhr begann die Zeremonie auf dem Nordfriedhof. Florian hatte beschlossen, Nadja im Grab seiner Eltern beisetzen zu lassen. Nadjas Mutter und ihr Bruder hatten die Nacht bei ihm verbracht. Sie sprachen kaum mit ihm. Es war unübersehbar, dass sie ihn für den Tod Nadjas verantwortlich machten. Aus Pietätsgründen verkniff Florian sich die ihn alles bewegende Frage, deren Antwort er bereits zu kennen glaubte. Die verhärmte, kleine Frau hatte bisher nichts über Besuche ihrer Tochter verlautbaren lassen.

Jetzt stapfte sie mit ihrem Sohn schweren Schrittes an seiner Seite zur Kapelle, in der Nadja aufgebahrt lag. Als Florian seine Frau im Sarg liegen sah, fühlte er einen galligen Reiz aufsteigen. Mit aller Kraft kämpfte er gegen einen schmerzhaften Brechimpuls an. Seine Beine schlotterten. Gegen dieses Zittern konnte er nichts tun. Ein lauter Schluchzer entrang sich seiner Kehle. Seine Schwiegermutter half ihm aus diesem Moment tiefster Verzweiflung, indem sie seine Hand verständnisvoll drückte und ihn mit dieser kleinen Geste ein wenig tröstete. Er schämte sich ihr gegenüber so sehr, dass er ihr nicht in die Augen sehen konnte. Nadjas Bruder stand mit gesenktem Kopf steif neben ihm. Er hatte, seit er eingetroffen war, durch beharrliches Schweigen seine ganz persönliche Trauer bekundet. Zu ihren Lebzeiten hatte Nadja kaum Kontakt zu ihm gepflegt. Ihre Mutter dagegen hatte sie auch in früheren Jahren häufig besucht. Später beschränkten sich ihre familiären Verpflichtungen auf gelegentliche Telefonate und Glückwunschkarten. Nadjas Mutter war nur wenige Male in München gewesen. Das letzte Mal war sie zur Taufe von Nina angereist. Dass Nadja sich in letzter Zeit mit ihr getroffen haben sollte, erschien ihm in diesem Augenblick geradezu absurd. Vielleicht würde er eines Tages die Wahrheit von Nina erfahren, wenn sie endlich redete.

Allmählich trafen weitere entfernte Verwandte, Nachbarn und Freunde ein, die ihm Beileid wünschten. Seine größte Aufmerksamkeit erregte groteskerweise Violetta, die voller Stolz ihren Kinderwagen vor sich herschob. An ihrer Seite lief Albert, der sich bei unter untergehackt hatte. In schwarzes Tuch gehüllt, wirkte Violetta wie eine sizilianische Mama, die einer Mafia-Zeremonie beiwohnt und im Kinderwagen Maschinengewehre versteckte.

Borstel hatte abgesagt. Ein neues Kapitalverbrechen hatte seine Anwesenheit verhindert. Außerdem gab es keinen Grund mehr für ihn, weiter in Florians Leben herumzustochern. Wie Borstel ihm am Telefon erklärt hatte, bewahrte ihn Christinas Aussage vor einer Anklage durch den Untersuchungsrichter. Unter den Trauergästen konnte er sie nicht entdecken. Auch dafür musste er ihr dankbar sein.

Der Priester begann die Messe mit einer Predigt. Es waren mehr Menschen anwesend, als Sitzplätze vorhanden waren. Offenbar waren auch jede Menge Schaulustige darunter. Als Florian sich umsah, erkannte er zu seiner Überraschung Edgar Ohlert unter den Trauergästen. Er trug einen Kranz bei sich und nickte ihm zu. Ohlert war nicht allein. Eine junge, ziemlich attraktive Frau begleitete ihn. Offenbar war er als Abordnung der *Mastorn* gekommen. Florian wusste nicht, ob weitere ehemalige Kollegen Nadjas den Weg zum Friedhof gefunden hatten.

Als der Sarg, der blauschwarz in der gleißenden Sonne glänzte, in die Grube hinuntergelassen wurde, fiel Florian plötzlich eine Gestalt auf, die abseits der Zeremonie beiwohnte. In dem hellen Licht konnte er den Besucher in der übernächsten Gräberreihe nur schemenhaft erkennen.

Nadjas Mutter drückte Florian die Schaufel in die Hand, damit er etwas Erde auf das dunkle Holz warf. Als er wieder aufsah, war der Schatten verschwunden.

Die Zeremonie näherte sich ihrem Ende zu und der Trauerzug bewegte sich langsam zum Ausgang. Florian schüttelte viele Hände und am Ende auch die von Ohlert. Sie war weich und schlaff. Auffallend schlaff für sein taffes Auftreten, fand Florian.

„Wir müssen miteinander sprechen! Ich rufe Sie später an", zischte Ohlert kaum hörbar durch die Zähne und entfernte sich dann eilig mit seiner Begleiterin.

*

Eine nicht zu bezähmende Obsession trieb Christina auf den Friedhof. Sie musste unbedingt zu dieser Beerdigung. Ein letztes Mal wollte sie ihn sehen, die Projektionsfläche ihrer jahrelangen unerfüllten Träume, Sehnsüchte und Hoffnungen.

Als sie aus dem Taxi stieg, sah sie auf der gegenüberliegenden Straßenseite eine dunkelgrüne Mercedes-Limousine mit Frankfurter Kennzeichen vorfahren. Der Chauffeur stieg aus und öffnete die Beifahrertür. Fasziniert starrte sie auf den Mann im Trenchcoat, der sich aus dem Fahrzeug schälte. Christina beobachtete ihn, wie er gesenkten Hauptes auf den Eingang zuschritt, während sein Wagen langsam davonfuhr. Zielstrebig folgte sie der Richtung, die Kersch eingeschlagen hatte. Fast hatte sie ihn eingeholt. Durch das Geräusch, das Christinas Absätze auf dem knirschenden Kies verursachten, offenbar irritiert, drehte Kersch sich um. Seine Miene ließ

keinerlei Regung erkennen. Er wartete, bis sie ihn erreicht hatte. Stumm schüttelte er ihr die Hand. Seine ehemals vor Energie sprühenden braunen Augen waren verschwommen von Trauer.
In seinem Gesicht entdeckte Christina schlagartig die Lösung ihres Rätsels. Ungläubig musterte sie den mutmaßlichen Erzeuger Ninas.
Es schien ihn zu stören, dass sie ihn so eindringlich anstarrte.
„Die kapriziöse Frau Ohlert. Welche Überraschung. Schön, Sie zu sehen, wenngleich ich mir einen anderen Anlass dafür gewünscht hätte. Wie geht es Ihrem Mann?"
Sie war verwirrt über diese Frage. Er hatte seine Selbstsicherheit wieder gewonnen, starrte sie nun seinerseits auf eine recht unverfrorene Weise an.
„Ich denke, es geht ihm gut. Warum fragen Sie?"
„Ach nur so. Ich würde gerne einmal mit Ihnen reden, wenn Sie Zeit haben."
Dann drückte er ihr eine Visitenkarte in die Hand, auf der er seine private Handynummer notierte.
„Ich bin noch ein paar Tage in München. Bitte rufen Sie mich an. Es ist wirklich wichtig."

Sie sah ihm nach, wie er mit schnellen Stakkatoschritten seinen Weg fortsetzte. Plötzlich mochte sie dem Begräbnis nicht mehr beiwohnen. Sie verließ den Friedhof durch den Seitenausgang, durch den sie gekommen war und machte sich auf den Weg nach Hause. Es hatte zu regnen begonnen. Am Kiosk besorgte sie sich ein regionales Boulevardblatt und ein paar Illustrierte für den langen einsamen Nachmittag. Was wollte Kersch von ihr? Dieser Frage musste sie nachgehen. Eine Antwort bekam sie allerdings nur, wenn sie ihn anrief.

Sie packte ihre Einkäufe aus, schaltete das Radio ein und machte es sich auf ihrem weichen Chintzsofa gemütlich. Dem sonnigen Vormittag war ein gewitterträchtiger Nachmittag gefolgt. Blitze, denen ein lautes Donnergrollen folgte, beleuchteten den nachtschwarzen Himmel. Faustgroße Hagelkörner prasselten gegen die Fensterscheiben. Ein Menetekel?
Fasziniert beobachte Christina dieses Schauspiel eine Weile und wandte sich dann ihrer Lektüre zu. Als erstes nahm sie sich die Boulevardzeitung vor, weil sie hoffte, etwas über Florian darin zu lesen, so wie bereits in den vergangenen Tagen. Sie fand die Nachricht auf der Gesellschaftsseite zusammen mit einer anderen, die ihren Mann betraf. Die las sie zuerst: Vernissage in der *Galerie Vogt*. Die herausragende Künstlerin *Mona Kaltenstein* stellte ihre Werke aus. Danach folgte eine kleine Beschreibung der Veranstaltung, gefolgt von einer Gästeliste, die wenig bekannte Namen enthielt. Gewürzt war das Ganze mit Photos, die bestenfalls für die Abgebildeten von Bedeutung waren. Auf einem Bild war Edgar zwischen der Künstlerin und seiner hübschen jungen Freundin eingekeilt. Sein aufdringliches Reklamelächeln und der zangenartig um die Hüfte seiner Geliebten gelegte Arm widerten Christina an. Hatte er nicht behauptet, sich von ihr getrennt zu haben? Besser so, dann ließ er sie vielleicht in Ruhe. Daneben grinste ein drittklassiger abgehalfterter Sänger älteren Semesters mit einem leicht bekleideten Starlet in die Kamera. Christina wandte sich dem anderen Artikel zu.

Die plakative Überschrift schrie 'MUSS MÜNCHNER PROMINENTENANWALT HINTER GITTER?'
Prominentenanwalt? Christina schnaubte. Was folgte, war ein bösartiges Gespinst aus Halbwahrheiten und Lügen. Verwundert blickte sie auf den letzten Absatz, in dem auch Edgar O., der ehemalige Chef der Toten, Stellung bezog. Er

behauptete zu Christinas Entsetzen, dass Nadja S. ihm gegenüber mehrmals angedeutet habe, dass sie sich vor ihrem Mann fürchtete und aus diesem Grund ihre viel versprechende Karriere bei einer schwäbischen Software-Schmiede aufgegeben hatte. Urplötzlich dämmerte Christina, wer der Versender der hässlichen, anonymen Briefe gewesen war. Sie hätte es eigentlich wissen müssen. ´Edgar ist wirklich ein infames Schwein´ dachte sie zornbebend. Nun ja, die Zeitung hinkte einen Tag hinterher. Vielleicht hatte sich das Blatt in der Zwischenzeit gewendet. Nach dem Gewitter war es still geworden. Die Dunkelheit, die das Zimmer einhüllte, versetzte sie in einen schläfrigen Zustand. Sie schloss die Augen. Die Zeitung glitt zu Boden.

Und dann hörte sie die Stimme des Nachrichtensprechers, wie sie sagte: „Soeben bekommen wir eine Eilnachricht hereingereicht. Der Münchner Chef der *Mastorn* ist vor wenigen Minuten auf der Autobahn kurz vor Stuttgart verunglückt. Aus noch ungeklärter Ursache rutschte sein Wagen von der regennassen Fahrbahn ab und stürzte etwa 30 Meter in die Tiefe. Der erfolgreiche Manager konnte nur noch tot aus den Trümmern eines BMW der Dreierreihe geborgen werden. Die junge Frau, die neben ihm saß, verstarb noch am Unfallort. Wir berichten weiter." Musik setzte ein.

Ein 3er BMW? Edgars Dienstwagen war ein Mercedes. Wo war der Chauffeur?

Christina richtete sich auf. Sie war wie gelähmt, konnte nicht glauben, was sie soeben gehört hatte. In halbstündigen Verlautbarungen erfuhr sie die Details über den Hergang der Tragödie und über Edgar Ohlerts schillerndes Leben, das so jäh in feuchter Schlucht geendet hatte. Sie erfuhr einiges über seine Freundin, die zur Begleiterin degradiert wurde. Der Sprecher erwähnte auch Christina, die attraktive Gattin des erfolgreichen Managers, die er später zu interviewen beabsichtigte. Christina zog den Stecker des Telefons aus der Buchse. Sie verspürte wenig Neigung, von neugierigen Journalisten bedrängt zu werden.

Sie fand keinen Schlaf, dachte die ganze Nacht darüber nach, was das überraschende Ableben ihres Mannes für sie bedeutete. Sie erinnerte sich an die guten Zeiten, die sie mit ihm verlebt hatte, bevor er sich zum rücksichtslosen Ekel gewandelt hatte.

Sie durchlebte ihr letztes Treffen mit ihm noch einmal in allen Einzelheiten. Er hatte sie demütigen wollen, als er sie an jenem denkwürdigen Abend in ihrem Haus auf das Sofa gedrückt hatte. Die anschließende Vergewaltigung war nicht das Schlimmste gewesen, viel schlimmer wogen die Beleidigungen, die er währenddessen ausgestoßen hatte. Jedes Wort klang wie ein Schlag ins Gesicht und plötzlich erinnerte sie sich an jedes einzelne: „Du dreckiges Miststück, dir werde ich zeigen, was es heißt, mir Hörner aufzusetzen! Bis an dein Lebensende wirst du Schlampe dafür büßen. Und deinem schmutzigen Galan werde ich es ebenfalls zeigen, auch wenn der mit seiner versoffenen Alten schon genug gestraft ist!"

Niemals würde sie vergessen, wie er sie währenddessen quälte und nachdem er sich erleichtert hatte, aufgesprungen war, um ins Bad zu eilen. Sie hatte sich hastig angezogen und die kurze Atempause genutzt, aus dem Haus zu flüchten. Sie hatte Niemandem von diesem beschämenden Erlebnis erzählt. Jetzt war es zu spät dafür.

Am Morgen fühlte sie sich hundemüde, elend und doch auch irgendwie befreit. Es war, als sei eine schwere Last von ihr

geglitten. Sie fuhr in die Kanzlei Dr. Grünwalds, um ihrem Halbtagsjob nachzugehen.
Grünwald bat sie sofort in sein Zimmer.
Wieder einmal kam er ohne Umwege zur Sache. „Herzliches Beileid, Frau Ohlert. Nun erledigen sich unsere Bemühungen um eine friedfertige Scheidung von selbst. Die Schlammschlacht ist zu Ende. Und weil Sie zum Zeitpunkt seines Todes noch mit ihm verheiratet waren, erben Sie alles und bekommen obendrauf eine hübsche Rente. Möchten Sie trotzdem für mich arbeiten?"
„Danke. Natürlich möchte ich bei Ihnen bleiben. Ich muss ja irgendwie wieder auf die Beine kommen, nun da ich weder einen Ehemann, noch einen Freund habe. Ihr Studienfreund hat mich verlassen. Und das war weiß Gott bitter, wenn ich das so sagen darf."
Dr. Grünwald betrachtete sie nachdenklich durch seine Brillengläser.
„Haben Sie das Gleiche nicht auch mit Herrn Kleeberg gemacht?"
Christina blickte zu Boden. Dr. Grünwald hatte Salz in ihre Wunde gestreut.
„Entschuldigen Sie bitte. Ich hätte das nicht sagen dürfen. Vor allem nicht jetzt, wo Sie mit dem Tod Ihres Mannes fertig werden müssen. Das war pietätlos."
Es war ihm sichtlich peinlich, dass er so weit gegangen war.
„Sie müssen sich nicht entschuldigen. Meine Trennung von Herrn Kleeberg war unfair."
„Er kommt in den nächsten Tagen nach München, um den Schuhladen in der Westenrieder Straße zu veräußern. Ich habe ihm angeboten, mich darum zu kümmern. Es gibt bereits einen Interessenten dafür."
Christina war überrascht. „Der Laden lief doch sehr gut. Warum will er ihn verkaufen?"

„Genau deswegen. Dieser Laden lässt sich richtig gut versilbern und er braucht das Geld. Ich glaube, dieses Geschäft hat er seinerzeit nur Ihretwegen erworben."
„Bringen Sie mich bitte nicht in Verlegenheit. Ich fühle mich ohnehin fürchterlich deswegen."
„Warum haben Sie ein schlechtes Gewissen? Sie haben doch seinerzeit dafür gesorgt, dass dieser Laden rund lief. Er sollte ihnen dankbar sein."
Dr. Grünwald lächelte sie väterlich an.

Die nächste Beerdigung fand wenige Tage nach Nadjas Beisetzung statt. Dr. Grünwald hatte sich aufopfernd um den Papierkram in Bezug auf die Hinterlassenschaft Ohlerts gekümmert. Er hatte Christina Telefonate vom Hals gehalten und die Presse mit den notwendigen Informationen versorgt, soweit dies nicht bereits durch die *Mastorn Software* geschehen war. Christina erhielt unzählige Beileidsschreiben. Die meisten davon stammten von Kollegen Edgars. Auffallend war der unverbindliche Ton, der nicht gerade von intensiver Trauer um den Verlust zeugte. Die Geschäftsleitung in Ludwigsburg hatte einen Vorstandsvorsitzenden und ein paar Herren der oberen Chargen zur letzten Begleitung ihres Münchner Statthalters abkommandiert und sich außerdem bereit erklärt, für die Kosten und die Organisation der gesamten Trauerveranstaltung aufzukommen. Diese Großzügigkeit schloss auch Edgars Geliebte ein, die in Regensburg, beigesetzt wurde. Riesige Anzeigen erschienen in den Tageszeitungen. Die Texte klangen durch und durch verlogen.

Am frühen Morgen fuhr eine dunkelgrüne Limousine vor, die Christina zum Friedhof bringen sollte – eine freundliche Geste der *Mastorn*.

Der Chauffeur stieg aus und half ihr in den Wagen. Im Fond erwartete sie eine Überraschung.

Kersch lächelte sie mitfühlend an. „Herzliches Beileid Frau Ohlert. Sie sehen sehr gefasst aus, obgleich Sie in den letzten Tagen gleich zwei Menschen verloren haben, die Ihnen in gewisser Weise nahe standen. Ich habe mich bereit erklärt, Sie zum Friedhof zu begleiten. Das bin ich Ihnen schuldig. Wenn es Ihnen besser geht, würde ich mich freuen, Sie in meinem Büro begrüßen zu dürfen, um die Formalitäten zu erledigen. Herr Spiegeleder, fahren Sie bitte los."

„Danke für Ihre Hilfe, aber ich fühle mich nicht in der Lage nach Frankfurt zu fahren."

„Wer spricht denn von Frankfurt? Ich beziehe in wenigen Tagen mein altes Büro in München."

„Soll ich Ihnen dazu gratulieren, oder bedeutet dieser Umzug einen Abstieg für Sie?"

Christina war erstaunt darüber, dass man für Edgar so schnell Ersatz gefunden hatte und dass Kersch bereit gewesen war, seinen ursprünglichen Platz wieder einzunehmen.

„Nein, er bedeutet keinen Abstieg für mich. Ganz im Gegenteil! Ich habe München sehr vermisst. Diese Stadt ist mein Jagdrevier. In jahrelanger Sisyphusarbeit habe ich ein Netzwerk geschaffen, das für das gehobene Management in Ludwigsburg unverzichtbar ist. Wir hatten über meine Rückkehr seit längerem diskutiert. Wäre Ihrem Mann nicht dieses traurige Schicksal widerfahren, hätte man ihn ohnehin versetzt."

Eigentlich sollte das alles Christina nicht mehr interessiert. Jetzt aber wurde sie neugierig. „Warum wollte man ihn versetzen? War er nicht gut genug? Hatte er etwas angestellt oder war er so gut, dass man ihn ´hochloben´ wollte? Oder war man seiner einfach überdrüssig?"

„Vermutlich stimmt das Letzte. Er war zu gierig und zu machtgeil. Das machte ihn unberechenbar und gefährlich. Ein paar Leuten ist er wohl zu oft auf die Füße getreten."
Kersch schien es egal zu sein, dass sein Chauffeur mithören konnte.
„Somit kommt sein jähes Ableben der Geschäftsführung der *Mastorn* nicht ganz ungelegen."
„Ich fürchte, dass Sie mit Ihrer Vermutung nicht ganz Unrecht haben. Ihre Pension wird davon allerdings nicht beeinflusst."
Von Trauer keine Spur.
„Ach ja, noch etwas…".
Jetzt flüsterte er. Offenbar war das nur für ihre Ohren bestimmt.
„… Ihr Mann hat ganz offensichtlich einige Dinge getan, die man getrost als illegal bezeichnen darf. Das war auch der Grund, warum er ganz diskret nach Ludwigsburg eingeladen wurde."
Das erklärte den BMW und die Begleitung seiner Geliebten.
Christina vervollständigte Kersch´ Ausführungen. „Man wollte die Angelegenheit – wenn ich Sie richtig deute - unter den Teppich kehren"
„Wenn Sie so wollen – ja. In diesem Zusammenhang habe ich eine Bitte an Sie. Sollten Sie Unterlagen Ihres Mannes finden, die darauf schließen lassen, vernichten Sie sie bitte."
Deshalb also diese Großzügigkeit der *Mastorn*. Vielleicht steckte ja auch Kersch ganz tief im Sumpf.

Christina sah an ihm vorbei aus dem Fenster. Sie schwieg und auch er sagte nichts mehr, bis sie den Friedhof erreicht hatten. Eine riesige Menschenmenge erwartete sie bereits. Christina hatte sich hinter einer dunklen Sonnenbrille versteckt. Sie kannte nur wenige Leute. Darunter befanden sich Isabell und Arthur, Violetta, Albert, alle Mitarbeiterinnen der Kanzlei einschließlich Frau Baumann und Dr. Grünwald, die ihr beim Vorbeigehen zunickten. Wirklich traurig sahen auch sie nicht aus. Nach Florian hielt Christina vergebens Ausschau.

Sie schritt gesenkten Hauptes durch das Spalier der Gäste nach vorne und nahm Platz in der ersten Reihe neben den Fürsten der *Mastorn.*

Kersch war die ganze Zeit an ihrer Seite geblieben. Sie war ihm dankbar dafür. Seine Ehrlichkeit, oder besser gesagt, seine fehlende Sensibilität hatten sie allerdings geärgert. Alle schienen erleichtert über Edgars Tod und trotzdem waren sie alle anwesend. Und viele von ihnen würden auch noch beim Leichenschmaus dabei sein. Wieder drehte sie sich um und hielt nach Florian Ausschau. Sie hätte sich so sehr gewünscht, dass er wenigstens jetzt da sein würde. Aber nicht einmal diesen Gefallen wollte er ihr erweisen. Nun ja, sie hatte sich auf seiner Trauerfeier offiziell auch nicht blicken lassen.

Ein anderer allerdings hatte den Weg zum Friedhof gefunden. Als sie ihn sah, lächelte er ihr freundlich zu. Sie erwiderte sein Lächeln und fühlte Leben in sich zurückkehren. Als sie ihren Weg zum offenen Grab antrat, war Robert nicht mehr zu sehen.
Nach der Zeremonie und einem ausgedehnten Essen brachte Kersch sie wieder nach Hause. Sie bedankte sich bei ihm.
„Keine Ursache, Frau Ohlert, ich habe das gerne getan."
Für einen Moment schwieg er.
Dann fragte er plötzlich, „was haben Sie geplant, jetzt da Sie beide endlich frei sind? Werden Sie ihn heiraten?"
Christina war verblüfft. Sie sah Kersch an und versuchte, zu erraten, worauf er hinaus wollte.
„Ich glaube, ich verstehe Sie nicht. Wen sollte ich heiraten?"

„Liebe Frau Ohlert, glauben Sie tatsächlich, dass ich nicht wusste, dass Sie seit längerer Zeit eine Affäre mit Dr. Schneider unterhielten, dem Ehemann meiner ehemaligen Mitarbeiterin? Wo steckt der eigentlich?"
„Seien Sie versichert, ich würde es Ihnen verraten, wenn ich es wüsste. Was wollen Sie von ihm?"
„Erstaunlich, dass Sie es nicht wissen, wenn man bedenkt, wie eng Sie miteinander waren. Es gibt natürlich einen Grund für meine Nachfrage. Wir haben noch diverse Papiere von Frau Schneider, die wir ihm gerne persönlich ausgehändigt hätten."
Kersch wurde nicht einmal rot, als er ihr diese Lüge auftischte. Seine Chuzpe war bewundernswert.
Sie sah ihm direkt in die Augen, als sie ihm das, was sie über Florian Aufenthaltsort zu wissen glaubte, verriet: „Er plant, in die Toskana auszuwandern, um dort ein neues Leben zu beginnen. Weitere Informationen habe ich leider nicht. Sein Anwalt, Dr. Schulz, dürfte mehr wissen. Übergeben Sie doch einfach ihm alle Unterlagen, die Frau Schneider betreffen."
Kersch grinste zuversichtlich, als er sagte: „Ja, das ist eine gute Idee. Danke für Ihre Hilfe."
Als er ihr beim Aussteigen half, erbat er sich ein Rendezvous mit ihr. „Ich würde Sie gerne einmal zum Essen einladen. Es gibt so vieles zu bereden."
„Ich habe Ihre Telefonnummer und wenn ich soweit bin, rufe ich Sie gerne an. Gute Nacht, Herr Kersch."
Kersch verabschiedete sich galant mit einem angedeuteten Handkuss.
Sie blieb noch eine Weile stehen und sah seinem Wagen nach, wie er langsam um die Ecke bog. Kersch war durchaus ein Mann, der ihr hätte gefährlich werden können, aber er hatte den denkbar schlechtesten Zeitpunkt dafür erwischt. Sie eilte in ihre Wohnung und wählte Roberts Handynummer.

Robert war in München geblieben, weil er gehofft hatte, dass sie ihn anrufen würde. Sie lud ihn in ihre geräumige Vierzimmerwohnung ein und er verbrachte die Nacht bei ihr. Am Morgen wiederholte er seinen Heiratsantrag und Christina nahm ihn an.

Robert bestand auf einem Ehevertrag, um ihr aufgrund seiner unsicheren finanziellen Lage eine gewisse Sicherheit zu geben. Christina wollte dieses Ansinnen erst ablehnen, erklärte sich aber einverstanden, nachdem Grünwald ihr nahe gelegt hatte, einen solchen Vertrag aufzusetzen.
Die Hochzeit fand in Berlin statt. Dr. Grünwald war Christinas Trauzeuge. Im Gegensatz zu Violettas Feier geriet Christinas Fest intim und bescheiden. Sie hatte es sich so gewünscht. Robert hatte Christinas Habseligkeiten aus München abholen lassen und sie in seine Wohnung integriert. Christina war zufrieden wie lange nicht. Sie fühlte sich aufgehoben und verspürte eine große Lust, ihrem neuen Ehemann dabei zu helfen, seine Geschäfte in geordnete Bahnen zu lenken. An Florian dachte sie nur noch selten und wenn, musste sie immer auch an das kleine Mädchen denken, das nicht sprechen wollte.

In ihrer Hochzeitsnacht küsste Robert sie zaghaft auf die Stirn und fragte zärtlich: "Womit kann ich dich glücklich machen?"
Sie lächelte ihn erwartungsvoll an. "Ich wünsche mir, dass du mit mir in unserem gemeinsamen Bett schläfst, so wie das unter Paaren üblich ist."
In dem Moment, in dem sie diesen Wunsch ausgesprochen hatte, fürchtete sie, einen Fehler begangen zu haben.
Robert lächelte. „Wenn du mir dabei hilfst."
Sie gab sich alle Mühe und am frühen Morgen schlief sie erschöpft, aber glücklich an seiner Seite ein.

*

Nachdem Albert und Violetta ihm geholfen hatten, die gröbsten Hürden, die seinem neuen Leben im Weg standen, zu überwinden, organisierte Florian unverzüglich den Umzug nach Italien. Die aufwändigen Untersuchungen, die die Ursache von Nadjas Tod ans Tageslicht bringen sollten, wurden eingestellt. Finaler Auslöser dieser Entscheidung war tatsächlich die Aussage Christinas. Florian erfuhr nie, was sie den Beamten erzählt hatte. Borstel erging sich nur in Andeutungen darüber, als er ihm den entlastenden Schrieb mit einem nicht zu übersehenden Bedauern hinwarf. Florian konnte seine Erleichterung kaum verbergen, zumal bereits die Zeitungen die seltsamen Umstände dieses Unfalls aufgegriffen hatten und neugierige Journalisten ihm nachstellten. Gegen das Blatt, das ihn mit an den Haaren herbeigezogenen Anschuldigungen kompromittiert hatte, strengte er einen Rufmordprozess mit nicht unerheblichen finanziellen Forderungen an. Albert formulierte diverse Gegendarstellungen.

Ohlert konnte nicht mehr zur Rechenschaft gezogen werden. Florian hatte seiner Beerdigung ebenso wenig beigewohnt, wie Christina der Beisetzung Nadjas. Florian schnitt die Zeitungsausschnitte über Ohlert - der durch seinen Tod eine zweifelhafte Berühmtheit erlangt hatte – aus und verglich sie mit Ninas Gesichtszügen. Nein, Edgar Ohlert kam als Vater Ninas aufgrund seiner drahtigen Physiognomie nicht in Frage. Dabei konnte Florian sich durchaus vorstellen, dass er Nadja gefallen hätte. Sie mochte Machotypen. Er dachte an den schlaffen Händedruck Ohlerts und verwarf den Gedanken.

Hin und wieder tauchte Christina in Florians Gedankenwelt auf. Vermutlich erwartete sie, dass er ihr ein Minimum an Dankbarkeit zeigte. Er brachte es nicht fertig. Immer stärker wurde ihm in diesen anstrengenden Wochen bewusst, dass er Christina nicht wirklich geliebt hatte. Geblendet durch ihre Schönheit und ihre Hingabefähigkeit hatte er sich in eine kitschige Illusion verstiegen, ohne je den abstumpfenden Alltag mit ihr erlebt zu haben. Mit jedem Aufwachen versuchte er weniger an die Frau zu denken, die so unerwartet in sein Leben getreten war und es so folgenschwer durcheinander gebracht hatte.

Er stellte weitere Nachforschungen an, um herauszufinden, wer der oder die Männer waren, die seine Frau geschwängert hatten. Es trieb ihn zum Wahnsinn, dass er nicht wusste, ob er es mit einem oder gar mit drei Rivalen zu tun hatte. Immer wieder durchschnüffelte er alle Aufzeichnungen, Briefe und Unterlagen, die Nadja in ihrem kleinen Sekretär aufbewahrt hatte. Es fanden sich keinerlei Hinweise. Der geheimnisvolle letzte Liebhaber seiner Frau meldete sich nicht und tauchte auch nirgendwo auf. Vielleicht war die Beziehung längst zu Ende gewesen, bevor Florian sich zum grausigen Finale seiner Ehe mit Nadja getroffen hatte. Das war die einzige Erklärung, die ihm für das merkwürdige Verschwinden dieses Unbekannten einfiel. Nach einer Weile war er ganz froh, dass er nichts herausfand. Ihn schauderte bei dem Gedanken, einem seiner Konkurrenten um die Gunst Nadjas gegenüberzustehen. Am meisten fürchtete er, dem leiblichen Vater des kleinen Mädchens zu begegnen, denn er war sich nicht sicher, ob er in diesem Fall zu einer erneuten Gewalttat fähig gewesen wäre. Und doch – eines Tages musste er aus

Nina herauskitzeln, wohin sie mit Nadja tatsächlich gefahren war, wenn diese vorgab ihre Mutter zu besuchen.

Um sich letzte Gewissheit seiner Zeugungsunfähigkeit zu verschaffen, konsultierte er einen Arzt, der sie nach umfangreichen Untersuchungen bestätigte. Nach Aussagen des Mediziners litt Florian an einer Hormonstörung, die verantwortlich dafür war, dass die Anzahl seiner Spermien für eine Befruchtung nicht ausreichte. Dr. Moos empfahl eine Hormonbehandlung, für die Florian sich vorerst nicht erwärmen konnte. Wofür auch, dachte er resigniert.

Auf dem Weg nach Hause hielt er bei der Reinigung, um das graue Wollsakko abzuholen, das seit fast drei Wochen dort hing.
Frau Lapis, die Besitzerin des Waschsalons, griff in ihre Schublade. „Herr Dr. Schneider, Sie haben einen Brief in Ihrer Jacke vergessen. Ich habe ihn für Sie aufbewahrt. Hoffentlich stand nichts Wichtiges drin. Ich habe versucht, Sie zu erreichen, leider ohne Erfolg. Aber ich verstehe das schon, schließlich hatten Sie in den letzten Wochen genug um die Ohren. Nochmals mein herzliches Beileid."
Sie übergab ihm den länglichen, eierschalenfarbenen Brief ohne Absender. Er hatte ihn tatsächlich vergessen. Als er auf der Straße stand, öffnete er ihn endlich.

Es waren nur wenige Worte per Computer auf vergilbtem Papier mit Wasserzeichen festgehalten: *'Nina ist nicht Ihr Kind*!'. Wütend knüllte er das Pamphlet zusammen, steckte es in seine Tasche und ging zu seinem Auto. Im Wagen zog er das Blatt wieder aus der Tasche und las es noch einmal. Dann stopfte er es in das Handschuhfach und fuhr los. Ärgerlicherweise fiel ihm niemand ein, der als Verfasser in

Betracht kam. Vielleicht würde Nadja noch leben, wenn er diesen Brief früher gelesen hätte. Klar, er hätte sich fürchterlich aufgeregt, aber zu einer Affekthandlung hätte er sich nicht hinreißen lassen. Hypothesen brachten ihm Nadja nicht zurück.

Florian blieb noch weitere drei Wochen in München, bevor er mit Susanne Weber und dem Kind nach Signa aufbrach. Signa hatte er sich ausgesucht, weil es weitab von jeglichem Touristenrummel und trotzdem in der Nähe einer größeren Stadt lag. Außerdem schätzte er das milde Klima der Toskana.

Pläne und Fotos hatte er sich nach München schicken lassen, um dann einen kurzen Abstecher nach Mittelitalien zu unternehmen, um sich die Objekte vor Ort anzusehen. Als er das Geeignete gefunden hatte, verabredete er sich mit dem Makler, der einen autorisierten Übersetzer organisiert hatte.

Nach zähen Verhandlungen konnte Florian endlich den nach seinen Wünschen geänderten Vertrag unterzeichnen. Nicht nur bei seinen Preisvorstellungen hatte der Verkäufer Federn lassen müssen. Er wurde auch zu umfangreichen Sanierungsarbeiten an dem großen, aus groben Steinen gemauerten Haus verpflichtet.

Das Anwesen entsprach in jeder Hinsicht den Wünschen des kurz entschlossenen Käufers, obwohl es im klassischen Sinn eigentlich nicht schön war. Es hatte etwas asymmetrisches, ungeordnetes, so als hätte der Architekt seine Pläne während des Bauens ständig geändert. Dicke Mauern hielten sowohl die sommerliche Hitze, als auch die feuchte winterliche Kälte dieser Region ab. Die Fenster waren winzig, boten aber eine wunderschöne Aussicht über weitläufige Hügel mit locker verstreuten Pinien auf den Hängen.

Von den Verkäufern, einem reizenden alten Ehepaar ohne Kinder, übernahm er sowohl den Wein- als auch den Adressbestand, zwei festangestellte Mitarbeiter, zwei Winzer und jede Menge freiberufliche Pflücker und sonstige Zuarbeiter. Signora Visconti erklärte ihm die Buchhaltung und den administrativen Bereich, für den sie in den vergangenen Jahren selbst verantwortlich war. Die Viscontis sprachen ein ausgezeichnetes Englisch, aber auf Dauer kam er ohne Italienischkenntnisse nicht weit. Das merkte er im Umgang mit den Winzern, die ihn in die Geheimnisse des Weinanbaus einführten. Den staubigen Computer der Viscontis ersetzte er durch ein neues Modell, das er sich samt einer praktischen Verwaltungssoftware aus Deutschland hatte kommen lassen. Susanne las sämtliche verfügbaren Daten ein. Sie kannte sich mit Rechnern und Programmen hervorragend aus und versetzte Florian einmal mehr in Erstaunen. Bereits bei der Organisation des Umzuges und der Übergabe seiner Wohnungen hatte sie erstaunliches Geschick bewiesen. Bei Gelegenheit musste er sie fragen, woher sie ihre vielfältigen Kenntnisse hatte. Bis dato wusste er erstaunlich wenig über Susanne.

„Wir sollten die Kunden der Viscontis informieren, dass sie in Zukunft den Wein von Ihnen beziehen und diese Nachricht sollten wir mit einem attraktiven Einführungsangebot aufpeppen."

„Daran habe ich auch schon gedacht."

„Ich war bereits bei der Druckerei, bei der Ihre Vorgänger ihre Unterlagen drucken ließen. Sie haben uns ein Angebot für die Komplettausstattung unterbreitet. Ebenso habe ich eine Agentur beauftragt, die Homepage der Viscontis gemäß unseren Wünschen aufzubereiten. Ich hoffe, das ist Ihnen recht."

Susanne überreichte Florian eine Kostenaufstellung und die Kopie des Auftrags.

„Sie sind wirklich tüchtig. Und wie ich annehme, haben Sie sich auch schon Gedanken über das Design gemacht."

Sie lächelte geschmeichelt. „Aber ja. Ich denke, Sie sollten sich am Layout der Viscontis orientieren. Das Logo ist bekannt bei den Abnehmern. Es würde für den Anfang sicher genügen, wenn Sie den Namen Visconti durch Ihren ersetzen."

„Genauso wollte ich es auch handhaben. Das Wappen sieht sehr edel aus und warum sollte man etwas austauschen, das sich in langen Jahren bewährt hat?"

Susanne erteilte den Druckauftrag, und innerhalb einer Woche hatten sie ansprechendes silbergraues Briefpapier mit passenden Kuverts und Visitenkarten, auf denen in erhabenen goldenen Lettern der Name des Weinguts, die Adresse und ´Dr. Florian Schneider´ prangten. Das wappenartige Logo, bestehend aus einem nackten Putten, der einen Blütenkranz hielt, unterstrich den edlen Charakter des Büttenpapiers. Das winzige Weingut hieß von nun an *NINA*.

Susanne erbot sich, die Rundschreiben zu verfassen und zu versenden. Da es sich um Kunden in ganz Europa und vereinzelt in Übersee handelte, einigten sie sich darauf, die Briefe in englischer Sprache zu halten. Signora Visconti war der Meinung, dass italienische Kunden sich von englischen Texten nicht überzeugen ließen und entwarf für Susanne eine italienische Version. Die fertigen Briefe brachte Susanne zur Post. Florian hatte ihr zwischenzeitlich einen kleinen, gebrauchten Fiat gekauft. Er selbst fuhr einen Transporter, ebenfalls ein Erbstück der Viscontis. Den Schriftzug hatte er austauschen lassen. Für den Anfang genügte ihm dieses Vehikel.

Das kommende Jahr würde er damit zubringen, das alte Gemäuer nach seinem Geschmack umzugestalten und einzurichten. Der Urwald um das Anwesen musste gerodet werden. Susanne bot auch hier willig ihre Hilfe an, die er nur allzu gerne bereit war, anzunehmen. Sie war wirklich eine praktische Frau. Zunehmend gefiel ihm ihre schlichte Art. Sie machte nie viel Aufhebens, sondern packte einfach an. Das einzige, das ihn störte, war ihre Raucherei. Im Gegensatz zum Trinken war das das kleinere Übel, wie er pragmatisch feststellte.

Mit Susannes Hilfe schaffte er es in kurzer Zeit, seinen neuen Lebensraum in ein kleines Paradies zu verwandeln.

In Windeseile hatte sie sich profunde Kenntnisse der italienischen Sprache angeeignet, die sie eifrig an Nina weitervermittelte. Seltsamerweise brachte Nina italienische Laute besser über die Lippen als deutsche. Aus dem Kind war ein fröhliches, verspieltes Mädchen geworden, das mit Florian bei jeder sich bietenden Gelegenheit im Garten herumtollte. Er liebte Nadjas Tochter mehr als je zuvor, denn sie wurde ihrer Mutter immer ähnlicher, trotz ihrer blauen Augen.
Nach dem frühen Abendessen, das sie meist im Freien einnahmen, brachte Susanne die Kleine ins Bett, und las ihr italienische Märchen so lange vor, bis sie selig einschlummerte.
Danach leistete sie Florian Gesellschaft. Sie saß dann immer auf dem blauen Samtsofa - einst Nadjas Ruhepol - und beschäftigte sich mit ihren zahlreichen Handarbeiten. Dabei sah sie fern, italienische Komödien und Soap Operas. Florian thronte ihr gegenüber an einem rustikalen Holztisch und studierte Bücher über das Winzerhandwerk.
Manchmal sah er von seiner Lektüre auf, um sie zu beobachten. Ihr gleichmäßiges Gewusel mit Fingern, Nadeln

und Wollknäueln versetzten Florian in einen merkwürdigen Trancezustand, der ihn regelmäßig schläfrig machte - eine Idylle, kitschig schön, wie ein Bild von *Spitzweg*.

Susanne Weber verkörperte den Typus, den er früher verächtlich als Dutzendgesicht bezeichnet hätte. Sie war überdurchschnittlich groß mit einer Neigung zu Übergewicht. Mit ihren kurzen dunkelblonden Haaren und der geschmacksneutralen Brille auf den ungeschminkten hellen Augen wirkte sie nichtssagend wie eine mittelalterliche Jungfer. Ihre Kleider entsprachen dem Gesamtbild. Nichts an ihr zeugte von außergewöhnlichem Geschmack.

Trotzdem mochte er sie, auf eine ihm nichterklärbare Weise. Er hatte sich an sie gewöhnt, wie an ein lieb gewonnenes Möbelstück. Wenn sie mit Nina in die Stadt fuhr, begann er sie bereits nach kurzer Zeit zu vermissen. Er war überzeugt davon, dass man sie mit etwas Geschick in eine durchaus ansehnliche, begehrenswerte Persönlichkeit verwandeln konnte. Aus diesem Grunde wollte er sie am kommenden Samstag zu einem Einkaufsbummel mit anschließendem Besuch bei einem Friseur und einer Kosmetikerin einladen. Allein der Gedanke daran beflügelte ihn. Als er Susanne von seinem Vorhaben erzählte, war sie hingerissen. Als Krönung dieses denkwürdigen Tages beabsichtigte er, sie zum Dinner auszuführen. Davon erzählte er ihr nichts, denn es sollte eine Überraschung werden.

Zum ersten Mal seit langem fühlte sich Florian rundherum wohl. Susanne brachte ihn dazu, dass er immer weniger an Nadja dachte, deren Foto neben seinem Bett stand. Christina ließ sich nicht so leicht aus seinen Erinnerungen verdrängen. Vor allem, seit Nina ihren Namen vor zwei Tagen fehlerfrei ausgesprochen hatte. Seither dachte er wieder häufiger an die Frau, der es gelungen war, Nadjas Tochter das Wort *Papa* zu entlocken, wenngleich er nicht dabei gewesen war. Er hätte Christina gerne angerufen, traute sich aber nicht. Sie sollte nicht zu ihm zurückkehren. Er hätte einfach nur gerne wieder einmal ihre Stimme gehört, ihr von Ninas Fortschritten erzählt und über sein jetziges Leben geplaudert und darüber, dass sie ihn eines Tages vielleicht besuchen könnte. Den letzten Gedanken verwarf er.

An dem Samstag, an dem die wunderbare Wandlung der farblosen Susanne Weber zum schönen Schwan stattfinden sollte, hatte er morgens einen Termin bei den Bonis, drei Schwestern, denen das `Tre Sorelle´ in Prato gehörte. Sie waren gute Abnehmerinnen der Visconti-Weine und nun wollte er seine Aufwartung machen. Den gemeinsamen Einkaufsbummel mussten sie deswegen zwar aufschieben, Coiffeur und Kosmetikstudio jedoch nicht. Diese Verabredungen nahm Susanne alleine wahr. Aus diesem Grunde bat sie Florian, Nina zu den Bonis mitzunehmen, was er gerne tat. Italiener waren kinderfreundlich und Nina liebte es, von ihnen verwöhnt zu werden. Es wurde ein wunderbarer langer Vormittag, der damit endete, dass die drei Damen ihn zum Dinner in ihr Restaurant einluden.
Mit seinem holprigen Italienisch bedankte er sich.
„Tante Grazie. E una grande piacere per me e mia amica Susanne e mia figlia Nina, visita a voi stasera."
Die Schwestern machten ihm charmant Komplimente für seine herausragenden Sprachkenntnisse, die er mit einem Lächeln quittierte. Wenigstens hatten sie ihn verstanden.
Nach dem Besuch bei den Bonis fühlte er sich leicht und unbeschwert und damit genau in der richtigen Stimmung, Christina anzurufen. Um sich dafür zu wappnen, hielt es für angebracht, zuerst mit Violetta zu sprechen, die er auf Anhieb erreichte. Christinas Freundin klang wenig

begeistert, als sie seine Stimme hörte. Sie bemühte sich allerdings um ein Minimum an Höflichkeit.

„Na wie geht es unserem Weinbauern in der prächtigen Toskana? Können wir bereits eine Bestellung bei dir aufgeben."

„Oh ja, natürlich könnt ihr. Ich fahre nur eben schnell den Computer hoch."

Violetta winkte ab.

„Deswegen rufst du nicht an, oder?"

„Nein, das ist nicht der Grund. Ich wollte dich eigentlich fragen, wie es Christina geht."

„Das hatte ich mir gedacht. Du hast vielleicht Nerven danach zu fragen, nach allem was du ihr angetan hast"

„Nun übertreibe mal nicht."

Florian war plötzlich wütend. Violetta stand es am wenigsten zu, die moralinsaure beleidigte Leberwurst zu spielen. Er hatte keine Lust mehr, das Gespräch fortzusetzen.

„Du willst wissen, wie es ihr geht? Nun, das kann ich dir sagen!"

Violettas schrille Stimme dröhnte in seinen Ohren.

„Sie hat wieder geheiratet und lebt jetzt in Berlin. Zur Hochzeit waren wir zwar nicht eingeladen, aber eine Karte waren wir ihr immerhin wert. Dein Freund Grünwald war ihr Trauzeuge. Von ihm haben wir erfahren, dass sie schwanger sein soll, falls dich auch das interessiert."

Wie gehässig Violetta sein konnte.

„Nein, das interessiert mich nicht", sagte er und kämpfte gegen die Trauer des unwiederbringlichen Verlustes, die ihn erfasst hatte.

„Danke und grüße Albert von mir."

Dann legte er auf.

Die Trauer hielt nur kurz an. Die Koordinaten waren eindeutig abgesteckt und die Einsicht, dass es kein Zurück gab, erleichterte ihn in gewisser Weise. Endlich konnte er nach vorne schauen. Bei Gelegenheit wollte er sich Nadjas Handy vornehmen, das er in ihrer Todesnacht an sich genommen hatte, bevor er Arzt und Polizei anrief. Seltsam, dass Borstel nie danach gefragt hatte.

Am Nachmittag machte Florian es sich im verwilderten Garten gemütlich und studierte eine italienische Tageszeitung mit Hilfe eines Sprachführers. Nina spielte auf der Wiese. Er freute sich auf den ersten gemeinsamen Abend mit Susanne.
Gegen sechs wurde Florian unruhig. So unansehnlich hatte sie doch gar nicht ausgesehen, dass die Maestri solange mit ihr brauchten. Immerhin war sie schon am frühen Vormittag aufgebrochen.
Er ging in´s Haus, um sie auf ihrem Handy anzurufen. Es lag im Flur. Nun ja, dann würde er eben den Friseur anrufen. Er betrat das Büro, um die Nummer herauszusuchen. Das Zimmer wirkte aufgeräumt, ungewöhnlich aufgeräumt sogar. Er war selten im Büro, es war das Reich Susannes. Er war lieber draußen und kümmerte sich um die Herstellung des edlen Rebensaftes, anstatt um die trockene Buchhaltung.

Aber dass etwas fehlte, merkte er. Der Papierkorb war voll mit weggeworfenem Krimskrams, wie ihn Frauen gerne in ihren Schubladen aufbewahrten. Die öffnete er jetzt. Sie waren leer bis auf Briefpapier und Kuverts der *Cantina Nina.*

Er sah aus dem Fenster nach Nina, die immer noch spielte. Dann wandte er sich dem gefüllten Papierkorb zu. Zwischen altem Lippenstift, Teebeuteln, Kleenextüchern, Nagelfeilen und einer Tamponschachtel fischte er zusammengeknülltes Papier heraus, das unbeschriftet war. Das Papier kam ihm bekannt vor. Er steckte es ein. Nochmals sah er aus dem Fenster, um sicher zu gehen, dass sie zwischenzeitlich nicht aufgetaucht war. Nina spielte immer noch. Was für ein braves Kind. Von der Mutter hatte es das nicht.

Dann ging er nach oben. Ihre Zimmertür war verschlossen. Diesen Umstand fand er ebenso alarmierend wie den Papierfund. Es gab keinen Grund für sie, das Zimmer abzuschließen, denn das hätte er unter normalen Umständen nie betreten. Florian ging wieder nach unten und suchte nach den Zweitschlüsseln, die er in einer Küchenschublade aufbewahrt hatte. An die hatte Susanne dem Anschein nach nicht gedacht. Wieder ein prüfender Blick aus dem Fenster. Nichts, außer dem spielenden Kind.

Er kehrte nach oben zurück und schloss Susannes Schlafstätte auf. Das Bett war ordentlich aufgedeckt. Die Schränke, die er öffnete, waren auch sehr ordentlich. Das war nicht ungewöhnlich angesichts der Tatsache, dass sie leer waren. Susanne hatte alles mitgenommen, bis auf ihre ausgelatschten Hausschuhe, die sie so gerne getragen hatte. Sie lagen unter dem Bett zusammen mit einem zerknitterten Seidenschal, den er ihr in Pistoia gekauft hatte. Seltsam, dass sie das Handy vergessen hatte. Oder war das Absicht?

Er zog das zerknüllte Papier aus seiner Hosentasche und hielt es gegen das Licht. Das gleiche Wasserzeichen wie auf dem Pamphlet, das er seinerzeit in der Reinigung vergessen hatte. Wieder blickte er aus dem Fenster, hoffend, dass sie vielleicht doch noch zurückkehrte.

Was er jetzt sah, war allerdings nicht ihr Wagen. Im Gegenlicht der untergehenden Sonne glitt langsam ein dunkelgrüner S-Klasse-Mercedes die piniengesäumte Allee herauf. Und er sah noch etwas. Nina war von ihrer Spielwiese aufgesprungen und lief der Limousine entgegen.

www.ingramcontent.com/pod-product-compliance
Lightning Source LLC
Chambersburg PA
CBHW071258110426
42743CB00042B/1088